U0927121

"十二五"国家重点图书

船舶与海洋出版工程·航母与潜艇系列

总主编 潘镜芙

舰船损管技术

陈书海 任悦琴 姜琳婕 **编著**

上海交通大学出版社

内 容 提 要

本书详细论述了舰船损害管制的相关技术，包括损管人员的分类与管理、组织与通信、各种水密舱的划分与控制、各种舰上火灾的发生与灭火流程、各种战斗损失的处理与战斗力的恢复、应对和防护生化武器和核攻击的相关措施与技术。可供从事舰船损管工作的技术人员、管理人员以及其他相关人员参考。

图书在版编目(CIP)数据

舰船损管技术/陈书海，任悦琴，姜琳婕编著．—上海：上海交通大学出版社，2012
(船舶与海洋出版工程·航母与潜艇系列)
ISBN 978-7-313-09331-8

Ⅰ．①舰… Ⅱ．①陈…②任…③姜… Ⅲ．①军用船-损伤-研究 Ⅳ．①U674.7

中国版本图书馆 CIP 数据核字(2012)第 291686 号

舰船损管技术
陈书海　任悦琴　姜琳婕　**编著**
上海交通大學出版社出版发行
(上海市番禺路 951 号　邮政编码 200030)
电话：64071208　出版人：韩建民
浙江云广印业有限公司印刷　全国新华书店经销
开本：787 mm×1092 mm　1/16　印张：20.75　字数：402 千字
2013 年 1 月第 1 版　2013 年 1 月第 1 次印刷
ISBN 978-7-313-09331-8/U　　定价：55.00 元

告读者：如发现本书有印装质量问题请与印刷厂质量科联系
联系电话：0573-86577317

前　言

舰船损管全称为舰船损害管制，是舰船为保持或恢复自身生命力所采取的预防、限制和消除损害的措施和行动。舰船在海上作战、航行时，随时可能因中弹、触礁、搁浅而造成舰体和油、气、水管路的破损以及火灾。损管就是在舰船遭到破坏后所采取的紧急消除和修复的措施，它关系到舰船的生存和战斗力恢复。损管的任务是抗沉、灭火、防爆、防核辐射、化学与生物战防御和对武器技术器材的修复。损管的成功取决于正确的指挥、严密的损管组织和熟练的损管技术。

本书内容包括舰船损管的人员组织、人员分级、舰艇消防、战斗损伤修理、化学与生物战防御、核辐射防护等。此外，还介绍了船舶原理、核效应等基础知识。本书对舰船损管人员以及相关人员有一定的借鉴作用。

陈书海为本书主编，并编写了第1章的内容，第2章、第3章由任悦琴编写，姜琳婕编写了第4章并作了全书的图表处理工作。

因为编者水平有限，如有不足，欢迎读者批评指正。

编　者

2012年8月18日

目　录

第 1 章　损管组织及人员分级

损管对于所有的舰船都是至关重要的。如果舰船在一次战斗中或由于火灾或风暴而遭受损坏，就必须迅速修复。因此，每艘舰船都须设有有效的损管组织以便在危急时刻实施与此相关的作业。本章着重介绍损管的组织结构及损管人员的分级。

1.1　损 管 组 织

损管的组织结构是成功实施损管的关键。损管组织体系不但建立了应对各类舰船损害的标准操作规程，还设置了与上述操作规程相对应的培训，这样所有的相关人员在紧急情况下都能马上明确自己的工作职责。

舰船的损管具有多方面的重要目标。既有预防性的，也有纠正补救性的。所有人员都必须服从于上述损管目标。下列即为其中一些举措：

(1) 维持所设定的设备器材的战备状态。

(2) 培训有关船上损管各个方面所需的人员。

(3) 维护损管系统和设备，使其处于最佳状态，从而确保舰船的生命力。

舰船的损管组织体系必须与舰船组织体系的其他组成要素进行协调合作才能实现上述目标。因此，每个部门都须将有关损管的具体任务分配落实到各自部门内的个人。其中包括指定一名分部损管士官和一名后备损管士官。损管的纠正补救方面则要求其作战损管组织能迅速及时地恢复本舰船的攻击力和防御能力。

舰船的损管组织体系由两部分要素组成：损管行政管理组织和作战损管组织。

1) 行政管理组织

舰船损管的行政管理组织是工程部门组织体系的一部分。不过，主要的行政管理和预防保养职责还是归每个部门各自承担。这些职责包括对本部门处所内的损管设备、系统和器材的计划维修等。每个部门的主管都须确保完成损管计划维修制所分配的作业任务以及确保对与损管要求不符的方面予以文件记录并纠正。

2）作战损管组织

作战损管组织包括舰船损管中心、各类损管维修队和战斗救护站；舰船的具体组织构成会随舰船不同而有一定的变化，其差异则主要取决于该舰船的尺度、类型和任务使命。当然，其基本准则适用于所有的作战损管组织，主要有如下各条基本准则：

（1）确保其组织体系内的所有人员都受过有关损管各个阶段的高度专业培训。所有相关人员还应经过其各自定级的有关技术方面的培训以协助舰船损管。

（2）将其组织体系分散于各个自给自足的独立单位内。这些单位必须相互之间进行通信联系。这些单位内的损管人员必须能够采取纠正措施以控制各类形式的损害。

（3）设立一个中央控制站，即舰船损管中心以接受处理来自所有损管单位的报告。舰船损管中心则从舰船全局的立场出发对其进行评估，然后发出必要的纠正修复指令。该中心还负责向驾驶桥楼（指令控制）报告并接受其发出的指令。上述报告所涉及的内容都应为影响舰船的浮性、横倾、纵倾、稳性、水密完整性以及化学、生物和辐射三防措施方面的有关事务。

（4）确保损管单位被指派承担属于某个部门所特有的任务时能在来自该部门官员的直接监督指挥之下工作。

（5）设置对从事艰难作业人员的救援准备，设立战时用餐供应，并做好准备将战备状态从一种状态转换至另一种状态。必须制订相应规程以确保救援队人员能随时获悉其全局态势。

（6）在所有损管单位之间设置主动式的、精确的快速通信。这样就易于实现对损管工作的指挥和全面协调。

（7）在远离舰船损管中心的位置设立一支损管维修队，以防万一在舰船损管中心遭受战斗破坏时可承担起损管中心的相应职责。

损管助理在战时的战位是在舰船的损管中心。作战损管组织的主要单位是各损管维修队或修理组，如图 1-1 所示。战斗救护站则应设置在靠近损管维修队附近。

3）舰船损管中心

分派在舰船损管中心工作的人员直接受损管助理的指挥监督，主要执行以下工作任务：

（1）接受和评估来自所有各损管维修队的情报信息。

（2）对于影响舰船设备器材状态的舰船性能包括其浮性、横倾、纵倾、稳性和水密完整性等应当通知指挥控制中心。

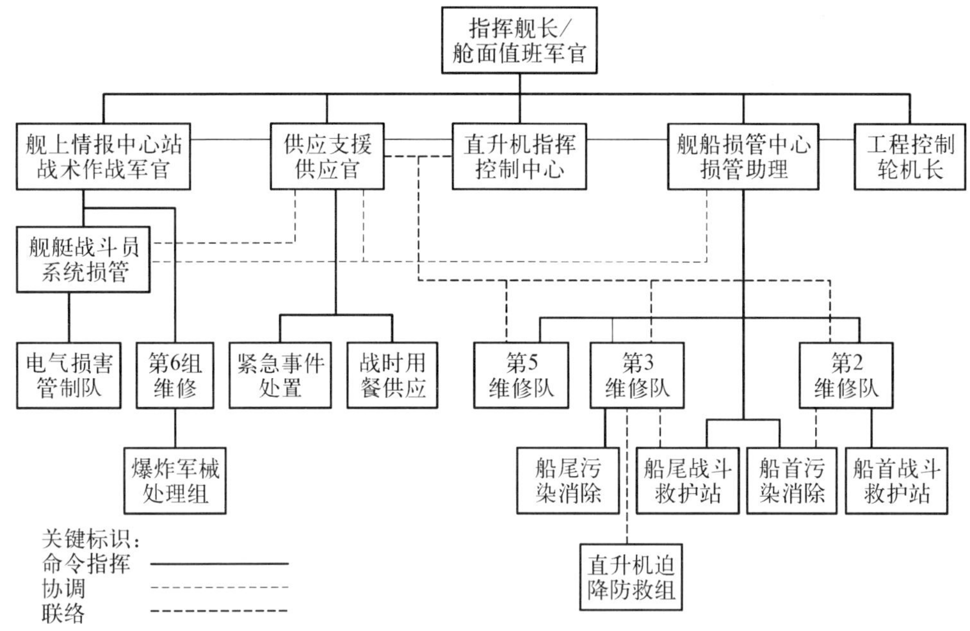

图1-1　作战损管组织

(3) 在必要时,给各损管维修队发出指令以指导其损管作业。

(4) 使指挥控制中心即时获悉如作战损坏、火灾和船体进水的进展、遭受化学、生物和辐射袭击后的影响以及重大人员伤亡等方面情况。评估是否有必要对正遭受火灾威胁的弹药舱进行注水处理并就应采取的具体应对措施向舰长提出建议。一旦舰长下达命令,即指令损管维修队向必须作处理的弹药舱注水。

(5) 对舰船的水密完整性、浸水、防倾覆注水和排水进行控制管理。

(6) 张贴与标志海图与图表,以显示舰船的分舱及其关键管系和电气系统。

(7) 在舰船损管中心张贴一张舰船受损情况指示板以直观形式显示舰船所遭受的损害破坏以及在随后损管中所采取的补救措施。确保在舰船的驾驶桥楼内备有一份控制指挥中心能对由损管中心报告的损害数据资料进行直观参考判断的示意简图。

(8) 张贴一份舰船稳性布告板,以显示液体装载、浸水界限位置、由舱室浸水所引起船体的横倾和纵倾影响以及为保证稳性所采取的改进措施。为此目的,通常会采用一份液体载荷配置图和船舱浸水效应图。

(9) 编制一份关于待命防护所、加强防护所、电子损坏管制站和战斗救护站的进入通道表。

(10) 编制图形显示标记以标识修复损管系统和电气系统已采取的措施。

(11) 编制甲板平面图以显示被化学、生物和辐射战剂污染的区域;标识战斗救护站和防化站的所在位置并标出至该站的安全通道路线。

(12) 编制损管关闭设备记录以指示舰船损管关闭设备的状态。

(13) 编制一份污染预测曲线图。

4) 损管维修队和修理组

在遭受损害破坏后,应由损管维修队的队长负责其责任区域内的损管作业。损管维修队应时刻让舰船损管中心获悉其损管工作的进展情况。大面积的处所则可能会再分组,由某几支损管维修队共同负责以便对其提供充分防护。因而,有时规定的损管职责可能会成为两支甚或几支维修队的共同职责。在对损管维修队进行再分组时,可采用其上级维修母队的数字号码再按字母顺序(如 1A,1B)予以标志。表 1-1 则对各类型舰船所需配备的损管维修队和修理组进行了归纳整理。

表 1-1 损管维修队与修理组

维修队(组)	舰船类型			
	航空母舰(见附注 1)	巡洋舰、驱逐舰、护卫舰	船长在 225 ft 以上的辅助舰艇及其他水面舰船	船长在 225 ft 以下的辅助舰艇及其他水面舰船
第 1 主甲板维修队	1F,1B,1A		X(见附注 5)	X(见附注 7)
第 2 船首维修队	X	X	X	X(见附注 11)
第 3 船尾维修队	X	X	X	X(见附注 11)
第 3A 船尾维修队			X(见附注 12)	
第 3B 船尾维修队			X(见附注 12)	
船中第 4 维修队	X(见附注 2)		X(见附注 6)	
第 5 推进动力维修队	X(见附注 2)	X	X(见附注 7)	X(见附注 7)
第 6 军械损管修理组	X			
第 7 尾部下甲板与飞行甲板上层建筑损管维修队	7F,7B,7A			
第 8 电子设备损管修理组(ECCT)	X(见附注 3)	X(见附注 3)		
航空燃油修理组	X		X(见附注 4)	
迫降防护和救援组	X	X	X(见附注 4)	

（续 表）

维修队(组)	舰船类型			
	航空母舰(见附注1)	巡洋舰、驱逐舰、护卫舰	船长在225 ft以上的辅助舰艇及其他水面舰船	船长在225 ft以下的辅助舰艇及其他水面舰船
爆炸军械处置(EOD)组	X(见附注8)		X(见附注9)	X(见附注10)
海上消防队	X	X	X	X
损管设备器材舱	X(见附注13)	X(见附注13)	X(见附注13)	X(见附注13)

注：1. 适合于核动力航空母舰(CVN)、大型多用途攻击舰(LHA)、两栖作战运输坞舰(LPD)以及两栖攻击舰(LPH)。

2. 在上述船型的某些船级中，将第4和第5损管维修队指定为“船首/船尾推进装置维修队”可促使其人员分配应用更具效率。

3. 应用于由型号指挥官确定并由舰队总司令批准认可的那些船型。

4. 应用于配备有人驾驶直升机运行的舰船。

5. 大型两栖舰船。

6. 新建造的大型辅助舰船，包括上层建筑。

7. 型号指挥官可命令对此类舰船和/或有关舰船省略配备第1损管维修队。

8. 应用于配置武装飞机作战的舰船。

9. 应用于攻击梯队(AE)型舰船。

10. 辅助猎雷舰(MHC)与反水雷舰艇(MCM)军事行动。

11. 仅辅助猎雷舰(MHC)与反水雷舰艇(MCM)配备。支持遥控自动(R&A)设备要求、应对重大火灾的主要设备预先设置到位，不需配备人员。

12. 两栖作战运输坞舰(LPD)与登陆坞舰(LSD)应保留与损管维修间一致(IAW)性指令规程，以便上述指令能完全覆盖指定其负责的车辆装载甲板和船台甲板的两侧区域，并允许消防队进入其主推进舱的两侧。

13. 支持遥控自动(R&A)设备要求、应对重大火灾的主要设备预先设置到位，不需配备人员。

损管维修队组成。损管维修队的组成必须能保证每支维修队都能独立应对分配给其负责区域内所发生的损害和破坏。而且，所有舰船都须另指定其中一支损管维修队作为全船预备损管中心。同时，在所有维修管理站内都应颁布、张贴一整套替代舰船损管中心指挥的程序。在选择一支维修队委派其代替损管指挥时，应综合考虑各支维修队在船上的实际位置、每名维修管理站站长的资历经验以及其配备可用的通信设施等因素。

第1维修队(主甲板损管维修队)。由来自甲板的一位官员或海军军士长负责。该维修队由甲板部门的海军军士以及无定级人员如仓库保管员、信息系统技术人员、电工、海军医护兵和海军航空负责部门(在航空母舰上则除外)组成。还可能会要求有一部分的工程军士参与。

航空母舰的机库甲板负责官员负责第 1H 维修队，也被称为飞机仓库损管维修队。该损管维修队是隶属于第 1 维修队的分支维修队。另指定一名官员或海军军士长作为每个飞机仓库的负责助理。第 1H 维修队由海军军士和来自航空评级方面的无定级人员组成。有时还可能要求有一部分的工程和甲板部门军士参加。

第 2 维修队（船首损管维修队）。由一位经过适当培训的官员或海军军士长具体负责。该维修队由甲板部门和工程部门的海军军士如电工、仓库保管员、海军医护兵及其无定级人员组成。

第 3 维修队（船尾损管维修队）。与第 2 损管维修队相同或极其类似。

第 4 维修队（船中损管维修队）。与第 2 损管维修队相同或极其类似。

第 5 维修队（推进装置损管维修队）。由机电工程部门长具体负责。该维修队由电机部门长或资深高级电工人员和工程定级人员中具有主要代表性的人员组成。在分配组成人员至第 5 损管维修队时，应重点考虑其对锅炉舱/机舱接管操作的资格能力而不是该人员在损害管制方面的资格能力。

第 6 维修队（军械损管维修队）。由武备部门的一位官员或海军军士长具体负责。该损管维修队由枪炮军士长、火控技术人员和电工组成。该维修队可再分成船首与船尾两分支队，即第 6A 和 6B 维修队。

第 7 维修队（尾部下甲板与飞行甲板上层建筑损管维修队）。航空母舰会要求配备该损管维修队，甚至对于其他类型的舰船也可能会非常必要。由一位经过适当培训的官员具体负责该维修队。该维修队由来自航空作战部门与工程部门的人员构成，如有必要则还可扩充其他部门的人员。

第 8 维修队（电子设备损管维修队）。由一位操纵调度部门的官员或海军军士长负责。该维修队由电子技术人员、声呐技术人员、射击指挥技术人员以及电工组成。该损管维修队只有在电子损坏管制的监督指挥下才能进行具体损管作业。

航空燃油修理组与迫降防护和救援组。在航空母舰及其他配备有人驾驶直升机的舰船上必须设置该修理组。在航空母舰上，该维修队由一名航空作战部门的官员或海军军士长负责，维修队的组成为航空作战部门人员；而在配备有人驾驶直升机的舰船上，则该维修队的职责指定由有关甲板部门和工程部门承担。

军械处置组。军械处置组由在需要时部署在船上的经过专门培训的人员组成。该组在组织结构和管理体系方面则作为舰船武备部门的一个分支单位处理。军械处置组通常是在舰船武备部门长的指导下进行作业。

损管维修队的一般职责。损管维修队的一般职责需要各维修队之间保持紧密协作。所有损管维修队都负有下列共同职责：

- 维修电气电路与声力电话线路；
- 在没有严重降低维修队损管能力的前提下为受伤人员提供急救，然后将其运送到战斗救护站；

● 探测、辨别和测量牵涉有关放射的剂量和剂量率强度；

● 对有关区域和人员进行检验和测量；若遭受放射污染，则需对其进行消污处理；

● 由于舰船不具备辨别生物战剂的能力，因此应对遭受的生物战剂进行采样，以便将其送到实验室进行化验鉴定；

● 辨别鉴定所使用的化学战剂；

● 对遭受生物或化学袭击感染的区域和人员进行消污处理；

● 控制和扑灭所有各类火灾；

● 正确评估和报告其各自所在区域内的损害破坏范围和程度。此项职责包括以下维护任务。

(1) 显示其损坏情况及纠正破坏或损坏系统所采取措施的图形显示板。

(2) 显示被化学、生物和辐射战剂污染的区域以及标识战斗救护站和防化站的所在位置并标出至该站的安全通道路线的甲板平面图。

(3) 以直观形式显示舰船结构损坏的应急堵漏布告板。

损管维修队的特定职责。损管维修队的具体分管职责如下：

(1) 第 1～第 5 维修队负责维持舰船的稳性和浮力，具体职责如下：

(i) 各损管维修队对自身所处位置的选择须保证自己能够到达舰船的任何位置而需要开启水密关闭设备的数量最少。

(ii) 修复任何结构、关闭设备或其他用以保持水密完整性设备上的损伤破坏。对舱壁和甲板进行相应的支撑、堵漏、焊接和捻缝作业，重置阀门以及封闭或堵塞穿越舰船水密分舱的管系。

(iii) 对液舱、空舱以及在必要时对其他舱室内的液体实施测深、排泄、抽空、防倾覆注水和液体调拨作业。必须熟悉将液体从一位置调运至另一位置所采用的方法工艺及所用的设备。

(iv) 对下列两类用以准确评估船体水下部分损坏的状态显示板进行维护：其中稳性状态显示板(即船舱浸水效应图)是对所有浸水情况、浸水边界、所采取的纠正措施以及对舰船横倾和纵倾影响的直观目视显示；而液体载荷状态显示板则显示所有燃油舱和水舱的当前状况以及每个舱的测深结果，以“米”计。

(2) 第 1～第 4 损管维修队负责维护舰船的结构完整性和操纵性，具体职责如下。

(i) 修理主要和辅助操舵驾驶设施。

(ii) 清除甲板上的遗留残骸以免其妨碍蓄电池、舰船或射击指挥战位的正常运行；将妨碍舵、螺旋桨或舰船侧面的残留物清除；扑灭所有各类火灾。

(iii) 对军用作战系统实施维护并提供应急维修。这类系统包括弹药补给、通风供给、高压与低压空气管路、通信系统、电气系统和冷却水系统。

(iv) 修复损坏应急电源电缆为关键的电气设备提供紧急备用电力。

(v) 根据要求协助迫降防护和救援组的工作。

(vi) 修复水线之上的船体损坏以防止万一损坏进一步发展而导致舰船浸水。

(3) 第5损管维修队负责维护舰船的推进设备,具体职责如下:

(i) 维护主推进装置和锅炉并对其损坏进行维修或隔离。

(ii) 控制、维修或隔离关键系统。必要时可改变关键系统的隔离措施。

(iii) 协助操舵系统的操纵控制和维修。

(iv) 协助通信系统的维修和修理。

(4) 第6损管维修队负责保护军械与弹药舱,其具体职责内容如下:

(i) 对所有的军械装置提供应急修理,包括其部件的供应和更新补充。

(ii) 控制操纵弹药舱喷淋系统和其他武器系统。

(iii) 协助其他损管维修队扑灭弹药舱附近的火灾。

(iv) 协助其他损管维修队进行船体损伤的修复。

(v) 将该损管维修队的控制处所部署在首部弹药舱喷淋系统控制站内。

(vi) 与武器控制指挥、舰船损管中心以及本维修队的其他各分支单位之间保持通信。

(vii) 将计划要实施喷淋的弹药舱与同一区域内周围的其他弹药舱隔离开。

(viii) 就弹药舱的喷淋/注水状态通知舰船损管中心。谨记:除非取得舰长的认可批准,否则禁止对弹药舱采取注水措施。

(5) 航空母舰上的第1损管维修队及其各分队则负责维护主甲板和飞机仓库,具体职责内容如下:

(i) 控制与扑灭火灾。

(ii) 修理其指定分配区域内的设备损坏。

(6) 航空母舰上的第7损管维修队则负责维护尾部下甲板和飞行甲板上层建筑,具体职责内容如下:

(i) 控制与扑灭火灾。

(ii) 修理其指定分配区域内的设备损坏。

(7) 在选定的舰船上第8损管维修队负责维护电子设备。在具有高度复杂电子武器系统的舰船如导弹舰和大型航空母舰上,第8损管维修队须满足下列任务要求:

(i) 维修雷达、无线电通信、电子对抗设施以及所有相关的电子设备。

(ii) 维修射击控制装置。

(iii) 维修声呐设备。

(iv) 扑灭小型的局部电气火灾。

(8) 航空燃油修理组负责维护航空燃油系统,具体职责如下:

(i) 操作、维护与修理所有的航空燃油系统。

(ii) 扑灭火灾。

(9) 迫降防护和救援组则负有如下维护飞行甲板和飞机仓库的职责：

(i) 迅速扑灭飞行甲板上的飞机失火、营救飞机驾驶员并展开飞机救援行动。

(ii) 对飞行甲板上的所有各类设施及其相关设备进行维修。

(iii) 对飞机仓库的所有各类设施及其相关设备进行维修。

(10) 武备部门长负责实施对暴露军械的保护；而飞行部署期间在飞行甲板和机库甲板上的该项保护职责则由飞行官员负责。负责协助行使该项职责的主要单位是爆炸军械处置组，其具体职责如下：

(i) 拆除着火飞机上的军械，或只在要求进行该项操作时卸下飞机上的军械。

(ii) 在必要时安全地投弃军械以免对舰船造成破坏。

损管维修队的特殊组织。特定类型舰船有关部署与职责的特定组织结构说明如下：

(i) 在大型舰船上可将第5损管维修队分成两支分队；每支分队各分配一半工程装置。这种安排布置可使人力和设备得以最大限度的利用，且人员也能更加分散布置。不过，每支维护分队都必须配备有足够数量的合格的工程动力损管和舰船损管人员。

在没有第5损管维修队的小型舰船上，则由型号指挥官指派合适的维修队来承担第5损管维修队的职责(参见表1-1)。

(ii) 在小型航空母舰上，则可将航空燃油修理组与迫降防护和救援组合并为一组。在配备有人驾驶直升机运行的舰船上，甚至还可将上述两修理组合并入船上现有的损管维修队之内。

5) 战斗救护站

大多数舰船都至少配置有两个战斗救护站用于对作战受伤人员进行紧急处理。当然，在扫雷艇等小型舰船上一般仅设一个战斗救护站。在那些设有两个或以上战斗救护站的舰船上，其战斗救护站相互间应适当分散布置。每个战斗救护站的设置都必须方便附近范围内损管维修队的担架手进入。每个战斗救护站的人手配备应由医务部门的主管人员负责从该部门的医务人员中分派指定。另外，战位和战斗救护站内都须配备急救箱或急救包；这些急救箱或急救包内的药品器材由医务部门负责配备。

6) 海上消防队

大多数水面舰船都组织有一支特殊的快速反应消防队，即海上消防队。该消防队有时也被称为“机动小组”。这可以是一支固定常设组织，也可以看做是为特殊损管部署而设立的特别分遣队。上述损管特殊部署包括武器吊运、海上航行补给、直升机运行作业和拖曳作业等。海上消防队具体负责执行以下职责：

(1) 在舰船损管维修队没有就位时对火警作出迅速反应。

(2) 在没有中断、扰乱舰船其他作业的前提下扑灭小型火灾。

(3) 在敏感的关键部位得到切实保障以及战斗部署位置的人员到位并做好准备之前控制火势。

海上消防队可完整并入战斗部署损管组织之内：可以作为一支损管消防队或单位，若人手配备允许的话也可以由各个不同损管消防队的成员组成。

除非舰船已进入战斗部署状态，否则海上消防队对舰船在海上航行时的所有火警都须作出反应。一旦出现火灾而发出火灾警报和全船失火警报，海上消防队就须立即作出持续反应。在战斗部署位置的人员到位之后，相应的损管维修队就可现场接替海上消防队。海上消防队的组织和培训直接由损管助理负责。

表 1-2 所示为海上消防队和港口内消防队的职能与人员配备要求。

表 1-2 海上消防队和港口内消防队的人员配备与职能要求

人员数量	职能
1	损管维修队队长[1]
1	消防调度指挥[2]
1	现场指挥[9]
1	“灭火队”队长[3]
2	“灭火队”消防喷枪操作员
4	“灭火队”拖带灭火水龙带消防员[4]
2	消防栓操作员
2	勘测调查员
4	巡边员[8]
2	传令员/话务员
1	电工人员
1	海军消防员热成像操作员[5*]
1	清道员*
1	防复燃值班员*
1	清查员*
2	烟雾控制员*
1	火灾后测试助理*

续 表

人员数量	职　　能
2	排水人员*
按分配	急救人员[6]*
4	快速反应人员[7]*

注:1. 只有在第Ⅰ类状态期间才需要损管消防队队长行使职责。

2. 在港口内以及海上处于非第Ⅰ类状态期间时需要消防调度指挥行使职责。

3. 在拖带灭火水龙带消防员要求使用海军消防员热成像时才设立“灭火队”队长。如现场指挥确定不需海军消防员热成像,则可由第1号拖带灭火水龙带消防员来担负队长的职责。

4. 拖带灭火水龙带消防员的数量是基于两根1.5 in规格水龙带所需配备的最少人手。根据舱室的布置、水龙带的工作长度以及所使用水龙带的尺寸规格可能会需要配备更多数量的拖带灭火水龙带消防员。

5. 海军消防员热成像操作员的职能可与其他职能合并起来。在最少人员配备时,现场指挥、“灭火队”队长、拖带灭火水龙带消防员、勘测调查员、电工人员、巡边员和清查员都应经受心肺复苏方面的培训。

6. 所有分派人员都应经过实施基本急救和烧伤治疗方面的培训并且至少有一人应经过心肺复苏方面的培训。

7. 在港口内以及海上处于非第Ⅰ类状态期间时需要快速反应消防组。该消防组应由消防调度指挥领导,消防组的其余人员则可由数名指派巡边员和电工人员组成。

8. 一般公认仅四名火警巡边员是不足以设定火灾边界的。此时可从其他地方如港口内值班部门、其他损管维修队或非关键警戒值班处等部门充实人员。

9. 由现场指挥决定在灭火扑救中是采用一根还是多根消防水龙带。

* 表示可由指定分配负责其他职能的人员来行使该职能。

7) 港口内消防队

在舰船位于港口之内时,港口内消防队就行使船上损管维修队的职责。化学、生物和辐射三防军事作业则不属于港口内消防队的正常部署范围。不过,港口内消防队还是应准备处理任何意外事件,因为发生涉及核武器或核反应堆意外事件的可能性是永远存在的。另外,民用化学工厂也有可能发生化学品罐爆炸,从而导致其内化学品泄漏到空气中。但在很大程度上,港口内消防队的职责多数还是与火灾和船体进水有关。

港口内消防队的值班组织结构会因船而异。分配给该消防队的人员数量则取决于每个值班部门内可用的人员数量。有些舰船具有足够的人员,设立6个部门值班并维持一支有效的港口内消防队;其他舰船则可能只保留4个部门值班,以维持一支有效的值班港口内消防队。

任何两个紧急事态都不可能是完全一模一样的。因此,每次相应的纠正措施必然也会有一定的变化。通常消防队内每位成员的职责始终都是保持不变的;然而,有时常会不得不让某位成员承担其他一些职责。例如,在一场消防灭火中消防喷枪操作员受了伤。此时,拖带灭火水龙带的消防员就不得不替代消防喷枪操作员的位置;而如果消防喷枪操作员要撤离火灾现场,则需另外一名成员来替代拖带灭火水龙带消防员。有些人员在火灾、舰船相撞和船体进水事故中的职责都会保持不变。但是,在完全浸没的舱室中是不需要消防员的,所以,此时消防喷枪操作员、拖带灭火水龙带消防员以及其他一些人员就必须改变原来的职责而适应当前出现的紧急事态。下面简述有关消防队内各关键成员的职责与要求。

消防调度指挥。只要有火警发生,消防调度指挥就应直接到火警现场指导快速反应消防组的灭火工作。如火灾已超出快速反应消防组的控制能力,消防调度指挥应将其职责转交给现场指挥并按其指令承担其他职责。这些职责包括:

(1) 作损管维修队的指挥。

(2) 对通信的设立与维护进行监督指导。

(3) 标示、设立边界。

(4) 提供直接后勤支援。消防调度指挥在换由现场指挥负责后就应当担负起一项"重要角色",即特别注意火灾的潜在垂向蔓延趋势。消防调度指挥根据其灾害范围和程度的需要可提出建议另增人员或战斗部署。

现场指挥。现场指挥就是在损管现场具体负责的人员。在火灾得以"控制"后,现场指挥就需立即穿戴好合适的防护设备进入现场,指挥管理消防队的工作。现场指挥接受来自灭火队队长和勘测调查员的报告并按要求传递。现场指挥应当:

(1) 穿戴氧气呼吸器,若有条件配备声频扩音器;

(2) 立即评估火灾涉及范围;

(3) 确定应采用的灭火剂;

(4) 确定扑救灭火的方法和方向;

(5) 应当处于能最有效控制指挥消防队的位置;

(6) 按要求采用最佳方法设立通信,若可行的话采用无线通信;

(7) 在查明情况的基础上确定对消防队防护服的相应要求。

灭火队队长。作为灭火队队长,须对灭火队的扑火或火灾清查工作提供指导。灭火队队长必须清楚受影响处所的布置并清醒地认识到所有的潜在危险。在应用海军消防员热成像时,灭火队队长应负责具体指挥救火队员。对处所内的环境状况判断必须考虑到其内能见度的降低(有时甚至会没有照明,而且经常会充满了烟雾或蒸汽)。灭火队队长应遵循进入火源的特定路线在火灾现场周围直接指挥消防喷枪操作员和拖带灭火水龙带消防员。一旦火灾扑灭之后,灭火队队长就需使用海军消防员热成像设备以观测是否还存在温度过高点并完成整个处所的全面检查。灭火队队长还需负责以大声传话方式将现场状况报告给现场指挥。

勘测调查员。各损管维修间都应指派勘测调查员以确保火灾不会进一步蔓延至现有灾害损坏边界之外。勘测调查员通常都是两两成对作业,沿指定线路行进,并将查明状况报告损管维修间。作为一名勘测调查员，必须确保维护灾害周围的设定边界并确保其不会进一步损坏。勘测调查员甚至可能需要进入封闭处以确定其完整性，因而勘测调查员需携带开启上述处所的工具。勘测调查员必须彻底了解在其负责分配区域内的舰船布置和系统。要具备一个合格勘测调查员的资格，就必须完成通过所要求的资格认证标准。

消防喷枪操作员。作为消防喷枪操作员，具体负责操纵灭火水龙带的喷枪。消防喷枪操作员应由消防灭火队队长通过隔舱指挥灭火。为了保护消防喷枪操作员，要求其佩戴氧气呼吸器。一旦火灾扑灭并设立了防复燃值班警戒之后，喷枪操作员就可投入该处所的清查工作之中。喷枪操作员可着手实施空气测试、排除舱室内的烟雾以及展开对火灾损坏的深入调查等。在进行空气测试时，应由清道员校验该处所内的氧气含量百分比以及是否存在爆炸或有毒气体。喷枪操作员还应具备医护急救、所有消防设备的操作以及火灾的清查程序方面的相应资格。

拖带灭火水龙带消防员。作为拖带灭火水龙带消防员，负有以下几项职责：① 需佩戴氧气呼吸器。② 负责将灭火水龙带从消防栓移动至火灾现场并负责在消防灭火时水龙带不会被堵塞。③ 应尽量使喷枪操作员少承受水龙带的重量并使其尽量松弛，这样喷枪操作员就能更好地操纵消防喷枪。拖带灭火水龙带消防员的其他职责还包括在现场指挥与喷枪操作员之间传递口头信息和命令；在指令要求时，还需承担防复燃值班的职责；在火灾扑灭、经清查并可安全进入之后，消防员应帮忙打扫整理受灾舱室；在万一发生舰船碰撞或船体进水时，消防员则属于船体加固支撑分遣队，负责加强受损舱壁、在船体水密关闭设备出现翘曲时予以支撑以及对在舱壁和管路上出现的漏洞实施封补作业。

消防栓操作员。作为消防栓操作员，专门负责将消防灭火水龙带连接至消防栓上。在发出指令要求而消防喷枪又处于关闭时，需打开消防栓阀门使水龙带注水。此时，消防栓操作员必须密切注视水龙带是否出现水压损失或水龙带破裂情况。若存在水压损失情况，须向现场指挥报告并关上消防栓；若出现水龙带破裂，则须立即关上消防栓，替换掉消防水龙带的破裂段，然后再尽快重新打开消防栓给水龙带注水。消防栓操作员还可能要求从事跨接软管的装配工作或负责设置便携式泵。

电工人员。在发生火警或船体进水时，损管维修队中的电工人员须立即切断至受其灾害影响舱室内的电源。在电源切断之后，电工人员应向现场指挥报告。插上电动潜水泵以及其他所需的任何电气设备的电源、打开通电以及切断其电源等具体工作则都由电工人员负责。损管消防队的其他队员负责装配设置所要使用的设备；但不负责插上该设备的电源、打开通电以及切断电源等方面的工作。一旦灾害损坏得到控制纠正之后，电工人员在有现场指挥指令要求时清查受灾舱室的电气损坏情况。电工人员应尽可能快地完成关键电气系统的修复工作；非关键电气系统则可在以后时间允许时再予以维修。

清道员。如指派分配为清道员，就须负责门和舱口盖的开启并在必要时清理道路以保证进入火灾现场通道畅通。清道员可使用强制手段进入设备，如使用固定扳手、撬棒、门闩切断器和放热型气割炬等。

在灭火水龙带消防员准备进入某一处所时，清道员需先开启门、舱口盖或门孔。很多时候经常不得不要求清道员清理出通道以便消防队进入火灾现场。如舱室已被锁住，则需由清道员来判别该用何种强制进入设备来打开。一旦进入火灾现场之后，除现场指挥要求从事其他工作外，清道员可与消防员待在一起以便在需要时提供帮助。

担架手。如指派分配为担架手，要求其携带损管维修间的急救箱或急救包至灭火现场或在附近等候。如有医务部门人员在场，担架手须协助其组织实施急救；在没有医务部门人员在场时，则须由担架手实施基本的急救护理后协助将受伤人员撤离至船上战斗救护站。

火灾巡边员。只要有火灾报警，火灾巡边员就须立即赶到火灾现场并按消防队队长或消防调度指挥的命令设置主、次火警边界。火警巡边员应负责关闭在火灾区域设定边界内的所有门、舱口盖和开口；按要求将可燃物进行清除或重新部署；按要求用水龙带浇水以使火灾的边界冷却。一般巡边员受在现场巡视的勘测调查员的指导管理并向其报告情况。

在担任火灾期间的火灾边界设定人员时，巡边员需采取一定措施以使舱壁和甲板保持冷却。如有条件的话，一般使用水龙带浇水的方法。另外，也可用桶装水进行擦洗的方法来降温。

在舰船进水时，则将浸水舱室首尾的第一道水密横舱壁设定为浸水边界。在担任浸水期间的边界设定人员时，巡边员必须对其态势发展保持高度的警惕。如发现有关闭设备或接缝开始渗漏或舱壁出现抖动等现象时，则应立即报告现场指挥。

水成膜泡沫灭火站操作员。液膜形成泡沫灭火站操作员须确保对灭火水龙带消防队持续供应灭火所需的水成膜泡沫。操作员必须通晓本船上水成膜泡沫系统的运作，在需要时须对水成膜泡沫柜进行补充。要成为合格的水成膜泡沫灭火站操作员，就必须通过所要求的资格认证标准。

话务员。如指派担任话务员，则须负责向舰船损管中心、损管维修间或其他位置如驾驶桥楼报告。话务员负责操控所在位置处的主管人员与其他位置之间的电话联系。话务员接受其他位置话务员传送来的信息然后将其传递给主管人员。

传令员。如指派担任传令员，则需负责事故灾害现场与损管维修间之间的信息传递。传令员须对本船十分熟悉并清楚如何从一位置到达另一位置。除非是正在将信息带往损管维修间的途中，否则传令员需始终待在现场指挥左右。在将信息从一位置传达至另一位置时，传令员的速度须越快越好，因为现场指挥可能会另有待传令员返回后再传送的信息。

1.2 各级损管人员的职责

作为一名损管人员，其具体工作任务与职责范围包括：

(1) 损管设备与系统在其总体及中间级层面上的维护与检修。

(2) 为损管、舰船稳性、保持水密完整性、消防以及化学、生物和辐射三防而必须予以开展的规划、管理和实施工作。

(3) 对舰艇损管各队的指导和协调。

(4) 对相关人员进行损管与化学、生物和辐射三防技术工艺方面的指导。

(5) 在采购与确保相关供应品和备用零件方面的管理工作和具体执行任务，编制相应记录档案和报告。

1) 损管人员应具备的领导指挥才能

随着级别的提升，损管人员必然也会相应承担更多技术方面的指挥责任。损管人员指挥他人的领导能力尤其关键，因为在舰船受损害情形下损管常常会演变成“人人参加”的一种场面。在这类情形下，损管人员就应处在组织损管工作的关键位置，还应当能够协调指挥其他人员以共同努力成功控制住舰船的损害。由于上述原因，损管人员除要求具备有关损管领域方面的熟练技能和丰富知识外，还必须具备一定的领导才能。

损管成功的关键在于合理的组织和高效的团体协作。必须具备杰出的领导能力才能使各级损管组织各司其职并确保实施有效的团体协作来实现下列损管目标：

(1) 保持或恢复舰船的水密完整性、稳性、机动性和攻击力。

(2) 控制舰船的横倾和纵倾。

(3) 修复器材和设备。

(4) 限制火灾的蔓延并设置对其的隔离与防护。

(5) 限制污染的扩散范围、消除污染并设置对生化战剂或毒气和核辐射的隔离防护。

(6) 照顾船上受伤人员。

2) 损管的基本目标

舰船的损管工作有三个基本目标。这三个目标分别是：

(1) 采取所有可能的预防措施防止损害发生。

(2) 在发生损害时使损害减到最小并限制在局部范围。

(3) 尽可能快地完成紧急修理，恢复设备的工作；照顾受伤人员。

无论所在地区是处于和平时期还是战争时期，损管组织的目标都是相同的。舰船完成其使命任务的能力依赖于该舰船损管组织的有效性。

为达到上述目标，必须完成下列工作：

(1) 保持舰船的稳性、防烟与水密完整性(浮力)。

(2) 维持关键系统的工作能力。

(3) 防止、隔离、扑救、熄灭及消除火灾和爆炸的影响。

(4) 探测、限制及消除化学、生物和辐射污染的影响。

(5) 防止人员伤亡及对伤员实施急救。

(6) 实施快速修理以修复舰船结构损伤和设备损坏。

3) 损管的职责范围

损管有关的职责范围主要包括以下三个方面：

(1) 所有设备、器材、装置与旨在预防或尽量减少损坏并恢复损坏设备和船体的工艺技术的有效结合。

(2) 对常规战争与核、生、化战争的被动防御。

(3) 所能采取的所有主动防御性措施；防止敌方采用军事手段或破坏方式成功实施攻击的防御性措施则除外。

图 1-2 损管队培训情形

4) 损管人员的专业培训

由于损管涉及很多领域，因此对于建立一支有效的应急损管队来说，进行相应培训是十分必要的。完成培训的方式可以有几种：从事损管人员可以经由培训学校、函授课程、在职实习培训、船上培训授课和教学电影来学习完成培训(图1-2)。

(1) 培训学校。

培训学校开设有船上损管、船上消防以及舰载航空消防等培训内容。

(2) 在职实习培训。

实施培训的另一种方式是在职实习培训。这类培训可使得实习培训人员能够在实施日常作业中训练学习；实习培训人员可通过日常作业向同行和主管队长学习他们的专业知识。另外，实习人员还可通过研究相关的文件资料进行自学。

通过应急演习也可完成在职实习培训。这类演习有助于训练应急损管队人员以专业方式来履行其委派的职责；更有助于训练损管队中成员的协同作业能力而成为一个有效的集体。

(3) 损管人员培训材料。

有很多关于损管的有价值的培训材料。下面所列为在此类培训中应熟悉的一些比较重要的材料。

(i) 设备技术手册。损管人员应当查阅所使用设备的技术手册。这些手册可提供关于特定设备件在操作使用、维护和修理方面的信息资料,要求操作某设备的人员应时常使用该设备的技术手册。

(ii)《舰船损管记录簿》。舰船损管记录簿内记录有叙述性信息资料、表格和图片。记录簿内所记录的信息涵盖以下六个方面的主题内容:

(a) 损管系统;

(b) 舰船水密隔舱的划分;

(c) 舰船的管路系统;

(d) 舰船的电力系统;

(e) 舰船的通风系统;

(f) 综述。

(iii)《损管维修队手册》。《损管维修队手册》应包含涉及应急损管通信、舰船损伤应急动力与"对称注水"等方面的损管程序;也应包含有门与舱口盖设置、空调与通风系统以及压缩空气系统方面的损管措施。另外,标准的《损管维修队手册》还应提供下列方面的信息资料:

(a) 列表示出每支损管维修队所负责区域的关键特征,包括如机舱、储藏室、维修管理站的位置和弹药舱等。

(b) 与遭遇空袭、水面袭击、水下袭击、火灾、碰撞以及化学、生物和辐射袭击有关的涉及材料与人员的防护措施。

(c) 调查损害的方法、必要的预防措施和损害报告方法。

(d) 下列目的设备的应用:消防、注水控制、作战中的损坏维修(支撑设备、管路的堵漏修补等)。

(e) 控制化学、生物和辐射污染(监测、报告及器材的污染消除)。

(f) 人员伤亡控制(急救和消毒净化)。

(g) 借助舰船损伤应急动力、应急通信以及可恢复消防总管和弹药舱喷淋系统正常工作的应急接头为关键系统提供应急工作的主要方法和备用方法。

(h) 舰船损管中心的位置、设备布置、通信和人员情况。

(i) 行政指挥管理系统流程图。

(j) 次级损管中心的描述说明。

(k) 损管维修队的人员职责,包括其责任、工作职能和职责,分组(若有的话)及必需的文件资料、照片、损管计划和图表。

在机电部门长和损管助理的协助下由舰长负责确保各自舰船的标准损管维修

队手册内的信息资料是绝对正确的、完整的，而且是最新的。

(iv) 教学训练影片。训练教学影片是非常有效的教学训练工具，尤其是对于真实场景再现分析的纪录片。例如，有一影片就介绍了在舰艇上进行消防救火的实景：影片内的人物并非演员，而是船上的水手正在与一起灾难事故进行搏斗。影片中的人员伤亡都是真实的。这些影片可证明舰船的损害管制是非常严肃的事情，可谓是“人人有责”。

(v) 一般原始培训资料。作为一名损管人员，应了解并通晓舰船的维护与器材管理以及它们的供应与库存控制程序。

1.3 关键人员的损管职责

舰船损管是一种“人人都要参与”的工作，包括从最新招募的船员到船长在内的每个部门的所有人员都必须参与。因而，舰船损管的确也是人人有责。船上所有人员都须明确在损管组织中委派给自己的任务职责并深刻理解其重要性。舰船损害管制的重要性是再怎么强调都不过分的。只有借助可靠的损管控制程序才能使舰船达到必要的战备状态。而损管控制程序则由一位具有影响力的精力充沛的官员来指挥实施，负责指挥的官员必须热爱该项工作、久经考验且意志坚定。

本节主要介绍各个关键职位人员的相关基本职责：

1) 舰长

为了保证自身的命令能够得以完全贯彻执行，舰长必须在平常对其发出命令进行反复的演练。这类演练可以通过有关舰船损管各方面的授课、学校培养和频繁演习来完成。舰长应充分认识到自身舰船的所有薄弱点，包括所有损管设备的不足之处和作用的有限性。对于本身的配额不足和缺陷，则须立即予以纠正。

2) 副舰长

副舰长应就本舰船的损管战备状态向舰长提出建议。主管值班必须对损管的部署非常熟悉，包括对涉及损管的行动予以监督指挥。

副舰长负责确保有关责任人员贯彻执行下列要求：

(1) 进行全船船员参与的舰船损管培训。

(2) 使舰船时刻保持战备状态以随时应对任何会危及舰船的灾难事故和损害。

3) 值更官

值更官是舰船航行戒备值班组人员中的高级官员。作为驾驶桥楼上舰长的主要助手，值更官须履行下列使命与职责：

(1) 做到对舰船情况十分熟悉，这包括其器材的状况和所制订的应对突发事件的具体规程。

（2）清楚在各种不同损管情形下的应对方针或措施选择。

（3）即时分析舰船损害情况并采取及时、积极、有效而恰当的控制措施。

（4）在舰长不在时，替代驾驶操纵舰船。

值更官具备的准确、迅速应对能力将与其本人所受的培训以及对本舰船、损管规程和可用设备的了解熟悉程度直接相关。

4）港口内值班指挥军官

港口内指挥值班军官是由舰长指定任命。该值班军官须具有合格的海上航行指挥能力，在规定时间段内代理主管值班工作。港口内指挥值班军官须履行下列使命与职责：

（1）在港口内时负责完成舰船的日常事务。

（2）副舰长短暂离开时替代履行其职责。

（3）就舰船的全面值班和安全性所涉及的有关事务对值更官提出建议，如有必要的话予以指导。

（4）时刻掌握了解船位并清楚所使用的系泊索或锚泊索具。

（5）了解动力装置及其他方面的状况以免其影响舰船的自身安全和对外警戒安全性。

（6）若出现危险或意外事故，须先采取所有必要的应对措施直至直接指挥系统内的上层官员介入进行指挥为止。

（7）在认为对舰船的安全性有必要时，可撤换值更官并在采取此行动时通报舰长。

5）部门长

只有在船上的所有部门都参与的情况下舰船才能实现充分的损管战备完好状态。由于上述原因，每个部门的主管都须履行下列使命与职责：

（1）确保本部门内的设备器材处于最佳战备状态。由损管助理提供的舱室设备明细表对其设备器材状态有明确的规定。关于损管助理的使命与职责则在后面介绍。

（2）按照现行的计划维修制订实施纲要，对本部门各处实施连续的或定期的检查。

（3）要求部门内的损管设备及属具必须保持按原来的正确位置和操作使用序列设置。

（4）为损管、维修、消防、救援和救生各队以及其他按舰船组织部署表所委派的任务配备人手。

（5）要求固定好本部门的器材和设备以避免在高海况中受到损坏。

（6）要求及时就有关损管标志、装置、属具、设备或器材的任何问题向损管助理报告，并采取措施予以纠正。

（7）协同损管助理进行有关损管事务方面的人员培训。

（8）根据舰船条令准备舰船整装出发或出港执行使命。

6）机电部门长

机电部门长也被认为是损管官员。机电部门长就下列使命与职责向舰长负责：

（1）主推进装置、辅助机械和管系的操作、养护和维修。

（2）损害管制。

（3）发电机与配电线的操作与维护。

（4）损坏船体的修复。

（5）若其他部门内损坏的器材和设备超出了该部门的修理能力但却属工程部门维修范畴，则须对其提供维修服务。

（6）使船体、机械和电气系统维持在舰艇战斗准备状态。

（7）指挥消防灭火。确保舰船消防部署表所配备的人手充足。然后，按照该部署表内的规定来分配和指导人员完成任务。

（8）维护内部通信设备。

（9）控制与恢复受损的动力装置和舰船控制。

（10）所有与海军造船厂作业相关的协调工作，包括对舰船船体或所安装设备进行改装或维修的文件或联系等。

（11）坚持实施计划维修制及其他操作与维护记录。

（12）作为技术助理，协助主管值班贯彻化学、生物和辐射三防条令规程。

（13）提供修理船体和机械所需的舰船设施工具、设备和主要人员。确保能够对其他部门内属于工程部门维修范畴的器材和设备提供维修服务。

（14）根据舰船的实战部署表组织第5维修队（推进）。

（15）监督第5维修队的有关培训演练。

（16）根据舰船实战部署表为其他维修队分配适当的工程定额。

7）损管助理

损管助理专门负责损管事务并对机电部门长负责。其负责的损管工作内容既包括舰船的稳性、横倾和纵倾的控制，也包括消防灭火、修复损坏以及维持化学、生物和辐射三防能力等。

损管助理是行政指挥组织内负责损管事务的总协调人。其具体职责还包括制订舰船损害管制的培训规划大纲。在紧急情况下，损管助理负责对损管问题提出技术建议以及为所有各部门提供协助。在舰船处于战斗部署状态时发生的火灾和其他损害应按战斗受损进行损管处理。此时，损管助理应指挥临近的损管维修队采取补救或纠正措施。在航空母舰飞行甲板或飞机仓库内的舰载飞机或相关设备发生的火灾则由飞行指挥官负责指挥损管维修队实施灭火扑救。

要求损管助理必须履行下列损管职责与使命：

(1) 制订与各损管功能有关而要求各部门协调的命令供舰长签署。

(2) 向培训计划部门递交一份关于全体船员的损管培训科目包括作战损管问题科目在内的培训进度表。

(3) 编制一份损管演练课程提纲并为全体船员的培训提供培训讲师。

(4) 负责为损管维修间及全船上的其他指定位置配备标准损管设备(工具、便携式照明灯和轻便泵等)，并对上述损管设备实施定期检查。

(5) 根据舰船的实战部署表和人员编制文件给各损管维修队委派配备损管人员和船体维修技师。

(6) 在相关部门主管的陪同下对全船实施检查以确保能维持舰船的水密完整性。同时，须确保所有的部门都保持高度的损管战备状态。

(7) 确保其舰船损管主记录簿在一旦舰船进行改装后就能立即更新记录。

(8) 确保损管舱室设备明细表的张贴。

(9) 确保损管标记、路线、损管站和标识在全船范围内予以张贴。

(10) 确保至露天甲板的应急逃生通道予以清晰标记。

(11) 维护舰船损管中心内的相关设施以便于对舰船船体和设备的损坏进行评估并作出消除其损坏影响的决策。另外，还须对各损管维修队进行协调并就损管方面的主要进展报告给舰长。

(12) 规定运送受伤人员至船上战斗救护站的路线通道。

(13) 确保损管组织在任何时候都能使所有意外应急部署表的贯彻实施得到切实有效的保证。

(14) 对任何会降低舰船损管完备性的状况或操作措施向机电部门长通报。

(15) 按照舰船的实战部署表，组织、布置第1,2,3,4和7维修队。

(16) 亲自指挥第1,2,3,4和7维修队和舰船损管中心的培训演练。

(17) 与部门主管协调，确保损管士官完成与其所委派履行职责相应的培训。

(18) 担任或监督指挥除气工程师的工作职责。

(19) 确保每日将船上液体装载状态提供给舰船损管中心和所有损管维修间(以“米”计列出其具体状态)。

8) 损管监理

若任命指派了损管监理，该官员则须履行如下与损管有关的职责与使命：

(1) 监督在舰船处于有效完备性下的所有设备器材的状态。其职责包括检查、维修各类船体系统装置并使其保持最佳的工作状态。

(2) 就所有影响舰船水密完整性、稳性的问题或会影响舰船安全性的其他情况直接向值更官报告。

(3) 就技术控制和影响值班警戒管理等问题向损管助理报告。损管巡逻和专门负责损管维修队的士官如发现情况则应向损管监理报告。

(4) 保留好舰船损害管制的书面记录日志。其值班日志应记录消防总管的每小时压力读数以及在运行的消防泵数量。须对如舰船的起航、锚泊和系泊等都进行编目记录。该日志还应包含如战斗部署、应急演习和设备器材状态的设置、不符报告及所采取的纠正措施等损管的特定组成内容。

(5) 监督损管关闭设备的记录维护情况。列出所有违反了损管规定状态的器材状态和设备。所有条目都应以墨水记录且不允许进行涂抹。如出现差错,则所有的错误都须采用在该错误处划一直线的方式来予以更改并在其附近签上本人的姓名缩写,然后再在下行中记录正确的条目。开启损管关闭设备的日期则必须具体到年、月、日。损管关闭设备的记录页存档保存六个月以上。

其全部记录条目中必须包括以下几个方面的信息:

(i) 申请开启许可人员的姓名。

(ii) 申请开启许可人员的资格级别。

(iii) 开启设备的类型。

(iv) 该设备的标识。

(v) 该设备的类别。

(vi) 该设备开启的时间。

(vii) 估计该设备保持开启状态的时间。

(viii) 该设备关闭的时间。

(ix) 授权同意申请人员的姓名。

(x) 授权同意申请人员的资格级别。

(6) 在每次巡视检查结束之后,损管监理都须从舰船的油料总管处获取一份关于在其巡视期间具体空油舱情况的报告。损管监理在舰船损管记录日志中列出上述空油舱的分隔舱号以及其是否已经加压载。

(7) 损管监理应就舰船的水密完整性状况向值更官每小时报告一次。

(8) 若舰船在航行途中,损管监理应至少每 4 小时进行一次测深和安全警戒巡视并对所有的空舱和隔离舱实施测深并报告结果。在港口内时,应至少每天进行一次测深。另外,损管监理还须巡视检查有关损管完备性方面的各设备器材的状态并报告所采取的改正措施。

(9) 确保取得舰船的吃水资料,如在海上航行的话则可通过计算获取,然后将其结果数值记录在每日 04:00～08:00 时间段的日志条目之内。在进港或离港之前、加注燃料之前后以及在接受补给时或在重新补给弹药时都应获取舰船的逐日吃水资料。

(10) 只要有火警指示板显示任一弹药舱内的温度超过了 105℉时,就须立即通报值更官、损管助理和船上武备部门的负责官员。

(11) 确保损管维修间的万能钥匙仅分配给经审定授权的人员。

(12) 在每天的16:00,要求值更官转述“所有相关分部门都检查损管器材状态的设置是否匹配。检查结果呈报舰船损管中心”。在半小时之后,须保证先前没有呈报的分部门都将检查结果呈报上来。

9) 消防调度指挥

消防调度指挥是机电部门长的一名助理,帮助损管助理进行人员培训和火灾的预防及扑救。消防调度指挥必须全面了解、熟悉下列文件资料:

(1) 除气工程。

(2) 实用损管技术。

(3) 水面舰船消防。

(4) 舰船条令。

(5) 各种设备技术手册。

(6) 舰船相关图纸。

(7) 舰船水密分舱的划分。

消防调度指挥应负责对全船实施日常检查,尤其要特别注意船上内务整理是否合适、消防设备以及火警和消防方面是否存在隐患。消防调度指挥应报告火灾隐患并建议整改措施。上述报告应递交给损管助理并将报告副本递交给主管值班和相关部门的主管。然后,还须进行后续监督检查以确保整改措施得以贯彻落实。

在港口内时,消防调度指挥则负责港口内消防队的指挥监督。在此情形下,消防调度指挥应直接向港口内值班指挥军官报告。

10) 分部主管

分部主管负责其所在处所的外表检查,该主管应尽可能在损害发生之前就采取相应的预防措施。对其职责要求主要有维持舰船的水密和气密完整性、消除火灾隐患以及维护应急装置设备;可通过对分部处所和设备实施日常检验以证实其处于最佳可能状态来完成上述职责。

11) 损管士官

从每个分部部门之内挑选一名资深海军士官任命为该分部的损管士官。损管士官在分部主管士官的领导之下负责本分部的损管职能及相关事务。在正常工作时间之外时,则由值班分部的维护主管在其值班时间内履行损管士官的职责。

每位损管士官都须负责履行和了解下列11项职责与使命:

(1) 了解舰船损害管制、消防灭火和化学、生物和辐射三防程序的所有各个方面的要求。

(2) 就对分部人员在损害管制、消防救火和化学、生物和辐射三防操作程序方面的指导培训给予协助。

(3) 确保为所有分部内处所制备并保管好有关损管方面的舱室设备明细表。

(4) 监督管理本分部处所内规定损管器材状态的设置并作必要的报告。

(5) 对二氧化碳瓶称重、检验与测试损管。

(6) 确保所需的战斗照明灯、固定扳手、活动扳手以及其他损管设备在所有分部处所内都设置到位并保持在有效可使用状态。

(7) 确保所有的舱室、管道、电缆以及损管与消防设备都采用色码正确的刻印或标识。

(8) 确保在其所需的分部处所内张贴有相应的安全防护守则和使用说明书。

(9) 协助分部主管对本分部处所内的清洁度和维护情况进行检查并协助其编制必要的报告。

(10) 就消除火灾隐患方面对本分部处所实施日常检查。

(11) 在监理人员的指导下履行与本分部处所损害管制和维护相关的其他职责。

12) 损管人员

作为一名损管人员,日常工作应与舰船的损害管制息息相关。在日常工作中,损管人员在完成其例行固定工作时还负有预防火灾和预防船体进水的职责。损管人员负有检查和维护损管设备和装置系统的职责。损管人员刚开始从事本职时,一般会先被委派至一支应急损管维修队工作。损管人员必须要求自己熟悉本舰船各系统和涉及舰船损害管制的各个方面。这样,最终损管人员就可逐步具备担任应急损管维修队现场指挥的资格。同时,还要求损管人员帮助训练其他的损管有关人员。尽管舰船的损害管制是一种涉及“人人有责”的工作,但损管人员团体却是将舰船的损管战备性能保持在其最佳可能水平的最终保证。

1.4 损管的行政管理文档

目前在船上业已形成了有效完善的舰船损害管制系统的各种条文规定,包括各种部署表、方案、报告和程序。对其行政管理的各类要求如下:

1) 部署表与指令

有各种各样的舰船部署表用于指导管理船上人员在特定环境下的具体行动。这就可能要求必须为其行政管理系统提供输入,以保证在其损管部署中相应配备最有资格的人员。

2) 实战部署表

舰船的实战部署表须根据舰船的自身特点配合战斗组成体系进行修改。在对实战部署表进行更新时,还可能需要给操纵调度部门提供信息。

3）营救与援助部署表

营救与援助部署表组织值班部门或全船的合格人员对本船之外实施应急援助。舰船的安全警戒必须维持在适当的标准。舰船的营救与援助部署表应在主管值班的指挥管理下由本船的机电部门长负责。

4）冬季部署表

冬季部署表用于使舰船做好准备在冬季运行。该部署表由主管值班负责，主管值班应提供指导督促以便为舰船的冬季部署配置而做好全面准备。

5）有毒气体控制部署表

有毒气体控制部署表详细规定了控制与使有毒气体危害最小化的具体规程并分配了相应人员的使命与职责。该部署表由损管助理负责实施。

6）舰船灯火管制部署表

舰船灯火管制部署表用于确保一旦命令舰船进入灯火管制状态，通过相关各分部门就可将所有标志为“DOG ZEBRA”分类的设备装置都关闭。损管助理应指派相关分部有关维护与关闭“DOG ZEBRA”分类设备装置的职责。该部署表由损管助理负责。

7）工程部门培训记录

培训记录必须保持以绝对最简洁的方式记录，仅需能够显示已完成的培训和有待实施的培训即可。关于个人的培训记录，则一旦分配到某一单位内，该单位就应留有其培训记录。

8）损管重要事件监控记录

在舰船的整个寿命期内随船所携带的技术文件都必须维持随时更新。因为在舰船的全寿命期间，很有可能会进行设备更换甚至舱室或系统整个改装。上述变更情况都必须记录在文件内，以便于其他的海军作业单位能清楚这些变更情况，从而确保为其所涉及的系统或设备提供适当的支撑。

9）主舱室设备明细表

每艘舰船在其建造之时就已编制形成自己的主舱室设备明细表。舰船的每个舱室内都应配备舱室设备明细表，以提供舱室内所有装置的相关信息。损管助理应持有一份主舱室设备明细表的主记录簿，如果已经计算机化，则损管助理还应留有一份备份盘。

10）报告

在舰船损害管制的行政管理中所采用的报告有三类：分别为《损坏报告书》、《损坏纠正报告》和《损管设备测试与检验报告》。

11）《损坏报告书》

如出现在 48 h 之内不能纠正修复且其会降低舰船执行任务使命能力的重大设备损坏或故障情况时应递交《损坏报告书》。

12)《损坏纠正报告》

《损坏纠正报告》是指损坏的设备恢复正常工作状态时递交的报告。该报告应尽可能在其损坏纠正修复后立即递交。

13)《损管设备测试与检验报告》

维护与器材管理计划大纲要求对损管设备进行测试并编制检验报告。经由对维修信息的记录作分析之后，这些措施可明显提高其系统与设备的可靠性。

14) 实施纲要

以下几个实施纲要会对损管实效起到一定的支撑作用。每位涉及的损管人员都直接、或作为监理指挥而对这些实施纲要负有一定的职责。在这些实施纲要中最有可能涉及的分别是《质量保证实施纲要》(包括检验、报告与核查)、《听觉保护实施纲要》和《防热负荷疲劳实施纲要》等。

(1)《质量保证实施纲要》。

《质量保证实施纲要》对于是否能满足舰船损坏管制要求是非常关键的。本书就其实际操作或可能经常要求予以实施或完成的控制操作程序作一介绍。

(i) 检验与报告。《质量保证实施纲要》的一整套实际操作程序已考虑了所有适用于特定维护任务的要求；也就是说，其提供了在满足技术要求的同时能安全完成操作的规划程序。实施该纲要确保了在开始工作之前就能明确其作业的全部操作内容、先决条件和所需的准备工作。在完成全部工作及设备经过测试并恢复正常工作之后就应以文件形式记录下来。

平时检验控制的整套程序则由一套实际操作规程和各类质量保证表格组成。这些都是用于确保实施纲要的贯彻执行。包括其作业的审批认可、使用正确的器材以及临界技术条件等，此类要求须予以满足才能圆满完成所需的测试。

(ii) 质量保证核查。核查是一种就完成的作业记录与其要求进行对比以确保质量保证纲要得以贯彻实施的措施。舰船部队所采用的核查有以下两类：

(a) 纵式核查。这类核查通过对用于维修期间及之后其系统/构件的担保或再担保文件的检查而将一项作业或任务的所有各个方面都纳入考查范围之内。这样，对该任务的核查不仅会从其开始一直追踪到结束为止，而且还对其技术数据和所采用部件的有效性都进行了查证核实。因此，这类核查可能会对其作业任务的任一方面(如人员的培训和资格认证、技术和生产要求、清洁度或器材控制等)都进行检查。

(b) 横式核查。这类核查则通常偏重于质量保证实施纲要的某一特定区域或方面(如重新登记控制、焊接法、培训、资格认证或测试等)。这类核查注重的是其某个特定区域，而不会如纵式核查那样从头至尾地彻底追踪一项作业任务。

(2)《听觉保护实施纲要》。

听力损失问题已成为并将继续成为一个日益关注的重要问题。对《听觉保护实施纲要》的监控则是安全官员的职责。安全官员的具体职责有下列方面：

(a) 确保对实施纲要的执行情况及其效果进行评估。

(b) 保持对噪声危害源区域和设备进行记录并张贴所有记录。

(c) 在设置有噪声级测试室的舰船上，需每年对该测试室进行认证并培训相应的噪声测试技术人员。

(3)《防热负荷疲劳实施纲要》。

《防热负荷疲劳实施纲要》确立了海军关于控制人员暴露在热负荷下的策略和实施规程。热负荷是指凡在调节身体体温方面会对身体形成负荷的各因素如气温、热辐射、湿度、通风情况以及工作量等的组合影响。对该实施纲要执行情况的监控同样也是由安全官员负责。

小　结

本章就舰船的损害管制向大家作了简单的介绍。探讨了在舰船的损管组织结构中个体人员的职责和培训用的资料来源；还介绍了各类会牵涉相关人员职责的行政管理实施纲要。下面章节将逐一介绍在舰船损害管制中所采用的设备、装置系统和操作规程。谨记：舰船损管控制涉及的工作“人人有责”。不过，绝大多数的设备和系统都是由损管人员维护的。

第 2 章　损管通信

舰船在事故灾害状态下，损管通信系统对于舰艇生存是至关重要的。此时，所有损管维修队都须向舰船损管中心报告使其知晓其各自分辖区域内的损坏状况。同时，每支损管维修队也需监听来自所有其他损管维修队的损坏状况报告。这样，如果舰船损管中心遭受战斗破坏，则各支损管维修队就可通过监听上述损坏报告来分担舰船损管中心的使命职责。如无法维持充分的损管通信联系，则全船的损管组织系统就会迅速崩溃从而也就不能再发挥其主要职责。

损管通信可采用下列方式：

(1) 声力作战电话网络。

(2) 内部双向通信(对讲电话)。

(3) 舰内日用电话。

(4) 舰船的全船广播系统。

(5) 综合语音通信系统。

(6) 传话管。

(7) 传令员。

(8) 无线电通信。

作为一名损管人员，必须熟悉自身舰船上损管组织系统所采用的所有通信系统。本章就各种不同的通信方式予以探讨。不过，本章所给出的信息从本质上讲应视为一般性信息，并不能适用于所有型号的舰船。

1) 作战电话网络

作战电话网络是一种声力电话网络。因此，该电话网络不需外接电源。声力电话的话筒会将声波自动转换成电能；而其电话听筒则将该电能再转换回相应的声波。

各声力线路可提供在某些指定位置之间的通信。每个声力线路都是由一根或数根线路连接数个插座出口组成。声力线路可以是直接连接，也可以是经由中间设备如交换台、转换开关盒或转接开关后再连接。其中有些关键线路会与其他线路交叉连接。

作战电话网络由5类线路组成,分别为主线路、辅线路、附设线路、应急线路和综合线路。声力电话也可按其控制的类型分类如下:

(1) 交换台式线路,经由中央位置处的交换台实施控制。

(2) 转换开关盒式线路,经由设在对其线路实施运行控制的站点位置内的转换开关盒予以控制。

(3) 串式线路,所有的站点位置都为并行连接,无交接转换设置。

舰船作战电话网络的主线路、辅线路和附设线路均为永久性铺设。上述线路在全船的许多关键位置都设有插座。舰船作战电话网络的应急线路为串式布置线路,配备有永久性安装的配线箱;而那些"临时救急用的综合线路"则存放在卷筒上,从声力电话配线箱排成一列连接至事故灾害现场。

2) 主线路

在各舰船的声力作战电话网络系统内所采用的主线路数量会有一定的变化。通常,所在舰船的主尺度和类型决定了其线路的选定。此处所探讨的主线路一般都为大型战斗舰艇上所有,小型舰船上并不一定会设立所有这些线路。另外,此处所介绍的线路仅是在损管通信中特别重要的那些线路。

其中,"2JZ电路"线路是损管和稳性控制线路。该线路用于提供舰船损管中心、机舱、损管维修间、武备控制中心和其他关键站点位置之间的主要通信。每路损管维修队线路都会在舰船损管中心设置一个插座。可通过选择开关、单独配线箱或将两者结合起来连接这些线路。应优先采用后面一种布线形式,因为这样可允许每条线路都配备有单独的话务员。在结合采用选择开关和单独配线箱时,"2JZ电路"线路应最好用作去话线路,从舰船损管中心将信息和指令传输给各损管维修队;而各损管维修队单独线路则相应成为至舰船损管中心的输入线路。这样,损管助理就可通过任何损管维修队单独线路上的全部信息来接收信息或指挥命令采取损管措施。

在损管维修队单独线路只有经过选择开关接入舰船损管中心或在没有设置单独的话务员时,上述系统必须倒转过来使"2JZ电路"线路成为信息输入路线。这样,损管维修队单独线路只能接收专门发给该维修队的那部分信息或指令,就会妨碍损管维修队队长接收发送给其他维修队的全部信息。

在小型舰船上,则可能只有单独线路可供使用。在此情况下,输入和输出信息之间必须进行切换转让。而且,还有可能该线路不是主损管线路或完全不是损管用线路。其主控制站必须设立对该线路的控制,这样才能保证通信流向的程序。任何时候都绝不允许该线路脱离控制,否则在超过一个以上的站点取得优先权时就会出现串话现象。控制站必须随时能够清空话务线路并一旦出现需求时即能设定其通信优先权。

"3JZ电路"线路则提供第1损管维修队与舰船损管中心、预备舰船损管中心、干舷部战斗救护站以及与第 1 损管维修队有关的所有单位巡逻站之间的通信联系。

“4JZ 电路”线路用于提供第 2 损管维修队与舰船损管中心、预备舰船损管中心、船首战斗救护站、船首机电工程舱室的所有单位巡逻站、消防泵管理员(航空母舰除外)以及雾剂泡沫注射站(仅在航空母舰上设置)之间的通信联系。

“5JZ 电路”线路用于提供第 3 损管维修队与舰船损管中心、预备舰船损管中心、船尾战斗救护站、与第 3 损管维修队有关的所有单位巡逻站、船尾机电工程舱室的遥控阀控制站、消防泵管理员(航空母舰除外)以及雾剂泡沫注射站(仅在航空母舰上设置)之间的通信联系。

“6JZ 电路”线路用于提供第 4 损管维修队与舰船损管中心、预备舰船损管中心、船中战斗救护站、与第 4 损管维修队有关的所有单位巡逻站、船中机电工程舱室的遥控阀控制站、消防泵管理员(航空母舰除外)以及雾剂泡沫注射站(仅在航空母舰上设置)之间的通信联系。

“7JZ 电路”线路用于提供第 5 损管维修队与舰船损管中心、预备舰船损管中心、机舱、锅炉舱以及与第 5 损管维修队有关的所有单位巡逻站之间的通信联系。

“8JZ 电路”线路用于提供第 8 损管维修队与舰船损管中心，预备舰船损管中心，主、副飞行控制，辅助飞行控制以及与第 8 损管维修队有关的所有单位巡逻站之间的通信联系。

“9JZ 电路”线路用于提供第 6F 船首损管维修队与舰船损管中心、预备舰船损管中心、枪炮控制中心、喷淋远程遥控站以及所有手动喷淋阀控制装置之间的通信联系。

“10JZ 电路”线路用于提供第 6F 船尾损管维修队与舰船损管中心、预备舰船损管中心、枪炮控制中心、喷淋远程遥控站以及所有手动喷淋阀控制装置之间的通信联系。

“12JZ 电路”线路设计在万一发生损害时用作消防泵控制和消防总管压力维持的操作指令通信线路。在如舰船损管中心、预备舰船损管中心、各火灾位置和机库甲板照明控制站以及各消防泵的管理员等部位之间应设置相应的通信设施。

“JA 电路”线路则是舰长的作战通信网络。该网络提供诸如露天桥楼、驾驶室、舰长作战控制中心、预备指挥所、作战情报中心、枪炮控制中心、防空指挥台、武备控制中心、中央炮火控制室、舰船损管中心、预备舰船损管中心以及编队指挥官作战控制中心之间的通信联系。

3) 辅线路

大多数舰船都设有辅线路，用作主线路的备份。辅线路的布线应尽可能远离主线路布线铺设，这样有助于尽量降低主、辅线路同时都不能使用的危险。在线路标志符前有“X”表示该线路为声力辅助线路。譬如，辅线路“X2JZ”与“X1JV”就是声力线路。

4）附设线路

附设线路是指有其本身主要功能的主线路，但在该类线路同时也作损管通信用时，这些线路可视为其附设线路。下列主线路在作舰船损管目的用时即为典型的附设线路。

“3JG 电路”线路提供诸如主、副飞行控制，飞行和机库甲板控制站，机库和尾部下甲板通道上的各飞机润滑油站，飞行甲板舱面人员休息站以及润滑油泵管理员之间的通信联系。

“4JG 电路”线路设计用作大容量航空汽油系统和喷气推进（JP－5）燃料系统各要素的监控通信线路。在诸如飞行甲板指挥控制站、舰船损管中心、预备舰船损管中心、首尾汽油泵和操纵室（或汽油控制室）以及航空汽油加油站等部位之间应设置相应的通信设施。

“1JV 电路” 线路则为操纵和进坞通信线路。该线路用于提供驾驶室、露天桥楼、预备指挥所、舰船损管中心、机舱、应急站、舵机舱、陀螺罗经室、主罗经、首尾雾障警戒以及各个舰队装卸与海上转运操作站之间的通信联系。

“2JV 电路”线路为主机的工程损管通信线路。该线路用于提供舰船损管中心、所有主推进机的主操纵阀控制台、辅机舱、制冷装置舱、空调机械舱、各尾轴隧和第 5 损管维修队之间的通信联系。

“3JV 电路”线路为锅炉的工程损管通信线路。该线路用于提供各锅炉控制台、各主给水泵和给水增压泵、锅炉蒸汽警戒值班、舰船损管中心、控制机舱、辅助控制机舱以及第 5 损管维修队之间的通信联系。

“4JV 电路”线路为舰船燃料与稳性的工程损管通信线路。该线路用于提供舰船损管中心、监管机舱的油料总监、预备舰船损管中心、第 5 损管维修队、燃油输送泵、燃油总管以及测深管之间的通信联系。

“5JV 电路”线路则是用于提供各舰船使用功率开关设备组、各负载中心配电盘、各应急电力配电盘、集成电路（IC）/ 陀螺罗经室、炮塔电源切换面板、舰船损管中心、预备舰船损管中心、第 5 损管维修队与舵机舱之间通信联系的工程损管线路。

“JL 电路”线路则用于水面和空中观察警戒。该线路主要用于将来自观察哨所的报告传递给舰长、枪炮部门长和作战情报中心。由于观察哨所设置于舰船最上层，因此可帮助确定高射炮弹和炸弹所造成破坏的位置。

5）应急线路

应急线路是一旦主线路出现损坏后可提供重建通信的一种手段。与损管人员相关的主要备用声力线路是“X40J”损害管制通信电路。“X40J”线路可在主线路发生灾害事故之后提供甲板下船舱内各通信站之间的便携式应急通信。永久性装设在甲板下船舱内站点构成应急回路的插座之间的通信则采用便携式插接导线。甲板下船舱内站点通常都设置在锅炉舱、机舱、前后集成电路(IC)室、应急发电机舱、舰船损管中心和舵机舱内。这些站点都设有独立的单组配电箱。这些配电箱都为永久性装设,并与甲板上单独的四组配电箱相连接。四组插座的线路则采用并联而非互联方式。

损管维修间应配备便携式配电箱和两导线绞合电缆。一般这些都被视为是临时救急装备。这些临时救急装备可用于将单独的"X40J"线路连接至主、辅工作线路甚至直接连接至驾驶桥楼。

6) 综合线路

有数种综合线路可供将有直接影响的信息传送给损管站。这些线路包括船体进水警告、船体吃水遥示器和安全警告线路。并非所有的综合线路都可传送语音信息,其中有些线路只能用于传送具有特定含义的警告信号。损管人员在执行日常职责中必须熟悉本船上的大多数综合电路。

7) 内部通信系统

内部通信系统("4MC"线路)可在舰船损管中心与各损管维修间之间提供快捷、可靠的双向通信联系。通过在各处使用外设扬声器还可供各损管维修间对其单位巡逻站实行单向联系通信。

8) 船内日用电话

在损管维修间内或附近装设有电话机时,很多舰船都会采用船内日用电话作为舰船的损管通信方式。船内日用电话都采用统一的标准电话机,要么是拨盘式,要么就是按钮式。而且,船上的大多数舱室内都会设有一台电话机。不过,千万不要太依赖于该通信方式。因为这毕竟不属于固定作战系统部分,在作战行动中很容易被损坏而不能使用。

9) 舰船的全船广播系统(1MC 线路)

对损管人员最具影响的通信线路是标识为 1MC 的全船广播系统。1MC 线路用于定期向全船船员传递发布信息。由于其信息能够向全船传递,因此该线路也会用作另一类的舰船损管通信工具。

1MC 线路仅应用于传送涉及舰船全部人员的警告或关键信息。如其信息不涉及全船且有其他通信方式可供应用,则禁止使用 1MC 线路。

10) 通信用纸

在损管组织内传递信息的另一种方式是手写信息。为了使这种通信方法标准化,损管人员应采用预打印的通信用纸(图 2-1)。将信息全都逐字逐词地写下来会花费不必要的时间。因此,为了加快信息的编写,损管人员应使用标准损管缩写术语(图 2-2)和标准损管符号(图 2-3)。在本非寄宿制培训课程(NRTC)的附录III 内收录有关于损管标准符号的详细列表。

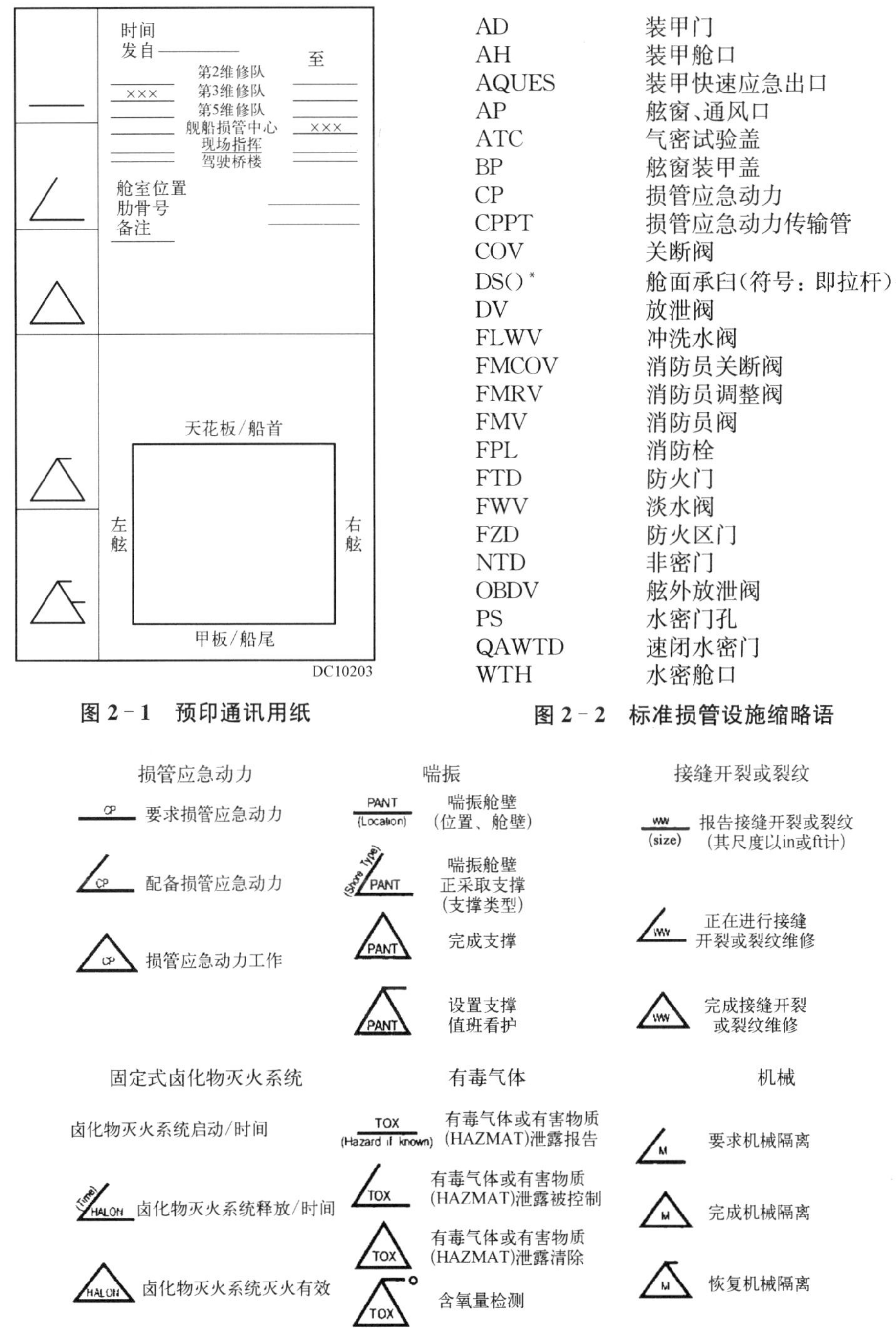

图 2-1 预印通讯用纸

AD	装甲门
AH	装甲舱口
AQUES	装甲快速应急出口
AP	舷窗、通风口
ATC	气密试验盖
BP	舷窗装甲盖
CP	损管应急动力
CPPT	损管应急动力传输管
COV	关断阀
DS()*	舱面承臼(符号：即拉杆)*
DV	放泄阀
FLWV	冲洗水阀
FMCOV	消防员关断阀
FMRV	消防员调整阀
FMV	消防员阀
FPL	消防栓
FTD	防火门
FWV	淡水阀
FZD	防火区门
NTD	非密门
OBDV	舷外放泄阀
PS	水密门孔
QAWTD	速闭水密门
WTH	水密舱口

图 2-2 标准损管设施缩略语

图 2-3 海军标准损管符号示图

11）传令员

传令员的职责就是传递命令和信息。通常，这些信息都是在火灾现场和损管维修间之间传递，如在港口内的话还包括在尾甲板之间传递。手写的信息永远都比口头信息来得更可靠，不过，传令员还是应接受专门训练以丝毫无误地传递口头信息。

12）通信维护

如是损管维修队的成员，则必须了解并会使用所有可用的通信方法。这包括在必要时将正常损管通信方式切换至备用通信方式的能力。应经常进行损管通信方面的演练；在演练中有些线路应在不经警告就予以切断以考验损管人员在紧急事态下维护损管通信的能力。

如负责维护通信控制，则须妥善设定对各损管部位的指挥接替。这样，一旦舰船损管中心被破坏或其他原因而不能正常工作，相应的接替指挥部门就应立即投入运行。舰船的《损管维修队操作条令》内规定了所有舰船的接替指挥序列，并将该指挥序列张贴在每个损管维修间内。

损管演练有助于确立损管的接替指挥链。在演练中，舰船损管中心可模拟无法运作而不予应答。这样可考验指定承担接替指挥的损管维修队站的指挥组织结构和程序。实施指挥的损管维修队应就其已接替损管指挥之事通知其他所有的损管维修队、舰长和主机控制部门。应反复进行该演练程序直至所有的损管维修队都能接替指挥并能妥善地实施损管指挥。舰船损管中心则可在任何时候都能通过呼叫“现正由舰船损管中心实施指挥”并在接到相应的确认来恢复损管的控制指挥。

在上述演练中，应强调所有损管维修队都必须保持由舰船损管中心发给的全部信息和命令记录。因为在由其中一支损管维修队接替舰船损管中心之后，必须要清楚其他损管站正在处理应对的事故灾害内容。

在全船遭受多处袭击或有许多灾害事故时，就会凸显损管通信的困难。在这种情况下，通常所有的损管维修队都会同时设法向舰船损管中心发送有关损管信息。此时除非采取妥善控制，否则通信线路就会陷入过载而出现阻塞；因此，应设立各类信息处理的优先秩序。所有损管维修队队员都应清楚相关信息的优先秩序，从而保证应优先发送那些含有关键情报的信息以及要求其他损管维修队立即采取措施的信息；其次再安排发送其他重要信息或报告。至于那些例行信息或相对不重要的信息，则应在通信线路空闲后再进行传送。

13）信息传输

很明显，在损管现场的维修队队员处在提供关于灾害事故准确信息的最佳位置。然而，如损管维修队不了解怎样正确传输信息，整个的损管组织则有可能会崩溃。

损管维修队在初始报告内应附有损害的地点位置和性质说明。在随后的报告中则应提供有关损害范围、修复损害所采取的措施以及所需协助(如有的话)等方面的信息。上述对损管维修队传输信息给舰船损管中心的一般指导方针适用于所有的口头传讯和书面通信。

试分析下面一系列报告。这些报告所涉及的都是有关在一场演习中由于炸弹或炮火袭击而导致其生活舱室着火方面的内容。在演习中设定该舰船处于战斗部署状态。这些报告都是采用通讯用纸的报告。不过,即使是通过损管通信线路进行口头报告,也要求必须具备相同的信息内容。

其中,第一份通信用纸(图 2-4)是由第 3 损管维修队向舰船损管中心发出的报告;该信息为“WTD 2-130-2 H/J”,意思是指标号为 2-130-2 的水密门发烫且堵塞。

第二份书面信息是由第 3 损管维修队向舰船损管中心发出的损管进程报告,如图 2-5 所示,表示为使该水密门能开启而正在采取修复措施以冷却水密门并排除堵塞。

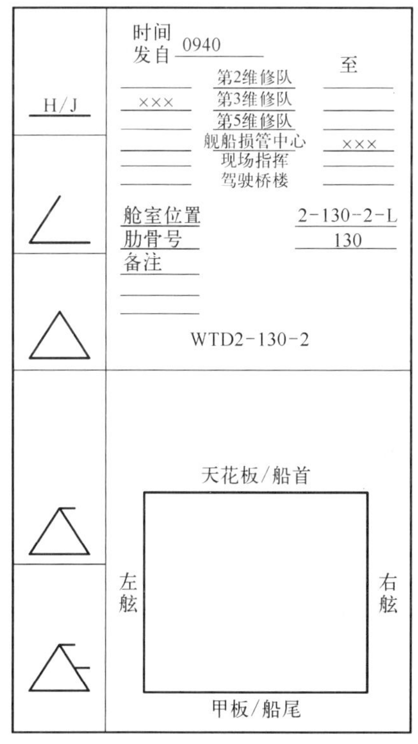

图 2-4 第一份报告的信息示样

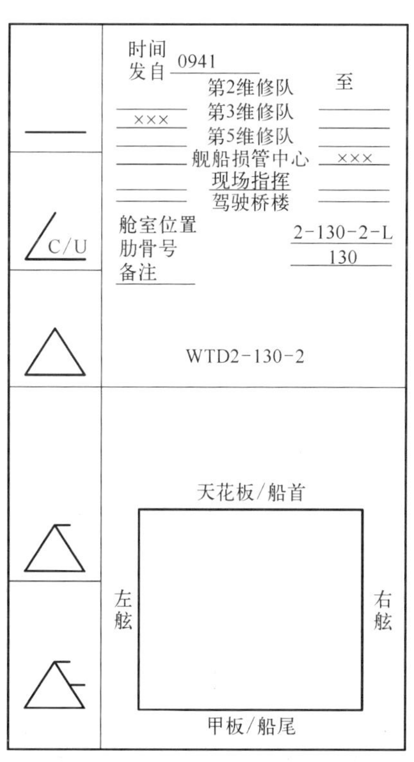

图 2-5 第二份报告的信息示样

第三份书面信息是由第 3 损管维修队向舰船损管中心发出的内容为

“WTD 2－130－2 C/U”(即表示该水密门已冷却并排除堵塞)的报告,如图 2－6 所示。

第四份信息为由第 3 损管维修队向舰船损管中心发出的内容为“标号 2－130－2－L 舱室 ALFA 级火警”的报告,如图 2－7 所示。

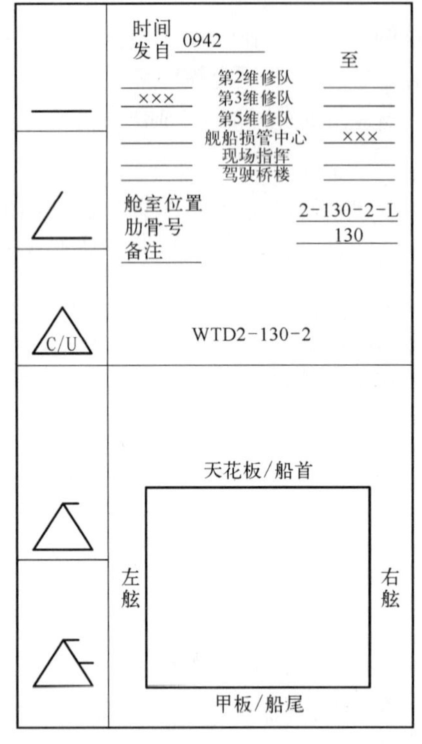

图 2－6 第三份报告的信息示样

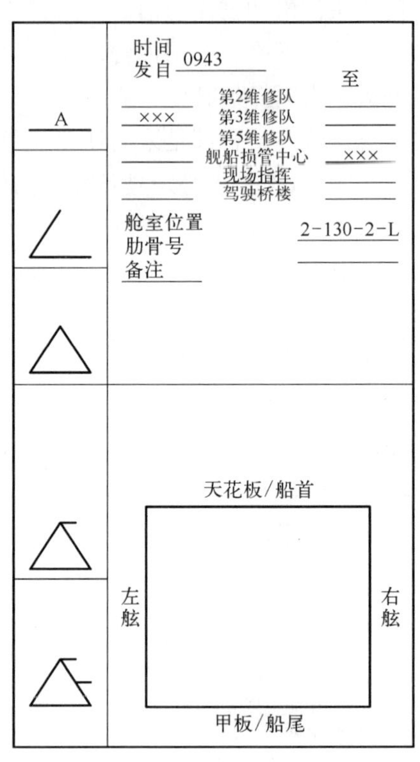

图 2－7 第四份报告的信息示样

第五份信息为由第 3 损管维修队向舰船损管中心发出的内容为“标号 2－130－2－L 舱室 ALFA 级火势被控制”的报告,如图 2－8 所示。

第六份信息为由第 3 损管维修队向舰船损管中心发出的内容为“标号 2－130－2－L 舱室 ALFA 级火灾已扑灭”的报告,如图 2－9 所示。

第七份信息为由第 3 损管维修队向舰船损管中心发出的内容为“标号 2－130－2－L 舱室由×××设置防复燃警戒”的报告,如图 2－10 所示。

第八份信息(图 2－11)则为由第 3 损管维修队向舰船损管中心发出的内容为标号 2－130－2－L 舱室已经过空气测试显示其内存在足够的氧气且没有爆炸性气体的报告。只有在证实其内具有足够的氧气且不存在爆炸性气体之后,相关损管人员才可脱下所戴的氧气呼吸器。

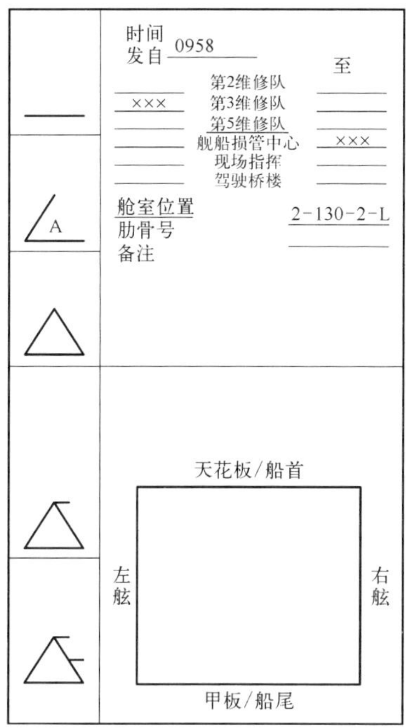

图2-8 第五份报告的信息示样

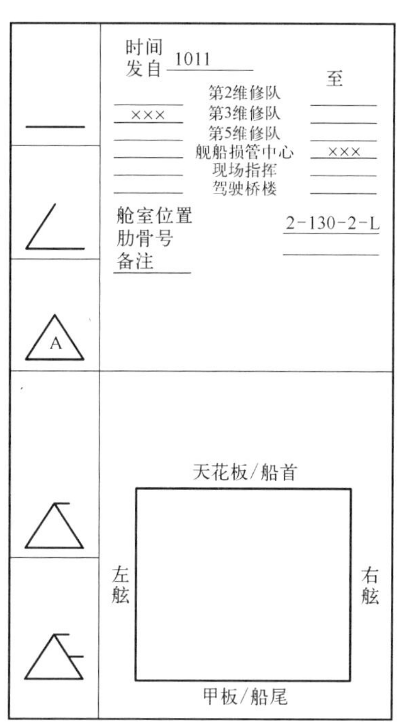

图2-9 第六份报告的信息示样

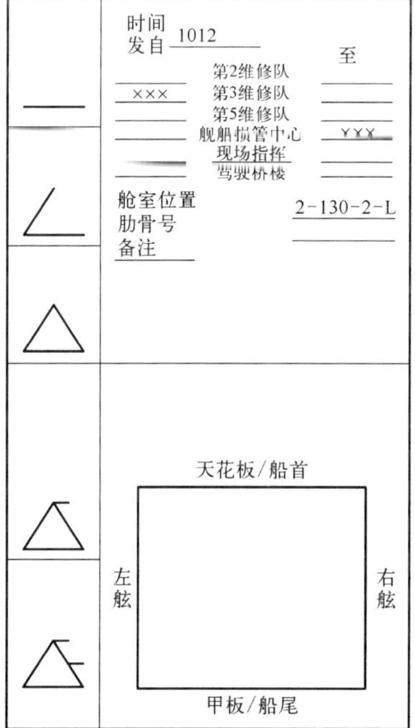

图2-10 第七份报告的信息示样

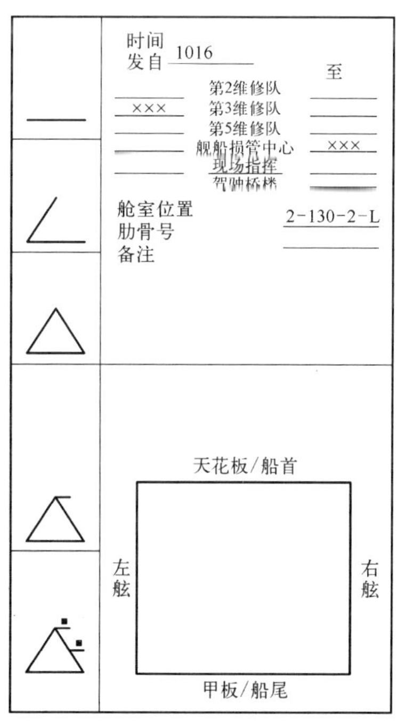

图2-11 第八份报告的信息示样

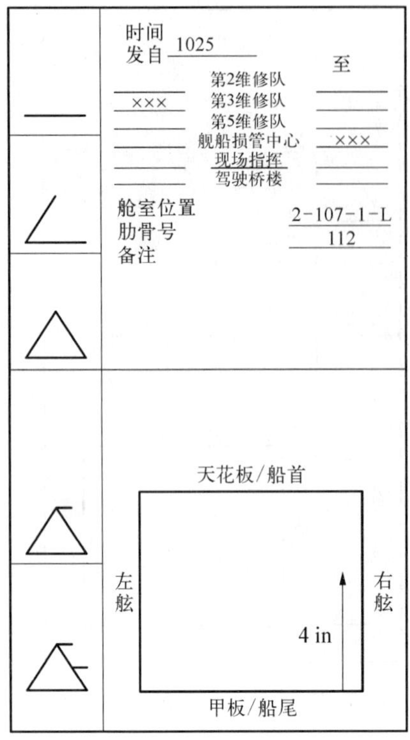

图 2-12 报告一船体破洞尺寸和位置的信息示样

还可要求其提供其他的相关报告，如人员伤亡、电气损害、周围区域的调查、烟雾排除情况、排水、消防总管爆裂、支撑以及舱室检修等方面的报告。在所有上述报告中，都应尽可能准确指明其损害内容，这样舰船损管中心才能了解损管的全面态势。譬如，不应仅报告"标号 2-107-1-L 舱室内有破洞"，而应按如下报告："标号 2-107-1-L 舱室内右舷侧 112 号肋骨离甲板 4 英尺处有一直径为 8 英寸的破洞"，如图 2-12 所示。像这样的具体信息才能给舰船损管中心一个关于其损害的清晰明确的认识。

14) 损管图表与蓝图

作为一名损管人员，须经常使用各种不同的船上图表和蓝图。舰船完工图纸(蓝图)和等角投影损管图表是损管人员最为常用的损管图。

除懂得如何阅读图纸之外，损管人员还应清楚如何查找相应图纸的所在位置。随船所带的图纸有时也称为舰船完工图纸或舰船蓝图，一般收录在《舰船图纸目录》内。《舰船图纸目录》则一般保存在工程部门办公室(工程日志室)内。

随船所带的图纸都按数字排列顺序进行文件归档。在大多数舰船上，这类图纸都保存在工程日志室内的文件柜中；但在军舰、供应船和修理船上，则也有可能会归档保存在其技术图书馆或缩微胶卷图书馆内。尽管损管人员有可能会为损管目的而使用蓝图或图纸，但主要使用的还是如图 2-13 所示的等角投影损管图表。此类图表都是三维图，其绘制和提供都必须符合有关要求。

要准确阅读这类图表，损管人员就需熟悉认识其采用的标准符号。图 2-14 所列就是其中一些符号。每张图表上都会附有一张标识对照表，用于标识在该图表内所采用的符号。通常，图内的不同系统是以不同的颜色绘制而成的，这样可使各系统之间更易于辨别。

没有收录在《舰船损管记录簿》内的等角投影损管图表通常都采用塑封。这些塑封图表存放在专用的柜子内，尔后设置在舰船损管中心和各损管维修间内。在事故灾害期间，可使用这些图表标示出损害的位置并提供事故的全面概况以便其进行协调。

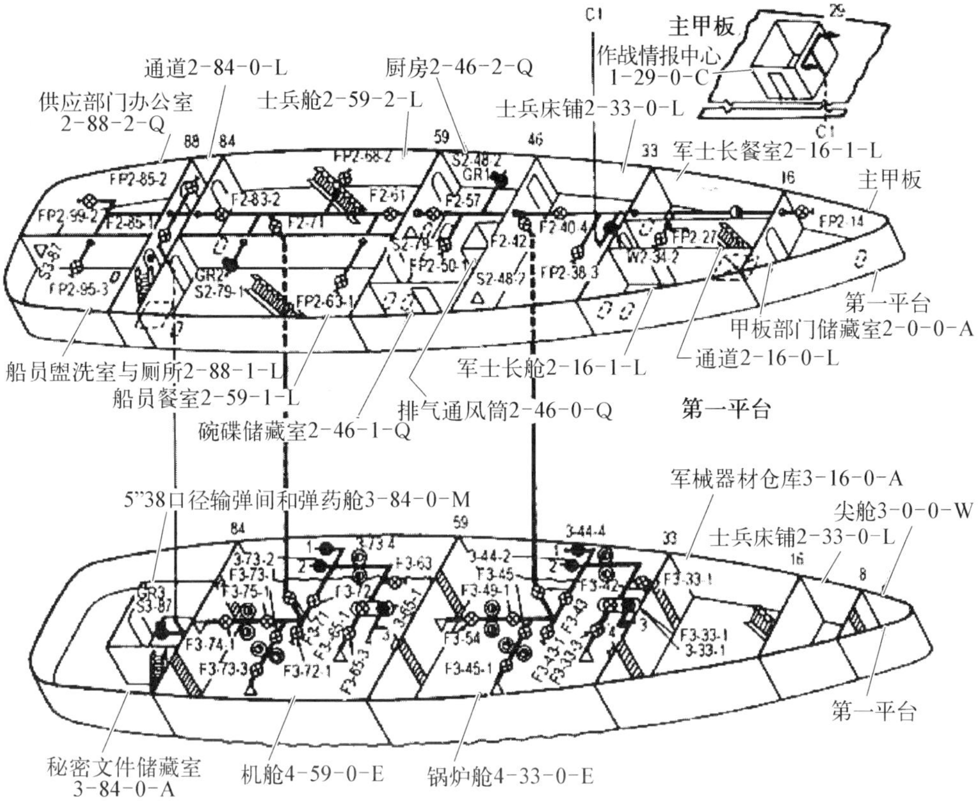

主甲板
作战情报中心
1-29-0-C
通道2-84-0-L
厨房2-46-2-Q
供应部门办公室
2-88-2-Q
士兵舱2-59-2-L
士兵床铺2-33-0-L
军士长餐室2-16-1-L
主甲板
第一平台
甲板部门储藏室2-0-0-A
通道2-16-0-L
军士长舱2-16-1-L
船员盥洗室与厕所2-88-1-L
船员餐室2-59-1-L
排气通风筒2-46-0-Q
第一平台
碗碟储藏室2-46-1-Q
军械器材仓库3-16-0-A
5"38口径输弹间和弹药舱3-84-0-M
尖舱3-0-0-W
士兵床铺2-33-0-L
第一平台
秘密文件储藏室
3-84-0-A
机舱4-59-0-E
锅炉舱4-33-0-E

消防总管、喷淋系统与冲洗系统标示符号

F	消防总管	1—舷侧排吸口
S	喷淋装置	2—舱柜压载
W	冲洗系统	3—燃油泄油管
阀与变换系统		4—排水泵

阀

遥控阀

遥控阀与变换系统

止回阀，阴影部分为出口 …… 隐于本层背后的边界、管系和附件

水龙带阀门、消防栓或跨接接头

阀箱 — 水密或油密边界

遥控站，数字显示所操控阀 — 气密、烟气密或非密性边界

冲洗喷嘴，流向为箭头方向

泵，阴影部分为出口

海水吸入柜

舱壁贯穿

图 2-13 典型的等角投影损管图

符　号	符号标识对照表	符　号	符号标识对照表
	喷雾泡沫分配泵与控制装置		速动水密门
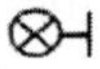	水龙带闸或消防栓		甲板泄水阀
 6 7 79	遥控站(数字表示其阀数量)	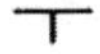	甲板泄水孔
 3-7	通风闭合(其指向表示流向)		排泄器(喷射泵),其流向为标识的张角方向
	阀箱		潜水泵的舷外排出管
	通风系统内的通风机		截流止回阀
	遥控关闭设备		截流—提升止回阀
	舱底水吸口		溢流阀或弹簧加载止回阀
	海水吸入柜		舱口盖
	舱壁贯穿		人孔
	水密门		快速关闭门孔
			遥控阀

图 2-14　损管图表内所使用的部分标识符号

在图 2-13 中,每层甲板或平台都采用专门的水平面予以标明。在一特定甲板上其剖面没有剖着的舱室则不在该甲板的图表上表示。相反,该舱室应作为其延伸所在甲板的一部分进行绘制。图中,粗实线表示水密和油密边界;较细线则表示为气密、烟气密和非密性边界。除图中"FP"是指消防栓之外,图中阀或配件号前面的字母是指其系统而不是阀或配件的实际部件。

等角投影损管图表会尽可能地贴近其在船上的实际位置来标识管系。任何舱室内实际设置的所有管路及配件都会在该舱室的损管图表内予以标识。当然,为了使该图表标识能更清楚及方便阅读,在图上的标识位置可能会稍稍地偏移其实际准确位置。其中虚线和交叉影线表示遮蔽边界、管系和阀。另外,等角投影损管图表通常都不按比例绘制。

第3章　船舶基础知识

3.1　稳性和浮力

损管人员知晓舰艇的稳性和浮力至关重要，因此损管人员需要掌握一定的船舶原理知识。一般舰艇都有相应的抗损坏性能，在攻击之前保有抗损坏特性：强度、水密完整性、稳性、合适的排水量、合理的液体配置和最佳的材料及人员的准备状态等对最终生存特别重要，就像遭受损坏之后，所采取的损管措施同样重要。尽管舰艇具有固有抗损坏性能，但是舰艇的生存力常常依赖于损坏后所采取的果断而正确的控制措施。

3.1.1　舰艇损失

可能导致舰艇损伤的情况如下：

(1) 舰艇淹没而损失。下列三种方式之一或它们之间的组合情况均可能使舰艇发生淹没：

(i) 航行中平行下沉：淹注进水的附加重量可使舰艇沉到艏艉吃水线处，或是其附近处。

(ii) 舰艇倾覆：由于淹没注水，减少了舰艇横向稳性，故而可能引起舰艇横向上翻转(横摇)。

(iii) 纵摇引起的艏(或艉)的倾覆：艏或艉淹没注水重量可以降低纵向稳性，并发生舰艇先埋(沉)艏或先埋艉。

(2) 由于舰艇桁梁故障而可能发生的舰艇损失。经历爆炸、碎片冲击、严重火灾或大幅度的纵向贯通的舰艇主要强力构件发生断裂或翘曲均可能降低舰艇壳体强度达到故障点，在这种情况下，舰艇可能按一端沉没或两端沉没方式破损。破损区的注水通常增加了载荷，并因此可能增加了施加于已削弱了的壳体横截面上的弯曲力矩。这样，增加的弯曲力矩和减少的结构截面的组合就可产生足以引起余下的完整截面部分发生故障的应力。

(3) 不可控制的火灾而引起舰艇损失。此时若要不受危害,最好的办法是弃艇。改进防火设备、技术和训练已经大大地降低了大火灾的威胁,但是,仍必须进行常备不懈的努力,以保持最好的防火条件。

(4) 舰艇已经丢失推进功率,已成为很容易受敌人攻击的牺牲品。在敌人控制水区内无机动性,此时尽管舰艇浮力正常,也无其他严重损坏,但可能还是必须弃艇。

(5) 弹药库爆炸已经破坏了舰艇的大部分和在某些情况中已经产生总毁坏。如若炮火、导弹、水下爆炸碎片或不良的武器搬运而引起的爆炸效应穿透了弹药库,而弹药库内贮有爆炸物,如火药包或炸药包、射弹、弹头、炸弹或深水炸弹等,这样弹药库爆炸可能随之而来的是严重的分布极广的损坏或立即毁坏。基于爆炸的部位和强度,舰艇可能丢失,或是淹没、破损(两种方式:不可控制火灾、失去机动性)或是和舰艇军火爆炸情况一样,发生粉碎性的破坏。

1) 所有舰艇共同的抗损坏特性

为了承受各种攻击方式和万一攻击不可阻止时防止舰艇受损,则必须使舰艇设计具有变化的抗损坏程度。所有舰艇共同的抗损坏特性如下:

(1) 所有舰艇中,主甲板和壳板与它们的纵骨相连就构成了主要的强力构件。与其他甲板、舱壁和构架一起,其主甲板和壳板承受着由它的重量和海水作用而施加于舰艇上的应力。这些结构构件具有抗损能力,并有足够的安全余量,以便容许舰艇能承受相当可观的结构损坏而无故障。通常,借助于它们较大的结构尺寸,故其大型舰艇要比小型舰艇能承受更严重攻击。不过,即使是改装的商船和轻型攻击艇均有足够的安全系数,以使它们能够经受住相当多的结构损坏而不致断裂为二(碎片)。尚不清楚比巡洋舰大的战舰由于战争损坏原因致使船(壳)体经受全面故障。巡洋舰也已经表示出有相当能力抵制损坏,而经受全面故障的船体仅有少许例证。

(2) 配有水密分舱,以阻止破损后浸入水进入舰艇和限制浸入水扩散。增加分舱可大大提高损坏之后继续保持漂浮的能力。无论何时,一旦按相当大的速率发生淹没,则舰艇的生命就处于危急之中。依靠排除淹没涌进的水,直到浸入水被阻止或减慢进水速度仍是麻烦而无效的。因此,在受攻击之前,必须严格地保持具有合适材料状态的水密完整性,以确保任何原因产生的淹没均会限于局部地区。用下列方式可以实现它:

(i) 配置横隔舱壁,以把舰艇分为区段,这样舰艇就能承受住一个或更多的主要舱室淹没。合适地布置水密横向隔壁,提高抵制水下破损和随之而来的淹没进水的能力。

(ii) 为了避免大的横倾力矩,应限制纵向舱壁数量,以防止偏心淹没。舰艇内配有燃料或水储藏的翼舱,通常需保持该舱充注到水线,以减少破损后的倾斜。

(iii) 既然舱室尺寸并没有随着海军舰艇尺寸成比例地增加,故而大型舰艇就具有较大的细分(程)度。因此,大型舰艇比小型舰艇可承受来自给定尺寸的武器更多的打击。正确的水密分舱,即使小型舰艇也能给出较大的抵制水下损坏和淹没的能力。

(iv) 除了能限制淹没进水外,舰艇水密分舱还可缓冲(吸收)来自导弹爆炸的冲击波、闪光和碎片,防止烟和毒气传播到整个舰艇,并限制火焰和消防水传播。

(v) 必须在动作之前和动作期间保持水密门、舱口、通风管等严格闭合。打开门和舱口并不能因为给其通风而降低爆炸效应,反而,仅是允许淹没、火灾和其他爆炸效应的散布。

(3) 储备浮力是高于水线的艇体水密容积。破损之后可用它作为维持漂浮的余量。设计和建造的每艘舰艇都有足够储备浮力,以便承受住相当多的淹没进水。使用干舷测量储备浮力值。采用给定稳心高、干舷高值也决定了稳性范围。由于下列原因,可能耗尽储备浮力:

(i) 由于船体水下部分的损伤导致的淹没。

(ii) 由于横摇或纵摇的结果,而通过船体水上的水密部分的受损伤部位进水淹没。

(iii) 救火过程中或通过破损管道而引入的水。

(iv) 重量增量总是降低干舷高度和储备浮力。增加装甲舰的重量会降低装甲舰干舷高和防护的浮力。过载有不利的影响,降低了干舷高、储备浮力和装甲舰干舷高(在装甲舰上)。在商船的两侧和某些海军使用的改装商船上的载重线标志示出了极限吃水。已经建立并颁布的极限排水量和吃水,适用于海军舰艇的各种型号和级别。

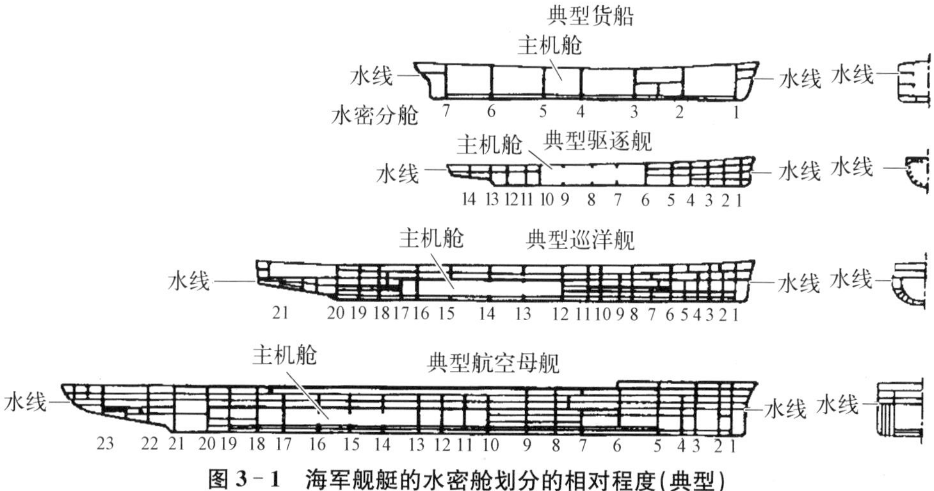

图3-1 海军舰艇的水密舱划分的相对程度(典型)

(4) 要提供足够稳定性能，以使舰艇在吸收与其型号和级别相称的破损之后，仍能保证舰艇适航性、保持不致倾覆。保持满意的稳定特性需要遵守液体装载说明书，以保持在规定的极限吃水范围之内，要清除任何不常用的干舷部重量并保持水密完整性达到合适程度。

下列抗破损特性是供舰艇防护用：

(1) 使用阻挡进入和限制导弹效力方法，即给舰艇配备装甲，以防护舰艇军事要区和控制站。当舰艇尺寸增加时，壳体和机械需要总排水量的较小比例，因此，大型舰艇可以装备相对较大的装甲保护。使用两种类型的装甲：A 级和 B 级。

(i) A 级装甲是一种覆盖了表面硬化的铠甲板，或是用胶粘或是非胶粘。它的功能是通过断裂或击碎飞弹和炸弹的方法，来挫败飞弹和导弹的攻击。它用于大型装甲舰上，因该舰还有重量余量可以使用。它的坚硬表面使其在黏附或连到舰艇壳体上出现了很多的结构限制麻烦，并因此使它给舰艇提供纵向强度上不是很有效。装甲列板防护了弹药舱、机舱和其他军事要区，并且还防护了装甲围舱或装甲堡垒的水密完整性。足够的装甲堡垒顶部沉没之前，能够有合理量的平行下沉和倾斜出现。保养装甲干舷是很重要的，这是因为装甲列板之上的轻型结构可能会被飞弹、弹壳碎片或炸弹碎片打得满是窟窿。如果此时装甲干舷由于舰体水下部分破损已经减少到零，或仅有几英寸时，则可能通过打得满是窟窗的非装甲结构处产生淹没，沿着贴近主装甲列板之上的甲板注水，由此可致舰艇失去稳性而处于危险状态。

(ii) B 级装甲是一种非表面硬化的装甲，它具有均匀的强度、韧度和可延展性的品质。可用它来抵御由爆炸而给出掠射冲击，并由此而传播这种效应，而飞弹擦伤表面成坑，则由装甲表面反射出去。它还可限制约束碎弹片、碎弹片屑和冲击引起损伤。它与 A 级相比很少有结构和建造上的困难，并且它还满足了冲击防护和结构强度的组合要求。

(iii) 特种处理钢是一种 B 级装甲，被用做防弹片的装甲防护、带应力的结构件，装甲防弹舱壁，某种壳板和一些装甲甲板。围绕着副炮和防空高射炮、火控站、弹药输送机、通信站和巡洋舰的舵机舱周边安装特种处理钢钢板。

(iv) 防护机关炮和小型武器射击的第三种类型的装甲，被称为轻装甲。可用做人身、小艇、机关炮和飞机的防护。

(2) 鱼雷复合舱壁防护系统被配备在大型舰艇上，供防护鱼雷和水雷爆炸用。

(3) 必须防护弹药舱免受来自水下爆炸的弹片攻击。约有 4 ft 多厚度的液体层能很有效地减慢来自鱼雷爆炸的弹片速度。5 ft 或可能为 4 ft 的液体层能有效地防止弹片结合物黏合液体。防护依赖于舰艇型号、尺寸和武器类型。弹药舱的防护采用把弹药放置在水线以下，因为该处很难受到攻击，同时攻击的武器也可能产生瞬时淹没其弹药；可以采用洒水系统，依靠装甲、液体层和复合舱壁的鱼雷防护系统来加以防护。

(4) 机舱、电站、舵机、操舵控制、火力控制、武器、通信系统和其他重要系统和设备的加倍备份和保护隔离会提高生存功能，这是依据降低了由任何给定攻击而失去机动性、火力发射功能或通信能力的发生概率所致。要为应急设备准备独立电源或使用的电力类型，这是加倍备份的重要方面。可通过插入结构界面，沿纵向、横向或垂直隔离，并可用装甲堡垒或管子包住等方法来给设备隔离。

(5) 主要系统的分割(分段)，例如消防总管，这样就限制了损坏的扩展，并可隔离开受损系统。

(6) 按照海军部政策要求，在现有海军舰艇和新设计舰艇上，按实践可采取专门的防护措施，以提高它们抵抗空中和水下核装药炸弹爆炸效应的能力。

2) 稳定特性

确保舰艇安全所需的稳定特性应是未受损伤情况时的适航性、受到像飓风力的横风产生的倾斜、高速旋回产生的倾斜和损伤后的稳性共同来确定最可能承受的船体水下部分损坏的最大实际量。舰艇的稳定特性包括：

(1) 初稳性(用稳心离重心距离(GM)测量)。

(2) 稳性范围。

(3) 最大的静稳性力臂。

(4) 静横倾角，在该倾斜时产生最大的静稳性力臂。

(5) 动稳性。

3.1.2 稳性基础知识

稳性研究中需要用到一些常用运算方法、三角学和力学方面的知识。

1) 三角学

三角学是研究三角形、各边和三角形各个角度之间相互关系的学问。本节仅讨论直角三角形。直角三角形的各个角度和各边的长度之间存在着固定关系。由图3-2所示的直角三角形，可以确定直角三角形各边的比例，或作为已知的三角函数。

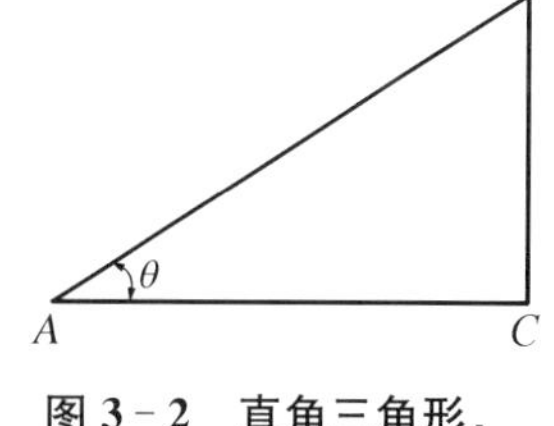

图3-2 直角三角形，三角函数

(1) θ角的正弦是θ角所对的三角形一边除以斜边。

$$\sin\theta = \frac{BC}{AB}$$

当角θ(在0°～90°范围内)增加(大小)时，BC对AB的比值逐渐增大和sine值增加。这从表3-1可以明显看出。正弦值随着角度大小改变，如图3-3所示。该曲线称正弦曲线。该曲线特点是30°的正弦值是90°正弦值的一半。在零度，正弦θ等于零。在90°时$\sin\theta$等于1。

表 3-1 各角度下的正弦和余弦值

角 度	正 弦	余 弦
0°	0	1.000
10°	0.174	0.985
20°	0.342	0.940
30°	0.500	0.866
40°	0.643	0.766
50°	0.766	0.643
60°	0.866	0.500
70°	0.940	0.342
80°	0.985	0.174
90°	1.000	0

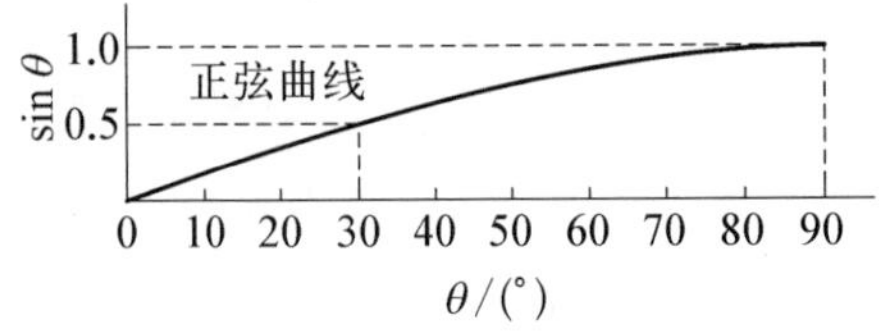

图 3-3 正弦值变化曲线

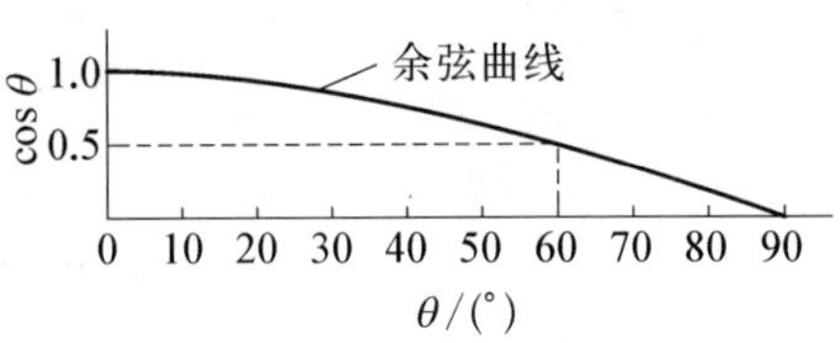

图 3-4 余弦值变化曲线

(2) 余弦是 θ 角相邻边除以斜边。

$$\cos\theta = \frac{AC}{AB}$$

当角度(θ)(在 0°～90°范围内)增加时,AC 对 AB 的比值减小,余弦值减小(表 3-1)。这种关系如图 3-4 中的曲线所示。在零度时,余弦值等于 1,90°时余弦值等于零;在 60°时,余弦值是 0°时余弦值一半。

(3) 角度 θ 的正切是角(θ)相对的一边比相邻的一边的数值。

$$\tan\theta = \frac{BC}{AC}$$

也可以画出正切曲线,但在本节中它不需要用到,故不详细说明。

2) 弧度

在三角学里,经常用来衡量角度的不是用度数,而用角量度单位弧度来表示。1 rad 等于 57.3°,它的值用下列方法确定:在任何圆中,沿着圆周,量取半径长度的弧,此弧对应的圆心角等于 1 rad。

3) 密度

有关密度的一般规则如下:

(1) 任何物体的容积用物体所夹的体积数量确定。舰艇水下容积是通过测定低于水线的壳体部分体积数量而求得的。

(2) 任何材料(固体或液体)的密度是通过称重材料单位容积而获取。例如,如果取 1 ft^{3}的海水并称重它,该重量是 1/35 t。因此,可以说海水具有每立方英尺 1/35 t 的密度。

(3) 如果知道物体的容积和材料的密度,则物体的重量就可用容积乘其密度而求得。

$$W = V \times d(\text{重量} = \text{容积} \times \text{密度})$$

(4) 当知道物体的重量和密度时,则容积(体积)可用重量除以密度求得。

$$V = \frac{W}{d}(\text{容积} = \text{重量} \div \text{密度})$$

(5) 当物体浮在液体上时,被物体所排开(置换)的液体容积的重量就等于该物体重量。因此,如果知道所排开的液体容积时则物体的重量就可通过用此容积乘以液体密度来求得。例如,如果舰艇排水量为 35 000 ft^{3}海水,则该舰艇重1 000 t。

$$35\ 000\ \text{ft}^3 \times 1/35\ \text{t/ft}^3 = 1\ 000\ \text{t}$$

4) 力

有关力的一般信息介绍如下:

(1) 一个力无论是推力或是拉力,它都可产生运动或改变力移动方向。一个力可以不与物体直接接触而作用于物体上。这最普通的例子是重力的牵引。

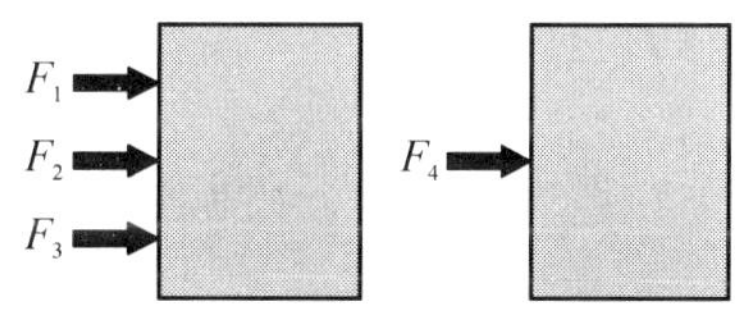

图 3-5　平行诸力合成图

(2) 如果若干个平行力作用在物体上,这些力可以组合成一个力,其值等于所有作用在同一方向力的和;用如此确定的数值会产生同样的效果。图 3-5 中,F_4是 F_1,F_2和 F_3的合成力。

(3) 不管是考虑分力 F_1,F_2或 F_3还是单个 F_4合力,这些力作用在物体上,将会使物体在力的方向上移动。为了阻止其运动,即保持物体静止,则可以施加另一个大小相等,在同一直线上与 F_4 方向相反的力。新的力和 F_4 彼此相抵消;故而物体应无运动。

5) 力矩

确定力矩所考虑的因素如下:

(1) 除了力的大小和它的作用方向之外,力的位置也是重要的。如果两个称重相同的人坐在跷跷板的两端、离开支点相同距离时,则该跷跷板平衡。如果其中一个移动时,则跷跷板将不再保持平衡。其中远离支点的人由于它的重力比另一个有更多的力量影响(力臂比),故向下移动。

(2) 力的位置影响被称为力的力矩。它等于力乘以轴的距离,围绕该轴可求得它的影响。力的力矩仍是力具有的环绕上述轴旋转的一种倾向。离开轴的距离被称作它的杠杆臂,或力臂。

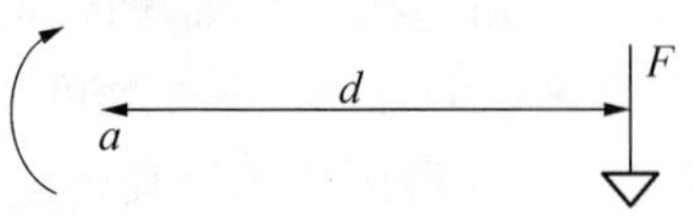

图 3-6 力和杠杆臂环绕轴的功能图

(3) 力矩值表示的单位则应是力和长度的乘积。在图 3-6 上,F 吨的力在 d 英尺的 a 轴具有环绕轴旋转的杠杆臂。因,力 F 对于 a 的力矩是 Fd 吨·英尺(ft·t 和 t·ft 是同义的)。

(4) 如果趋向于产生顺时针转动的力的量值确切地等于趋向于产生逆时针转动的另一些力的量值时,则不存在转动。该物体将处于平衡状态。

(5) 当两个量值相等方向相反的力沿着平行线作用时,就出现力矩的特殊情况。这些力有转动物体的趋向。这种力系在术语上称为力偶。力偶的力矩是等于一个这种力乘以两个力之间的垂直距离之积。在图 3-7 中:

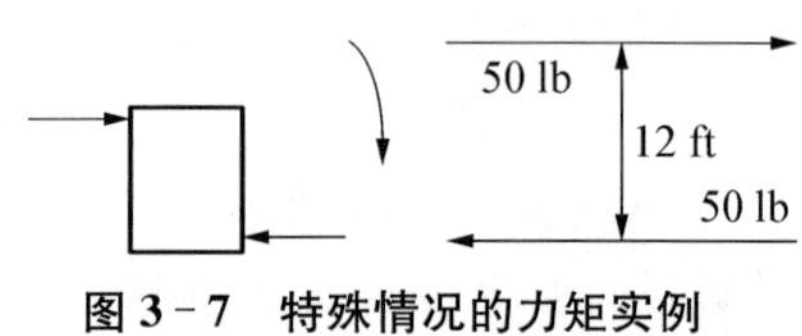

图 3-7 特殊情况的力矩实例

$$力矩 = Fd = 50 \times 12 = 600\ \text{lb} \cdot \text{ft}$$

6) 重心

物体的重心是构成物体的各种重量的中心。它是所有的设备和系统的重量可以浓缩集中的一点,具有像所有零部件重量相同的效果。

当一组物体,例如组成舰艇的各种部件,具有不同的密度时,则系统重心就不在几何中心上。那么重心可以通过取各种零部件重量环绕任意点的力矩而求得。把各种力矩加起来,并把这总力矩除以总重量,就给出了设定点到系统重心的距离。

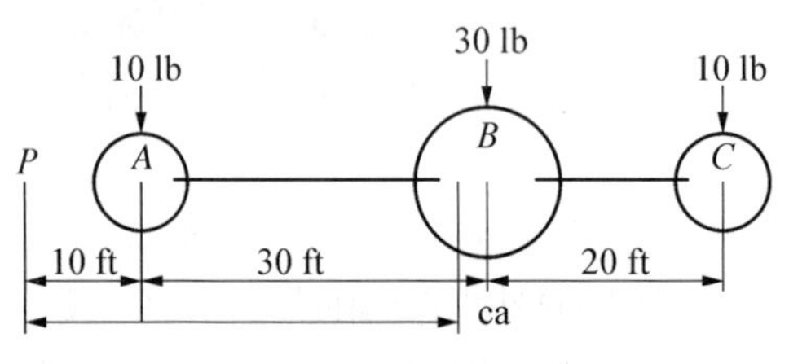

图 3-8 重心测定实例

问题:求图 3-8 中重量系统的重心。

解:取 3 个重量环绕任何点,例如 P 点的力矩:

A　10 lb × 10 ft = 100 lb·ft

B　30 lb × 40 ft = 1 200 lb·ft

C　10 lb × 60 ft = 600 lb·ft

总计　50 lb　　1 900 lb·ft

系统重心的位置是:

$$d = 1\,900/50 = 38\ \text{ft}\ (离\ P\ 点距离)$$

如果取各种部件的力偶刚好是环绕求得的重心时,则趋向于产生顺时针旋转运动的力矩会精确地等于倾向逆时针转动的力矩。取围绕重心的力矩：

顺时针：

$10\ \text{lb} \times 22\ \text{ft} = 220\ \text{lb} \cdot \text{ft}$

$30\ \text{lb} \times 2\ \text{ft} = 60\ \text{lb} \cdot \text{ft}$

总计　$280\ \text{lb} \cdot \text{ft}$

逆时针：

$10\ \text{lb} \times 28\ \text{ft} = 280\ \text{lb} \cdot \text{ft}$

净力矩　$= 0$

下面讨论重心的变化及两种计算偏移量的方法。

(1) 如若重量系统的任何部分重新置位时，则该系统的重心就会偏移。重心的偏移应正比于重量偏移和移动距离的大小。它还依赖于整个系统的重量；对于任一给定重量的移动，其重心偏移，在较小系统中偏移较多，而在较大系统中偏移就较小。重心从 G 移到 G_1，则偏移等于

$$GG_1 = \frac{ws}{W}$$

移位方向平行于重量移动方向

w —— 移动重量(图 3-9)

s —— 重量移动距离

W —— 系统总重量

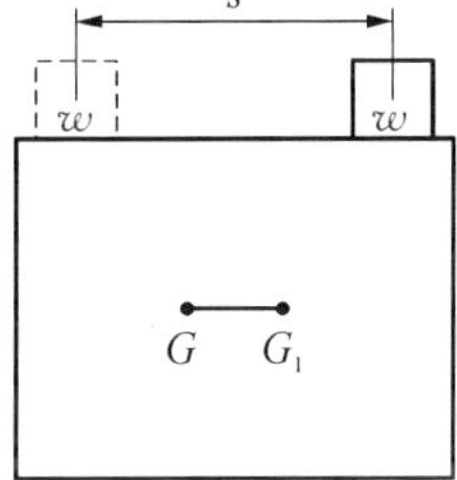

图 3-9　重心变化的举例

(2) 当加一个重量到重量系统时，则可以通过取原系统的力矩加上新重量力矩，用最终总的重量除总力矩就可求得系统新重心。因此，在图 3-10 上，G 是原重量系统的重心；加进的是小重量 w，导致发生重心偏移到 G_1 处。

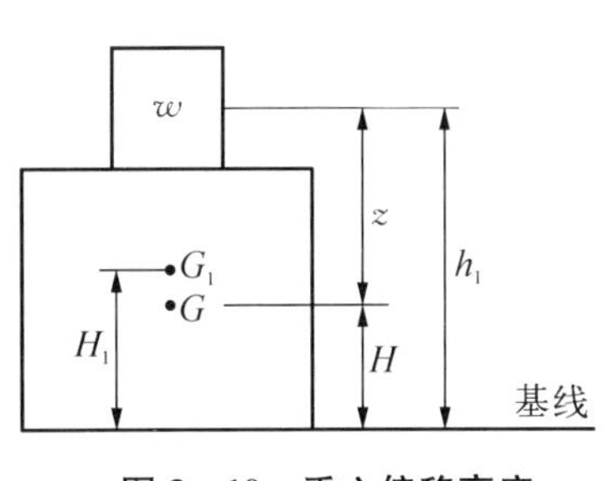

图 3-10　重心偏移高度

$$H_1 = \frac{(WH) + (wh_1)}{W + w} = \text{相对于基线的重心新位置}$$

$W = 100\ \text{lb}$

$H = 10\ \text{ft}$

$w = 20\ \text{lb}$

$h_1 = 25\ \text{ft}$

$100 \times 10 = 1\,000\ \text{lb} \cdot \text{ft}$

$20 \times 25 = 500\ \text{lb} \cdot \text{ft}$

$120\ \text{lb}$　　$1\,500\ \text{lb} \cdot \text{ft}$

$$H_1 = \text{新重心高度} = \frac{1\,500\ \text{lb} \cdot \text{ft}}{120\ \text{lb}}$$

$$= 12.5\ \text{ft}(\text{基线上面})$$

重心已经上移 2.5 ft。

(3) 另一种达到同样结果的方法是假定重心首先被置于系统原重心处，然后移位到最终位置处。按照置重量于重心处，应不会存在重心位置的变化。但是，移动确定改变了重心位置，其量为：

$$GG_1 = \frac{wz}{W+w} = \frac{20 \times 15}{100+20} = \frac{300}{120} = 2.5\ \text{ft(向上)}$$

7) 功

力的施加处(点)的运动产生了能量传送，由此而造成做功。

在物理学范畴内，仅当力移经一距离就做了功。一个力不移动就不做功。因此，功可被度量：用力(单位 t 或 lb)乘以力移动所经距离(单位 ft 或 in)。举起 10 lb重物，垂直向上举 5 ft，那么就完成了 50 lb · ft 的功。

同样的，当物体转动时，也做了功。其功测量为：产生转动的力矩乘以力矩作用所经过的角度(角度用弧度度量，用 57.3°除角的度数可求得弧度值)。功的单位是力乘以距离(不管物体在直线上是移动还是转动)。

一个力矩等于 500 lb · ft 的力偶移动一物体，经达 13°的角度，所完成的功等于：

$$500\ \text{lb} \cdot \text{ft} \times \frac{13^\circ}{57.3^\circ} = 113\ \text{lb} \cdot \text{ft}$$

8) 惯性矩

参照相关数学或工程手册，矩形面积相对于给定轴的惯性矩是该面积被分成可以想象出的许多微面积和离开上述轴距离(y)的平方值乘积的总和。I=积分($y^2 dA$)。

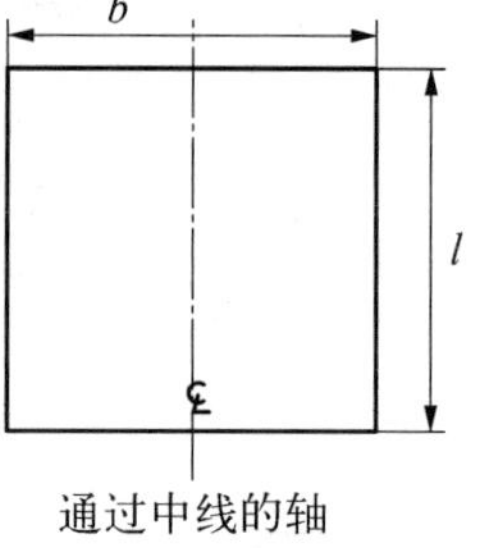

图 3-11 矩形面积相对于给定轴的惯性矩举例

$$I = \frac{b^3 l}{12}\ (\text{图 } 3-11)$$

式中：I——惯性矩，ft^4；

b——垂直于轴的面积宽，ft；

l——平行于轴的面积长度。

不同轴的惯性矩具有不同值。还有，不同尺寸或不同形状区有不同的惯性矩。很多手册或其他参考书均给出不同形状面积和轴的这些值。

例如：图 3-12 所示的环绕轴 A-A 的矩形的惯性矩：

$$I = \frac{b^3 l}{12} = \frac{20^3 \times 6}{12} = 4\ 000\ \text{ft}^4$$

环绕轴 B-B 的矩形的惯性矩：$I = \dfrac{6^3 \times 20}{12} = 360\ \text{ft}^4$

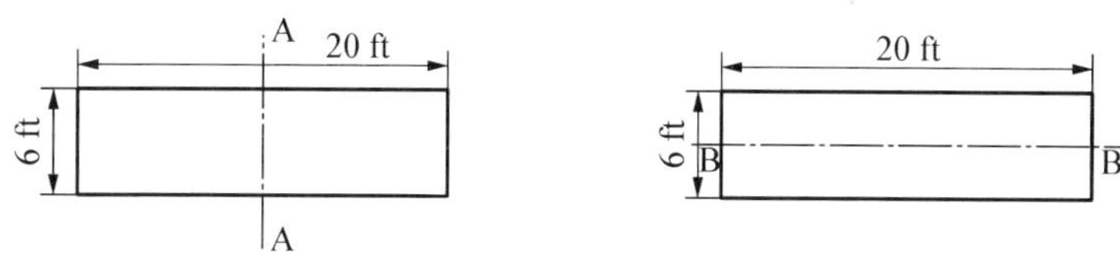

图 3-12 具有不同轴和值的惯性矩举例

3.1.3 浮力、横向稳性和吃水的基本原理

(1) 浮力。当一个物体浸入水中，它置换排出的水容积等于物体的体积。被置换的液体施加压力给浸水物体的所有表面，结果有迫使物体返回到水外的趋向。这种向上的力等于物体所置换的水重量，称为浮力，或就叫浮性。因此，舰艇浮力是等于艇壳体所排开水的重量。

(2) 排水量。如若浮力等于重量，则舰艇就可漂浮。因此，舰艇的重量可以表示为排水量，即意味着水被艇体置换的容积重量。排水量用吨表示。因此，既然每立方英尺海水重 1/35 t，故可以按水下物体的体积乘以 35 即可求得舰艇重量。

$$V = 35W$$

式中：V——排水体积，ft^3；

W——重量(排水量)，t。

(3) 稳性。当舰艇受到一些扰动影响而产生倾斜时，则舰艇或趋向返回到它的笔直向上位置，否则就是倾覆。这种向一个方向或另一方向转动的倾向被称为舰艇的稳性。产生转动的倾向被定义为力矩。因此，稳性是指船舶在外力矩(如风、浪等)的作用下发生倾斜，当外力矩消除后能自行恢复到原来平衡位置的能力。

(4) 浮心。向上浮力通过舰艇水下容积的几何中心作用于垂直线上。这种舰艇的水下容积的中心被称作浮心，并用字母 B 标示。

(5) 重心。舰艇内，重心就是舰艇结构及其装载负荷合力(重力)的作用点。舰艇的重心用字母 G 标示。

3.1.3.1 影响浮力和横向稳性的参数

1) 作用力

当舰艇漂浮在平静的水上时，下列情况就确实存在(图 3-13)：

(1) 舰艇受两组力作用，即浮力和重力。

(i) 重力等于浮力。

(ii) 浮心和重心必然位于同一垂直线上。

(2) 舰艇可能受到干扰而不再静止，这是由于某些使舰艇横倾的影响扰动所致，例如：

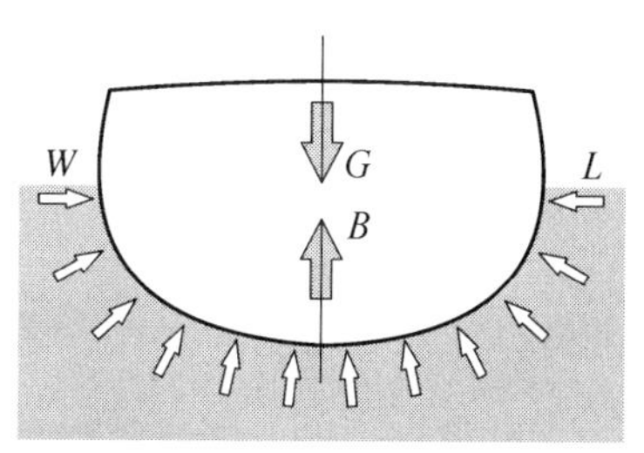

图 3-13 浮心和重心

(i) 波浪作用；

(ii) 风压；

(iii) 当舵转向时，就出现转动力；

(iv) 炮发射反冲力；

(v) 碰撞或敌人碰击的冲击；

(vi) 艇上重量搬移；

(vii) 偏心重量的增添或移去。

(3) 这些影响施加倾覆力矩到舰艇上。它们可以是临时的或者是持续的。当经受正常扰动时，具有稳性的舰艇是不会倾覆的，这是因为当倾斜时，它会出现一种矫正倾向，称为恢复力矩。

2) 恢复力矩

当舰艇笔直向上时，水线为 WL 和力的作用如图 3-13 中所示。当舰艇倾斜时，那么水线就变成为 W_1L_1，如图 3-14 所示，这样就改变了水下部分的形状。由此结果，其浮心就从 B 点移到新位置 B_1 上，且重量和浮力不再作用在同一直线上。由该图可看出，现时存在着复原或恢复力矩，它具有转动舰艇回到它原来位置的倾向。

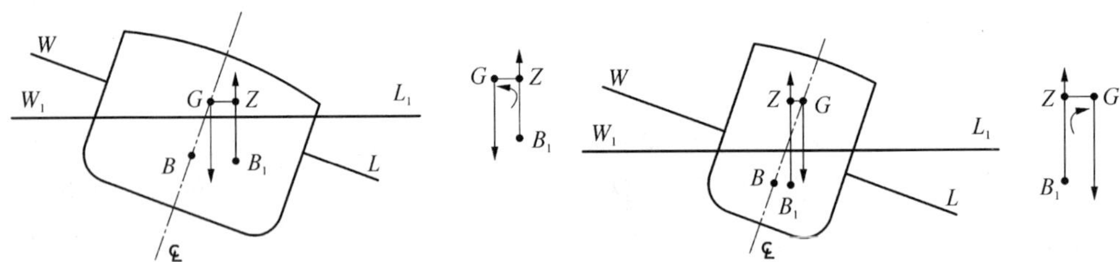

图 3-14 舰艇倾斜时的水线，并有恢复力矩　　图 3-15 出现倾覆力矩的重心高度位置

(1) 重力和浮力的力矩被看做恢复力矩，距离 GZ(它们的作用线之间)被看做恢复力臂。则恢复力矩 RW 等于排水量乘恢复力臂，即：

$$RM = W(GZ)$$

(2) 在图 3-15 中，重心 G 碰巧在此位置上，使得当舰艇倾斜时，其力矩有使舰艇产生更进一步的倾斜倾向。这样的力矩称作倾覆力矩。

(3) 在任何给定的倾斜角度时，舰艇的稳性是用求得的恢复力矩大小来衡量的。但是，既然恢复力矩等于恢复力臂乘以排水量，而又因为当舰艇倾斜时，其排水量仍保持不变，那么对一给定负载工况，舰艇的稳性可用给定倾角的恢复力臂来度量。

3) 稳心(定倾中心)

初稳性指的是舰艇有很小角度倾斜时，它本身自我恢复的倾向，所说的很小角度约是 7°。

(1) 在任何一个给定排水量时，初稳性用舰艇在小角度下求得的恢复力臂的大小来度量。

(2) 为了便于确定初稳性，可引入稳心概念。舰艇在给定吃水条件下，稳心是当舰艇倾斜一个很小角度时，倾斜前后两根浮力作用线的交叉点。

(3) 图 3－16 中，点 M 表示初稳心；即在零度时浮力作用线与偏离零度很小角度时浮力作用线的交叉点。倾斜的各个角度均可使 B（浮心）移经一系列位置，所产生的浮力作用线形成一系列稳心位置。

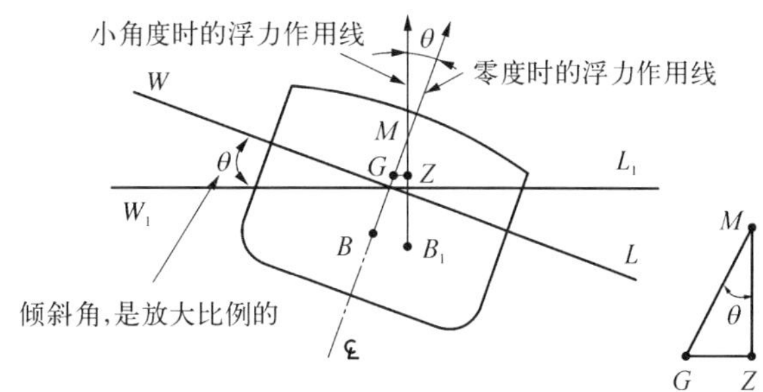

图 3－16　浮力作用线的角度偏离 0°时的初稳心

(4) M 的位置依赖于舰艇倾斜时 B 如何移动，而 B 的轨线依赖于水下船体形状。在通常船体形状条件时，B 移动能使 M 保持在中线上且移动很小，最多可倾斜 7°。倾斜角度超过 7°再增加时，M 向上并离开中线移动，然后再向下横过中线移动。图 3－17 为典型舰艇的 B 和 M 轨迹，按舰艇倾斜顺序角从 0°～90°排列。

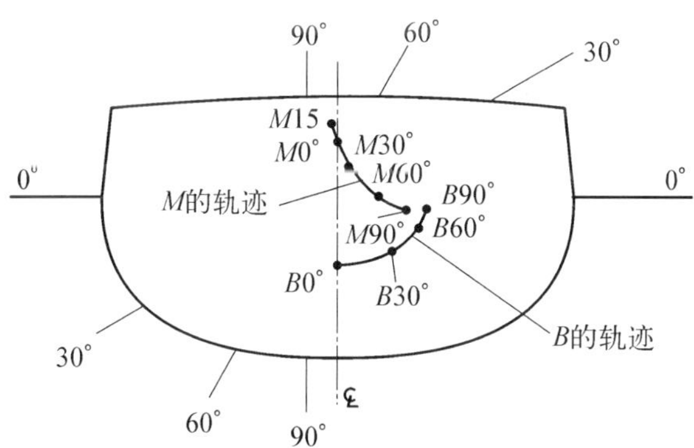

图 3－17　浮力和稳心轨迹(舰艇形成倾斜为 0°～90°)

4) 初稳性高度

重心和稳心之间的距离 GM 称作初稳性高度。

(1) 这一距离是测量了舰艇倾斜角(θ)变化时。在图 3－16 内△GZM 中，恢复力臂 GZ 总是与 GM 成比例。按照三角学，我们知道：

$$GZ = GM\sin\theta$$

$$RM = WGZ = WGM\sin\theta$$

M 仍保留在舰艇中线上，即从 0°到大约 7°，上式是适用的。

(2) 初始的 GM 是舰艇稳性的一个指示值。

(3) 舰艇倾斜之前,M 点并不存在,但是,任何稍微倾斜均会产生 B 的移动和产生稳心。注意依靠稍微倾斜偏离笔直位置而产生的 GM 是一定值,该值在最高倾斜约 7°时仍保持相对不变。称为初稳性高度。

(4) 既然在小角度倾斜时,GM 的较大值就指示出大恢复力臂,故而具有大的 GM 的舰艇产生过激的横摇。GM 值较小反映出较慢地扩大恢复力臂,故这些舰艇容易倾斜或缓慢横摇。具有很小 GM 的舰艇很容易在开始返回(倾斜)之前,就停滞在横摇的最大幅度处。

(5) 各种型号的海军舰艇所用的一些 GM 值(*为近似值):

BB…………8～10　　CVE……………3～6
CV…………9～11　　DD(新)………3～4
CVL…………4～6　　DD(旧)………2～3
CL…………3～5　　DE………………3～5
CA…………4～6　　AK………………1～6*

(6) 在海军舰艇中,希望有大的 GM 和大的恢复力臂,以求抵制损坏。但另一方面也希望有较小的 GM,以求易于慢横摇,这样会有利于更精确的火炮射击。海军舰艇用的 GM 值仍是折中考虑的结果。

(7) 从图 3-18 可看出,当 G 低于 M 时,GM 是正的,恢复力臂随倾角的增大而增大,而当 G 高于 M 时,GM 是负的,无恢复力臂。因此,GM 是一种指示器,指示初稳性是正的还是负的。

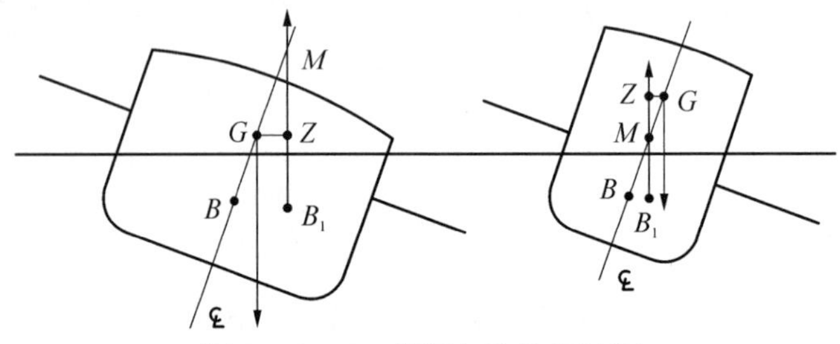

图 3-18　GM 指示初稳性(正/负)

(8) 在静止水中,舰船横摇(对小幅值)的自然周期是常数,且不管其幅值,它与 GM 平方根成反向变化。如若有下列情况,则横摇周期被改变:

(i) 舰艇中是自溢流水;

(ii) 舰艇在破浪航行中发生横摇。

(9) 因此,懂得横摇周期和 GM 之间的关系是很有用的,它可在当舰艇横摇时,给出与舰艇稳性有关的信息。

具有迟缓横摇的舰艇有低的 GM;而过激横摇的舰艇却有较高的 GM 值。

5) 稳性曲线

稳定曲线的绘制如下。

(1) 尽管稳心距重心高度可用来衡量初稳性，但是在倾斜角超过 8°时，*M* 已移离它的初始位置，故而 *GM* 和恢复力臂之间的三角关系不再适用了。在较大倾斜角度时，随着角度增加，恢复力矩的变化已不再与初始的 *GM* 成比例变化。

(2) 对舰艇设计师是有可能的，依靠数学和图解方法计算任何倾斜角度时舰艇的恢复力矩。如果为各个角度确定了一系列这样的力矩时，然后画在图上，其合成的结果就是稳性曲线(图 3 - 19)。

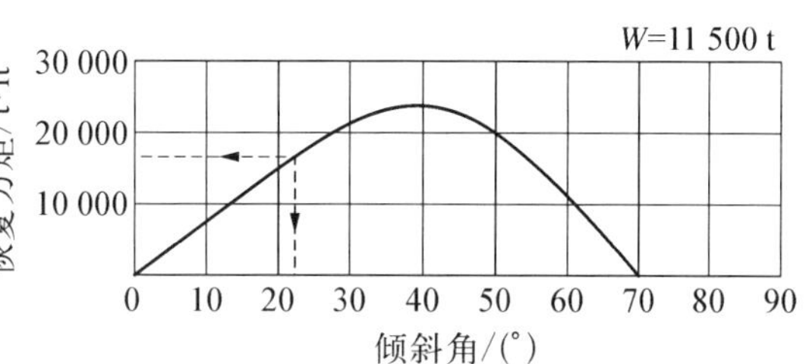

图 3 - 19　稳性曲线

(3) 曲线指出：当舰艇倾斜时，舰艇产生的恢复力矩慢慢增加，达到最大，然后逐渐递减。当图 3 - 19 的舰艇达到 71°时，力矩为零。超过 71°倾斜，该舰艇就有倾覆力矩产生。本曲线可等同地应用于左舷或右舷横摇。

(4) 所绘制的稳性曲线仅适合给定的排水量和规定的载荷分布才是正确的。一个新的载荷状态需要绘制新曲线。为了获取任何倾斜角时的恢复力矩，应在水平标度线上给定角度处，给曲线图输入角度，继续垂直向上连线与曲线相交，然后再水平连向左边，就可在垂直标度线读出恢复力矩。如图 3 - 19 所示，在 23°时，恢复力矩应在读数 17 000 t • ft 处。

用恢复力矩除以排水量，用它画出曲线，其结果值是给定角度时的恢复力臂。23°时的值：

$$RM = WGZ$$

$$GZ = \frac{RM}{W} = \frac{17\,000}{11\,500} = 1.43 \text{ ft}$$

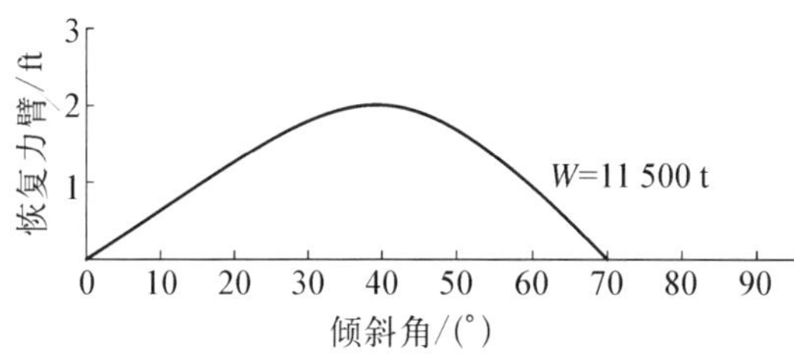

图 3 - 20　恢复力臂(*GZ*)曲线

其他角度，重复本操作，直至完成整条曲线，这就提供了一系列的恢复力臂。把这些值点划在以英尺为比例尺度的垂直轴上，就形成了一根恢复力臂曲线(图3 - 20)。

最简便的把恢复力矩曲线转换为恢复力臂曲线的方法，是改变纵坐标比例尺度。可把左边 t • ft 标度除以 *W*。为了转换恢复力臂曲线为恢复力矩，可用 *W* 乘恢复力臂的标度。图 3 - 21 是图 3 - 20 曲线纵坐标变换为恢复力矩获得的。

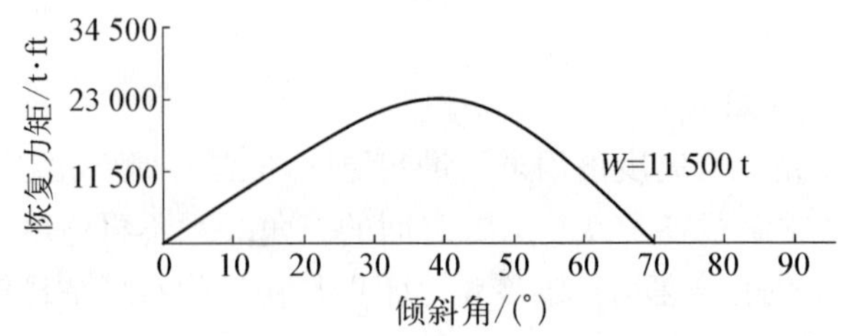

图 3－21　恢复力臂曲线转换为力矩

因此，任何稳性曲线、力臂曲线或是力矩曲线，它依赖于所使用的标度单位。但是，当两根或更多根曲线对应不同排水量(W)被画在同一图上时是不宜转换纵坐标标度的。

习惯上由制造厂设计室计算并画出用于载荷状态特殊情况下的一系列稳性曲线作为舰艇恢复力臂的曲线。

任何稳性曲线均具有5个重要的特点：① 初稳性；② 最大恢复力臂（力矩）；③ 最大恢复力臂的角度；④ 稳性范围；⑤ 总动稳性。

6）初稳性

求稳性曲线 *GM* 和倾斜度之间的关系的方法如下：

在较小角度时，*GM* 的大小反映出恢复力臂的大小。随着 *GM* 增大，稳性曲线在零度时具有陡坡（斜）度。在小倾角下，曲线开始以浅（小）坡度上升。稳性曲线的稳心和倾斜度之间的关系就可求得，如图3－22所示。

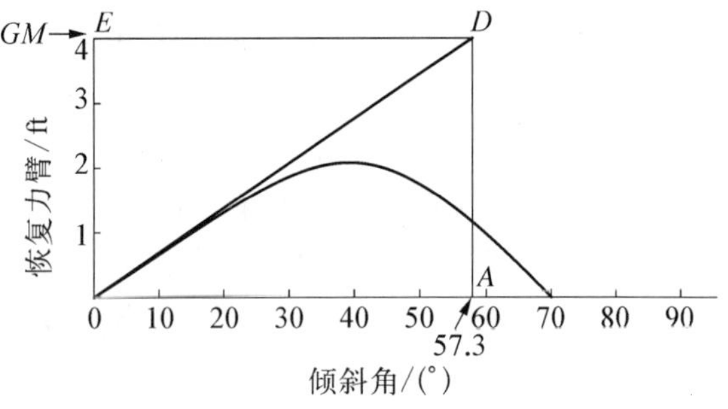

图 3－22　*GM* 和稳心曲线倾斜度的关系

（1）在坐标57.3°处，画一根垂线（*AD*）。

（2）在零度处，画一根与稳性曲线相切的线（*OD*）。

（3）从正切线与垂线相交处（点 *D*），画一根向左的水平线，并读出纵坐标上的 *GM* 值（*OE*）。

在实际操作中，却遵循上述方法的逆向方式进行。通过在完工舰艇上试验，确定了 *GM*。然后，在制作稳性曲线过程中，设计工作仍是在基线（轴线）之上，在57.3°垂直线方向上画出 *GM*，这样就建立了点 *D*。现在可从原点画出到 *D* 点的连线，且绘制的稳性曲线起始点要正切该线。

7）最大恢复力臂

这是决定最大恢复力矩的因素，最大恢复力矩是最大恢复力臂乘以排水量（*W*）的值，舰艇利用它来抵制横倾力矩。

任何稳性曲线的检查均表示出：当舰艇倾斜时，恢复力臂增加，达到最大然后减小。

恢复力臂达到的最大值被称为最大恢复力臂(图3-23中的AB)。

在图3-23中,恢复力臂的最大值发生在A处,其倾斜角约为39°。

最大恢复力臂发生时的角度是很有意义的,这是因为超过它,即使在理想工况下,在平静的水中,舰艇也不能安全地承受稳固倾斜。

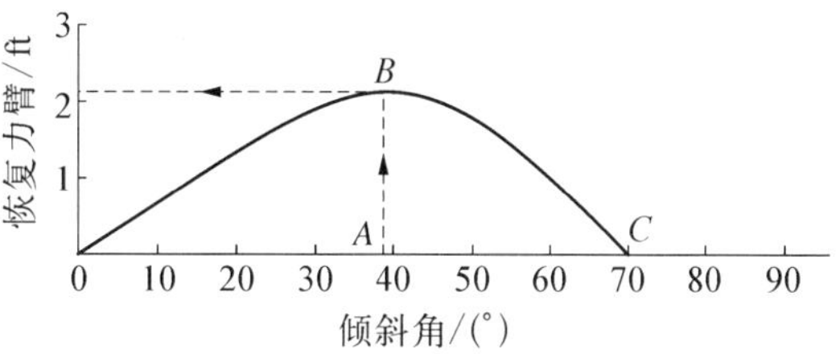

图3-23 稳性曲线示出最大的恢复力臂 *GZ*

8)稳性范围

稳性范围(反映舰艇可能横摇的极端角度)讨论如下:

图3-23中从0到C,即从0°~71°的正恢复力臂。舰艇经历这一系列角度时具有正恢复力臂,可称这一系列角度为稳性范围。它反映舰艇可能发生横摇的极端角度值。

这样,如果舰艇处于破浪航行或横摇到70°时,舰艇仍可返回到笔直线上。但是,如若横摇极端角度超出71°时,则舰艇会发生倾覆,这是由于舰艇超出该角度出现倾覆力矩。

9)动稳性

动稳性可以被定义为倾斜舰艇达到给定角度所做的功。

舰艇上必须要做的功仍是把舰艇扶正过来,该功等于舰艇抵制倾斜(恢复力矩)力矩乘以力矩作用经历的角度。因此,动稳性等于恢复力矩乘倾斜角度。如果要消除发生的倾斜时,则动稳性就成为可用的能量,用来使舰艇返回到垂直位置。

在某种意义上,动稳性相似于压缩弹簧所做的功。当移开压力时,由于弹簧膨胀,弹簧做了功,其结果是向后输出之前压缩它的能量。

在舰艇恢复力矩的曲线上,曲线和基线之间的面积表示力矩(垂直量值)与角度(水平量值)的乘积,此角度是舰艇倾斜度。因此,用给定角度曲线下面的面积表示舰艇在该角度时的动稳性,是舰艇倾斜必须要做的功的量值,同时该量值又会成为可利用的,在消除产生的倾斜时用来扶正舰艇。

图3-24中,阴影区表示25°时的动稳性。曲线下面的非阴影区面积是动稳性储备量,即超过25°,继续倾斜舰艇直到舰艇倾覆而必须要做的功。

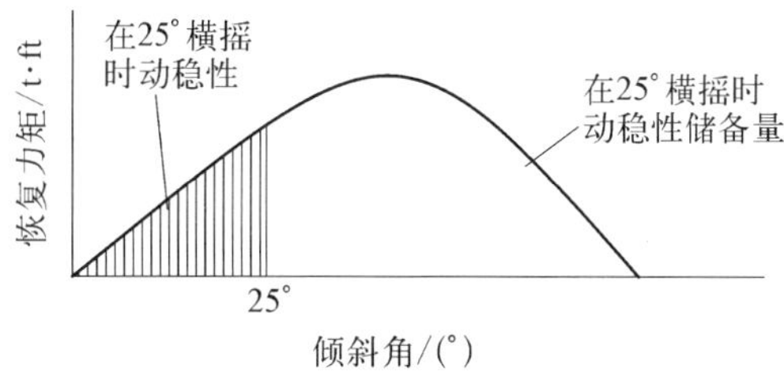

图3-24 舰艇恢复力矩曲线(横摇时可用于舰艇的恢复能量)

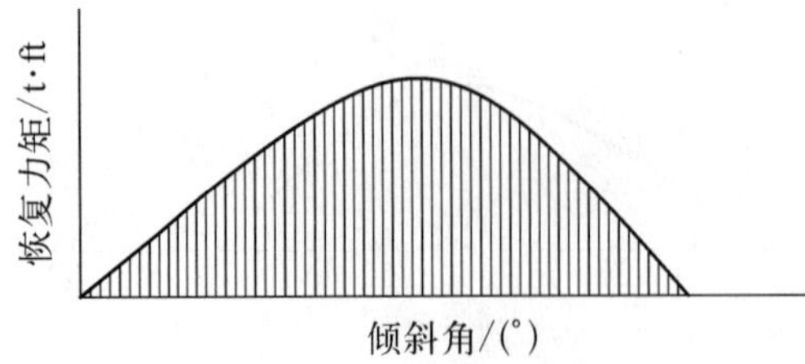

图 3-25 恢复力矩曲线指示整个稳性范围

总动稳性是功的总量，是倾覆舰艇必须要消耗的功，因此，可用恢复力矩曲线下面的面积来表示稳性的整个范围，如图 3-25 阴影区所示。

既然用各恢复力臂曲线的纵坐标值乘排水量，再用此值画出曲线就可把任何恢复力臂曲线转换为恢复力矩曲线，所以也可把恢复力臂曲线下面的面积看做是动稳性的。可按照相似方式的恢复力矩曲线作上述变换。

实际上可以测量曲线下面的面积(转换纵坐标为力矩，横坐标为弧度)，并由此而求出动稳性数值。

除非特别说明，后文动稳性皆指总动稳性。

10) 各种型号的稳性曲线形状

不同型号的舰艇有不同形状的稳性曲线，如图 3-26 所示。

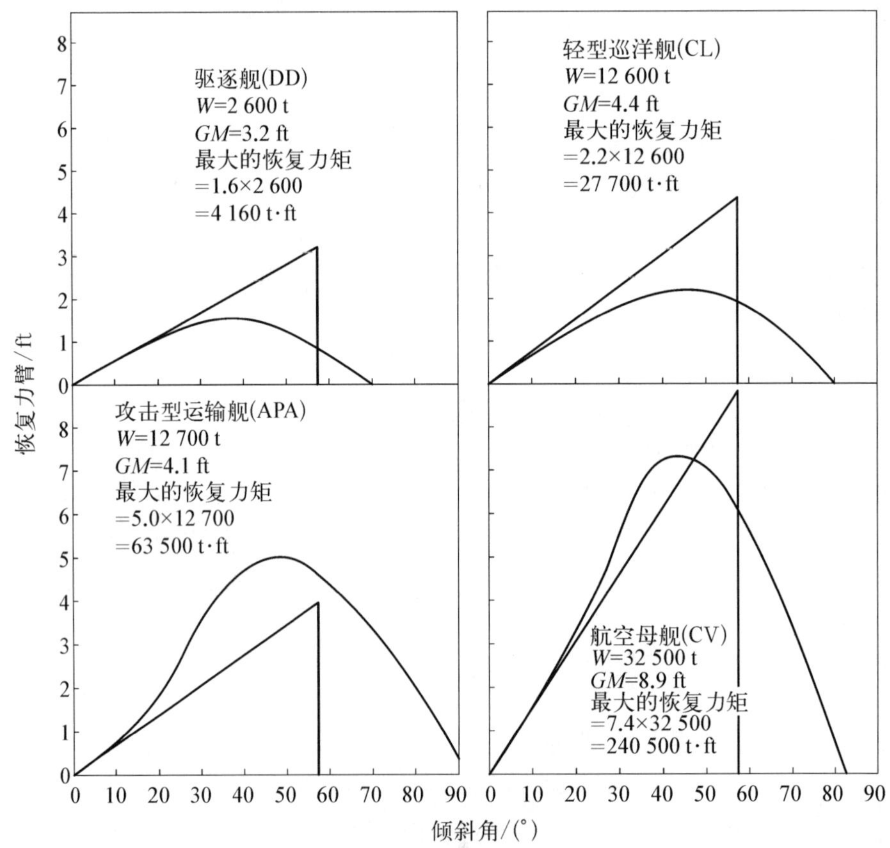

图 3-26 稳性曲线(典型)

3.1.3.2　吃水

1）排水量曲线

下面讨论排水量对吃水的关系。

当平均吃水增加时，则排水量增大。使用图解和数学方法，设计师计算给定吃水的舰艇水下体的容积 V；然后再乘以水的密度，以获得排水量 W。按照这种处理方法，可为一系列吃水（从最浅的到最深的）测定排水量（图 3－27）。

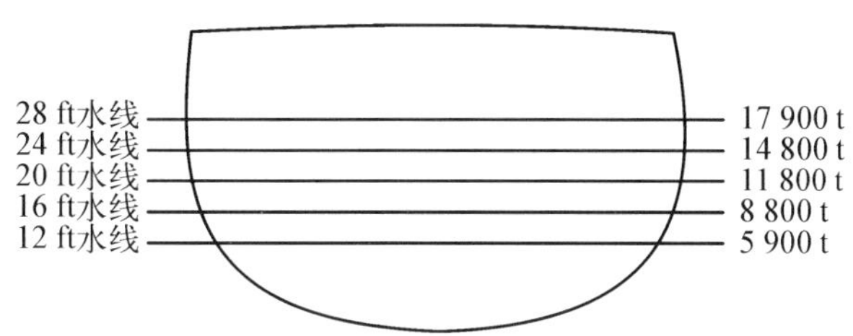

图 3－27　排水量对吃水关系图

绘制其结果图形，形成舰艇排水量曲线，如图 3－28 所示。为了使用曲线，首先读出舰艇吃水标记线上的前后吃水，求取平均吃水值，在图表上作平均吃水值的水平线，相交于排水量曲线，其对应的横坐标即为排水量（单位为 t）。

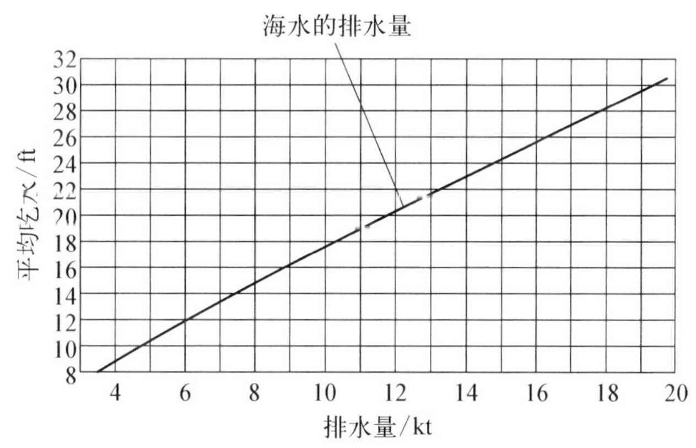

图 3－28　舰艇排水量曲线

（1）举例：前吃水为 20 ft，后吃水为 24 ft 时，排水量是多少呢？

答：13 300 t。

（2）举例：相应于排水量 9 600 t 的平均吃水是多少？

答：17.1 ft。

排水量曲线是舰艇静水力曲线中的一种，所提供的蓝图被命名为静水力曲线。

2）储备浮力

水线之上的水密主船体的容积被称作储备浮力。按百分数表示，储备浮力是水上部分船体容积与水下部分船体容积之比值。因此，储备浮力可以说成立方容

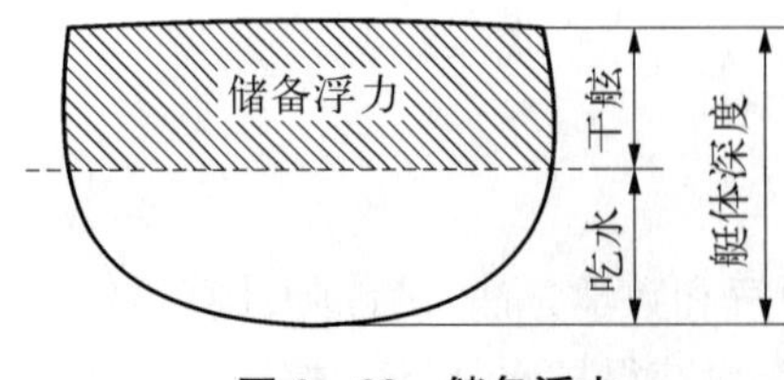

图 3-29 储备浮力

积、比值或百分数，或者以海水等值的重量表示。

干舷是储备浮力的一种粗略的量度。干舷是从水线到露天甲板边缘之间的距离（单位：ft）。除非另有说明，此处基准是对平均或舯部干舷而言。如图 3-29 所示，干舷加吃水总是等于船体深度。

当给舰艇加入重量时，吃水和排水量增加，其数量与干舷和储备浮力减少量相同。储备浮力是可用的浮游容积，供吸收增添重量用。较大的储备浮力对舰艇的生命力是相当重要的。

各种型号的海军舰艇内的储备浮力一些近似值如下（某些舰艇能够获得比舰艇本身重量还要多的储备浮力）：

大型航空母舰（CV）……………………130%
导弹巡洋舰（CG）……………………100%
驱逐舰（DD）（2 100 t）……………………100%
驱逐舰（DD）（1 630 t）……………………75%
护卫舰（FF）……………………>100%

3）GM 的扩展

舰艇初稳性高度是由 G 和 M 两点位置所决定的。G 和 M 的位置由独立而又不同原因所确定。重心 G 由舰艇结构的各零部件和所载的载荷的所有重量的大小和位置确定。

稳心 M 是由很小倾斜时浮力的作用线与中心线的交叉点所建立。这些浮力的稳心 M 的位置依赖于水下部分的船体的大小和形状。

因此，M 的位置依赖于吃水。在本讨论中，试图获得的龙骨以上横稳心（KM）高度是多少。

在图 3-30 中，可以看出：

$$KM = KB + BM$$

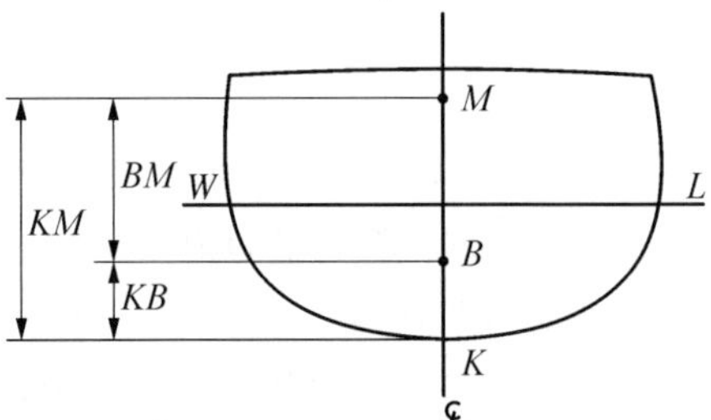

图 3-30 GM 的扩展

KB 是基线（龙骨）以上的浮心高度。BM 被称作舰的稳心半径，因为当舰艇倾斜时，它是 B 轨迹的曲率半径所致。这其中任何一个初始值都会被使用，即舰艇直立时的 KB 和 BM。

与基线之上的浮心有关的知识如下：

对于直立的舰艇 B 位于中线，而它的高度依赖于吃水。KB 通常比 1/2 吃水多一点，这取决于艇体形状。吃水的增加将导致大的 KB。

设计工作是使用图解和数学方法为一系列吃水值确定 KB。将这些值绘制在坐标网格上，得到基线之上的浮心曲线(图 3－31)。

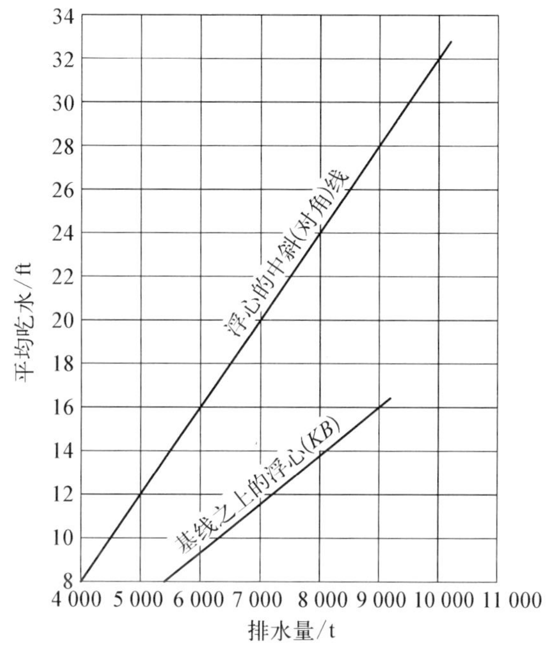

图 3－31　基线之上的浮心

提供给舰艇的 KB 曲线放在"静水力曲线"图表内。可用它自身标度直接读出，也可以利用比例系数来读出。更多的是把它绘制在相连的称为中斜(对角)线的辅助线上，如图 3－31 所示。

为了使用曲线，用平均吃水值输入左边标度上，继后连水平线相交中斜线，然后，垂直向下相交于 KB 曲线，再后水平返回，并在英尺标度轴上读出所需的 KB 值。

下面讨论稳心半径：

BM 为舰艇直立时的稳心半径，是舰艇从浮心到稳心中线上的垂直距离。可由下式计算它：

$$BM = \frac{I}{V}$$

式中，I 为水线面面积的惯性力矩。V 为舰的排水量容积。

长方形面积环绕自身的中线的惯性力矩可由下式计算：

$$i = \frac{b^3 l}{12}$$

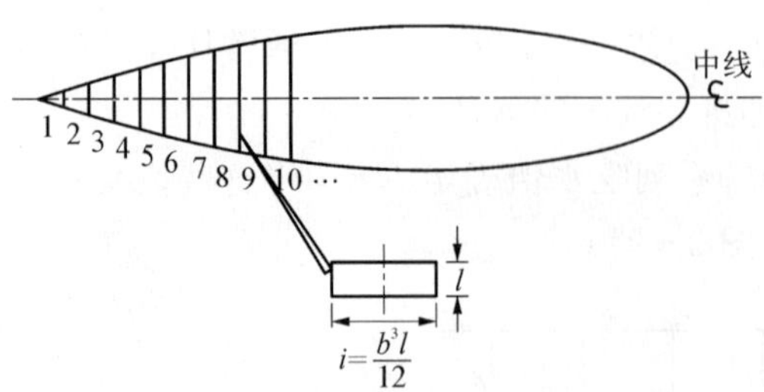

图 3-32 舰艇水线面的惯性矩

该表达式可以用来求得非规则面积的惯性矩，就像舰艇的水线面被细分，使它成为一系列的小长方形，如图3-32内所示。

计算各长形的 i，并把所有 i 加在一起，就可求得 I(水线面的惯性矩)。

$$I = i_1 + i_2 + i_3 + i_4 + \cdots$$

既然宽度在公式中乘了 3 次(b^3)，就可发现船宽对 BM 和 GM 有巨大影响。因此，平底船比小艇有更大的稳性；因为它们更宽。

BM 随吃水变化。当吃水增加时，水线面尺寸或是减少或是增加；且这些可导致产生新的 I 值。较大的吃水产生较大的排水量，同时 V 也变大。在正常水线时，对增加了吃水的 BM 值常常是减小，这是由于 I 变小。

有关基线之上的稳心知识讨论如下：

设计工作仍是利用上述公式为一系列吃水计算 BM。每一个 BM 值被加到 KB 上，以便为相应的吃水提供 KM。

$$KM = KB + BM$$

KM 的合成系列值对应吃水被绘制形成基线之上的横向稳心曲线(图 3-33)。

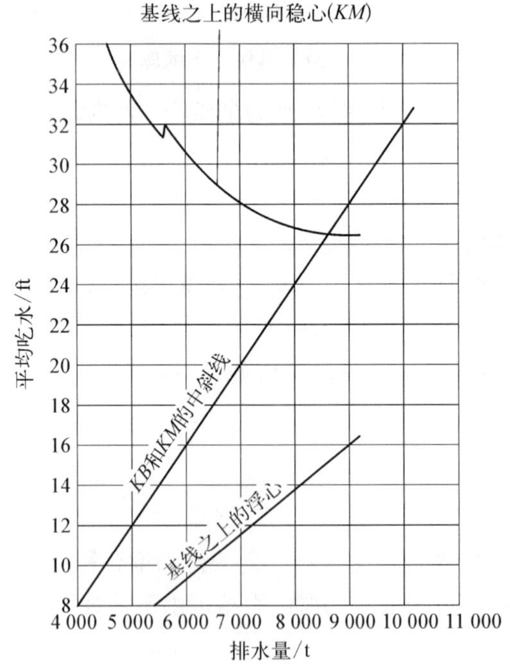

图 3-33 基线之上的横向稳心曲线

在“静水力曲线”图表上均附有 KM 曲线提供给舰艇。像 KB 曲线一样，它可以直接读出或使用比例因数。但更多的是与用于 KB 曲线的相同中斜线一起绘制，就像图 3－33 一样。

为了利用 KB 曲线，将平均吃水的数值输入左边标度，接着水平连线相交于中斜线，然后垂直向上画与 KM 曲线相交，而后再水平返回，就可在纵坐标上读出所需要的 KM 值。

例题：图 3－33 舰艇正在以平均吃水为 20 ft 运行，求 KM，KB 和 BM 值。

答：从曲线可知，$KM=28.0$ ft 和 $KB=11.5$ ft，则 $BM=KM-KB=28.0-11.5=16.5$ ft。

4) 吃水与恢复力矩的关系

在下面讨论中，叙述了吃水对恢复力矩的关系。

吃水（保持 G 不变）的变化不仅会引起 GM 的变化，而且还将导致发生整个稳性范围恢复力矩的变化。导致恢复力矩的这种变化有两种方法：

(1) 改变表达式 $W(GZ)$ 中的 W。

(2) 改变表达式 $W(GZ)$ 中的 GZ。

这两种变化虽然同时发生，但在方向上是相反的。它们未必能补偿（相互抵消）。

当吃水增加时，舰艇重量增加，导致发生上述的第(1)种结果，改善了稳性。为了评价这种影响，从静水力曲线中求得新的排水量(W)。

当吃水增加时，水下部分的船体大小和形状按这样方式变化将使恢复力臂减小。这种影响（由于降低了干舷有时被称为 GZ 丢失）引起稳性降低。丢失量将在稳性的横截曲线中给以评估。

5) 稳性横截曲线

假定重心是固定的 A 点，且舰艇倾斜到任一给定角度，例如 20°（图 3－34）。此时，在该角度时的浮心位置将随吃水而定。

在 18 ft 水线时，浮心在点 B_5，产生恢复力臂 AZ_5。在 26 ft 水线时，浮心在点 B_8，产生恢复力臂 AZ_8。当吃水增加和干舷减小时，则恢复力臂会变小。

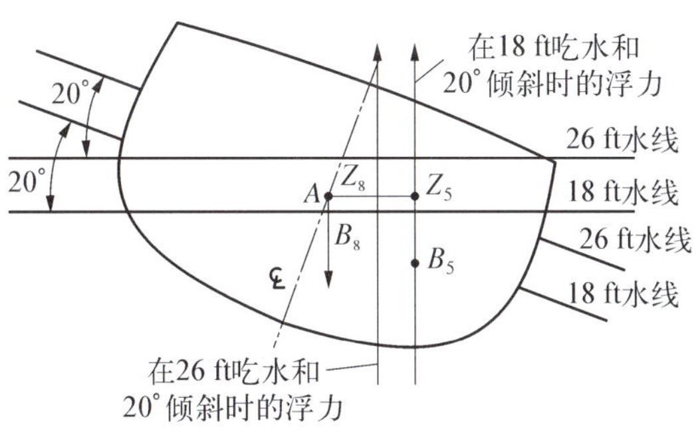

图 3－34　不同排水量下的恢复力臂

为了确定这种影响，设计工作是按给定倾斜角度绘制一系列水线。对每个水线，要计算假定的重心 A 点的恢复力臂值。其结果是各不同排水量下的恢复力臂系列值。把这些值绘制在坐标网格上，得到稳性的横截曲线（图 3－35）。

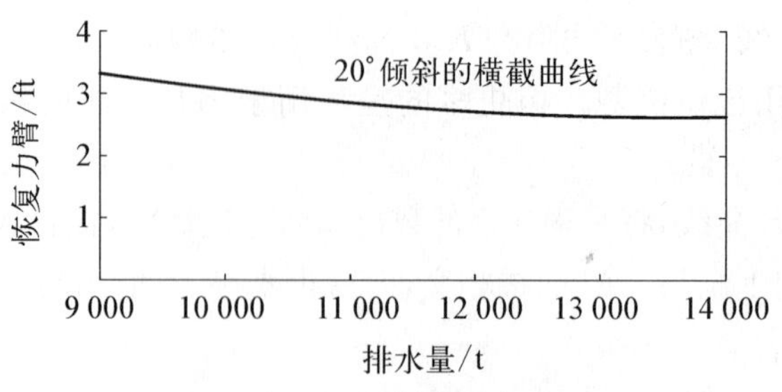

图 3-35 稳性的横截曲线

图中,恢复力臂被标示在垂直坐标上,而把以吨为单位的排水量设在水平轴上。用这种方法,为舰艇编制了一系列的稳性横截曲线,从 10°到 90°,每隔 10°绘制一曲线。所有这些均绘制在同一坐标网格上,以便于使用。图 3-36 是一组典型巡洋舰的横交曲线。注意:当吃水和排水量增加时,曲线向下倾斜,表明在所有角度均为较小的恢复力臂。

固有正弦			
角度	正弦	角度	正弦
0°	0	50°	0.766 0
10°	0.173 6	60°	0.866 0
20°	0.342 0	70°	0.939 7
30°	0.500 0	80°	0.984 8
40°	0.642 8	90°	1.000 0

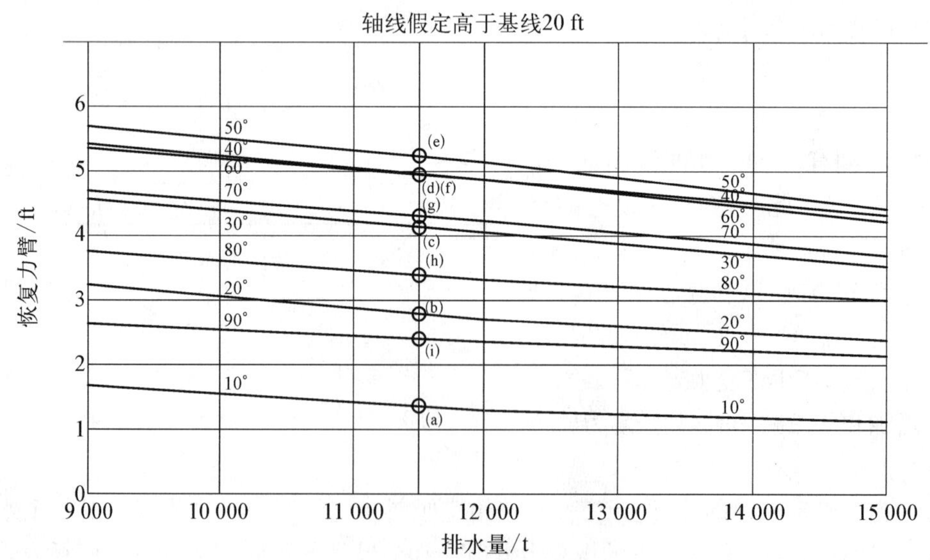

图 3-36 典型巡洋舰的稳性横截曲线

用下列方法，利用横截曲线绘制稳性曲线。

为了从横截曲线中获取稳性曲线，应在相应于舰艇平均吃水的排水量处，给横截曲线图表画一根垂线。在垂线与各横截曲线交点处，就可读出左边标度轴上的恢复力臂值。然后，再在坐标网格(方格)上，按照相应的倾斜角度点划出恢复力臂的这一数值，以求绘制稳性曲线。在点划了从 10°～90°的一系列这样恢复力臂之后，就可通过这些点绘出一平滑线。这就是所需的稳性曲线。

举例：从图 3－36 的横截曲线上，为相应排水量 11 500 t 的平均吃水11.33 ft，制取恢复力臂曲线。

答：从图 3－36 选取出点(a)，(b)，(c)，…，(i)，把它们点画在图 3－37 上，就绘制成所需曲线(实线)。

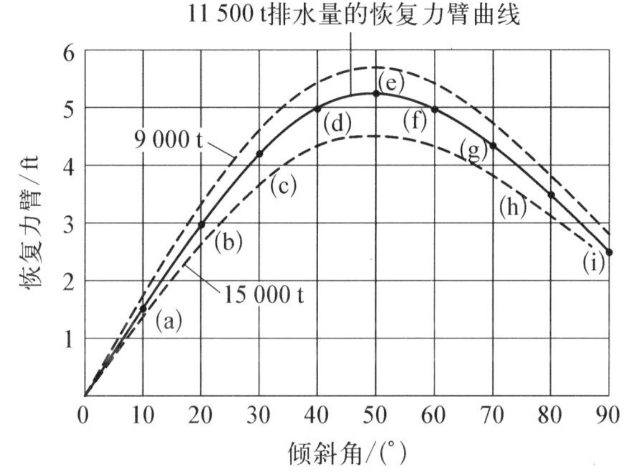

图 3－37　横截曲线用于绘制稳性曲线

图 3－37 上面和下面的虚曲线是取自图 3－36 上的分别对应 9 000 t 和 15 000 t的数值。这样，从横截曲线制取稳性曲线，就可看出吃水对恢复力臂的影响。但是，这样的曲线怎么说也是未经修正的，因为它是以假定重心的位置为基础的(图 3－34 的 A 点)。这种假定的部位 G 被称作轴心。

来自横截曲线的稳性曲线，必须修正为高于龙骨的实际高度 G。

对于任何实际运行的装载状况，不见得 G 会在轴心处。有关进行这种修正的方法可参见 3.1.4 节。

吃水变化对稳性的两种影响：

(1) 这些影响在方向上是相反的，但却是同时产生的。① 吃水增加使恢复力臂减小，由此减小了稳性。② 吃水增加意味着舰船重量更大，由此改善了恢复力矩和稳性。

(2) 由于较大重量而取得的增益未必能抵消由于较小的恢复力臂而带来的损失，故每个均需单独进行评价。

3.1.4 垂向移动重物

前面已经讨论了龙骨以上重心垂直高度(KG)是如何确定的。接下来分析在舰上移动重物引起的重心 G 位置的变化如何影响横稳性。在垂向和横向移动重物时对横稳性具有直接影响,前后移动重物仅间接影响横稳性。

已经在舰上的任何重物构成了舰上负载的一部分。如果这一重物形体大并被移动到一个新位置,将改变舰的稳性特性。稳性的这种改变包含一个事实,重物系统中一个重物的移动引起系统重心移动。

从物理学得知,当重物系统中一个重物移到系统中的一个新位置时:

(1) 作为整个系统的重心沿着与组成重物移动方向平行的路径移动。

(2) 整个系统的重心沿平行路径移动的距离可从下式得出:

$$GG_1 = \frac{ws}{W}$$

式中:GG_1——系统重心移动距离,ft;

w——移动的组成重物的重量,t;

s——组成重物移动的距离,ft;

W——系统总重量(包括 w),t。

下述方法用于确定由于垂向移动重物引起的稳心高的增减:

对于图 3-38 中的舰,将重物 w 从第二平台移动到主甲板(距离 p)将引起舰的重心 G 上升到 G_1,重心移动距离 GG_1 为:

$$GG_1 = \frac{wp}{W}$$

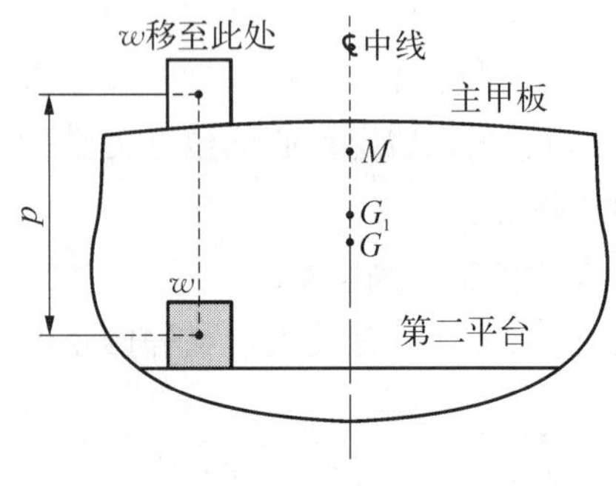

图 3-38 垂向移动重物对 GM 的影响

式中 W 代表舰的总排水量(t),包括小重物 w 的质量(俗称"重量")。

由于移动的重物已经在舰上且是舰负载的一部分,吃水不会改变,从而不改变稳心 M。因此,GG_1 是重物上移造成的稳心高的损失。换句话说,在重物移动之前,稳心高是 GM,在此之后稳心高变成了较小的 G_1M。

如果重物向下移动而不是上移,比如说从主甲板移到底舱,舰的重心的移动同样可由上式得出,此时 GG_1 是增加的稳性高度。

3.1.4.1 恢复力臂的改变

舰重心的垂向移动使任意横倾角时的恢复力臂的大小发生相应改变,例如:

图 3－39 中的舰横倾任意角度，例如 θ。此角度时的浮心将位于 B，浮力作用线将垂直穿过 B。

由于小重物 w 位于底舱内，舰的重心位于 G 且恢复力臂为 GZ。如果 w 上移，比方说移动到主甲板，则重心移到 G_1，恢复力臂变成比 GZ 减小 GR 的 G_1Z_1。因此很显然，垂向移动重物将增加或减小恢复力臂。

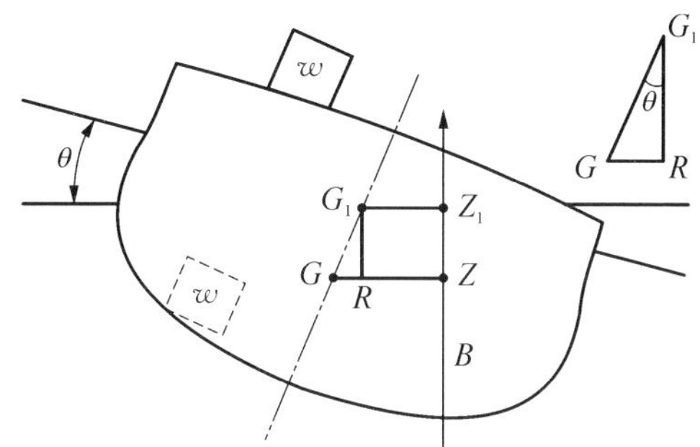

图 3－39　由于垂向移动重物引起 GZ 改变

在 Rt△GRG_1 中，任意横倾角下的恢复力臂的损失 GR 可由下述三角函数表达式得出：

$$GR = GG_1 \sin\theta$$

如果横倾角是 10°，20°，30°，…，则可利用 $GG_1 \sin\theta$ 值对横倾角值绘制一条曲线。其结果是一条正弦曲线，如图 3－40 所示。注意，在 0°时恢复力臂的损失为 0，而在 90°时等于 GG_1。

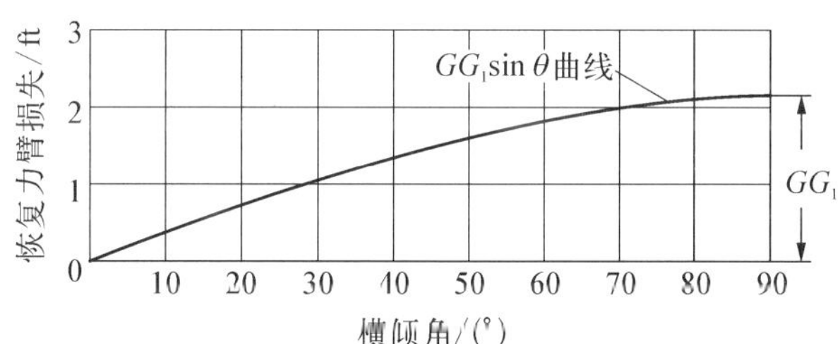

图 3－40　GZ 正弦值的改变量

如果重物向下移动，则所有恢复力臂有一个伴随的提高，这可通过在基线以下画正弦曲线给出。此时，$GG_1 \sin\theta$ 的值加到原 GZ 值上形成新的恢复力臂。

3.1.4.2　对稳性的影响

本节讨论一种分析垂向移动重物对稳性影响的方法：

正弦曲线可叠加到初稳性曲线上以给出在舰上垂向移动重物对稳性的影响。由于排水量和吃水不变，故仅需用 G 的改变修正恢复力臂。因此，如果 $GG_1 \sin\theta$ 是从初稳性曲线上的每一个 GZ 中推出的，则结果是在重物移动后的一条修正的恢复力臂曲线。

在图 3－41 中，正弦曲线已经叠加在初稳性曲线上。带网状线的区域是由于重物上移而损失的部分。阴影线区域是保留的或剩余的部分。剩余的最大恢复力臂是 AB，约为 0.8 ft，出现在约 35°角时。新稳性范围为 0°～52°。

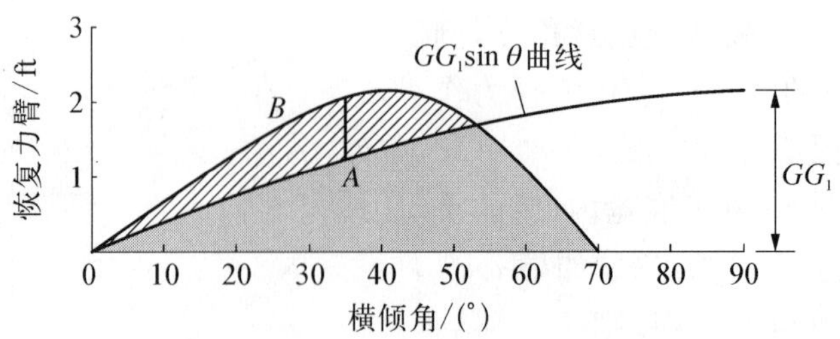

图 3-41　正弦曲线对稳性曲线的影响

如果老的 GZ 和正弦曲线之间的垂直距离向下转移到基线，则在重物移动之后舰的稳性更明显。如图 3-42 中已形成新的稳性曲线。例如，在 30°时新恢复力臂 CB 向下转移到基线，形成了垂直的 AD，进而形成定位点 D。从而取得一系列建立在基线以上的点，形成新曲线的形状。

在新曲线上分析剩余的稳性如下：

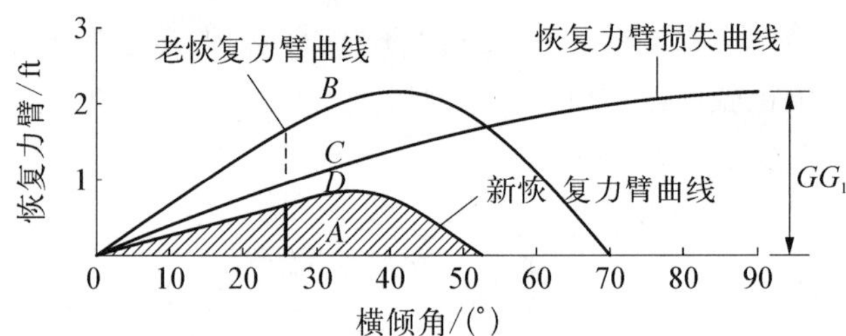

图 3-42　新稳性曲线的形成

(1) 最大恢复力臂为 0.8 ft。

(2) 最大恢复力臂角为 35°。

(3) 稳性范围为 0°～52°。

(4) 阴影部分代表动稳性。

3.1.4.3　利用稳性横截曲线修正稳性曲线

取自稳性横截曲线的稳性曲线必须对龙骨以上的实际重心高度 G 修正。航行中舰的重心通常不在假定的横截曲线轴处。因此，与垂向移动重物类似的修正是必需的，以便最终的稳性曲线能应用于舰的实际。

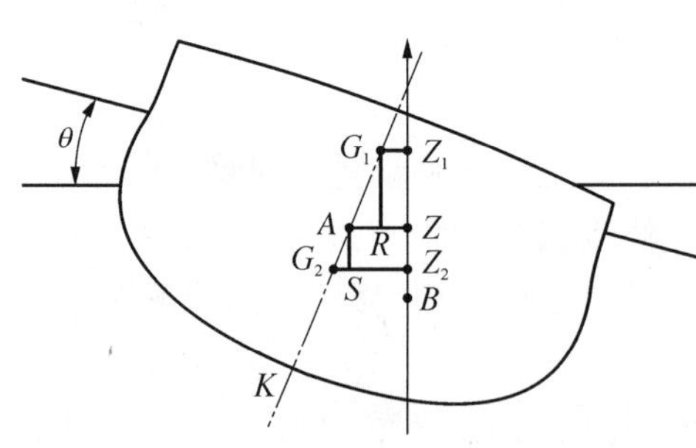

图 3-43　稳性横截曲线轴位于点 A，舰处于任意横倾角

图 3-43 给出了处于任意横倾角横截曲线轴位于点 A 的舰。如果该舰的重心位于 A，恢复力臂将为 AZ。但实际重心 G 不可能位于 A。

如果重心位于 G_1，恢复力臂为量值

小于 AZ 的 G_1Z_1。由于 $AR=AG_1\sin\theta$。因此，要修正稳性曲线，应从取自横截曲线的每一恢复力臂中减去 $AG_1\sin\theta$。如果实际重心位置在 A 点以下，例如在 G_2，则将 $AG_2\sin\theta$ 加到恢复力臂上。

图 3-44 中的稳性曲线是取自排水量 11 500 t 的舰的横截曲线未修正的稳性曲线。KG 为 26.0 ft，因此，必须为 G 这一实际重心位置对曲线进行修正。

$$AG = KG - KA = 26.6 - 20.0 = 6.0 \text{ ft}$$

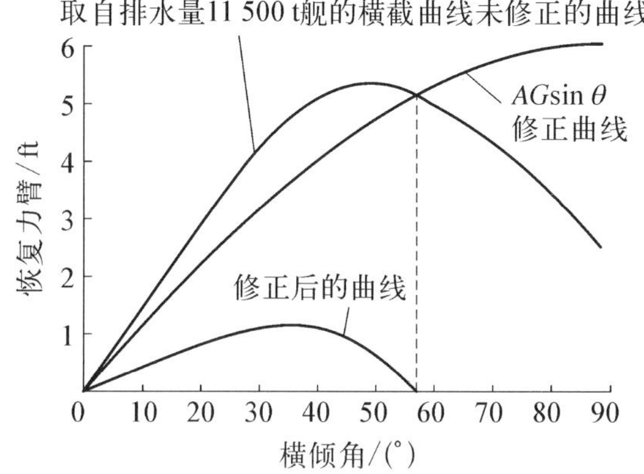

图 3-44　利用横截曲线修正得到实际的稳性曲线

对连续的横倾角计算 $AG\sin\theta$，并绘制如图 3-44 所示的修正曲线。在 $AG\sin\theta$ 的修正曲线和未修正的 GZ 曲线之间的面积已经向下转移以形成实际的稳性曲线。

这一修正的恢复力臂乘以排水量形成该舰在该航行状态的恢复力矩曲线。

3.1.5　横向移动重物

3.1.5.1　水平移动重物

对于正浮状态的舰船(没有静横倾)，如图 3-45 所示，浮心和重心在舰的中线上。当舰上的一个重物在舰上水平横向移动时，舰的重心将不再在中线上，但重心移动将与重物移动方向平行。因此，当一个重物横向移动时，G 也横向移动一个 GG_2 的距离：

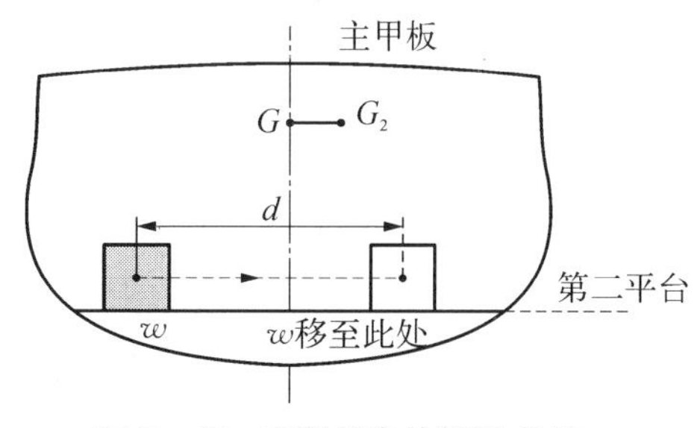

图 3-45　正浮状态的舰船，B 和 G 在舰的中线上

$$GG_2 = \frac{wd}{W}$$

式中：GG_2——重心移动的距离，ft；

w——移动的重物，t；

d——重物移动距离，ft；

W——舰的总重量（包括 w），t。

3.1.5.2 固定静横倾

1）浮心的移动

当重物在舰上横向移动后，重心 G 移到 G_2，且舰将因水下船体状态改变而产生静横倾。浮心也必然移动，直到 B 位于新重心位置的下方。此时，浮力和重量处于同一直线上，这一直线与舰中线形成的夹角称为固定静横倾角（图 3－46）。在静水中，舰将保持横倾在这一角度；在汹涛中航行时，它将围绕这一静横倾角摇摆。

当一个重物横过甲板移动时，将使重心 G 偏离中线，导致舰静横倾，在所有横倾角下的恢复力臂也将发生改变。

在图 3－47 中，该舰已经横摇到偏离静横倾角，继续向静横倾的一侧横摇。在任何这样的一个角度，这一剩余的有助于舰恢复正浮的恢复力臂是 G_2Z_2。如果重心 G 保持在中线上，恢复力臂本应为比 G_2T_2 的量值大 GT 的 GZ。

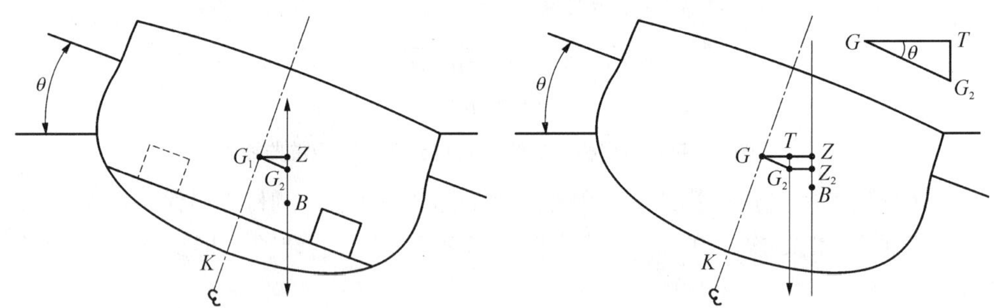

图 3－46 在横向移动重物后的固定静横倾角

图 3－47 由于重物在甲板上横向移动而造成的 *GZ* 损失

在直角三角形中，在 GT 和 GG_2 之间 G 点的角度 $\angle TGG_2$ 称为横倾角。根据三角学，GT 的距离等于 $GG_2\cos\theta$。因此，在任意横倾角下由于重物横向移动引起的恢复力臂的损失为 $GG_2\cos\theta$。这一 $GG_2\cos\theta$ 值称为舰的倾斜力臂。

对于 10°，20°，30°等角度，如果通过用 GG_2 乘以固定静横倾角的余弦计算倾斜力臂，则如同取自固定静横倾角的余弦表一样，当从图 2－2 余弦表选取时，就可取得倾斜力臂曲线的值。纵坐标为倾斜力臂值，横坐标为横倾角，其结果就是一条余弦曲线，如图 3－48 所示。它始于 0°时的最大值，然后向下在 90°时变成 0。图 3－48 中的恢复力臂损失曲线或倾斜力臂是按重心 G 水平移动 0.9 ft 绘制的。

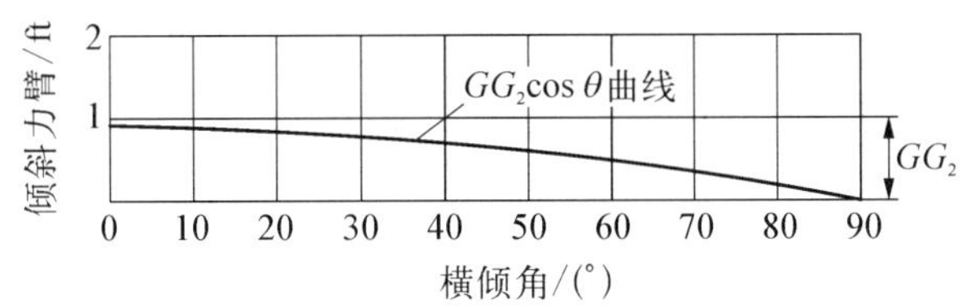

图 3-48　重心水平移动之后的倾斜力臂曲线

因为倾斜力臂减小恢复力臂，倾斜力臂曲线可以叠加在稳性曲线上以反映重心 G 横向移离舰中线对稳性的影响。

在横向移动重物之前，图 3-49 中的恢复力臂曲线应用于该舰上，并且是对排水量和重心 G 垂直高度修正后的曲线。重物横向移动不改变排水量和重心高度。因此，如图 3-50 所示，在恢复力臂曲线上叠加倾斜力臂曲线可充分说明重心 G 水平移动的影响。

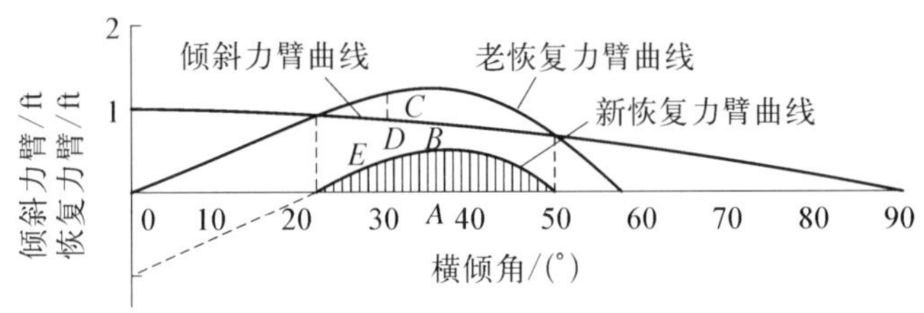

图 3-49　重建后的 *GZ* 曲线

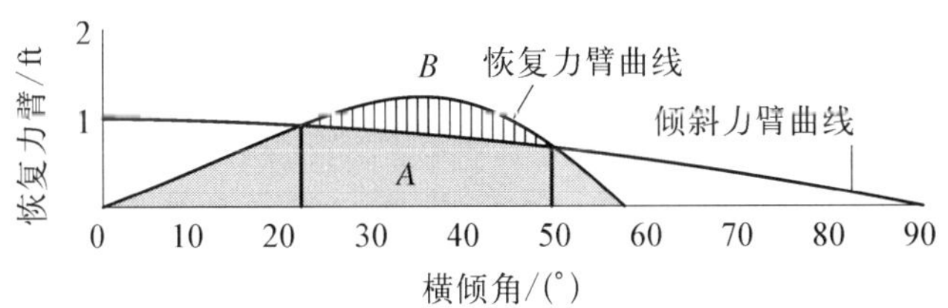

图 3-50　*GZ* 曲线值的改变

图 3-49 中网线区域是由于重物移动而损失的曲线部分，而阴影区域是保留的或剩余的曲线部分。剩余的最大恢复力臂是 AB，0.4 ft，发生于 37°。新稳性范围为 21°～50°。该舰将具有固定静横倾角 21°。在此角度下，浮心 B 在 G_2 下方，倾斜力臂等于初始恢复力臂，余弦曲线穿过初始恢复力臂那一点。

如果静横倾角已知，倾斜力臂曲线可以无需计算重心的横向移动而取得。在静横倾角处，倾斜力臂曲线必定穿过该点，从而确定了余弦曲线的位置。

通过转换余弦曲线和老的 GZ 曲线（图 3-49）之间的面积，有时便于绘制剩余曲线。例如，在 30°时，垂直距离 CD 垂直落到基线以确定最终稳性曲线的点 E。以同样方式取得在初始曲线上确定剩余恢复力臂曲线的一系列点。

在图 3-49 中新曲线上可分析剩余稳性如下：

(1) GM 不改变。

(2) 最大恢复力臂为 0.4 ft。

(3) 最大恢复力臂的角度为 37°。

(4) 稳性范围从 21°到 50°。

(5) 阴影部分代表动稳性。

重心横向移动对稳性高没有影响。在这一讨论中，只考虑 GM 的初始值，这一值是 G 和 M 之间的垂直距离。使重心 G 偏离中线的重物水平移动不改变重心垂直高度，由于排水量和吃水不变，M 的初始位置也不变。因此，GM 保持不变。

2) 倾斜力矩

当使用一条恢复力矩曲线时，要找出重心 G 横向移动对稳性的影响，必须要将所有角度下的倾斜力臂转换成倾斜力矩。这是通过倾斜力臂乘以舰的排水量实现的。

$$\begin{aligned}\text{倾斜力矩} &= WGG_2\cos\theta \\ &= \frac{Wwd\cos\theta}{W} \\ &= wd\cos\theta\end{aligned}$$

然后，可以将 $wd\cos\theta$ 值的一条倾斜力矩曲线叠加在恢复力矩曲线上以确定剩余的稳性曲线。

3.1.5.3 斜向移动重物

重物可以从左舷到右舷和从甲板到甲板斜向移动，以便它在同一个时间垂向和横向移动。或者可通过先将重物上下移动然后横向移动来完成这样一种移动。或者可以一个重物垂向移动而另一个重物水平移动。

当发生这样一种重心斜向移动时，应该分两步来处理。先找出移动的垂直分量对 GM 和稳性的影响，然后在第一步结果的基础上，叠加移动的水平分量的影响。图 3-51 说明了重物的斜向移动及其对稳性的影响。

3.1.6 纵倾

横向倾斜是用横倾角来量度的。由于艏部和艉部方向的倾斜角通常很小，在该方向的倾斜是用艏部和艉部的吃水差来量度的。该吃水差定义为纵倾。当艉部吃水大于艏部吃水时，称该舰艉倾；当艏部吃水大于艉部吃水时，称该舰艏倾。

1) 漂心

当舰纵倾时，它绕该舰水线面几何中心倾斜。该点称为漂心。

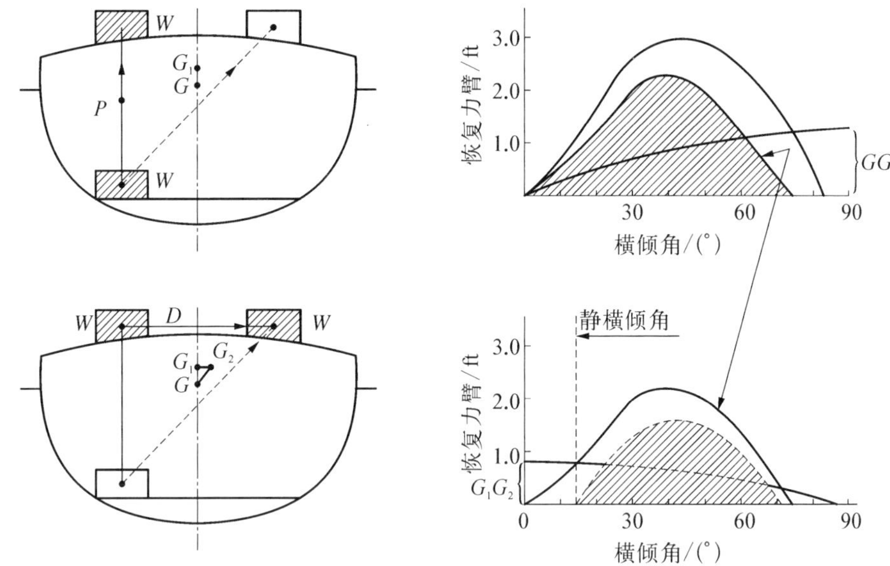

图 3-51　斜向移动重物对稳性的影响

图 3-52 中,该舰从水线 WL 倾斜到 W_1L_1。纵倾的旋转轴通过漂心 CF。

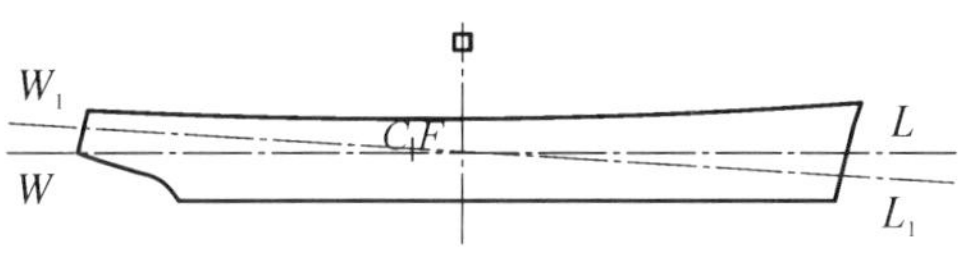

图 3-52　舰从水线 WL 倾斜到 W_1L_1

对于不同的吃水,中垂线之后的漂心的位置可在静水力曲线图的某一曲线中找到。通常,漂心位置非常靠近船体舯部,以至于在实际应用中可以假定漂心就在船体舯部。这一假定引入的误差很小,该误差位于吃水读数精度范围之内。当漂心曲线不可用或不要求精确计算时,可将中垂线用作纵向旋转轴。

2) 纵倾的改变

纵倾的改变可以定义为艏艉吃水差的改变。如果纵倾改变时艏部吃水更大,则这种改变称为艏倾。反之,如果艉部吃水更大,则纵倾的改变称为艉倾。

纵倾的改变是通过前后移动重物或在纵倾轴(漂心)前后增加和减少重物产生的。重物向前移将增加艏部吃水,从而产生艏倾。在漂心之前增加重物,艏部吃水的增加将超过艉部吃水的增加,这样也产生艏倾。同样的,重物移向艉部或在漂心之后增加重物引起的纵倾改变称为艉倾。

检查由于重新布置舰上已有重物而引起的连续纵倾改变的吃水量(表 3-2)。随着舰的吃水从(a)变为(b),艏纵倾从 0 增加到 26 in。因此,艏纵倾的改变是 26 in。纵倾的改变总是与吃水增加的方向一致的。从(d)到(e),艉纵倾从 26 in 变为 16 in,换句话说,纵倾的改变为 10 in。由于艏部吃水增加,此为艏纵倾。

表 3-2 纵倾的改变

艏部吃水			艉部吃水		纵　　倾	纵倾的改变
	ft	in	ft	in		
(a)	9	4	9	4	0	0
(b)	10	5	8	3	艏倾 26 in	艏倾改变 26 in
(c)	9	0	9	8	艉倾 8 in	艉倾改变 34 in
(d)	8	3	10	5	艉倾 26 in	艉倾改变 18 in
(e)	8	8	10	0	艉倾 16 in	艏倾改变 10 in
(f)	9	5	9	3	艏倾 2 in	艏倾改变 18 in

3) 纵稳性

纵稳性是一艘舰抵御纵倾改变的能力。如同横稳性一样，对于小倾斜角，纵稳性高是对初始纵稳性的量度。纵稳性高标为 GM^1，可从公式 $GM^1=KB+BM^1-KG$ 得出，式中 KB 和 KG 与横稳性的有关数据相同。纵稳心半径 BM^1 等于：

$$BM^1=\frac{I^1}{V}$$

式中，I^1 是通过漂心为横轴的舰的水线面惯性矩。

BM^1 的值很大，有时超过 BM 100 倍。各种不同吃水的 BM^1 值可从静水力曲线图中查得(图 3-53)。

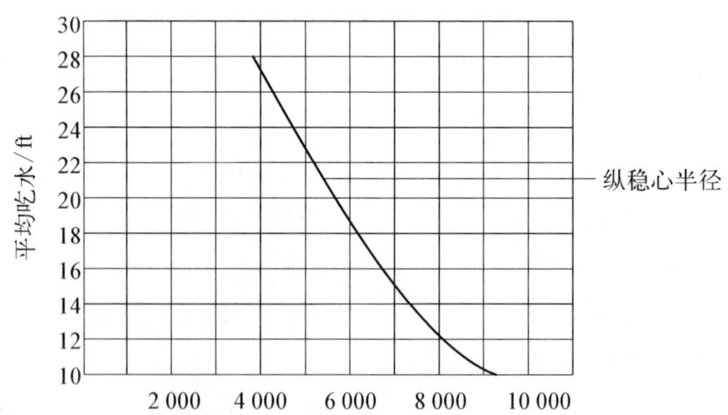

图 3-53 从静水力曲线图中查得的各种不同吃水的 BM^1 值

4) 每英寸纵倾力矩

舰船抵御纵倾变化的能力的量度是使纵倾改变某一固定量，例如 1 in 所需要的纵倾力矩：

$$MTI = \frac{GM^1(W)}{12L}$$

式中，L 为艏艉垂线之间的长度。

由于 BM^1 和 GM^1 都很大且它们之间的差别相当小，因此在实际工作中通常用 BM^1 代替 GM^1。当使用 BM^1 时，MTI 称为近似的每英寸纵倾力矩。GM^1 的值通常可在静水力曲线图中找到。

5）计算

纵倾的改变可用纵倾力矩除以纵倾改变 1 in 的力矩算出。

沿舰首尾方向移动重物即产生一个纵倾力矩。该力矩等于重量乘以移动距离（图 3－54）。

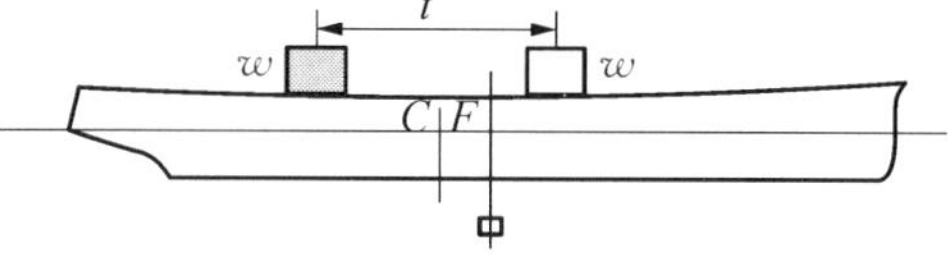

图 3－54　前后移动重物对纵倾的影响

$$纵倾力矩 = wt$$

$$纵倾的改变 = \frac{wt}{MTI}$$

纵倾改变的方向与重物移动的方向一致。由于我们利用舯部作为旋转轴，因此艏部吃水的改变等于艉部吃水的改变。艏部吃水或艉部吃水的改变量是纵倾改变量的一半。

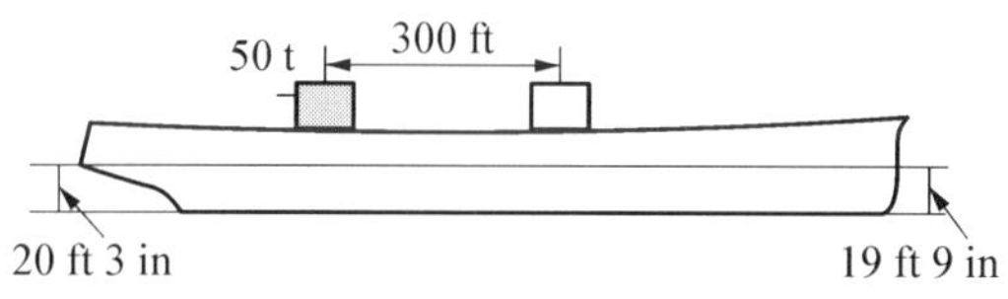

图 3－55　损管控制图符号的取样

6）实例

如图 3－55 所示，如果 50 t 弹药向后移动 300 ft，新的吃水是多少呢？

（1）吃水。

艏部 19 ft 9 in，艉部 20 ft 3 in

平均 20 ft 0 in

纵倾力矩＝50×300＝15 000 t • ft

$$MTI = \frac{BM^1W}{12L} = \frac{1\,150 \times 11\,800}{12 \times 582} = 1\,940 \text{ t} \cdot \text{ft}$$

$$纵倾的改变 = \frac{15\,000}{1\,940} = 艉倾\ 8\ \text{in}$$

吃水的改变＝艏部－4 in，艉部＋4 in

（2）新吃水。

艏部 19 ft 5 in

艉部 20 ft 7 in

7）航行纵倾

多数舰艇设计成无纵倾航行。使舰艇保持按设计水线（即最小纵倾）航行将提供最大效率，然而：在某些舰艇上，以轻微艉倾航行可获得较佳的汹涛航行性能。

当舰艇在需考虑最大吃水的浅水区航行时，纵倾总是应该最小值。

有些小型舰是设计成按艉倾方式航行的。这种设计纵倾称为设计艉倾。为了计算目的而测量一艘带有设计纵倾的舰的纵倾时，其纵倾等于设计纵倾之外的艏艉吃水的差值。

(1) 过度纵倾。

过度艏倾或艉倾可能损害舰的航行效率：

(i) 随着舰明显偏离设计纵倾线，舰的最大航速减小。要想维持给定航速，需要更大马力和消耗更多的燃油。过度艏倾将使螺旋桨叶梢浸水不足；过度艏倾还使舰在顶浪航行时前甲板过度上浪，从而使前甲板不可用。

(ii) 当舰进入干船坞时，如果每百英尺长度纵倾超过 1 ft，通常会使进坞操作变得危险。进坞指挥官在试图使舰进坞前将努力使纵倾小于此限度。

(2) 埋首。

由于埋首造成的沉船事故，在商船和辅助船上比战舰上更常见，尽管某些驱逐舰也因埋首而沉没。辅助船具有较大的隔舱，这些隔舱进水到一定限度将使舰严重纵倾。当纵倾力矩比最大纵向恢复力矩更大时，舰将因纵向失稳而倾覆。

(3) 自由(液)面。

自由(液)面很少成为影响舰艇纵向稳性的因素。由于自由(液)面造成 GM^l 和纵向恢复力矩的损失通常是不严重的。

(4) 纵倾对横稳性的影响。

为舰艇准备的静水力曲线是基于设计状态的，即没有纵倾。对于多数情况，只要纵倾不过量(超过舰艇长度约 1%)，静水力曲线仍然是可用的，并且可不作调整而使用，然而：① 在辅助舰船和护航航母上，即便是航行纵倾，KM 的变化与无纵倾状态相比是相当大的。艉倾使 KM 增大，艏倾使 KM 减小。有时在静水力曲线图中包含了一条对给定的纵倾修正过的 KM 曲线。② 在具有驱逐舰型艉部的高航速战舰上，艉倾对 KM 的影响很小。然而，艏倾(此时艉部几乎出水)使 KM 显著减小。③ 过度纵倾伴随着足够的横倾，从稳性和适航性观点来看，主甲板受波浪冲击是危险的。当具有与水面齐平的主甲板时，水线面越小，所得到的横稳心就越低。

3.1.7 增加和移去重物

1) 平均吃水的改变

增加(或移去)舰上重物总是会改变吃水，并且取决于增加重物的位置的不同，它将影响纵倾、横倾或稳性。当增加重物时，舰的排水量增大，因而平均吃水增大。新的平均吃水对应于新的排水量。这一平均吃水值可能从静水力曲线图中的排水量曲线取得。不管增加的重物放在哪儿，左舷还是右舷、艏部还是艉部、高处还是低处，平均吃水的这种改变总是会发生。

2）纵倾的改变

在漂心正上方或正下方处增加一个重物，将增加相同的吃水量，就像平均吃水增加一样，但不改变纵倾。在漂心处移去重物，将减少相同的吃水量。由于在舰上其他位置增加重物而使艏部或艉部吃水改变，其变化可按下述两个步骤确定：

（1）首先，假定增加的重物位于漂心处。这将使平均吃水和所有位置的吃水增加相同的量。

（2）然后在新吃水下，假定重物移到其最终位置。前后移动重物产生一个纵倾力矩，因而纵倾发生改变。

［实例］　如图 3－56 所示，某舰艏部吃水 21 ft 6 in，艉部吃水 21 ft，舯部以前 130 ft 处装载燃油 420 t。该舰的最终吃水和纵倾是多少？

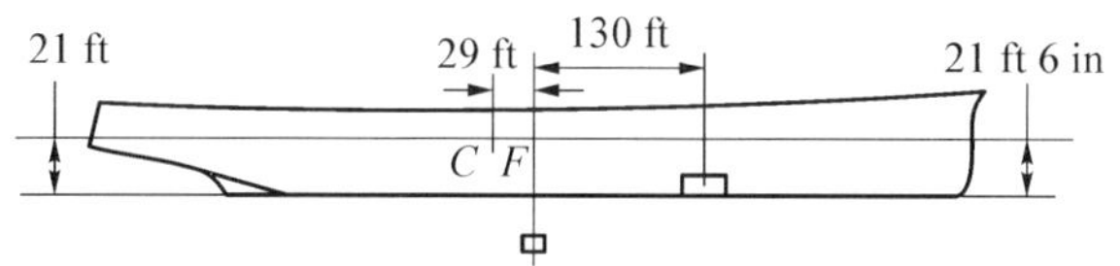

图 3－56　吃水和纵倾计算实例

［解］

吃水：

艏部 21 ft 6 in

艉部 21 ft

平均 21 ft 3 in

排水量：12 750 t（取自静水力曲线图）

增加的排水量：420 t

新排水量：13 170 t

新平均吃水：21 ft 9 in（取自静水力曲线图）

漂心（*CF*）位于中垂线（*MP*）后 29 ft 处（取自静水力曲线图）

纵倾力矩＝420×159＝66 800 t · ft

每英寸纵倾改变力矩＝2 000 t · ft（取自静水力曲线图）

纵倾改变＝66 800/2 000＝34 ft（艏纵倾）

吃水改变：

艏部　＋6＋17＝＋23

艉部　＋6－17＝－11

新吃水：

艏部 23 ft 5 in

艉部 20 ft 1 in

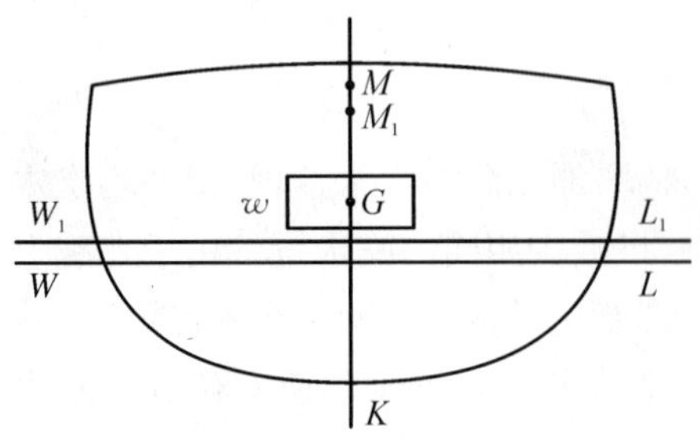

图 3-57 在重心 *G* 处增加重物对 *GM* 的影响

纵倾：艏倾 3 ft 4 in

3) *GM* 的改变

下面讨论如何确定增加的重物对 *GM* 的影响(图 3-57)。

首先假定增加的重物位于舰的重心高度处。在该位置放置重物不改变 *G* 的高度,然而,稳心 *M* 不再位于原始位置,因为舰的吃水已因排水量增加而改变。稳心 *M* 的新位置可通过新平均吃水下的静水力曲线以及确定该吃水的 *KM* 值取得。*M* 位置的改变量是增加重物前后的吃水对应的 *KM* 值之间的差值。

$$MM_1 = KM_1 - KM$$

增加的重物可位于任何高度,不必位于重心 *G* 处。在重心 *G* 以上或以下增加重物将引起重心上移或下移。通过首先假定重物加在重心 *G* 高度,然后移到最终位置,可找出重心 *G* 的移动。重物放置在重心 *G* 处不改变重心的位置,但重物从重心 *G* 处移到最终高度将改变重心的垂直位置,其量值：

$$GG_1 = \frac{wp}{W + w}$$

式中：w——增加的重量,t；

p——从 *G* 到增加的重物的最终高度的垂直距离,ft；

W——增加重物之前舰的重量,t。

在图 3-58 中,在主甲板上增加了一个重物 w。*M* 和 *G* 的位置已经分别移到 M_1 和 G_1。总的来说,增加重物后新的稳心高等于：

$$G_1M_1 = GM \pm MM_1 \pm GG_1$$

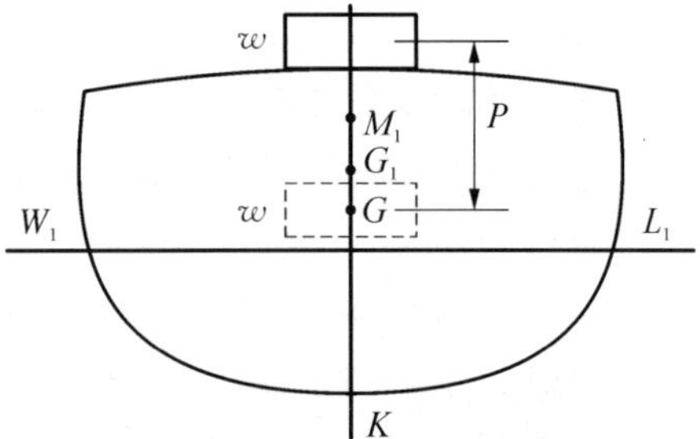

图 3-58 在主甲板上增加重物对 *GM* 的影响

4) 稳性

(1) 增加的重物。

增加重物通过改变排水量、在任意给定横倾角时 *B* 的位置以及重心 *G* 的高度影响所有横倾角时的恢复力矩。增加的排水量通过增大表达式中的 *W* 而增大恢复力矩：恢复力矩$=W(GZ)$。如果恢复力臂保持相同,则恢复力矩将更大,因为排水量更大了。

增加的吃水通过改变 B 进而减小表达式 $W(GZ)$ 中的 GZ 而减小恢复力矩。对某个增加的排水量，恢复力臂的减小可见于图 3－25 中，该图给出了具有恒定 KG 但排水量为 9 000，11 500，15 000 t 的舰的稳性曲线。

重心移向新位置导致恢复力臂按与垂直移动重物相同的方式改变。如果因为增加高重物而使重心 G 上移，则结果是通过减小表达式 $W(GZ)$ 中的 GZ 而使恢复力矩减小。如果因为增加低重物而使重心 G 下移，则恢复力矩增加。

增加重物对稳性的总体影响包含在增加重物后，舰的新稳性曲线中。新曲线通过下述方式找出：

(i) 从新排水量的稳性横截曲线得出稳性曲线。

(ii) 修正该稳性曲线在稳性横截曲线轴和重心新位置之间的垂直距离。

(iii) 用最后得到的恢复力臂乘以排水量得到恢复力矩。

(2) 一个计算稳性特性差值的例子。

一个 500 t 的载荷放置在一艘排水量 11 500 t、GM 为 3.5 ft 的舰的甲板上。此时该舰的稳性特性是什么呢？该载荷放置在如图 3－59 所示的龙骨以上 41 ft 处。

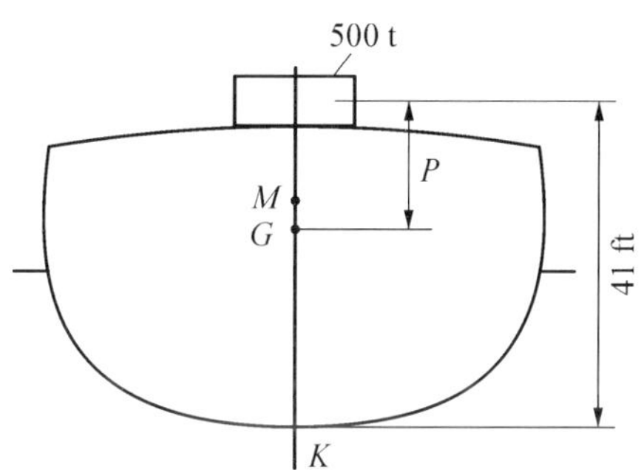

图 3－59　增加的重物对稳性影响的例子

[解]

初始排水量＝11 500 t

平均吃水＝19 ft 6 in

KM＝28.1 ft(取自静水力曲线图)

$KG=KM-GM=24.6$ ft

图 3－60 中的曲线①是修正后的初稳性曲线(对应于 11 500 t 排水量)，在增加重物后：

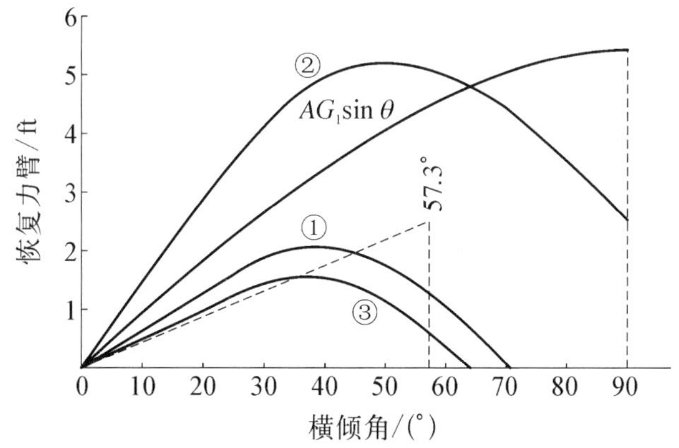

图 3－60　增加重物后稳性改变的例子

$$新排水量 = 12\ 000\ \text{t}$$

$$GG_1 = \frac{wp}{W+w} = \frac{500 \times 16.4}{(11\ 500 + 500)} = 0.68\ \text{ft}$$

$$p = 41.0 - 24.6 = 16.4\ \text{ft}$$

$$KG_1 = KG + GG_1 = 25.3\ \text{ft}$$

$$KM_1 = 27.8\ \text{ft}(取自静水力曲线)$$

$$G_1M_1 = KM_1 - KG_1 = 2.5\ \text{ft}$$

$$AG_1 = KG_1 - KA = 5.3\ \text{ft}$$

在图 3 - 60 中，曲线②是取自横交曲线图的 12 000 t 排水量的未修正的稳性曲线。$AG_1\sin\theta$ 曲线的值是从曲线②中推出的，用于生成在甲板上放置载荷后舰的恢复力臂曲线③。恢复力臂的差值可通过比较曲线①和③得出。

在图 3 - 61 中，新的和原始的恢复力臂曲线已经乘以它们各自的排水量以产生恢复力矩曲线。比较图 3 - 61 中的曲线①和③可看出稳性的差别。

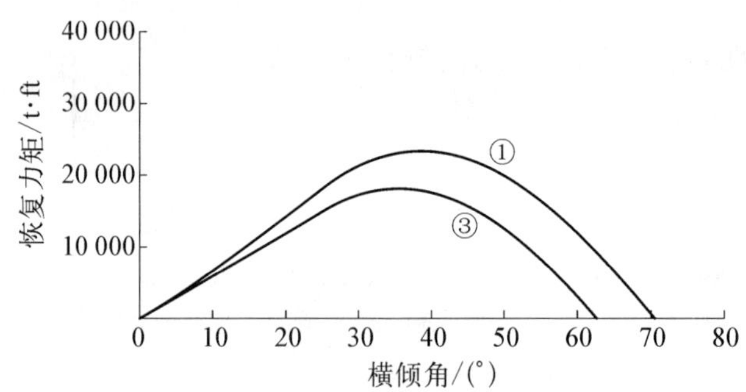

图 3 - 61 稳性曲线重建的例子

5）偏离中线的重物

当一艘舰处于漂浮状态且重物放置在偏离中线的位置时，该舰将向增加重物的一侧横倾。

要分析偏离中线的重物的影响，首先假定重物增加在与最终位置等高的中线处。当重物位于中线时，可像前两节指出的一样获得对稳性的影响。然后重物移到外侧位置。其影响就像任何横向移动重物一样。

如果像上节一样的 500 t 重物放置在右舷甲板离中线 20 ft 处，该舰将横倾，并且恢复力臂如图 8 - 7 所示减小，图中位于中线处的重物的恢复力臂曲线（图 3 - 60 曲线③）具有一根叠加的倾斜力臂，这是由于重物偏离中线位置的缘故。曲线④表示在舰的重心移到 G_2 后剩余的恢复力臂。该舰在倾斜力臂穿过恢复力臂曲线的地方有一个固定的横倾角（图 3 - 62，横倾角 17°）。

$$G_1G_2 = \frac{wd}{W+w} = \frac{500 \times 20}{11\ 500 + 500} = 0.83\ \text{ft}$$

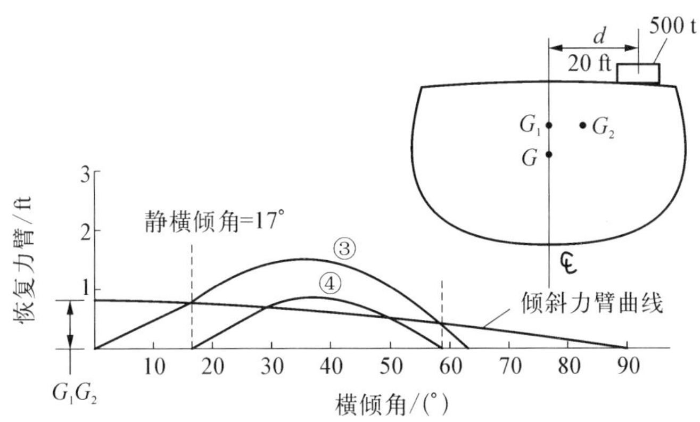

图 3-62　由于重物移动到偏离中线处而引起 *GZ* 损失的例子

在图 3-63 中，曲线①为舰在增加重物前的恢复力矩（与图 3-51 的曲线①相同）。图 3-63 的曲线④是图 3-62 的曲线④的恢复力臂乘以最终排水量$(W+w)$的结果。在偏离中线的位置增加一个大重量重物对稳性的影响可通过比较图 3-63 的曲线①和④看出。

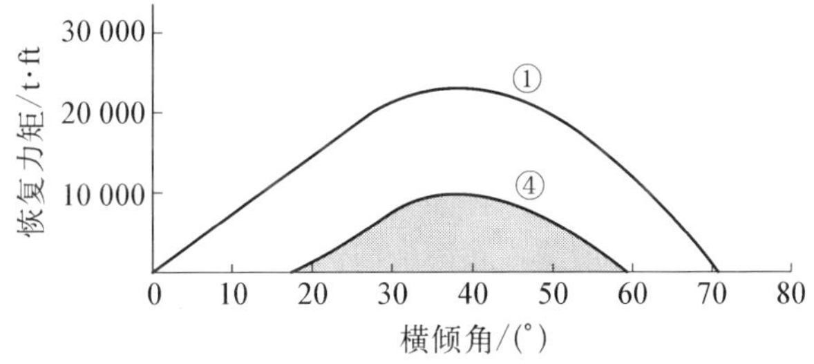

图 3-63　剩余的总稳性曲线

曲线④是重心不再位于中线面的舰的稳性曲线。通过曲线，可得出关于稳性的如下结论：

（1）最大恢复力矩，10 000 t·ft。

（2）最大恢复力矩角，38°。

（3）稳性范围为 17°～59°。

（4）动稳性（阴影部分）。

（5）不变 *GM*（图 3-60 的曲线③）2.5 ft。

6）计算横倾角

当横倾角 θ 小于 10°时，可利用下述公式确定：

$$\tan\theta=\frac{wd}{(W+w)G_1M_1}$$

7）*KG* 的确定

当舰上增加或移去一些重物时，借助于垂直力矩确定 KG 的值是很方便的。垂直力矩是重量与龙骨以上的垂直高度的乘积。

要找出龙骨以上的新重心高度，需对舰的重量和增加的重量的垂直力矩求和。总和除以舰的最终重量即得出新重心高度 KG_1：

$$KG_1 = \frac{W(KG) + w_1 b_1 + w_2 b_2 + \cdots}{W + w_1 + w_2 + \cdots}$$

8）由于移去重物平均吃水的改变

当从舰上移去重物时，可按相同方式得出新重心高度：

$$KG_1 = \frac{W(KG) - w_1 b_1 - w_2 b_2 - \cdots}{W - w_1 - w_2 - \cdots}$$

如果想直接找出移去单个重物时的重心高度的变化，可根据下式得出：

$$GG_1 = \frac{wp}{W - w}$$

式中，p 为移去的重物的中心到初始重心(G)的垂直距离。

3.1.8 有自由液面的水

1）自由液面对稳性的影响

由于设计或破损的原因，舰船上可能载有液体。如果舱内没有装满，当舰摇摆时，液体就会随着舰的倾斜而来回摆荡。液体表面保持与水线平行。因此，当舱内只装了部分液体时，就说该液体有一个自由液面，这个舱室内的水称为有自由液面的水。

当具有自由液面的舰受外部扰动倾斜时，液体随倾斜的方向流动。前面已讨论顺着舰倾斜方向移动的重物，由于使重心 G 偏离了中心线，从而恢复力臂减小。

固定的偏心重物对稳性的影响方式与有自由液面的水根本不同。随着横倾角增加，由固定偏心重物引起的恢复力臂(含力臂)减小的幅度降低。而有自由液面的水，当横倾角变大时，由于移动的重量加大，所引起的恢复力臂减小的幅度加大。

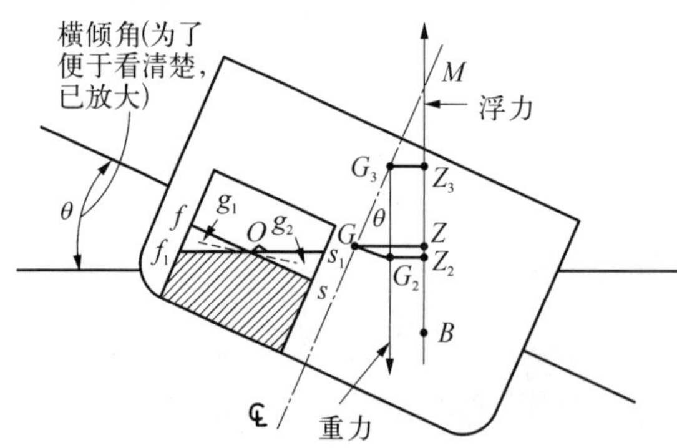

图 3-64 舱室部分进水，舰船倾斜

水，像任何重物一样，对舰船的稳性有一定的影响。但由于自由液面的水位随横倾角不断变动，把其对稳性的影响分两种情况处理更为合适：① 舰正浮时，水的重量对重心垂向和横向位置的影响。② 当舰倾斜时，水的流动对稳性的影响。

图 3-64 示出了舰上一个未

装满水的舱室，舱内有一自由液面 fs ，舰正浮。

当舰横倾任意一小角度如 θ 角时，自由液面也随之倾斜成 f_1s_1 而与水线保持平行。倾斜的结果如图中一楔形体积的水从 fOf_1 流到 sOs_1。当舰正浮时，将这楔形体积的水的重心称为 g_1，当舰倾斜时，这个重心则为 g_2，很显然一小部分重量从 g_1 移到了 g_2。

点 G 为舰正浮时舰的重心，如果舱内的水冻结和不能移动，G 将保持在这个位置。但当舰横倾时，楔形体积的水沿 g_1g_2 的流动导致舰船的重心从 G 移至 G_2。这使得恢复力臂减小。

计算对于每一个横倾角的 GG_2 和 GZ 是费力和复杂的。但通过向上延长重力的作用线与舰中心线相交于点 G_3 能确定等于 G_2Z_2 的等效恢复力臂 G_3Z_3。将舰的重心从 G 升高到 G_3 对稳性在这个角度产生的影响与舰重心从 G 移至 G_2 的影响相同。

如果舰的重心从 G 升高到 G_3，G_3Z_3 就为舰的恢复力臂，G 的虚增值可通过下述公式计算：

$$GG_3 = i/V$$

式中：i——自由液面的面积对其纵向中心轴的惯性矩，ft^4；

V——舰的排水体积，ft^3，$V=35W$。

矩形舱室(图 3－65)的 i 可由下式确定：

$$i = \frac{b^3 l}{12}$$

式中：b——自由液面的宽，ft(舰正浮)；

l——自由液面的长，ft。

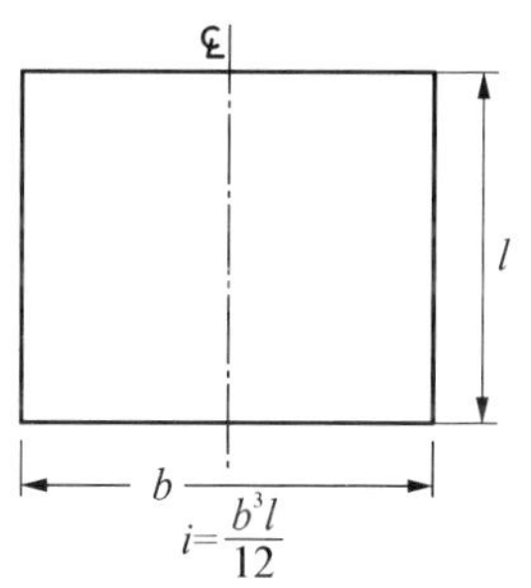

图 3－65　G 的虚增值的计算方法

确定自由液面对初稳性影响的因素。

随着横倾角增加，流动的水的楔形体积增大，GG_2 增长，但只要自由液面的宽度不大，M 点的位置可认为不变，M 可当做对于第一个 10°横倾角的固定点。由于 G 已从 G 虚升高到 G_3，其距离 GG_3 就表示 GM 的损失。因此，自由液面对初稳性的影响可通过将 GM 减去 i/V 求得。

i/V 的值仅取决于自由液面的宽(舰横向)、自由液面的长(舰纵向)和舰的排水体积。因此，由楔形体的水的小角度的移动引起的 GM 损失与液体的深、在舰船上的位置和舰横倾的方向(左倾或右倾)无关。

因此，自由液面的影响可定义为由给定的自由液面面积引起的 GM 损失，其大小等于 i/V，并且与水的深度和在舰上的位置无关。

在精确的计算中还应考虑到自由液面的液体的密度，通常是将所有的液体都假定为海水，因此常常忽略密度，除非要求计算特别精确。

显然，舱室宽度的影响很大，因为 i（即是自由液面的影响）与 b^3 成正比，而仅与 l 的一次方成正比。因此设置一道沿中心线的纵舱壁将舱室分为两部分，可将自由液面的影响减少到原来的 1/4（图 3-66）。

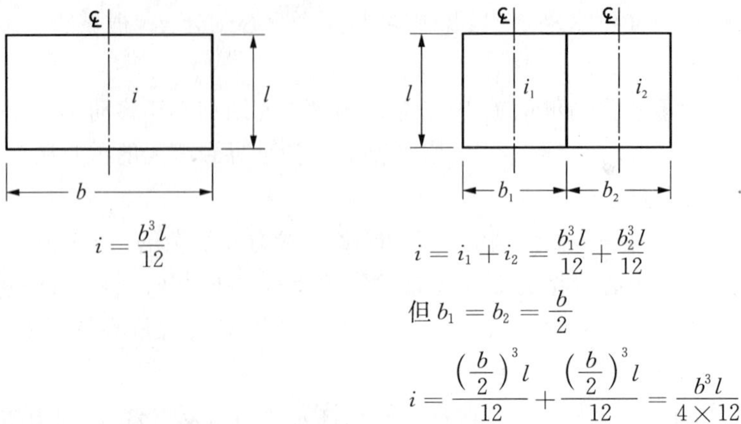

图 3-66 自由液面对总稳性的影响

横跨整个舰宽或（大部分舰宽）的宽液舱里，自由液面对稳性的影响相当严重，而窄舱室的影响微不足道，如巡洋舰的翼舱。单从自由液面的影响来考虑，设置纵向舱壁似乎是理想的。然而，这样就会不对称浸水，而造成舰受损伤后长期静横倾，通常超出了恢复量。结果常常是稳性损失比没有纵舱壁还大。

自由液面引起重心的虚增值，只要自由液面的宽度（b）没有实质变化，虚重心 G_3 可看做一个固定点，然而在横倾角较大时，即使自由液面的宽度有点变化，G_3 也可看做一个近于固定的点。图 3-67 是一张放大的图，当舰从 0°～90°横倾时，自由液面是如何引起 G 实际向右舷或左舷移动的。舰船的所有重力作用线都近似交于点 G_3。

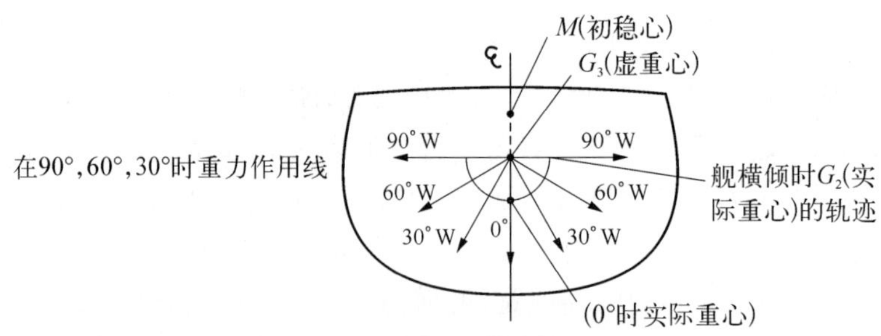

图 3-67 自由液面对 G 的影响

自由液面对稳性的影响可采用前面描述的方法估算。舰重心的虚增值（GG_3）作为 G 的垂直移动处理。如果当舰船横倾时，有自由液面的水冻结（0°）并不能移动，由舰船的恢复力臂曲线推导出 $GG_3 \sin\theta$ 曲线。因自由液面引起的恢复力臂的损失由下式给定：

$$GZ\text{ 的损失} = GG_3\sin\theta = \frac{i}{V}\sin\theta$$

图 3-68 为叠加在舱内水满舱时舰稳性曲线上的$(i/V)\sin\theta$曲线。剩余恢复力臂下移到坐标图的底部形成了新的稳性曲线。注意对构成稳性的 5 个因素的影响。

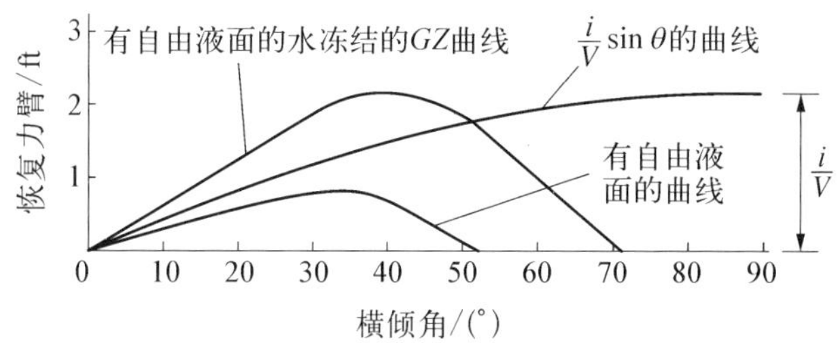

图 3-68　稳性曲线值的变化，$(i/V)\sin\theta$ 曲线(叠加)

如果如图 3-69(a)中自由液面的水很浅，在舰倾斜到某个横倾角时，舱内的水将聚集到舱室的一角，舱室的部分甲板没有被水覆盖。当发生这种情况时，就说自由液面被收缩了。当舱室液体几乎满舱时，也会产生同样的效果，如图 3-69(b)。

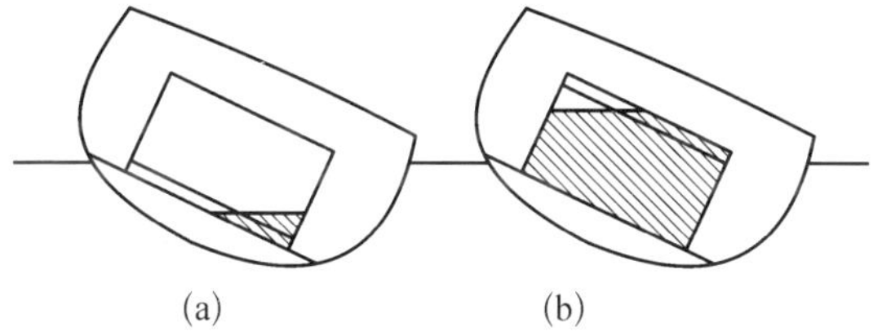

图 3-69　舱室内自由液面的收缩

收缩的结果是自由液面的宽度减小，当横倾角增大时它将使 G 的虚增值减小。在这种情况下，在小横倾角，恢复力臂减少，减少量为$(i/V)\sin\theta$的全值。但在较大横倾角时，收缩的影响使 G 向下回移，即往舱室水满舱时 G 所在的位置移动(但永不会到达该位置)。这使得正弦曲线趋于平缓，形成一条向上折回的剩余稳性曲线，如图 3-70 所示。

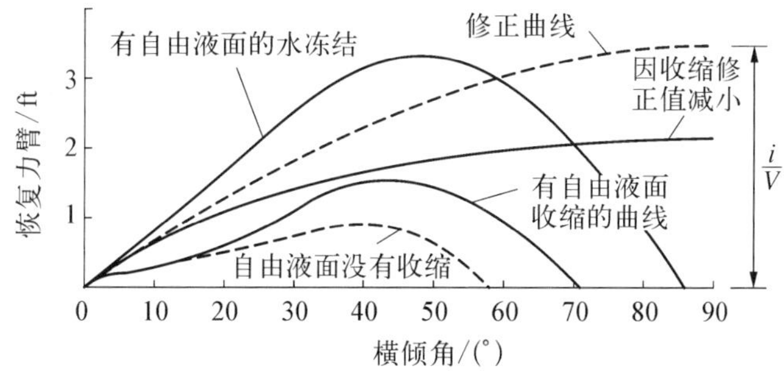

图 3-70　收缩对剩余稳性曲线的影响

定量评估收缩对自由液面的影响是不切实际的。忽略这个因素所得的计算结果比舰船实际的恢复力臂要小(图 3-70)。

燃油舱装油 95%(而不是装得太满或太空)时,在开始横倾时自由液面收缩。尽管 GM 和初始恢复力臂因自由液面显著减小,但收缩阻止了稳性的过度损失。

为了能最大限度地抗损,未受损的舰船应该具有少量的自由液面。除非另有规定,舰船舱柜要么应为干舱,要么应装满 95%。特别是双层底液舱不要留太多空隙,因为双层底液舱通常很宽,自由液面的影响很大。中心线的深液舱同样如此。

如果舱室里有大量固体物质穿过液体并伸出自由液面,例如货舱的货物,或机舱里的涡轮机等,而且如果这个固体物质固定在舱内,不会四处漂移,且本身不渗水,那么自由液面面积和自由液面的影响相应减小。这种效应称为面积渗透率。

面积渗透率不易估算,它取决于自由液面的惯性矩,自由液面的面积要扣除固体物质所占的液面。面积渗透率有时可近似等于自由液面效应(i/V)乘以表面渗透系数。由于表面渗透系数值是变化的,例如随着横倾角、水深和舱室容量不同而不同,因此所用的系数必须根据不同情况判断选择。如忽略面积渗透率,所计算的稳性小于舰船实际具有的稳性。

将制荡舱壁或止荡板即有孔的舱壁或局部舱壁装设于深舱和双层底液舱中,以阻碍舱内液体在舰横摇时为了保持与水线的平行所进行的流动。如果横摇速度相当快的话,这些制荡舱壁可大大减小自由液面的影响。但当舰船初稳性高、GM 值较低、横摇较慢的话,制荡舱壁不能减小自由液面的影响。呈长期横倾状态的舰船就会像没有设置制荡舱壁一样倾斜。

当分隔两间相邻的舱室的水密纵舱壁破裂时,会临时产生制荡舱壁的效应,破损进舱的水可沿舰的横向自由地从一个舱室流向另一个舱室。在这种情况下,把两个舱室的自由液面效应相加是错误的。对浸入水的影响必须重新计算,此时应把两个舱室看做一个大舱室。这种现象可通过打开设置在纵舱壁的门来再现,或打开设置在舰上的闸阀再现,闸阀连着舰两舷的两个舱室。后一种情况严重得多,因为自由液面的有效宽度比两个舱室的宽度之和要大得多。

2) 舰壳板破损开口

如果有自由液面的水从舰的一侧流到另一侧,无论舰壳板完整无损还是破损,G 的虚增值、GM 损失和稳性损失均大致相同。

尽管壳板破损和不破损稳性都大致相同,但其他因素使壳板破损的舰处于不利状态。当舰移动或纵倾时,水从舰内流出流进对舱壁产生了很强的动态影响。如果在其他的一些部位,进一步的损伤使舰进入更多的水,开口的壳板使得更多的水进入自由连通的舱室,因此壳板破损的舰比壳板完整无损的舰下沉得更深。

如果有自由液面的水在偏离中心线的舱室,壳板的状态对稳性没有影响。壳板无损时(图 3-71(a)),G 的虚增值为 i/V。但如果壳板开口破损,舰横倾时水自由地流出流进,那么当舰向左横摇时(图 3-71(b)),不仅自由液面倾斜,楔形体积的水在舱室内移动(如图 3-71(c)),而且有更多的水进入该舱室。这些水从舰外进入舰体内就像增加了舰偏离中心的载荷一样,使得舰的重心从 G_2 移至 G_4(图 3-71(d))。

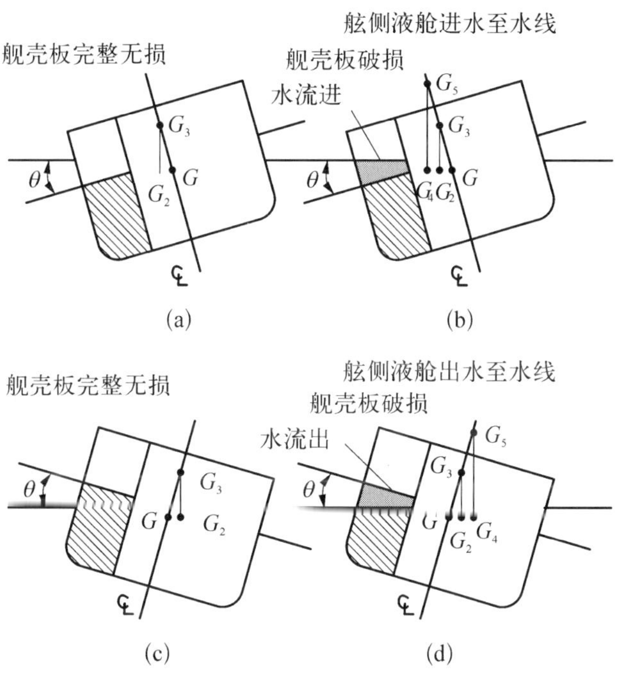

图 3-71 舰的重心由于偏离中心线的舱室的自由液面而移动

当舰向右横摇时,不仅自由液面倾斜,引起楔形体积的水移动(如图 3-71(c)),而且如果壳板开口,水从该舱室内流出。这些水从舰体内向外流就像减少了舰偏离中心的载荷,使得舰的重心从 G_2 移至 G_4(图 3-71(b))。

舰重心从 G 向 G_2 移动是由于自由液面的楔形体积的水移动引起的。G_2 进一步向 G_4 移动则是水通过壳板开口流出流进引起的。距离 G_2G_4 随着横倾角的增加而增加,并可用与评估自由液面影响相似的方式估算。G_3G_5 被看做舰重心进一步升高的虚增值,并被看做是自由连通的效应。其值可用下式近似计算:

$$G_3G_5 = \frac{ay^2}{V}$$

式中：a——自由液面面积，ft^2；

y——舰正浮时，从自由液面的中心到舰中心线沿舰横向的距离，ft；

V——舰的排水体积，ft^3。

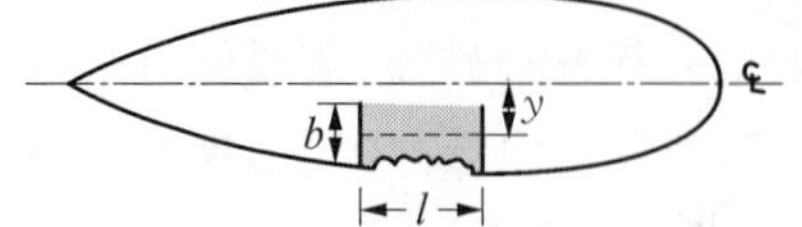

图 3－72 壳板破损的影响

对于矩形舱室（图 3－72），a 可由下式确定：

$$a = bl$$

式中：b——舰正浮时，自由液面横向宽度，ft；

l——自由液面纵向长度，ft。

3）自由连通的影响

舱室自由液面的水量的变化是舱内与海水自由连通的结果。

为了能自由连通，舱内水面必须与舷外海水保持在同一水面。这有两种情况：① 水线下的舰壳板有一大洞并且舱室上有开口；② 水线上下的舰壳板冲走了。

为了近似估算自由连通对初稳性的影响，可从 GM 推导出(ay^2/V)（由 GM 也可推出(i/V)）。“自由连通影响”可定义为，由在不对称的舱室内且与海水自由连通的自由液面导致的初稳性高的进一步的损失。

注意位于中心线的舱室自由连通的影响为 0，因为表达式(ay^2/V)中的 y 为 0。如果舰相对两舷的两个相似的舱室破损，所增加的偏离中心的载荷产生的横倾力臂，在舰横倾角为 0°时互相抵消，使 G 保持在中心线上。但当舰横倾到一边，横倾角相当大时，两个舱室自由连通的影响使 G 相当于提高了一个距离，有一个虚增值。在这种情况下，GM 的损失为 $2(i/V)$（自由液面影响）加上 $2(ay^2/V)$（自由连通影响）。

4）自由连通引起的稳性的变化

将 ay^2/V 加上 i/V，可近似求得自由连通对稳性的影响。将上述两项的和看做 G 升高的距离，如果舱室的水在 0°完全冻结并且壳板是完整无损的，可从舰船的 GZ 曲线推导出正弦曲线（图 3－73）。

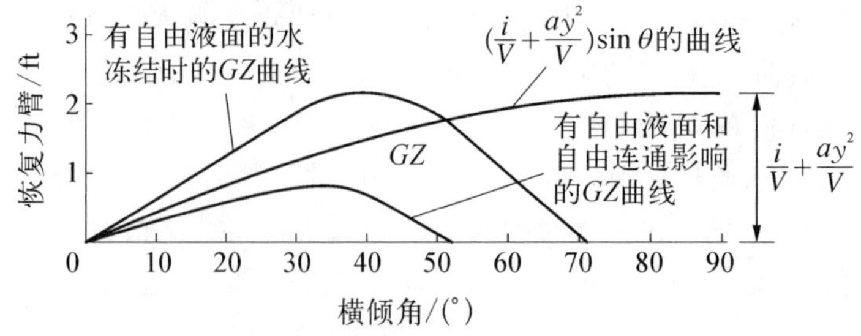

图 3－73 自由连通引起的稳性变化

5）收缩连通

如同能减少自由液面效应一样，渗透性和收缩对自由连通效应也有着相同的影响。当舰船横倾到舱室的底部甲板没有了水，或者舱顶甲板被水淹没（假定这些舱室的甲板保持水密性）时，就产生了自由连通的收缩现象。

如果舰壳板上的洞较小，则舰横摇时流出流进的水量有限。因此 GM 减少的量值比由 ay^2/V 计算得出的结果要小，整个 $(ay^2/V)\sin\theta$ 曲线降低。但如果舰船处于永久性横倾状态，横倾角很大，仿佛整个壳板都没有了。这与制荡舱壁的作用类似。

3.1.9 进水

1）破损进水

破损进水指的是舰体破损后浸入舰内的水。它可能是舰遭击后直接涌进舰内的水，或者是有意喷洒和为防倾覆而注入干舱或空舱的水。本节中将进水作为增加的重量处理。在大多数进水情况下，都存在自由液面现象，还可能有自由连通现象。无论在什么情况下，都必须考虑增加的重量。如果有自由液面和自由连通，那么必须考虑这些因素的影响。

2）全部进水

全部进水是指舱室从甲板到舱顶甲板全都注满了水。这意味着舱室可用空间全都被进水或在舱底破漏进水前就在舱室内的不透水的物体占满。舱室要注满水，就必须要有进水通道。排气管、活动舷窗、通风设施、舱顶的破洞都可能是进水通道。全部进水的作用完全像增加了重量一样，除在进水的重心处增加了重量外，没有其他的影响。重量增加的影响前文已讨论。

舱室全部进水更可能发生在水线下。因为军舰的重心 G 通常在水线上面一点，水线下沿中心线全部进水的实际效果一般是提高稳性。但如果进水是不对称的，并且舰静横倾角度很大，那么就不是这样了。

新的 GM 和稳性按前述方法确定。图 3-74 给出了忽略自由液面影响求出的新的 GM 和稳性。

3）部分进水

部分进水是指一完整无损的舱室内水未注满。完整无损的舱室指水所在的甲板和周围的舱壁是水密的。如果这些界面保持水密，当舰横摇时，既不会有水流进舱室，也不会有水流出。这种类型的进水不仅具有增加重量所带来的对稳性的影响，而且其自由液面还会降低 GM 和稳性。除自由液面较窄（舰横向）和舰内的进水较低外，部分进水造成的最后结果可能是稳性明显损失。面积渗透率和收缩有助于减小部分进水的不利影响，因此进水的实际影响比考虑渗透率和收缩的情况大。

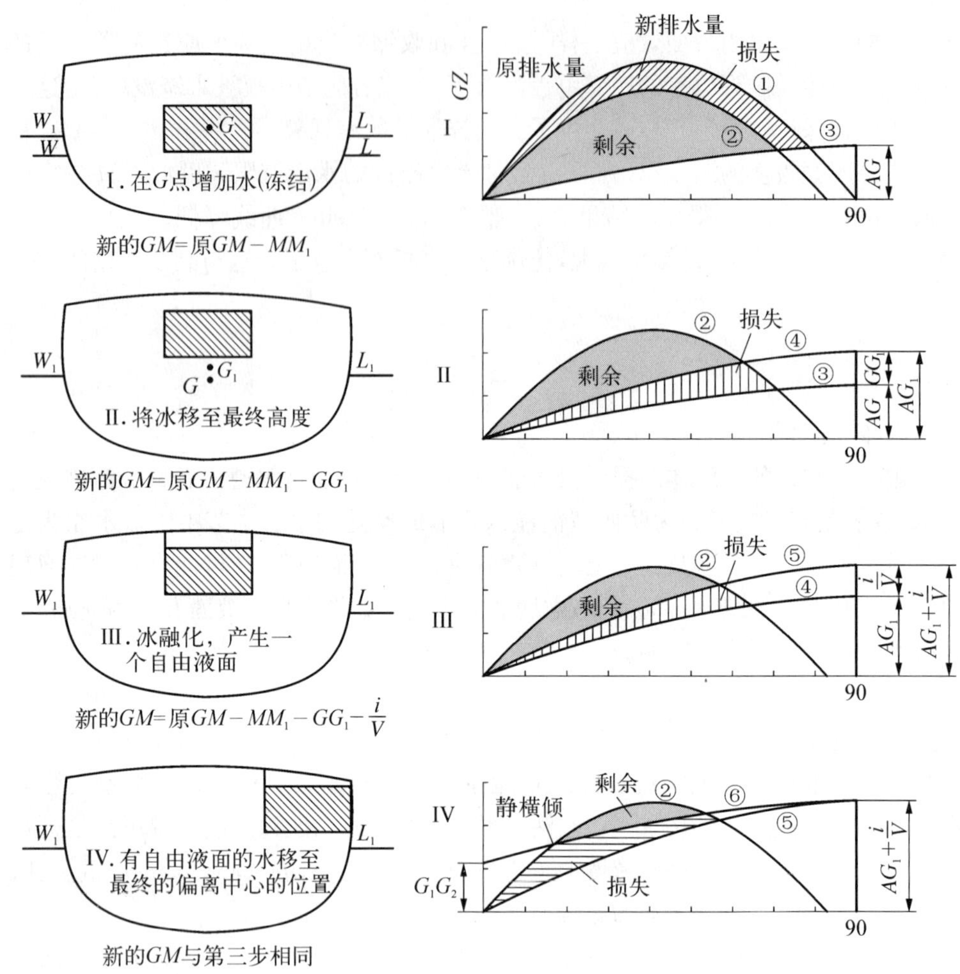

图 3－74　部分进水时稳性的变化

4）进水影响

图 3－74 所示为舰上一高层舱室部分进水时舰稳性的变化。图中分步给出了改变恢复力臂的每一因素的影响。每一步都描绘了吃水增加、G 垂向移动、自由液面影响和 G 的横向移动。图 3－74 忽略自由液面的第 III 步可用来说明全部进水的影响。最后一步考虑了不对称进水的影响。如果进水舱室位于中心线，最后一步可省略。

当面向海水有破损开口的舱室没有注满水，并且当舰横摇时，海水可自由地流出流进，那么舱室的进水和海水就产生了自由连通。

只有当舱室部分进水，并且随舰船运动，舱室的水位均保持与海平面平行时，才会产生自由连通现象。这种状态通常发生在舷侧有一延伸到水线上下的大洞并且部分进水的舱室有开口的横摇舰上。部分进水且与海水自由连通对舰稳性的影响，除要在自由液面影响(i/V)的基础上再加上自由连通影响(ay^2/V)外，其他与舰壳板完整无损部分进水的结果一样。

即使舱室面向海水有破损开口，舱室的水仍可看做增加的重量。舰排水量增加，G 的位置随重量增加移动。按舰处于正浮状态(倾斜角 0°)修正。自由液面和自由连通引起的稳性降低与增加重量的影响相叠加。因数 ay^2/V 计算了舰横摇或舰从正浮状态横倾时流出流进舱室的水的重量。当与舰中心线呈对称布置的舱室有面向海水的破损开口时，由于距离 y 为 0，不存在自由连通影响(ay^2/V)。自由液面影响(i/V)充分考虑了有自由液面的水引起的稳性降低和恢复力臂的减小。正如自由液面一样，面积渗透率或在完整无损的甲板上自由液面的收缩可减少自由连通的影响。如果海水并非随着舰的横摇完全自由地流出流进，自由连通的影响可进一步降低。

下面讨论自由连通引起的稳性损失。

图 3-75 给出了舷侧舱室舰壳板破损进水对总稳性的影响。第 I 步至第 IV 步与壳板完整无损的翼舱部分进水相同。第 V 步根据第 IV 步的结果推导出 $ay^2/V\sin\theta$ 的值考虑了自由连通的影响。自由连通引起的稳性损失为第 V 步所示的阴影区。

除由于表达式 $W\times GZ$ 中排水量(W)较大引起恢复力矩的增量外，图 3-74 和图 3-75 给出了自由连通带来的所有影响。如果舱室位于中心线上，则省略第 IV 步和第 V 步。如果偏离中心的载荷的影响可通过在另一侧加载荷来平衡，那么不采用第 IV 步。当舰相对两舷两个同样的翼舱有面向海水的破损开口时，偏离中心的载荷产生的倾斜力臂消除，但两个舱室的自由连通影响相结合仍会降低稳性。通常把影响 G 的垂向位置的几个步骤结合起来并根据新的稳性曲线推出一正弦曲线(取自稳性横截曲线)。然后采用偏离中心载荷产生的倾斜力臂的余弦曲线。

上面把所有的进水舱室，无论是完整无损还是破损的舱室中的进水都看做增加重量的这种评估稳性变化的方法为增加重量法。如果将各自确定的恢复力臂乘以各自的最终排水量，增加重量法所得的恢复力矩与损失浮力法相同。

下面介绍列线图在确定自由液面引起的初稳性损失中的应用。

图 3-76 为一诺模图或列线图，该图能使操作员在图上确定矩形自由液面导致的初稳性损失。通过以下步骤可得到所需的数据：

(1) 从横向尺度线到纵向尺度线的直线相交于中心尺度线。

(2) 从这个中心点到排水量尺度线画一条直线与初稳性高减少尺度线相交得

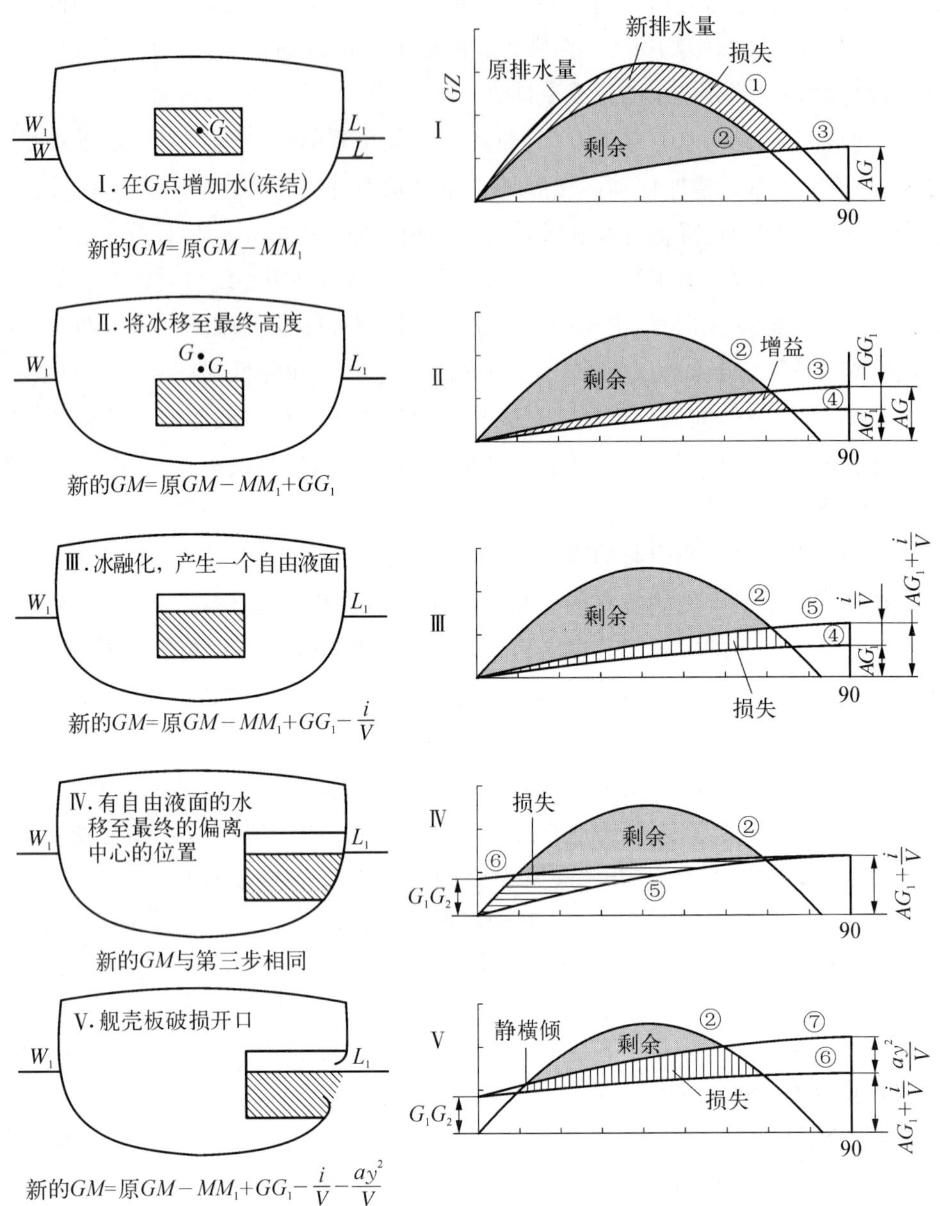

图 3－75 舰壳板破损部分进水时稳性的变化

到所需的初稳性损失的数值。

对于其他的液体，可除以液体相对于海水的比重，以对此图进行修正。

对于非全部浸水的液面，可将图上的值乘以面积渗透系数(未被机器或货物占用的总面积百分数)。

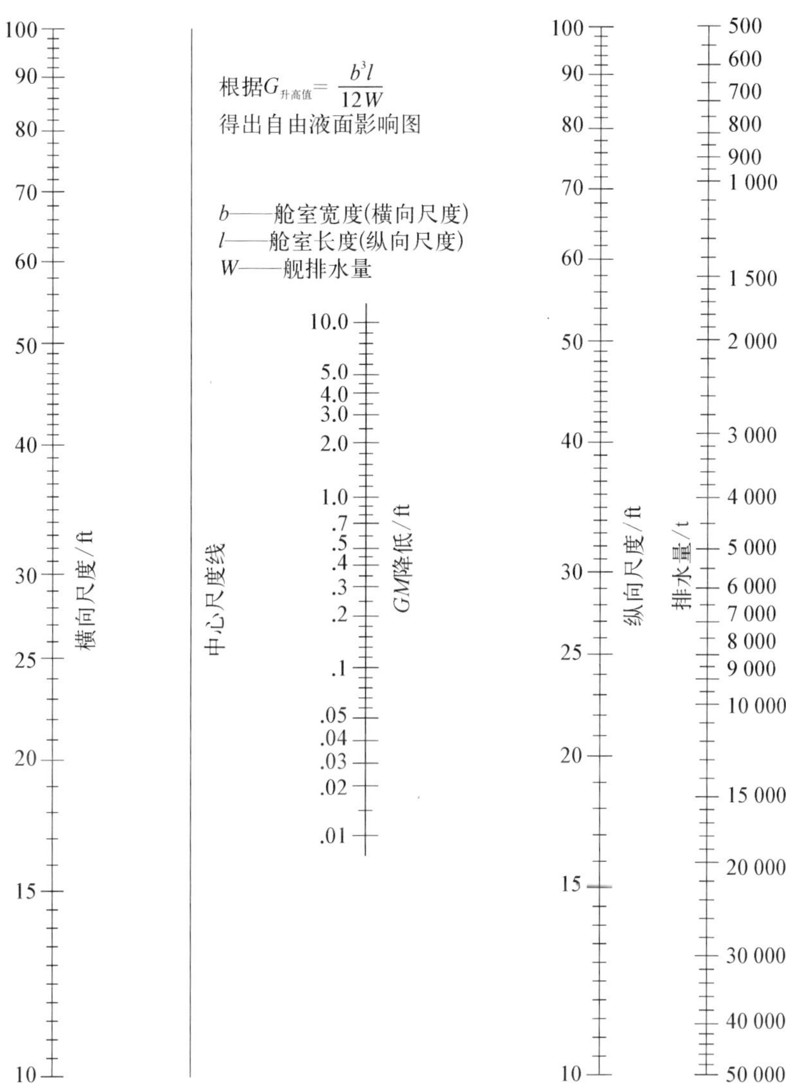

图 3-76　自由液面影响引起的初稳性损失(诺模图)

3.1.10　静横倾

横倾通常指舰船暂时或永久地横向倾斜。横倾时,舰船绕舰的纵轴转动。当舰船交替地左右横倾时,称舰船横摇。在静水中,舰船(如果自由横摇)以其固有周期横摇。在海浪中,舰船横摇周期不断变化,不断有浪涌到舰上。

当舰呈永久的静横倾角时,就说舰处于静横倾状态。在海浪中,静横倾的舰船绕静横倾角转动,回到静水时,重又回到原来的静横倾角。在本节中,静横倾指的是永久横倾。可引起舰船呈永久静横倾的三个基本条件：① 有偏离中心载荷(GM为正)；② GM 为负；③ GM 为负，且有偏离中心载荷。

3.1.10.1 偏离中心载荷

1) 产生偏离中心载荷的原因

在设计工况下，载荷的分布使舰船保持正浮状态。重心位于中心线。偏离中心载荷意指载荷横向的移动，或在偏离中心的位置增加载荷(或减少载荷)。舰船横倾而引起重心横向移动 wd/W。舰船横倾，使 B 点离开中心线。如果在波浪中舰受扰动，舰船会绕静横倾角横摇。

偏离中心载荷可能是由下述原因引起：

(1) 偏离中心线的舱室进水；

(2) 与中心线不对称的舱室进水；

(3) 位于中心线但渗透率不平衡的舱室进水；

(4) 爆炸(或碰撞)使机器、货物、结构物或其他此类物体移动；

(5) 爆炸(或碰撞)损毁了一侧的机器、货物、结构物或其他此类物体；

(6) 液体从水线以上破损的舷侧液舱或翼舱流出；

(7) 在舰上抽水(从一舷抽到另一舷)；

(8) 将舷侧液舱或翼舱的液体抽出；

(9) 抛弃一侧干舷以上(或船舱内)的重物；

(10) 弹药、货物或人员在舰上的移动。

2) 因偏离中心载荷引起的静横倾幅度

偏离中心载荷引起的静横倾角可在倾斜力臂曲线与恢复力臂曲线相交的稳性曲线上求出。将纵坐标乘以排水量，将倾斜力臂和恢复力臂换算成倾斜力矩和恢复力矩。静横倾角取决于两个因素：① 载荷的倾斜力矩和；② 舰船的恢复力矩。

图 3-77 为舰船的一组稳性曲线。载荷的变化产生了逐次递减的恢复力矩，形成恢复力矩曲线①至曲线④。所给定的偏离中心载荷的倾斜力矩曲线与每一条稳性曲线相交，交点所对应的静横倾角递增。在曲线④所示的情况下，舰船以最大恢复力矩角静横倾。注意，如果舰船以这个角度倾斜，其稳性很小。

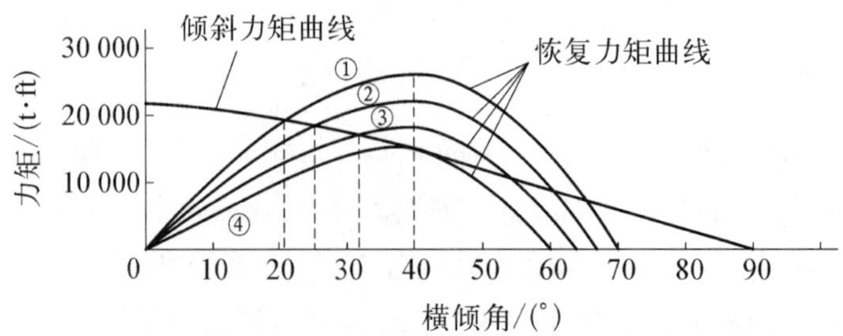

图 3-77 因偏离中心载荷引起的稳性曲线的变化

图 3－78 为舰船在给定载荷作用下的稳性曲线。叠加在上面的是相应于递增的偏离中心载荷的一组倾斜力矩曲线①至曲线④。这每一条曲线与稳性曲线相交，交点对应的静横倾角递增。在曲线④所示的情况下，舰船以对应于最大恢复力矩的静横倾角（最大恢复力矩角）横倾。注意，在这种情况下，剩余稳性很小。

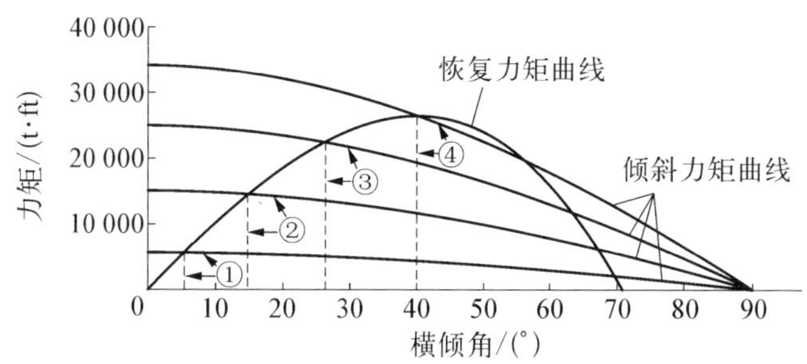

图 3－78　在给定载荷条件下舰船的稳性曲线

从图 3－77 和图 3－78 可明显看出，静横倾幅度随着偏离中心载荷的增加或横稳性的减少而加大，且舰船不倾覆所能达到的最大倾斜角度为最大恢复力臂角。

对于大多数舰船而言，舰船以最大恢复力臂角倾斜是不安全的，因为一略大于这个静横倾角的横摇角就会大于剩余稳性消失角。除舰船原有的稳性消失角大于 90°时例外。但舰船破损通常会造成恢复力臂减小，同时稳性消失角减至 90°以下，以致舰船产生倾斜力臂。舰船严重破损后，即使舰船保持原有大于 90°的稳性消失角，也可能不能安全地倾斜到原有最大恢复力臂角。

3）静横倾舰船的感觉特性

对由偏离中心载荷引起横倾的舰船，可能会感到其过稳和有突然横摇，或感到其易倾斜并且横摇迟缓，对波浪反应迟钝。两艘相同的舰船在给定的角度静横倾，一艘初稳性高未降低且载荷偏离中心很大，另一艘初稳性高降低且载荷偏离中心很小。即使两者的静横倾角相同，但前一艘复原性过大，相当稳定，而后者易倾斜，从横摇状态恢复稳定很缓慢。

图 3－79 为具有大恢复力矩和大偏离中心载荷的舰船的剩余稳性，静横倾角

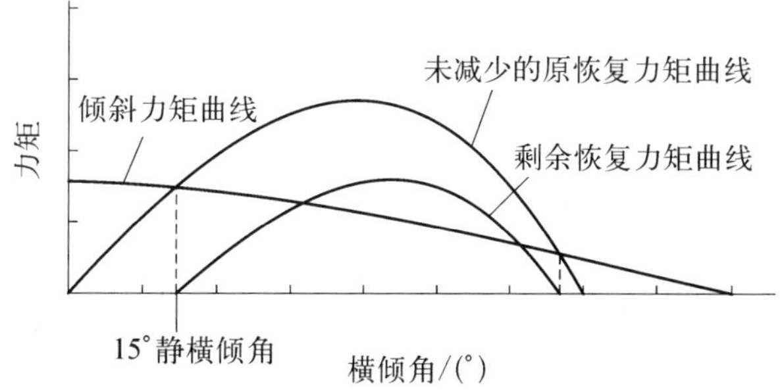

图 3－79　有大恢复力矩和大偏离中心载荷的舰船的剩余稳性曲线

15°。图 3－80 为同一艘船在恢复力臂因舰遭损减少后的剩余稳性。这里较小的偏离中心载荷导致相同的静横倾角(15°)。图 3－80 中的舰船尽管在同一静横倾角横倾，但未感觉到过稳，即舰的稳性差一些。这表明舰的剩余稳性较小。

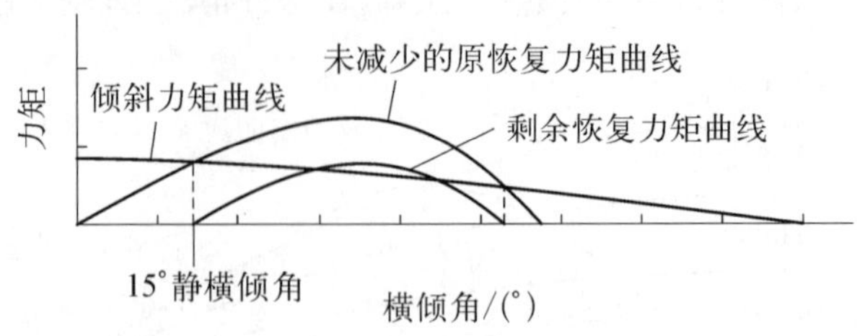

图 3－80 因舰船遭损恢复力臂减小后舰的剩余稳性

3.1.10.2 负初稳性高

1) 没有偏离中心载荷的静横倾

一艘破损了的舰即使舰中所有的固体载荷对称布置并且所有的进水都与中心线对称，也可能静横倾。在这种条件下，重心 G 位于中心线，但升高到稳心 M 上面。当重心在稳心上面时，对角度很小的初倾角，产生了倾覆力臂而不是恢复力臂。舰船不能保持正浮，会倾覆或横倾至又能产生正恢复力臂的角度。当负 GM(负初稳性高)产生倾覆力臂时，由于下面一种或两种原因，在某一横倾角又会产生正恢复力臂：

(1) 舰船的船体线型和重量特性。

(2) 自由液面的收缩。

如果舰船为直舷(如货船型船体)，其船型和重量特性常会形成像图 3－81 中的虚线表示的稳性曲线。由于舰船横倾时水线面加宽，曲线开始一段上凹。假定舰高层的重量增加，重心上升，那么可在图中添加上由恢复力臂推出的 $GG_1\sin\theta$ 曲线。图 3－81 中的恢复力臂损失的正弦曲线在初横倾角时位于 GZ(恢复力臂)曲线上方，在约 20°时与恢复力臂曲线相交，然后位于恢复力臂曲线下方直到约 50°。因此，从 0°～20°产生倾覆力臂，从 20°～50°产生恢复力臂。在静水里，舰船将以 20°静横倾角倾斜，在海浪中航行，则以这个横倾角度横摇。

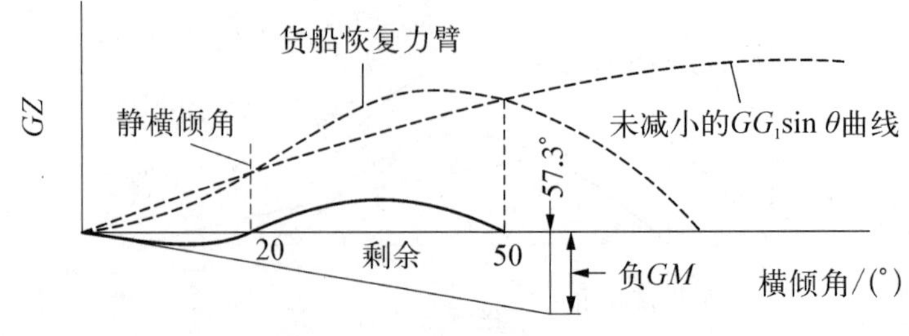

图 3－81 剩余恢复力臂值

根据图 3－81 的基线绘制恢复力臂的剩余值，如实线图所示。该实线为因负 GM 而正处于静横倾状态，且靠船型和重量特性，能恢复正稳性舰的静稳性曲线。

出现负 GM 的原因之一是大量有自由液面的水使 G 产生了一个虚增值。如果当舰横倾时，自由液面收缩，收缩的影响使 $(i/V)\sin\theta$ 修正曲线值减小，如图 3－82 所示。减小的修正曲线与稳性曲线相交于约 22°和约 47°两个点。小于 22°时，修正曲线大于稳性曲线，产生倾覆力臂。大于 22°小于 47°时，修正曲线小于稳性曲线，产生恢复力臂。在静水中，舰以 22°静横倾，在海浪中航行时则以这个角度横摇。

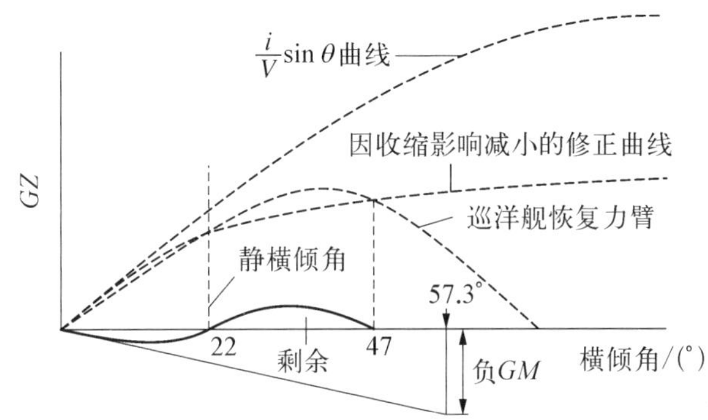

图 3－82　自由液面收缩对修正曲线 $(i/V)\sin\theta$ 的影响

图 3－82 给出了相对于基线的剩余恢复力臂。这段曲线是因负 GM 而正处于静横倾状态，并由于自由液面的收缩能恢复正稳性的舰的静稳性曲线（如果自由液面未收缩，正弦曲线的全幅值有效，舰倾覆）。

注意在两种情况下，剩余动稳性较小。有负 GM 的舰稳性大大降低，不过并非所有类型的舰船都是如此。如一艘油船可能具有负 GM，但在某一载荷条件下，仍具有满意的稳性。

2）负 GM 引起静横倾的原因

负稳矩引起的静横倾可能由下述一个或多个原因引起，这些因素都能降低舰的 GM 值：

（1）增加舰高位的重量，G 升高；

（2）减少舰低位的重量，G 升高；

（3）干舷大量损失，M 降低；

（4）极限空载吃水状态，M 降低；

（5）有自由液面的水，自由液面和自由连通导致 G 有一个虚增值。

上面最后一项自由液面是军舰产生负稳矩的主要因素。战斗舰艇载荷的变化超过设计极限的情况极少。然而严重的破损常会使水大量涌入，形成的自由液面产生了负 GM，如果自由液面的收缩未能产生有益效果，负 GM 将导致舰船倾覆。小型舰船、货船和辅助舰船更易出现这种情况。战列舰和大型航空母舰出现负

GM 的情况极少。

大部分的驱逐舰由于其船型和重量特性，不可能再恢复正恢复力臂。如果这种类型的驱逐舰由于固体重量增加，G 升高至 M 的上面，那么该型舰将倾覆。

3) 由负 GM 引起的静横倾的判定

具有负 GM 但没有偏离中心载荷的舰同样容易向左舷或右舷静横倾，在海浪中航行时，或急转弯后可能会向另一舷突然倾斜。有负 GM 的破损舰常常有倾覆的危险。具有非常低，几乎为负 GM 的破损的舰也处于危险的临界状态。有下列现象时损管人员就应该怀疑产生了负稳性高度：

(1) 没有偏离中心载荷和外部的倾斜力矩如风、舵或诸如此类的外力时的静横倾；

(2) 向一侧静横倾，或从一舷突然向另一舷倾斜；

(3) 大面积宽阔的自由液面，尤其是在水线面附近；

(4) 舰的上层增加了大量异常载荷；

(5) 舰的下层减少了大量载荷(压载失效)。

4) 负稳性横倾突变

海浪中航行，GM 很低或为负值的舰的不规则运动称作负稳性横倾突变。在负稳性横倾突变状态下，舰船对倾斜的反应迟缓，复原前往往悬停在最大横摇角处。

3.1.10.3 负 GM 并有偏离中心载荷

1) 组合的原因和状态

军舰产生负稳矩最常见的原因是破损，大量有自由液面的水涌入。破损舰船没有一点偏离中心载荷的情况极为稀少。因此舰船更有可能是负 GM 和偏离中心载荷两者兼而有之，而只有负 GM 的状态极少。

负 GM 和偏离中心载荷对总稳性的影响可用倾斜力臂的余弦曲线和具有负 GM 的舰船的恢复力臂曲线描述(图 3-83)。静横倾角对应于倾斜力臂曲线与恢复力臂曲线的交点。注意剩余动稳性较小。

在图 3-83 所示的舰中，重心升高到稳心的上面且偏离了中心线。舰可能仅

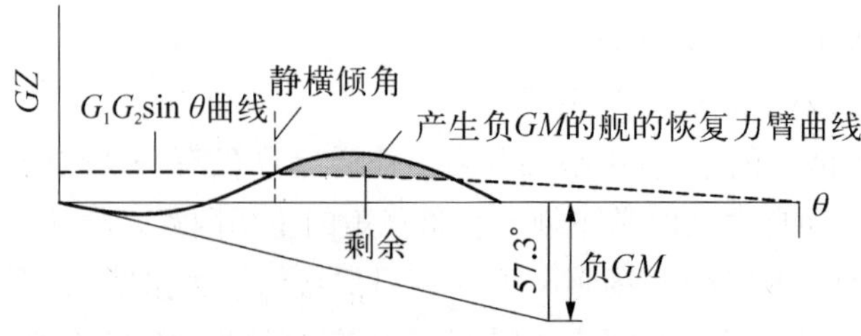

图 3-83 负 GM 和偏离中心载荷对舰船性能的影响

倾向一舷，而且即使在舰急转弯、瞬间向外横倾后，仍会恢复到原状态，保持向原来那一舷侧倾斜。舰从在低侧一舷横摇的状态返回很迟缓，但如果横倾到高侧一舷时，则会很快恢复到低侧一舷。

负 *GM* 和偏离中心载荷同时出现的情况不大可能发生在战列舰和航空母舰上，而是发生在高层甲板上有大量自由液面的小型舰船上。如果这一类舰船未能对其燃油舱进行适当压载时尤其如此。有几个机械设备舱进水且因体积渗透率(不同)而产生偏心载荷的小型舰船也会出现这种情况。

2) 组合状态的判定

由于舰船可能仅向一舷静横倾，因此由于偏离中心载荷和负初稳性造成的静横倾当然不能通过在海浪中航行时舰的突然落下来判定。如果出现下述一种或多种现象，损管人员可以怀疑存在负 *GM* 和偏离中心载荷：

(1) 大面积宽阔的自由液面，兼有不对称进水或有其他的偏离中心载荷；

(2) 舰船高层有大量载荷或高层进水，兼有不对称进水或有其他的偏离中心载荷；

(3) 舰倾斜到产生已知偏离中心载荷的角度；

(4) 舰船仅向一舷静倾斜，但对波浪或其他扰动反应非常迟钝和缓慢。

3.1.11　船体强度

已有不少巡洋舰、驱逐舰和辅助舰船由于结构强度减弱，断裂成两半而沉没。下面讨论船体总强度的特点及当舰船受损时船体强度减弱的情况。

1) 等价梁理论

为了研究舰船是如何因结构强度损失而断裂的，需要了解结构理论的基本知识。

假如各种垂直载荷作用于一两端简支梁的中心，那么该简支梁将弯曲。当梁弯曲时，梁的上面部分被压缩，下面部分被拉伸。在梁的顶部和底部之间有一区域既不被压缩，也不被拉伸，这个部分我们称为中性轴。拉伸和压缩的最大应力发生在两个支座中间，即梁长的中部附近(图 3-84)。

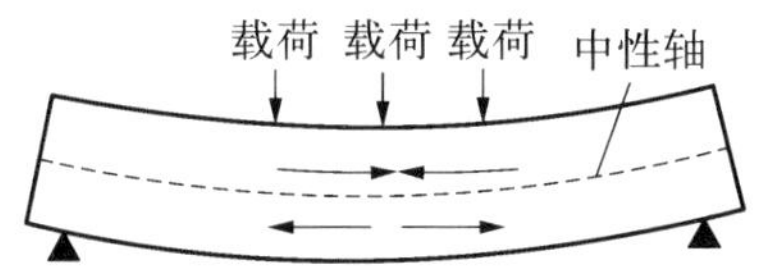

图 3-84　梁理论，拉伸和压缩面及中性轴

工字梁结构上、下翼板用材料较多以承受压缩和拉伸。靠近中性轴的腹板用料很少，只能承受很小的拉伸和压缩应力，然而，腹板确实能承受剪切应力。支座附近的剪切应力相当大。腹板的主要作用是支撑上下两个翼板，使其一起作用。

2）海浪中航行的舰船

海浪中航行的舰船可看做一根有支座、承受扰动载荷的梁。波浪产生的浮力为支座，载荷为舰结构的重量以及舰内各种装载如燃油、水和弹药等的载荷。当舰船埋入或离开海浪向前运动、且波长与舰长相近时，其载荷和支座处于最坏的状态。如果舰船的艏艉同时处于波谷或波峰，尾斜浪也会造成这种情况。

图 3－85 中所示的舰由浪支撑，艏艉分别漂浮在一波峰上，船舯部位于波谷。该舰将弯曲，且上部压缩，下部拉伸。舰船的这种弯曲状态称为中垂，在这种状态时，由于压缩应力，露天甲板会弯曲，而船底外板由于拉伸应力而伸展。

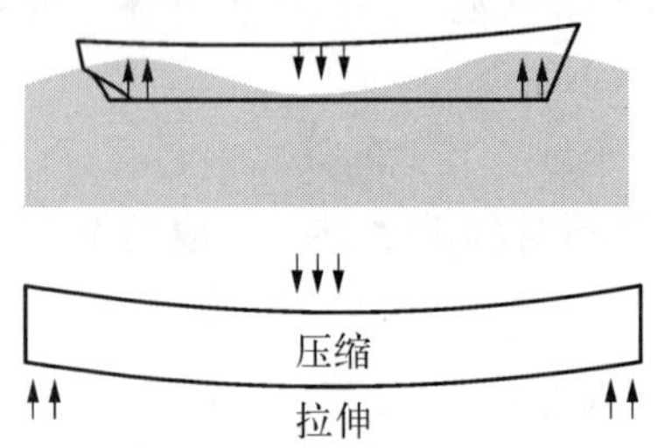

图 3－85　海浪中舰船的中垂应力

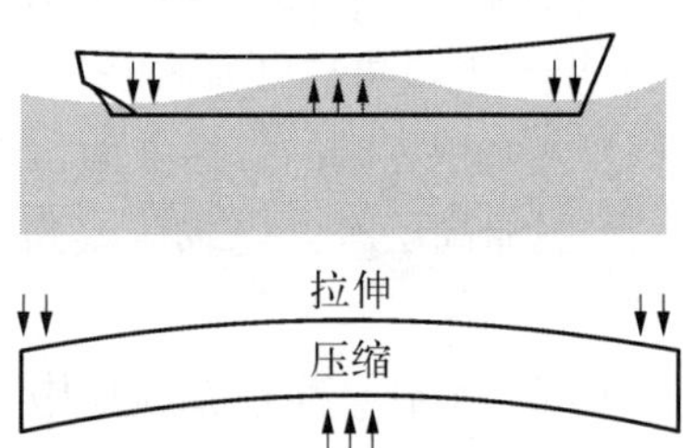

图 3－86　海浪中舰船的中拱应力

当舰船超前半个波长时，船中部位于波峰，艏艉位于波谷，如图 3－86 所示，应力与中垂状态相反。露天甲板拉伸，船底外板压缩，舰的这种状态称为中拱。

3）船体相当梁

为了抵抗中拱应力和中垂应力，主船体可比作类似于箱形梁的一根长梁。因此常常将其称作主船体相当梁或船体相当梁。其主要的强力构件在船体的上部和下部，在这些部位产生了最大应力，上翼板和下翼板靠侧腹板连接。上翼板由主甲板、特别是甲板边板，加上船侧外板和连续的甲板纵桁的舷顶列板构成。下翼板由船底外板，包括平板龙骨、龙骨翼板、“B”行列板和舭部列板以及底部的竖龙骨和连续的纵桁组成。如果船体有内底，那么内底也属于下翼板。船体相当梁的侧腹板由船侧外板构成，从船底伸展到强力甲板的纵舱壁在一定程度上也参与侧腹板的构成。这些侧腹板承受的剪切应力在船长四分之一的部位通常是最大的，中拱和中垂两种状态的剪切应力情况大致相同。图 3－87 为驱逐舰主船体相当梁的主要强力构件。

4）横向构架

横向肋骨和连续的横舱壁通过将各种构件连接在一起，对构件进行加强并在受压缩时防止弯曲，对保证主船体相当梁的强度起重要作用。舰船上各处的支柱也起着支撑和加强主船体相当梁、支撑壳板的作用。辅助舰船上横向构架是主要的强力构件。商船的纵向强度由大量的外板和甲板保证，这些板材需设置大量的扶强材以防止板翘曲。

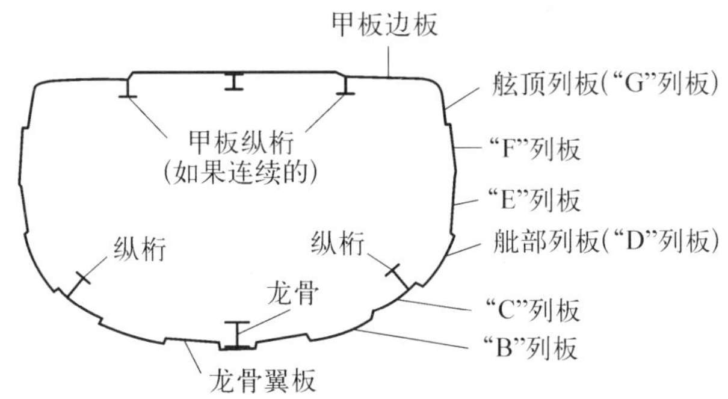

图3-87 主船体相当梁（驱逐舰）主要强力构件

5）压缩中的板

当舰船交替上拱下垂时，船体相当梁的上下翼板要承受压缩应力。未加强的壳板只能承受很小的压缩应力。壳板在受到载荷值远小于所能承受的拉伸载荷或压缩载荷时将翘曲。因此，构成船体相当梁的上下翼板为加强均装焊或铆接了扶强型材。这种加强型材有工字梁、"T"型材、槽型材、角材等。这些型材可纵向或横向布设。最好的结构是纵、横向都布置有扶强材而形成一个网状的桁材结构。

6）强力甲板

强力甲板一般是指构成主船体相当梁的上翼板，它通常是最上层的连续甲板，即主甲板或露天甲板。但是，强力甲板也可能指任何承受部分纵向应力的连续甲板，如航空母舰上的第二甲板。商船或驱逐舰上的主甲板是唯一连续的高层甲板，也是唯一的强力甲板。

7）下层强力甲板

如果第二（或第三）甲板为连续甲板且与船体结构构成一个整体，也将承受部分应力，但没有主甲板那么大。在设计下层连续甲板时考虑了这些应力，在结构几次损害后，不应当忽略这些甲板的作用。如果主甲板损坏了，第二甲板就成了强力甲板，实际所承受的应力比在给定的中拱和中垂状态下主甲板所承受的大。（如果船底毁坏，情况也是如此；加大的应力施加在紧接底部、上面一层承受载荷的结构上。）商船或驱逐舰上，强力甲板是起重要作用的部位。显然，舷侧外板的舷顶列板和上层的纵向桁材分担了强力甲板上的部分载荷。

8）上层甲板和上层建筑

主甲板上面的甲板通常不是强力甲板，对主船体相当梁的强度不起作用。这些上层甲板沿船长每相隔一定距离必须用伸缩接头分隔，不然这些甲板就将尽力承受强力甲板的部分载荷，并有可能承受不了这些载荷。如果忽视了这个问题，会导致甲板室和上层建筑破裂和翘曲。大多数航空母舰的飞行甲板不是强力甲板。因此，这样的飞行甲板用伸缩接头连接，所以在舰船破损后伸缩接头不应该焊接。这些上甲板和甲板室将其上面的重力载荷传给下面的船体。

9）局部应力

船体结构除要承受船体相当梁的应力外，还要求能抵抗三种局部应力：① 静水压力；② 固体重物载荷；③ 动力载荷。

船体水下部分所受的压力与其所在的水深成正比并垂直作用在船体表面。对每英尺深的液体，壳体表面每平方英尺受到 1/35 t 的压力。甲板、横向构架和结构舱壁这些结构构件通过吸收海水的水平压力可防止这些压力横向压碎船体。

如果船壳破裂，海水进入，则先前作用在壳板上的静水压力现在施加在进水舱室的舱壁上。这就是舱壁为什么需要加装扶强材以防止凸起，而且在水线下越低的舱壁越厚，越需要加强，所给定的试验压力越大的原因。如果所讨论的甲板在水线下有一段距离，进水对进水舱室天花板有很大的向上压力。这个压力正像在进水的上面有一个气泡。因此，对如何向下和向上支撑强度变弱的甲板的问题及进水舱室的舱口、舷窗或人孔的开口应仔细考虑。完好的燃油舱和水舱中的液体对舱壁也有静水压力。

舰船上每一物体（固体或液体）的重量静置于甲板（或舱壁）某一点上。这些重物包括固定的重物如炮、炮座、锅炉、涡轮机和舰本身结构钢。还有舰上必须装的消耗品。上述各种物体载荷被传递到船壳，船壳承受着静水压力。为了避免应力集中和过量，大载荷如炮、炮塔、炮座和装卸设备等通过结构舱壁和桁材分布在一个大的区域。

船底骨架是舰船结构强度最强、静水压力最大支持的部分，是由肋板和内龙骨组成的坚固的网格状结构。所有的大载荷都通过结构舱壁和支柱，临时载荷通过支撑设备传递给船底骨架。有时舰上面装载了特殊货物时，从主甲板开始往下一路都需要有支撑设备。另一些大载荷像舰船主推进装置直接建在船底骨架上面的基座上。

舰船除有因静置在上面的载荷产生的局部应力外，船舶结构的各个部分也可能要承受强度和持续时间无法预计的动力载荷。波浪的冲击效应、风压、推进阻力、打炮产生的反冲力、航向变化产生的回转力、惯量以及敌方船壳、炮弹或鱼雷爆炸产生的冲击波等，都会对舰内部、舰外壳施加大小不同、时间长短不等的动应力。如果舰船被鱼雷命中，船壳板外翻，由于炸破的洞口影响，在进水舱室所产生的压力可能比仅由水静力压头产生的压力要大得多。很难估计承受这些冲击所需的结构强度。所需结构强度通常根据经验以及就静载荷，加上一定动载荷所确定的宽裕的安全系数估算。由于上述原因，海军舰船的强度留有很大的裕度。

3.1.12 稳性数据

3.1.12.1 稳性资料

一艘舰船的稳性资料包括排水量和其他曲线图、倾斜试验数据、舰船损管记录簿、吃水图、总布置图册、进坞图和液舱容量表。

静水力曲线图是一组表示舰船水下部分线型各种性质的曲线。很多舰船尽管其内部布置或装备各有不同，但船型相同。一组静水力曲线可用于所有船型相同的舰船。每一根曲线描绘了在不同吃水时船型的不同参数特性。吃水所取范围从零到预期的最大使用吃水。所有曲线都是船的基线与水线平行的浮态，即零纵倾和零横倾的状态。除非另有说明，曲线的基线都通过了船中部龙骨的底部。下面的各节将介绍使用上述各种曲线的方法。

3.1.12.2　吃水和吃水标志

因为船型的不同特性参数是按照各种船的吃水绘制的，因此为了使用静水力曲线图就必需求出舰船正确的平均吃水。舰船的平均吃水为艏吃水和艉吃水的平均值。所有舰船至少有两组吃水标志(船首、尾部)。有些舰船可能在中部(左舷或右舷)标示了一组平均吃水的直接读数。在龙骨下面有水下突出物的舰船通常另有一组仅用于计算的吃水标志。

航行吃水标志(阿拉伯数字)用以标示包括在舰的龙骨下面突出物(若有的话)的使用吃水。

大型的舰船内常装设有吃水表或指示器。

为使用静水力曲线，读取用阿拉伯数字标志的吃水并根据龙骨下面的突出物(如有)修正读数。这些突出物可根据舰船的进坞图和吃水图确定。进坞图通常是更现代化的，因此建议采用进坞图。在舰船两舷的吃水标志都应该读取；微小的倾斜对船中部和尾部的吃水都将有很大影响。建议不要在波浪起伏或船在航行时读取吃水数值，因为在这种情况下读取的数值误差很大。

3.1.12.3　静水力曲线

下面曲线要根据静水力曲线确定：① 排水量(海水和淡水)；② 浮心垂向位置(KB)；③ 横稳心高度(KM)；④ 纵稳心半径(BM^1)；⑤ 纵倾 1 in 力矩(MTI)；⑥ 漂心(CF)纵向位置。

静水力曲线图表上其他曲线对损管军官有一定的价值。其中包括：

(1) t/in 浸水：该曲线给出了不同水线下的平均吃水变化 1 in 时排水量的变化，曲线标明了平均吃水改变 1 in 时舰船上增加或减少的重物重量。

(2) 1 ft 尾纵倾增加的排水量：排水量曲线是在舰船无纵倾的情况下绘制的。纵倾排水量修正值可根据尾纵倾曲线来确定。当舰船首纵倾时，曲线图所示排水量减少。

(3) KB 和 KM 曲线像其他曲线一样读取，即先读取平均吃水，接着看曲线，然后向上看标明吨位标尺的纵坐标轴并根据比例因数修正。

由于船体形状的不规则，从曲线图得到的值可能略有误差，但这些值一般达到了能读取吃水值的满意的精确度。

使用排水量曲线时，由于水的温度和密度引起的误差可忽略不计。这些曲线适用于完好船体，但采用适当的修正量，这些曲线也可用于破损的舰船。当舰船首部或尾部缺失时，这些曲线不再适用于剩下的船体，即使船体可能仍是一个整体，没有破损口。当水下部分永久改变，如增加了舷台或附加外板时，必须绘制新的曲线。

舰船重心的位置对静水力曲线没有影响。同样内部结构、机械设备或干舷以上部分的改变也完全不会影响一组曲线的有效性。

3.1.12.4 标准装载状态

标准装载状态分类如下：

(1) 装载状态 A(轻载)；

(2) 装载状态 B(最小使用状态)；

(3) 装载状态 C(最佳战斗状态)；

(4) 装载状态 D(满载)。

特殊装载状态有时包括异常的装载状态或最低稳性状态。这包括携载有固定压载的舰船的装载状态。

倾斜状态不是标准的装载状态。舰船可能是重载、轻载或中等装载的状态，而且没有两艘舰必定是相同的。

3.1.12.5 进水影响图

舰船损管记录簿中的进水影响图是由一系列标明了所有油密、水密、气密、烟密和防火分舱的舰船各层平面图组成。

损管记录簿中的进水影响图上的舱室按下述方式涂色：

(1) 在舱室进水，因重量大大增加、自由液面的影响，或两者兼而有之导致稳性降低的部位，舱室涂以粉红色。

(2) 在舱室进水，尽管存在自由液面，但稳性提高的部位，舱室涂以绿色。

(3) 在舱室进水水位提高，即使舱室水完全注满，但当存在自由液面，稳性受损的部位，舱室涂以黄色。

(4) 在舱室进水对稳性没有明显影响的部位，舱室不涂色。

(5) 舱室需灌注的海水量(t)在左上角用数字标明。此外所有不对称舱室也标注了重量相对于舰船中心线的横向力矩(t·ft)。

3.1.12.6 液体载荷配置图

液体载荷配置图由一系列舰船各层的平面图组成，以说明所有适合装载液体的水舱和空舱。图中仅指明液舱界面。

图中包括下述信息：

(1) 完全注满舱室所需的海水吨数(已考虑了体积渗透率)。

(2) 由注满海水的舱室引起的静横倾。

(3) 舱室进水引起的艏吃水和艉吃水的变化。

图 3-88 为进水影响图中的一个典型舱室。

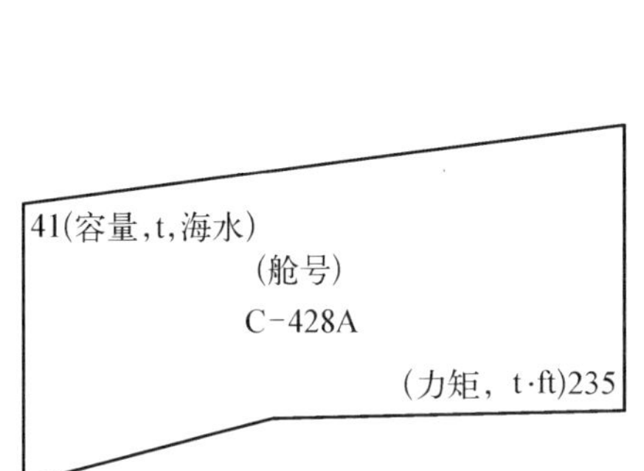

图 3-88　进水影响图中的典型舱室图

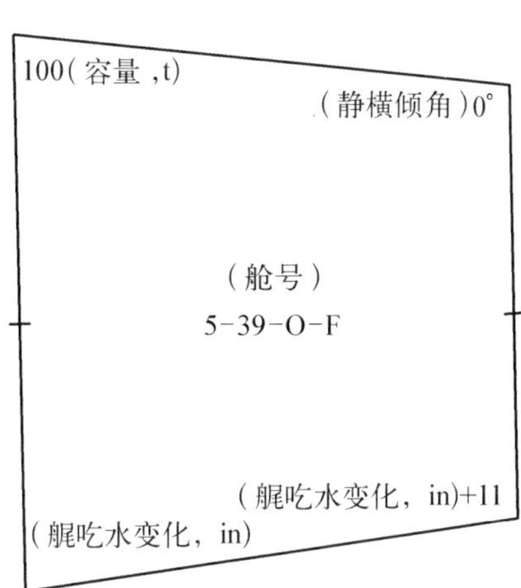

图 3-89　液体载荷配置图中的典型舱室图

图 3-89 为液体载荷配置图中的一个典型舱室。

每个舱室的颜色表明了其用途,如液体载荷配置图所示。

图 3-88 和图 3-89 中描绘的进水影响图和液体载荷配置图是提供给最新型号的战舰和辅助舰船的。早一些的战舰和辅助舰船配备的进水影响图,除另标明在损管甲板上下的所有舱室的容量、静横倾度和纵倾度外,其他与上述液体载荷配置图类似,如图 3-89 所示。

3.1.12.7　吃水图

损管记录簿中的吃水图标明了吃水标志的位置和便于根据吃水确定排水量的诺模图。图中标明了吃水标志、龙骨上的垂直高度、龙骨下突出物以上的垂直高度和标志的纵向位置。

吃水图提供了一个根据已知的艏吃水和艉吃水获取排水量的简单方法。艏吃水和艉吃水分别在各自的标尺上用点标出,并将这两点以直线连接。这条直线与浮心的交点为所使用的平均吃水值(如果 *CF* 直线未绘出,那么就用舯剖线代替;在这种情况下,对纵倾幅度较大的须进行修正。图中解释了这种修正方法)。

与浮力密切相关的其他图表有:

(1) 出坞图。该图可能是舰船上最新的图,因此,该图是提供吃水标志和龙骨下突出物有关资料的最可靠来源。

(2) 水舱容量表(或曲线图)。这些表(或曲线图)中标有舰船各层甲板上水舱和空舱的容量。有些曲线图和表也列出了各层液体载荷的重心。少数曲线图是根据不同高度位置的液舱中的自由液面的惯性力矩值绘制。商船船体和改装的舰船，有一张示出了各种货舱和甲板室空间容积的容量图。

(3) 总布置图册。总布置图包含在一个全套舰船布置图的小包装内。总布置图册是按比例绘制的最密的图。这些布置图有助于自由液面影响的初步计算和龙骨以上舱室高度的测定。

3.1.13 舰艇破损前阻止进水的预备措施

据说90%的损管工作(也是最重要的部分)是在舰艇破损之前完成的，只有大约10%的工作是在舰艇受到损伤后才进行。这些预备工作中的相当一部分就是采取各种措施来增强舰艇抗进水的能力。本节从浮力和稳性角度对这些措施进行探讨。

3.1.13.1 舰艇抗进水特性的设计

对所有与损管有关的人员来说，很重要的一环就是首先要了解他们所在的舰艇在抗进水方面具有哪些设计特性，这些特性中最重要的就是分舱的范围和类型。舰艇的分舱情况将决定舰艇受损后可能出现的进水的类型和范围以及需要采取什么样的补救措施。损管军官还必须熟悉在详细说明书和不沉性测量表中标明的水密分舱的垂直高度，从而对发生不可控制的渐进进水灾难之前破损点相邻舱壁浸水的高度做到心中有数。

研究进水对受损舰艇的影响的一种方法是从海军海上系统司令部获取尺寸和类型与研究舰艇相似的所有舰艇的战损报告的复印件。从这些报告中可以知道其他舰艇在被炮弹、炸弹、水雷和鱼雷击中时出现了何种类型的破损。假设研究舰艇出现相似数量的破损和进水，就可以确定进水对稳性的影响以及需要采取的补救措施。

破损发生前进行的这些研究可以让损管军官清楚舰艇的分舱情况和稳性特性。破损发生后不可能有时间来计算，舰上人员当时也不可能有心思来对受损情况进行仔细分析。只有事先从进水影响图、倾斜试验手册和战损报告等资料中弄清各种打击可能造成什么影响，在破损发生时，才可能及时做出正确判断，并采取适当的补救措施。

3.1.13.2 进水控制

战斗进水控制要求快速而准确。为了能有效地采取适当的补救措施，损管人员必须熟悉舰上提供的各种用以控制横倾和纵倾、改善稳性的设备。它包括制备损管表。为战斗进水提供的熟悉手段参照如下各表：① 排水报表；② 舰艇弃货表；③ 燃油转移表；④ 抗倾覆注水表(航母)；⑤ 进水影响表(小型舰艇)。

由于舰上的排水设施(包括移动式泵设备)是用来抑制自由液面和去除重物的，因此应该设法首先去除有自由液面的水和上部的重物，然后再去除下部的重物和满舱进水。损管军官还应该清楚，排除舰艇一侧的进水对纠正偏离中心的重物具有很好的效果，但这种方法对有负 GM 的舰艇和对称进水的情况并不适用。

弃除干舷部的重物涉及时间、索具作业技能以及由此带来的在作战功效上的损失等因素，因此弃货表应明确下列内容：

(1) 弃货顺序应先从比较容易丢弃而且较为不重要的重物开始。弃货表应该记载每丢弃一项重物 GM 大约会升高多少，以便让负责军官清楚每一项重物的相对重要性和丢弃后产生的效果。GM 的增加值可以根据战时负载情况下的排水量（W）和 KG 预先确定（只要没有过大的偏差即可）。其他情况下得出的 GM 的增加值是相对值而非确切值。

(2) 为了产生明显的效果，弃货时必须从高处弃除成吨（而非以磅计）的货物，由此带来的索具操作任务十分艰巨，为了让受损舰艇恢复适航性，往往需要付出许多小时的艰苦劳动。为了加快速度，应事先拟订行动计划，对搬运职责、弃货人员组织以及工具和方法的准备等做出明确规定。

燃油转移表与燃油舱顺序表和压载指南中的各项要求密切相关。由于不需要时产生的横向力矩有可能危及舰艇的安全，因此燃油转移表应将发生严重损伤后转移燃油和压载的职责明确下来。明确这一职责后，在需要横向力矩时，也可以加快油料或水的转移。

燃油转移表应明确规定：为了避免自由液面影响的扩散，除非处于实际使用中，所有闸阀始终都应处于关闭状态。基于同样的原因，应尽可能避免同时从两个以上的舱中抽油和向其注油。通往舰艇另一侧燃油舱的横向吸入管路也应采用隔断阀堵住，以减少自由液面的影响，阻止在舰艇破损后发生静横倾时液体向低处流动。液体的流动与横向排放具有相同的影响，从稳性角度来讲往往是同样不利的。

装有鱼雷防护系统的舰艇一定会有偏离中心的空舱，舰艇侧面被鱼雷击中时必然会导致偏离中心线的进水。因此，像航母这样的大型舰艇在舷侧空舱中都配备有通海阀，以便在与受损处相对的一侧从海中快速注水，从而将偏离中心的重物快速抵消掉。在为这些舰艇制订抗倾覆进水表时，应明确由谁负责打开通海阀以及应该采用对角线原理还是横向对称原理。

小型舰艇很少设计有偏离中心的空舱。按照压载指南，很少会出现偏离中心进水的情况。但是这些舰艇很容易受自由液面扩散的影响，可能导致产生负的初横稳性高。因此计算出自由液面的影响（i/V）并将计算结果填入应急堵漏板的液体载荷图表中（有些舰艇会在进水影响图中标出这些数值），这一工作是很有帮助作用的。有些情况下舰上还会制订一份所谓的进水影响表，表中列出舰上所有舱室的编号，并在每个舱室中填入与其相对的舱室的自由液面影响计算值（i/V）。这些表中也可能还会标出关于增加重量影响的信息（在适用时也会包括自由连通作用的信息）。这里的 V 指的是舰艇战时排水量。

上述计算工作对预测给定舰艇可能产生的进水影响是很有帮助的，但损管人员在使用这些计算结果时必须清楚，这些数值只是指示性的而非精确结果。在实际操作中，在理解有关原理的基础上，加上良好的判断和常识，比任何计算出来的结果都要管用。

海军海上系统司令部提供了小型舰艇的进水影响表，表中标明了在危险稳性条件下哪些舱室中的水可以排除，哪些舱室中的水不能排除。

3.1.13.3 舰员的培训

1）教育

所有舰员都应该进行培训，让他们知道舰艇在被鱼雷击中或发生其他水下破损时通常会发生的情况（这些情况将在 3.1.13 节中介绍）。由于一次中弹就有可能造成整个损管维修小组的丧失，或者可能毁掉损管站，在这种情况下，就必须依靠其他维修小组来承担控制进水、灭火以及其他一些紧急任务。要吸取的重要教训是，在以往的作战中，由于人员匆忙逃离受损区而没有关闭身后的门和舱口盖，导致有自由液面的水迅速蔓延，从而造成了舰艇的沉没。因此对全体舰员要特别强调控制进水的意识，以免到时再采取恢复稳性的措施已无济于事。

2）训练

应对维修小组进行训练，以便在发生破损时，他们能够自动采取行动控制进水，采用堵、修补、支撑等手段阻止进水的自由连通，立即开始排除进水，并知道优先排除有自由液面的水和高处的进水。维修小组经过训练，还要做到能够对进水状况和正在采取的控制措施向损管站做出快速而准确的汇报。

3.1.13.4 重量控制

1）储备浮力

舰艇在最初设计和建造时都留有足够的干舷高度和储备浮力，其中包括用来容纳进水的一部分储备浮力。但是往往在舰艇尚未建造完工之前，就已经开始往舰上增加设计之外的重量了。大家都不想把已经弄到舰上的东西再弄回去，为了遏制这种倾向，随后便开始了无休止的重量控制工作。每次舰艇改装时都试图把增加的重量再如数减掉，但往往很难做到。每一个舰员都想把超出定额的东西带上舰来，导致舰艇的储备浮力逐渐减小。对这种趋势如果不加以有效控制，势必导致超载。这在很多方面对舰艇都是不利的。

2）超载的不良影响

海军海上系统司令部在很多地方都颁布有针对超载问题的警告和指示，既有通用的也有具体的条款。舰艇在过度超载情况下使用会产生以下一些主要的不良影响：

（1）航速。排水量的增加会增大船体阻力，降低推进效率，从而导致航速降低。和大型舰艇相比，像驱逐舰这类吨位较小、航速快的舰艇，这种影响尤为明显。

(2) 续航距离。排水量增大，达到给定速度所要求的功率增加，从而使续航距离缩短。当然，如果过载主要是由油料组成的，则反而可以增大续航距离，但是要以更多的消耗为代价。如果过载是由其他原因造成的，无疑会使续航距离缩短。

(3) 稳性。如果舰艇在高层携载有过多的载荷，稳性将会降低。

(4) 强度。过载会增加舰艇承受的纵向应力。特别大的过载加上恶劣天气，有可能造成结构性损坏甚至断裂。

(5) 干舷。排水量增加会降低干舷高度。干舷高度降低后，会导致：① 储备浮力减小；② 装甲干舷降低；③ 稳性范围缩小，即使是初稳性非常好（*GM* 很大）的舰艇也会发生这种情况；④ 适航性变差。干舷高度降低后，恶劣天气状况下舰艇露天甲板容易上浪。

过载会严重削弱舰艇的生存能力。过载的不良影响是一个早已被意识到的问题。关于如何通过限制吃水和排水量来防止过载的发生可参见相关资料。

3) 液体载荷

(1) 状态 A(II)：空载（适用于所有水面舰艇）。这并不是一种航行状态，指的是当舰艇各方面都处于正常备用状态时的全部重量，包括永久性压载（固体和液体压载）和机械设备处于工作状态时内部的液体，但不包括任何消耗性的或可变的载荷，也不包括舰上搭载的飞机。

(2) 状态 B(V)：最小航行状态（适用于航母、巡洋舰、驱逐舰和护卫舰）。在这种载荷状态下，舰艇很可能在正常航行时获得最小的稳定特性。舰上液体载荷此时的数量和分布状况，可以让舰艇在完好状况下获得满意的稳性和纵倾，并提供水下防护措施以及在水下部位受损时限制静横倾。为了进行弹片防护和避免产生过大的横倾力矩，巡洋舰和小型航母要求在舷侧液舱中装载液体，有的纯粹为了提高稳性还要求在底舱中注入液体。最小航行状态下的液体载荷是在综合考虑全部三个因素（水下防护、稳性和浮力）以后确定的，是能让三个因素都满足的最小载荷量。如果舰上的液体载荷大于最小量，稳性会得到明显改善。但是液体载荷的增加有一个上限值，要以不导致干舷过度降低为限（注：对于这里所指的最小航行状态（也就是携载最小数量的液体载荷），某些巡洋舰、驱逐舰和护卫舰以前是用空载排水量或最小使用状态来表示的）。

(3) 状态 C(LS)：最佳作战状态（适用于航母）。从抗水下破损的角度来看，这种状态提供的液体载荷数量和分布是最佳的。舰艇在开始投入作战时，这种载荷状态是最为有利的。配备有鱼雷防护系统并要求在鱼雷防护系统中装载液体的舰艇适合采用这种载荷状态。从保护舰艇的角度，额外增加液体载荷不会带来什么好处。增加液体载荷会增大排水量，从而导致干舷降低，这是很不利的。舰艇离开港口后应尽快达到这里规定的最佳液体载荷状态。

(4) 状态 D(VI)：满载状态（适用于所有水面舰艇）。在这种状态下，舰上所有载荷都达到各自规定的满载数量。

针对上述各种载荷状态，进水影响图上以表格形式给出了详细的载荷说明。要强调的是，设定这些载荷状态的主要目的是以水下防护、浮力和稳性的要求为基础，并适当考虑速度、续航距离、结构强度和适航性等因素，确定最佳载荷状态和限制载荷状态，从而使舰艇在同时满足作战要求的情况下总体生存能力达到最大值。

在为最小作战状态和最佳作战状态确定最小液体载荷时，应考虑以下要求：

(1) 在有些舰艇上，下部舱室必须装满液体或装上压载物，使舰艇重心控制在较低的位置，并控制自由液面的影响，从而保证舰艇具有足够的稳性。

(2) 在大多数舰艇中，为了尽可能减小遭受水下破损后的横倾角，舷侧液舱或翼舱中的水都要求灌注到水线位置，如果液舱或翼舱的顶部在水线以下，则要求注满(如果是油，则加装到95%)。

(3) 在没有配备鱼雷防护系统的舰艇中，翼舱中的液位要求与舰艇重要部位齐平，以降低被鱼雷击中时鱼雷弹片的速度，以免造成严重破损。

(4) 在装有鱼雷防护系统的舰艇中，在确定液体载荷时要考虑的是如何尽可能减小结构性破损和由此导致的进水，从而降低破损后的横倾角。

4) 航行排水量

为了满足执行突发性任务的需要，在舰上装载过多的给养、备品和弹药，不给舰艇留下任何储备容量，这种做法会加重舰艇在遭遇破损或风暴时面临的危险。所有的作战舰艇都确定了各自的最小航行状况。最小航行状况给定了要求携载的最小液体载荷量。最小液体载荷和执行特定任务所需要携带的其他消耗性载荷一起确定了舰艇出发时的最小排水量。排水量限值或吃水限值给定了舰艇排水量的上限。负责舰艇载荷的人员应努力将舰艇排水量维持在与最小航行状况对应的排水量和排水量限值这两者之间的某一位置。除非情况十分紧急，权衡后认为值得冒过载的风险，否则不得超过确定的吃水限值。

舰艇必须持续不断地努力消除过载所造成的不利影响。在吃水量限值为已知的舰艇上，船舯部或靠近吃水标志的地方标有吃水限值标志(图3-90)。一旦确定了排水量限值，就会做上这种标志。如果舰艇的吃水超过了吃水标志，则意味着舰艇抵抗破损或恶劣天气的能力受到了损害。舰长必须根据舰艇所处的实际情况确定是否值得冒额外的风险。

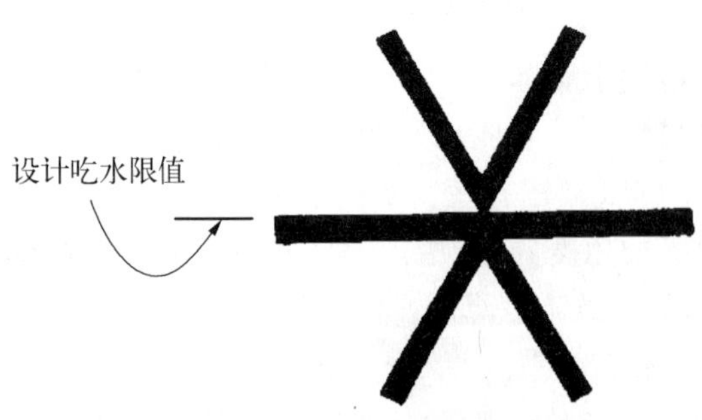

图3-90 船体上的吃水限值标志

5) 稳性控制

在舰艇设计中，设计人员会综

合考虑对稳性有影响的所有因素，从而为舰艇提供足够的稳性。但是在舰艇使用过程中，还会采取某些措施来增强舰艇的稳性。一般来讲，这些措施包括给空燃油舱装载压载物、携载最小量的水、装载液体载荷，在某些情况下还会涉及舱室液体排放的顺序。对于货船来讲，由于船上的货物配置的变化可能很大，因此必须设法控制重心的高度，以便保持适当的稳性。每一艘这种类型的船都配备一幅曲线图，图中给出了各种排水量下可以接受的最大重心高度，同时还给出了相关数据，以便进行必要的计算。

舰艇的各种固定部分(包括船体、机械装置和武备)组成了前面介绍的各种载荷状态中的状态 A(II)。这种载荷状态的稳性数据是交船时就已提供的。舰艇投入使用后，如果在舰上装满各种消耗性载荷，舰艇就达到了最大载荷状态。随着这些消耗性载荷渐渐被消耗掉，载荷逐渐减小，舰艇便会处于前面介绍的这种或那种载荷状态。载荷状态 A(II)属于空载状态，很少有舰艇在这种状态下具备足够的航行稳性，因此必须利用消耗性载荷或压载物给舰艇增加一定数量的低位载荷，以增强舰艇的适航性。这时舰艇便处于所谓的最小航行状态。对于装有鱼雷防护系统的舰艇，最佳作战状态确定了能够为舰艇提供水下防护的最佳液体载荷配置。

有一些消耗性重物对稳性控制并没有太大影响。消耗的汽油重量可由海水来代替；用掉的饮用水和储备给水通常可由蒸发器再生产来补充；柴油消耗得很慢且数量很少，润滑油也是这样。各种存储品只占整个舰艇排水量的很小一部分，而且分散在各处。除非是经过一次很长时间的轰炸或交战后消耗了大量的弹药，否则弹药的变化对稳性也不会有很大的影响。排除以上因素后，稳性控制要考虑的主要因素有 3 个：① 货物(通常只对军辅船来说是重要因素)；② 燃油；③ 压载水。

机电部门长应确定以上重物增加或减少一定数量后所产生的影响，将上述重物调节到满意的数量。

给空燃油舱加压载是稳性控制中非常重要的一个环节。

之所以要给空燃油舱加压载，主要原因有 3 个：

(1) 为舰艇稳性维持足够的低位载荷；

(2) 给偏离中心的空舱注满压载可以防止出现偏离中心的进水；

(3) 在船壳中提供液体保护层，吸收弹片，尽可能减小鱼雷的破坏力。

加压载所造成的所有负面影响都可以通过采用适当的工程方法来克服。在进行燃油补给前，必须先将作为压载装上舰的海水抽出，舰艇的稳性随之会有所降低。必须认识到，在此期间舰艇抗破损的能力降低了。此外，对于吨位小于巡洋舰的舰艇，恶劣天气是一种很严重的危险，因此除非预计未来天气状况很好，否则不应大量卸除压载物。

燃油舱序列表是技术装备故障控制登记簿的一部分。它规定了油料管理班长在排空燃油舱时的操作程序并指定了装压载的次序。指挥官必须禁止不对增加的风险进行评估即擅自违反上述要求的做法。燃油舱序列和液体载荷的装载规定通常在《舰艇损管记录簿》中的进水影响图中。具体的指导规定常常由型号和舰队指挥官制订。如果没有具体的规定可供遵循,则主要应考虑满足下列要求(下列要求中有一些是相互冲突的,应根据不同舰艇的具体情况确定它们的相对重要性。其重要性次序取决于舰艇类型):

(1) 为保持稳性提供足够的低位载荷;

(2) 让偏离中心的燃油舱装满;

(3) 提供用于弹片防护的液体层;

(4) 使舰艇保持适当的纵倾,无静横倾;

(5) 尽可能减少暴露的管路,以免管路破损,导致锅炉的燃油供应被切断;

(6) 应尽早将翼舱中的燃油用至水线以下,以便增加干舷高度;

(7) 应首先将以后不需要装压载的舱中的燃油用尽,以便增加干舷高度和储备浮力;

(8) 保持分散设置的能力;

(9) 能够快速补给燃油;

(10) 无论何时都应尽可能减少舰艇燃油舱中的自由液面。

干舷部重量的增加会降低稳性。如果甲板载荷超过舰艇的标准载荷(在《倾斜试验数据手册》中)将损害舰艇抗破损的能力。通常,海军海上系统司令部根据舰艇的结构强度和稳性以及在破损情况下的生存能力规定了限制甲板载荷,并以函件形式发给每艘舰艇。指挥官在决定允许超过限制甲板载荷之前必须权衡一下由此增加的风险。

为了便于人员出入和操作舰艇,在水线以上的舱室的水密边界上开有许多诸如门、舱口、舷窗之类的开口,因此只有当所有这些开口全部紧密关闭时才能实现最大的储备浮力。除了敌人的攻击以外,我们自己的行为也会导致储备浮力受损,这些错误包括:

(1) 维护不力,导致舰上的水密边界、关闭设施或属具等缺乏水密性。

(2) 违反水密规定,没有正确关闭门、舱口盖等装置。

(3) 属具的损管分类不正确、不严格。

下面讨论附加干舷部重量及其对稳性的影响。

对于吨位较小的舰艇,由于增加甲板货物、搭载大量获救人员或者甲板装备和上层建筑结冰等原因造成的干舷部载荷的突然增加,将会导致舰艇重心(G)升高和初横稳性高(GM)以及干舷的减小,从而损害稳性。这种情况将降低舰艇的适航性和抵抗破损的能力。

尤其是对驱逐舰和类似的小型作战舰艇来说,在决定是否搭载应急甲板货物时,必须对由此带来的危险以及给舰艇在遭受破损时增加的危险性有清醒的认识。

可以利用附加重物的位置和数量，计算出每一项甲板载荷导致的 *GM* 净减小值。然后再绘出新的静稳性曲线，粗略估算出剩余的稳性。

小型舰艇经常被召去搭载大量的幸存人员，由此带来的附加干舷部重量会对舰艇稳性构成严重威胁，特别是当所有的幸存人员都上到干舷部并同时走到一边时情况会更严重。

天气寒冷时上部建筑和索具上会结冰，在离海岸线 100 mile 的范围内结冰现象最为严重。结冰后会导致 *GM* 降低，因此对小型舰艇来说，必须使其保持在最佳的压载状态下。可以采取喷射蒸汽、热海水的方法，也可以利用锤、斧子这些工具来清除冻结的冰块。舰艇上部重量的大幅增加将会造成 *GM* 的明显升高。吃水的增加并不一定使稳心 *M* 降低，但最后的结果是 *GM* 肯定会降低。如果结冰现象非常严重，重心 *G* 将超过稳性 *M*，这时舰艇的初稳性为负，将发生负稳性横倾甚至倾覆。

许多货船以及一些军用船只在空载状态下具有负的初稳性。因此，商船在未装货物的情况下航行时，会在首尾尖舱和/或双层底（如果有）内注入淡水或海水作为压载。类似地，在很多舰艇上，当燃油用完时，会在下部的燃油舱内注满海水。这些海水压载往往必须在进行燃油补给前数小时被排出。这些操作通常是在舰艇准备进入港口或靠近集结点这些极易受到敌方潜艇或飞机突然袭击的地点时进行。卸除压载会损害舰艇的稳性并降低舰艇抵抗破损的能力。

3.1.14　破损的影响

被敌方武器击中后，舰艇遭受破损的性质取决于敌方武器类型及大小、舰艇类型以及中弹的位置。以往实战中某艘舰艇受到某种敌方武器打击后产生破损的具体情况是保密的，可以在相关档案中查到。损管人员应仔细研究与自身舰艇尺寸和类型相似的舰艇的战损报告。关于其他类型舰艇的战损报告可以提供一些补充信息。

并非所有的破损都是由敌方打击造成的。很多情况下碰撞、搁浅和风暴都会造成足以威胁到像巡洋舰这种大型舰艇安全的严重破损。缺乏准备或疏忽可能导致自身造成的破损。造成舰艇稳性受损的其他原因还有上部结构结冰、甲板载荷过大、压载卸除、过载以及舰艇液舱或舱底内的自由液面变动等。

根据统计资料，迄今为止，舰艇遭受过打击的敌方武器可分为以下两类：

（1）水上武器：① 炸弹；② 炮弹；③ 火箭弹；④ 自杀飞机；⑤ 没有击中舰艇的导弹爆炸后产生的弹片。

（2）水下武器：① 鱼雷；② 水雷；③ 近距脱靶炸弹；④ 近距脱靶炮弹；⑤ 深水炸弹；⑥ 人工放置的炸弹。

1) 水上武器

炸弹、火箭弹和炮弹主要的区别是它们的推进方式不同。它们击中舰艇后产生的效果是相似的。自杀飞机的大小和类型各种各样，小到驱逐机大到双引擎轰炸机都有。大多数自杀飞机都携带有炸弹，因此除了飞机结构和发动机造成的冲击作用外，还伴有炸弹的破坏作用以及飞机油箱中的汽油燃烧时产生的破坏。飞机的扫射对大于猎潜艇的舰艇很少造成明显的破损。机关炮扫射产生的损伤与弹片的作用相似。炮弹或炸弹在水面爆炸时产生的弹片有时会击中舰艇的上部结构。

由水上攻击造成的破损通常是由以下几方面的破坏作用引发的：① 舱室边界被击穿；② 冲击波作用；③ 弹片攻击；④ 燃烧作用；⑤ 震动或抖动；⑥ 有毒气体。

为了达到穿透舰艇结构的目的，大多数导弹都装有高强度的钢制外壳。为了能穿透很厚的结构，必须增强导弹外壳的厚度和强度，这是以减少导弹携带的炸药为代价来实现的。如果要穿透舰艇装甲，可能要将整个导弹体用外壳包住，并通常加上一个定时引信头部，用以击穿装甲表面。穿透力是质量和速度的函数。一架快速飞行的自杀飞机的发动机如果直接击中舰艇，能将 30～40 lb 的钢板击穿。对于轻型结构舰艇，这样的攻击能穿透好几层边界。

冲击波作用是通过在导弹内部填充炸药来获得的。产生冲击波的大小取决于炸药的重量而不是导弹的总重量。炸药是通过某种类型的引信来引爆的，为了确保炸药被引爆，往往同时装有弹头引信和弹尾引信。如果要在爆炸前穿透舰艇装甲或结构，必须在引信中加上一个短时间的延迟动作。对于采用轻型结构的舰艇，穿甲导弹在爆炸前可以穿透 3 层以上的边界。有时候穿甲导弹甚至会将整个小型舰艇击穿，在另一侧的空中爆炸。

弹片或碎片攻击造成的破损的严重程度既取决于弹体外壳的厚度(及类型)，也取决于炸药的数量。当武器尺寸一定时，弹体外壳太薄或太厚都将减小弹片的破损能力。因此，高能弹产生的弹片破损作用要大于穿甲弹。导弹高速完全爆炸后飞出的弹片的速度往往高达 3 000～4 000 ft/s，因此必须采用很厚的防弹装甲来抵抗这种弹片的攻击。对于轻型结构舰艇，弹片可能会击穿 3～4 层连续边界。当导弹穿过舰艇或者爆炸冲击波将舰艇结构的松散部位击脱，并在舰艇上四处横飞(通常没有固定方向)时，会产生二次弹片破坏作用。

炸药爆炸后会释放出极高的热量，产生大量炽热气体，从而导致以下后果：

(1) 火焰会从爆炸中心向四周飞出。这些火焰持续时间很短，但温度很高，可以引燃暴露在外的易燃物品，并可能严重烧伤舰员。导弹弹片通常处于炽热或白热状态，可以引发火灾。弹片在穿过钢结构时会产生大量的热量，如果在击中点附近有易燃液体、弹药或者炸药，整个破损区的这些物资都会被引燃。

(2) 如果出现弱爆炸，冲击波和弹片的破坏作用很小甚至没有，通常的结果只是将弹壳炸开并烧尽内部填充物。大量烈性炸药发生弱爆炸会将大块燃烧的内部填充物抛到舰上各个地方，这些温度极高且剧烈燃烧着的炸药可能会造成严重的火灾。

(3) 自杀飞机大多数情况下都会在舰上引起火灾。飞机油箱炸裂后燃烧着的汽油会在舰上四处扩散，这些火灾蔓延速度极快，往往还伴有爆炸发生，很快就会将事故区域淹没在烈火之中。

大型导弹或自杀飞机产生的局部震动损害可能会破坏消防设施、无线电、雷达以及其他精密或脆弱的设备，附近的断路器往往也会被切断。如果炸药数量很多(数百磅烈性炸药)，爆炸引起的抖动还可能导致舰炮卡住无法转动、消防设备卡死、机械装置错位、电路中断、人员受伤以及使甲板和舱壁变形等。如果是被重磅炸弹或大型自杀飞机击中，在离打击点很远的地方都有可能产生这种损害。

所有烈性炸药物质爆炸时都会释放出刺激性烟雾，如果不及时将其从舰艇中排出，这些烟雾将使人员中毒，导致严重疾病甚至死亡。普通防毒面具在舰艇舱室内对这些气体的防护效果很差，因为它们没有提供氧气来源。爆炸释放出的烟雾往往和随之发生的火灾产生的烟混在一起，使情况更为严重。舰员必须戴上氧呼吸器或空气软管面具才能进入这样的舱室或在其中工作。

水上武器的攻击往往会造成严重的火灾，而火灾会进一步引起炮位弹药的爆炸。消防管路可能会被冲击波损坏甚至被弹片割断，从管路中流出来的水与灭火时喷射的水汇在一起，导致上层甲板上积水，这些高位积水载荷和自由液面会损害舰艇稳性。水上武器的攻击还可能造成人员的大量伤亡，机电部门长必须事先做好在一个或几个维修小组的人员全部阵亡时如何处理严重破损的准备。

对于小型舰艇，水上武器的攻击可能会切断蒸汽、给水、燃油或润滑油管路，损坏机械设备或使其错位，从而殃及机电装置。机电维修小组必须做好准备，迅速隔离此类破损，并从各机独立操作方式转为交叉连接操作方式。类似地，船体系统(如消防总管和排水管路等)也可能受到损害。小型舰艇被重磅炸弹或大型自杀飞机击中时，船体桁材可能会折断甚至完全断为两截。局部结构破损还包括在击穿甲板和舱壁时在上面留下的洞以及造成门窗变形，使得关闭装置发生泄露，开启的装置无法关闭。有时候弹片还会导致属具无法使用。

上部建筑被击穿后，在水上船壳部分和露天甲板上留下的很多洞会减小舰艇的储备浮力和稳性，其破坏作用有以下几方面：

(1) 被击破的舱室不再是水密主船体的一部分，其效果类似于干舷的降低。当导弹或弹片将舰艇中的水密甲板和舱壁击穿后，储备浮力的损失将进一步扩大。将水上船体分舱就是为了在水上部分被击穿时防止丧失全部储备浮力。因此，在舰艇发生破损时不要忽略了对水上船体甲板和舱壁中破洞的修补。

(2) 上部建筑被击穿留下很多洞还会使稳性降低。当舰艇发生横倾时，恢复力矩的大小取决于倾斜一侧浸入水中的水密体积的大小和有浮力的干舷高度。水上船体破损后致使舰艇稳性降低，其影响类似于干舷降低后对稳性的影响。

(3) 如图 3-91 所示，舰艇在破损前的稳性由上部曲线表示。船体水线以上某位置被炮弹击穿后留下了一个洞，使舰艇损失了一部分干舷，从而导致最大恢复力矩和稳性范围都减小了，结果如下部实曲线所示。在舰艇第一次大角度倾斜后（洞被浸入水中），自由液面和高位载荷被带上舰，结果使得初稳性也降低了，如图中虚线部分所示。

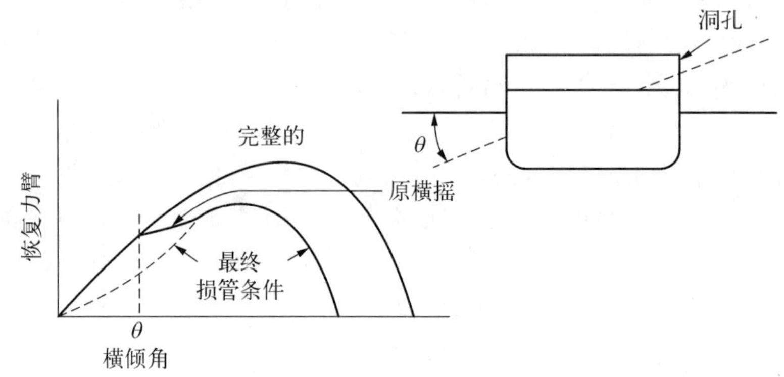

图 3-91　遭受水上破损前后的稳性曲线

(4) 如果位于水线和露天甲板之间的船壳板被击中而留下开口，这将导致进水。波浪的起伏、船体的横摇、船首波的冲洗以及由转舵角引起的横倾都可能导致海水通过水线或水线以上部位的开口进入舰内。进入舰内的海水将留在上部甲板上，具有高位载荷和自由液面双重不利影响，使舰艇稳性降低。这样，水上部分进水会导致舰艇处于负稳性横倾状态。

2) 水下武器

(1) 水下攻击的一般性影响。

水雷、鱼雷和近距脱靶炸弹对舰艇的破坏作用与水上导弹的攻击是相似的，不同之处在于水下武器是在船体外部而不是内部爆炸的，而且爆炸四周是被稠密而不可压缩的水包围着的。所使用的炸药的数量变化很大，小到由自杀潜水员人工放置的爆破炸药包，大到装有 1 500 lb 或 2 000 lb 炸药的水雷。除了水雷和鱼雷，水面舰艇还会遇到由自杀潜艇放置的深水炸弹的攻击。

如果挨着船体的水下武器被引爆，船壳将被炸开一个洞，舰艇内部会受到冲击波和弹片的破坏，随之有汹涌的海水涌入。由于被液体包围着，水下武器并不需要依靠弹壳产生弹片破坏作用，而是会将大块松散的结构从舰下扯下，并使它们像炮弹似地飞向舰上各处。因此，鱼雷和深水炸弹的外壳都很薄，只是起到在爆炸前装载和保护炸药的作用。

水下破坏的威力主要取决于炸药的多少。在一定意义上，周围的水就像炮管一样将炸药射向舰艇。由于鱼雷和水雷装载的炸药很多，爆炸后在船壳上产生的开口将非常大。

侧面中弹和底部中弹对舰艇会产生不同的破坏作用，但这种不同主要是由中弹位置的内部结构的差别造成的。在对破坏威力的影响上，舱壁的数量、舰艇结构的重量、是否有液体层保护以及舱室的内容物等比侧面和底部爆炸本身特性的差别所起的作用更大。

水下爆炸距离舰体越远，通常造成的损害越小。如果爆炸威力很大，即便在相当远的距离也可能会导致船体钢板变形、产生裂缝、剪断铆钉等破损。在水面或距离水面很近处发生的非接触性爆炸（如近距脱靶炮弹或装有碰炸引信的炸弹产生的爆炸）很可能将大部分能量释放到空中。喷出的水柱和武器外壳产生的弹片可能会击穿船体和上部结构。

（2）水下破损的一般性影响。

被鱼雷击中时，舰艇会发生猛烈的震动，导致精密设备损坏或错位。无线电、雷达和消防设施被损坏，天线往往会被震脱并可能落到甲板上，舰炮和指挥仪有时会被卡住无法转动。像铸铁阀体以及机械设备下面的铸铁基板这些脆性材料即使在离爆炸点相当远的地方也会断裂。震动往往会使断路器断开，导致舰上其他部位的供电被切断。甲板的猛烈起伏会造成舰员受伤，特别是那些站着的舰员。因此，未在战斗岗位的人员在发现舰艇即将遭到水下武器攻击时应该立即卧倒并用双手抱住头部。

爆炸时会将大量的海水喷向高空，水落向舰艇上部时会对人员和设备造成伤害。还可能会把油撒在舰艇上面或舱室内部，使甲板变滑，并覆盖所有设备和物体，使工作很难进行。

由爆炸产生的炽热气体组成的火焰（除非已被海水扑灭）会充满整个受损区域。这些火焰将引燃易燃物品并严重烧伤人员，尤其是那些衣服穿得不严实的人员。如果中弹点附近存放有油料，这些油料很可能会燃烧起来，并与相继引发的火灾产生的烟雾混在一起，舰员必须使用氧呼吸器或空气软管面具才能进入。

冲击波和弹片几乎不可避免地会造成（也许很多）线路损坏，通讯、消防和舰艇控制系统可能会因此陷入瘫痪。受损或被接地的电缆将导致附近区域的供电中断甚至会造成整个电力系统短路。在照明灯熄灭时维修人员必须借助战斗照明灯或手电筒进行工作。

如果巡洋舰或比较小的舰艇前部机舱附近中弹，至少一部分动力装置将被损坏；如果后部设备舱附近中弹，由于轴系受损，可能会使推进动力全部丧失；如果中部中弹，所有机舱可能进水。蒸汽压力丧失导致涡轮发电机停机，舰艇受损后必须依靠应急柴油发电机供电，此时只有通过应急配电系统才能进行有效的配电；如果尾部中弹,除了会使推进轴或螺旋桨受损外,还很可能导致舵或操舵装置无法使用。

剧烈的抖动或震动可能会导致船体桁材弯曲甚至断裂。桁材受损的位置可以距离中弹点很远,这要取决于炸药的多少及爆炸的位置、与船体的距离、舰艇的类型以及荷载情况等因素。一艘细长的小型舰艇如果一端中弹,舰艇中部任一区域的船体桁材都有可能受损。

(3) 大型舰艇的水下破损。

紧挨着一艘装有鱼雷防护系统的大型舰艇一侧发生的剧烈水下爆炸将使一组翼舱破损。空舱将进水,而且大部分空舱的进水速度都很快。翼舱进水将产生偏离中心的重量,使舰艇发生静横倾。有些情况下耐压舱壁虽然会渗漏但仍然存在。但如果爆炸力量非常巨大,或者保护层不完整或液体载荷装载不当,将导致耐压舱壁丧失,使一个或多个重要内部舱室即刻进水。爆炸通常会把鱼雷防护系统上部的甲板掀掉,海水将漫到这一层甲板上,为此耐压舱壁的高度要高于保护层,这一层甲板外侧的舱室用于那些不需要人员进入的用途,尽可能减小对水密完整性的破坏。

大于中部深度(即略低于装甲列板)可靠近舭部的鱼雷攻击比未到中部深度的攻击产生的破损很可能要严重得多。较浅的鱼雷攻击很可能会对第三甲板造成更大的破损,较深的攻击会损坏耐压舱壁,使其下部边界发生渗漏。

这里讨论的舰艇(即装有鱼雷防护系统的舰艇)发生水下破损时会立即导致如下后果:① 静横倾;② 海水或燃油进入;③ 破损区的重要系统受到损害;④ 可能引发火灾;⑤ 引起的震动可能会损坏仪表、无线电、雷达以及消防设备等。

由于未破损时具有较高的初稳性高(GM)以及舰艇中有很多水密分舱,因此遭受水下攻击后舰艇仍可能具有正的初稳性高(GM)。舰艇的静横倾现象被认为是由偏离中心的重量造成的。如果舰艇遭到打击后还可能立即面临敌方的水下攻击,则当务之急是尽快消除静横倾和纵倾。

静横倾会对舰艇产生很多不利影响,其中包括:

(i) 航速降低,原因有:① 推进阻力增加;② 操作主推进装置的难度加大;③ 螺旋桨可能浸没不当。

(ii) 机动性变差。

(iii) 产生的静横倾和纵倾使稳性降低。

(iv) 维护和操纵舰炮的难度加大。

(v) 航母上的飞机操作受影响。

(vi) 保护能力降低:① 一侧的装甲列板浸入水中;② 另一侧的装甲列板出水;③ 鱼雷防护系统顶部浸入水中,使没有受到保护的上部甲板受到后续鱼雷攻击的威胁。

通常给出的建议是不要将液体保护层中的液体注满，而是留出一定的空间产生气垫缓冲作用，以此来减小对上部甲板的损害。类似地，还有的建议采用对爆炸力进行导引的方法，以减小其破坏作用。可是，从试验结果来看，这些方法并没有起到什么作用。在外侧加装防雷护体也没有作用，只是加大了鱼雷防护系统的深度和范围，并不能将爆炸力向上引到舰外。

如果鱼雷或触发水雷在船底下方爆炸，将使受损区的舰艇结构和设备受到大面积的严重损坏，因此不可能在船体下方装上鱼雷防护层来防止这类攻击。只有依靠横向分舱以及将关键设备分散来限制一次攻击造成的损害。感应式水雷或鱼雷引起的船底下方爆炸，或者从船底穿过的炸弹，所造成的损害与接触式船底下方爆炸相似。

主横向舱壁以及鱼雷保护系统中每隔 16～20 ft 设置的横向舱壁可以限制结构破损后进水的蔓延。实际战损情况表明，在重型横向舱壁处船壳板和舰艇结构的结构破损都大大地减轻了。

在有些情况下当鱼雷击中外部重型装甲时，会使中弹部位的装甲板整体向内移动，并使上部和下部的水密支撑结构发生松动。由此导致的进水现象要比一般情况下被鱼雷击中时发生的进水程度要轻一些。这要归因于保护层外部装甲的作用。

(4) 小型舰艇的水下破损。

上面已经针对大型舰艇讨论了水下爆炸的性质以及可能造成的破损。对于未装鱼雷防护系统的小型舰艇来说水下爆炸会产生类似的损害，但是同样大小的鱼雷弹头对小型舰艇的外壳板造成的破损通常要小一些，但是在爆炸发生的瞬间对其重要设备和甲板的破坏则更严重。无论何种情况，冲击波、弹片和火灾的破坏作用总是会有的。

巡洋舰被一条普通鱼雷击中后，会导致内部 2～3 个主要的中心舱室进水，爆炸可能会使装甲甲板断裂，随之会使主甲板变形。中弹时，燃油会被撒落到受损区和上部区域并可能引发火灾。如果机械设备或轴系在受损区内，主推进装置也会受到影响。如果日用燃油柜破裂，中弹后未停机的锅炉中的火会暂时熄灭。如果装有大量烈性炸药(炸弹、弹头和深水炸弹)的弹药舱正好位于爆炸点附近，弹药舱可能会被引爆，从而造成灾难性的后果。

如果鱼雷击中舰艇舷侧靠近水线的地方，除了会造成上面所有的损害以外，还很可能撕裂舷缘列板和整个舰艇的主甲板以及第二甲板，使船体强度严重受损。类似的，深水鱼雷会撕裂舭列板、船底、龙骨翼板、龙骨以及内龙骨，造成相当大的灾难性损伤。

如果舰首附近中弹，可能会炸毁整个舰首部分，通常破损会以重型横向舱壁为界。这种破损可能是由汽油或弹药库的二次爆炸造成的。如果舰尾中弹，虽然不大可能摧毁整个舰尾段，但有可能会炸去一只(甚至全部)螺旋桨，并可能将舵和操舵装置炸毁或使其无法使用。

如果驱逐舰的艏艉任一处中弹，产生的挠曲震动可能会导致舰艇中部发生压缩损坏，使得舰艇有可能在航行中折断。如果舰首或舰尾附近中弹导致大规模进水，将使舰艇产生大幅度纵倾，从而导致航速降低，桁材产生中拱应力以及由于甲板湿滑妨碍舰炮操作。如果任一端的露天甲板浸入水中，还会严重降低舰艇的横稳性。

对小型舰艇来说，主要的问题可能在于受损后稳性的降低，因为它们不大可能发生偏离中心的进水(当然这里假设翼舱已按照规定正确地装好了压载)。如果破损后发生严重静横倾，这可能是由于初稳性高(*GM*)大幅度降低甚至变为负值造成的。由于稳性降低了，任何偏离中心的进水产生的静横倾都会比相应舱室的进水影响图中注明的值更大。

舰艇遭受水下破损后，自由液面的影响、自由连通的影响以及干舷高度的损失都会使稳性降低，但由于龙骨附近进水而增加的低位载重产生压载作用，又部分地抵消了稳性的降低。如果舰艇未发生静横倾而且有足够的干舷高度，水线以下发生的满舱进水虽然会降低储备浮力，但却有益于保持稳性。

一般来说，为了使舱室产生满舱进水，这些舱室必须是通风的。通过规则安装的放气孔，或者通过舱口或舷窗以及通风属具，甚至通过弹片孔和边界中的弹簧接头都可以起到通风的作用。如果舱室中的空气不能排出去，而进水孔又很低(或者如果进水来自舰艇内部)，这时随着水位的上涨，在水面上就会形成一个气泡，气泡将会被压缩直到它的气压和外部的水静力压头相等为止。如果消防总管发生破损，它会以 100 lb 甚至更大的压力将水压入舱室，如果困在其中的空气不能排出去，气压将会不断增大，直到超过支持结构的强度而使其破损。在从消防总管向弹药舱喷洒消防水时应避开通风口。

3.1.15 情况估计

1) 破损后的情况

实战经验表明，当舰艇遭受重创引起严重进水时，通常会出现下列两种情况之一：① 破损范围很大，舰艇静横倾和纵倾幅度不断增大，并不断下沉，中弹后几分钟内即沉没。② 舰艇发生破损后很短时间内，纵倾和横倾便不再恶化，也不再继续下沉。战场经验表明，发生第②种情况时，有些舰艇在遭受破损后坚持了数小时而后还是沉没了，直接原因是不断进水所致。

上述情况是这样发生的：舰艇中弹后，会在舷侧炸开一个大口子，破损处内部的好几层舱壁和甲板可能会被摧毁。紧接着海水便会从破损开口涌入舰内，致使舰艇开始整体下沉，出现静横倾和纵倾，并使稳性降低。除了那些被炸开的大口子外，还有一些由弹片造成的破损，舱壁和甲板会被击穿或扭曲，或者出现裂缝，门和舱口盖会发生渗漏等。这些破损会导致破损边界处产生缓慢的渗漏和浸水。如果舰员逃离受损区时没有将身后的门或舷窗关闭，将会使进水情况恶化。如果海水不继续进入舰内，舰艇是不会沉没的。

2）需要做出的决定

如果舰艇没有立即沉没，只要及时将较慢的渗漏处补好或堵住，任何情况下都有可能保住舰艇。如果舱壁并没有被爆炸产生的冲击波或进入的水流冲垮的话，就不大可能被静水压压垮。从记载来看，也没有一艘舰艇在停止继续静横倾、纵倾和稳性下降后立即沉没的。

在遭受严重破损后，很显然，必须立即作出两个决定：① 是否应让所有舰员都留在舰上，还是只保留救援队而让其他舰员撤离，或者让所有人员都弃船。② 可以采取哪些办法来改善目前情况而不是使其恶化。

第一个决定是由舰长来作出，但他的这一决定必须以机电部门长向他提供的信息为依据。第二个决定通常可由机电部门长单独作出，除非这一决定涉及舰艇操纵或战斗力的损失（比如丢弃武器装备），这时他必须征求舰长的意见。

3）生存能力

（1）决定人员是否留在舰上。

第一个决定（即人员是否应留在舰上）取决于舰艇的生存能力。当舰艇中弹时，舰长就必须考虑这一决定。此后随着一些影响舰艇生存能力的因素的不断变化，舰长必须审时度势相机抉择。影响舰艇生存能力的重要因素有：舰艇保持漂浮和正面朝上状态的能力、控制以及消灭火灾的能力、作战和反击的能力以及抵达港口的能力等。

舰艇是否能生存下来取决于其保持漂浮和正面朝上状态的能力，而这一能力又是由破损前所采取的准备措施、破损的性质以及破损发生后采取的抵抗措施等因素决定的。

破损前影响舰艇生存能力的因素有：① 水密性是否保持完好；② 各种关闭装置的正确分类；③ 各种关闭装置的材料状况的正确设定；④ 舰艇是否过载；⑤ 是否超过甲板载荷限制值；⑥ 液体载荷（压载）的数量和分布情况；⑦ 用以抵抗进水的工具和材料的备用性和分布情况。

破损的性质也会影响舰艇的生存能力。有些情况会导致舰艇不可避免地沉没，而另一些情况下进水并不会造成危险。大多数情况都处于两者之间，冲击波、弹片孔、弯曲的甲板和舱壁、破裂的关闭装置以及断裂的管路等损害在破损区以外造成的进水严重程度不一，不一定都能导致舰艇沉没。

发生破损后，影响舰艇生存能力的最重要的一个因素是舰员是否能通过应急维修（如堵塞、修补和支撑等）来阻止浸水的蔓延。如果做到了这一点，舰上的移动式和固定的排水设备应该足以对付余下的小规模渗漏。应该对维修小组进行训练,使其在发生进水时能够自觉设法将进入的海水围起来并立即着手消除自由液面。这一点非常重要,以至于机电部门长会把该科目的训练效果视为影响舰艇生存能力的因素之一。

其他对机电部门长估计当前情况有影响的因素包括航速、他采取的措施是否能有效地控制静横倾和纵倾、剩余浮力的大小、稳性以及舰艇的结构强度等。随着时间的推移,情况也会不断变化。此外,关于进水情况和采取的补救措施效果如何,会有越来越多这样的信息报告到损管站。因此机电部门长必须根据得到的信息不断调整对当前情况的估计。

假设舰艇还能保持漂浮状态并能扑灭火灾,则能否生存要取决于舰艇是否还具有作战能力以及是否能击退敌方的再次进攻。这一点又取决于战场态势、推进和操纵性能、稳性和机动能力以及舰艇能否保持足够的水平度以便能够操纵武备和机械设备。此外,武器装备的状况、电力和其他重要功能是否能在受损后恢复也会有重要影响。

假设舰艇还能保持漂浮状态,能扑灭火灾而且还具有作战能力,则其生存能力将取决于是否能够抵达安全港口或在友好海滩搁浅。这又取决于到最近的安全港口或最近的友好海滩的航行路线和距离以及战场态势、风力状况和海况以及未来的天气情况等因素。还取决于舰艇是否具有推进动力和操纵性,如果已丧失推进动力和操纵性,则看是否有拖船设施可用。能否抵达港口还取决于舰上还剩下多少没有污染的燃油、给水、食品和饮用水。其他舰艇能否提供帮助,如帮助排水、灭火以及借给泡沫、撑木和泵等材料和设备等,对受损舰艇能否生存也会有影响。

(2) 机电部门长的职责。

舰艇中弹后,机电部门长必须立即迅速判断出舰艇是否会整体下沉、栽入水中或倾覆。实战经验表明,除非低侧的露天甲板已经或多或少地浸入水中,上述情况中的任何一种都不会发生。不过也不能一概而论,还要考虑舰艇静横倾、纵倾和下沉的速度。

当舰艇已丧失其全部稳性,这时即使不存在永久性静横倾而仍然保持着正面朝上状态,也有发生倾覆的危险。这种情况是指由于高位载重、自由液面或者自由干舷高度明显降低导致舰艇动稳性降低,使得只剩下很小的正初横稳性高(GM)。这种状况的一个主要标志是舰艇对外界的反应。此时舰艇对波浪的反应变得非常迟钝。很小的横倾力矩会使舰艇产生很大的倾斜,而且在到达横摇的末端时会停住,然后再缓慢地回复。对于一艘虽然保持正面朝上但动稳性很小的舰艇,做大角度机动(或附近经过的高速舰艇产生的尾流)突然产生的横倾力矩便可能足以使其倾覆。除了舰艇对外界的反应之外,这种状况还有其他的一些迹象,如大面积的自由液面、大量非正常的高位载重、无法正确压载以及干舷高度严重降低(过载)等。

下面讨论对舰艇有静横倾时的倾覆危险有影响的一些因素。

前面分析了负的初横稳性(*GM*)、偏离中心的载重或者这两种因素一起是如何导致产生永久性静横倾的。并且进一步分析了当静横倾角增大时,*GM* 降低或者偏离中心的载重增加为什么会降低舰艇的稳性。最后,可以看到,当静横倾角达到未破损稳性曲线上最大静横倾恢复力臂角度时,舰艇剩下的动稳性已经很小,只要遇到很小的横倾力矩就会倾覆。因此,虽然舰艇可以横摇到稳性消失角,但不可能在最大恢复力臂角度(在未破损稳性曲线上)保持永久性静横倾。

在不利情况下,舰艇有可能在小于这一角度(未破损最大恢复力臂角)时发生倾覆,因此,机电部门长需要设法判断出舰艇的静横倾角是否已达到面临倾覆的危险。有些修正因素可能会使舰艇静横倾角在达到未破损最大恢复力臂角之前即发生倾覆,这些因素包括:风力状况和海况、需要机动、舰艇的反应、剩余的干舷高度以及静横倾是否继续增大等。一般情况下,大多数舰艇至少都可以静横倾到未破损最大恢复力臂角的一半而不致倾覆。

机电部门长在确定破损后舰艇可以安全承受的最大静横倾角度时必须考虑以下因素:① 主甲板边缘是否浸入水中;② 进水是否停止,或者静横倾角是否继续增大;③ 干舷高度损失的大小(由于进水或由于上部结构被击穿造成的);④ 风力状况和海况(以及未来的天气情况);⑤ 舰艇的反应是复原性过大还是反应迟钝。

4）行动决定

机电部门长一旦作出决定,认为舰艇可以坚持足够长的时间让维修人员控制住火灾和进水,就应立即弄清楚哪些措施可以用来改善舰艇的状况,哪些措施会导致情况恶化应予避免。维修人员应立即就地采取抗损措施,如建立进水围壁以阻止海水进入、控制并扑灭火灾、建立应急配电系统、修复受损的管路等措施。这些措施必须在第一时间采取,无须临场再做决定,而且必须是有序进行的。但是在采取措施控制静横倾、纵倾、稳性、浮力和船体强度时则必须慎重,因此这项措施是否得当将意味着能否保住舰艇。比如,前面已经分析过,在一艘具有负初横稳性高(*GM*)的舰上,将燃油横向转移后产生的横向力矩将导致舰艇倾覆。

5）行动中的信息来源

选择有关舰艇总体生存性的措施涉及判断,而判断必须以通过损管通讯系统获取的信息为基础。

在像驱逐舰或攻击作战运输舰这样大的舰艇上,机电部门长不可能跑遍舰上的每一处,他必须依靠其他人员提供所需的信息。因此,舰上必须配备有足够的损管通讯系统。机电部门长对破损情况的掌握是通过舰桥和瞭望台(JA、JL、IJV 线路)或上部维修人员(在大型舰艇中是从上部损管观测员)得到的,稍后还可以在中弹点现场的维修小组获得更具体的情况。他也可以从自己对舰艇反应的观察,从倾斜仪或静横倾和纵倾指示器上(如果舰上装有此类仪器且没有被震坏)的读数来掌握一些情况。

机电部门长从上部观测员处要了解的是中弹的位置和其他任何可见的影响。此后上部观测员应定期向机电部门长报告舰的首尾以及中部两侧的大致干舷高度。

至于倾斜仪，气泡式倾斜仪通常要比摆式倾斜仪更精确。气泡式倾斜仪应以气泡中部（而不是末端）的读数为准。摆式倾斜仪的优点是结实可靠，但如果舰艇正处于横摇状态，则读数时必须注意。如果摆式倾斜仪安装在高处（比如在舰桥上），它们会摆动到偏离实际值较远的位置，此时横摇角的读数要比舰艇实际横摇角大。但是，如果安装在靠近舰的重心位置（比如机舱），摆式倾斜仪的读数就比较准确。在静水区所有的倾斜仪读数应该一致。

当舰艇产生静横倾且正处于横摇状态时，倾斜仪的指针向静横倾一侧的摆动幅度要比相对一侧大，在这种情况下，取极值的平均值以得到永久静横倾角。

最可靠的信息来源是在现场查明破损情况的维修小组。应该对维修人员进行训练，使他们能够准确、迅速地向损管站报告破损情况，报告内容一般遵照下面的顺序：① 他们听到和感觉到了什么；② 火灾、烟雾和毒气出现的位置和性质；③ 渐进性进水的位置和性质；④ 进水的程度和总体性质；⑤ 船体桁材的结构性损伤；⑥ 重要管路和电力系统受破损的位置和性质；⑦ 控制火灾、阻止进水、敷设临时管路、应急配电系统、应急通讯以及维修小组采取的其他应急措施进展如何；⑧ 人员伤亡情况和采取的急救措施；⑨ 逐一报告每个舱室的进水情况，给出每个舱室的进水（或者水和油）深度；⑩ 每个已进水舱室周围的边界（甲板、舱壁和关闭装置）状况；⑪ 通过堵塞、修补、支撑和消除自由液面等措施修复进水舱室进展如何；⑫ 被认为无法修复的破损。当损管站工作人员收到关于进水情况的报告时，会把它们标记在损管状态板上。损管状态板上有未破损时的液体分布记录。在标记时，破损前就装有液体的舱室不列为进水舱室。

破损发生后不可能有时间来计算，指挥官在这种情况下也不可能有心思来做计算。但是，在破损发生前所获得的关于舰艇稳性和可能的进水影响的知识是很有用的。在选择矫正措施时，必须考虑以下 5 个因素：① *GM* 的损失（自由液面、高位载荷）；② 偏离中心的载荷；③ 自由干舷高度；④ 船体强度；⑤ 纵倾。

如果 *GM* 很低甚至为负的，应尽快做出的一个最重要的选择就是采取措施矫正静横倾。当 *GM* 处于危险状态时，会出现以下一些征兆：① 舰艇对倾斜的反应非常迟钝（*GM* 很低）；② 舰艇发生静横倾，但确知舰上并无偏离中心的载荷（*GM* 为负）；③ 舰艇静横倾方向发生改变，或者突然下落（*GM* 为负）；④ 舰艇发生的静横倾与已知数量的偏离中心载荷能够造成的静横倾明显不符（*GM* 很低或为负）；⑤ 大面积的自由液面；⑥ 增加大量高位载荷，如高位进水、结冰或过多的甲板货物；⑦ 无法压载；⑧ 大范围的自由连通影响。机电部门长必须能够识别这种状况。

主管军官必须清楚它们达到多大的数量(单一作用或共同作用)就会使 *GM* 变为负值(当舰艇发生低位进水时还应考虑低位载荷的抵消作用)。一旦认定造成静横倾的原因是由于 *GM* 过低或为负值,就必须采取有效的措施改善 *GM*。

如果已确定舰上存在的偏离中心的载荷,必须针对已知的偏离中心载荷的数量施加相应大小的修正力矩。实际上,最好采取不足补偿,根据需要弥补存在的差异。

如果确定舰上存在偏离中心的载荷而且 *GM* 为负,这时应首先着手矫正最关键的问题,即设法改善 *GM*。此外,如果有可供使用的设备和材料(除了恢复正初稳性所需的设备和材料之外),可以采取产生横向力矩的办法将重心 *G* 移回到中心线上,只要产生的力矩不大于偏离中心载荷产生的倾斜力矩即可。换句话说,只有针对确知的偏离中心载荷的数量采取矫正措施,并且这些措施不会进一步降低 *GM*,这样才是安全的。

机电部门长必须知道舰长想知道哪些关于破损情况和采取的矫正措施的信息,需要知道的详细程度,通过何种途径提供给他以及在何时提供。机电部门长在决定向舰长汇报的时机时,必须知道在行动进行过程中舰长想知道什么以及哪些情况是应该暂时保留直到行动中止后再向舰长报告的。

弄清了这些,在舰艇中弹后机电部门长必须对传到损管站的信息进行筛选,然后将舰长想知道的情况上传给舰桥。损管和维修站的重要人员也必须学会这种筛选信息的技能。舰长必须具备良好的判断力,才能在下属提供的各种信息的基础上,正确判断出舰艇所处的状况以及这种状况对战场态势的影响。

3.1.16 矫正措施

损管措施一般可以分成两类:直接的局部措施和总船安全性措施。直接的局部措施是由修理小组在破损现场所进行的一种扑灭火警,堵阻进行性的进水或者进行应急抢修的活动。总船安全性措施则是由工程军官确定并由损管站启动的那些为控制船的静横倾、纵倾、浮力、稳性和船体强度的工作项目。

1) 直接的局部措施

这一类措施包括在受创部位进行的所有现场破损情况调查工作,将破损程度向损管站报告,并执行与下述有关的措施。

(1) 确立进水边界(由仍保持完好的、能阻止进水的舱壁和甲板的路线的选择,同时通过快速地堵塞、修补和加固支撑来提供那些水密又可靠的边界)。

(2) 控制和扑灭火警。

(3) 第一道防护线路选择(若进水边界被冲破,由此线路来阻止海水)。

(4) 推进进水边界(通过向受创现场方向的里侧移动、堵塞、修补、加固支撑和排除自由流动的水)。

(5) 将管路和电力系统与破损隔离。

(6) 使用搭补、跨接、夹紧装置或管接头,修复管路系统。

(7) 安装应急电源。

(8) 安装紧急通信和照明。

(9) 人员救援和伤者护理。

(10) 去除残余物和碎片并按要求清理。

(11) 掩蔽或用屏障围住危险区。

(12) 对有烟雾或有毒气体的舱室进行排气通风。

(13) 化学防护。

直接的局部措施至关重要。其选择不必由损管站决定,在进行这项措施中任何人不能出错。修理小组将接受训练以便能自动并迅速进行这项工作。而损管站应能持续并准确地获得执行进展情况的信息。这将使分散在水密隔壁和甲板的修理小组的工作得以协调,并能提供作为措施选择依据的信息。

2) 总船安全性措施

有关总船安全性措施的一般资料如下:

这类操作一般具有下列 5 个目标中的 1 个或几个:① 改善初稳性高(GM)和稳性;② 矫正偏离中心载荷;③ 恢复储备浮力;④ 矫正(或改善)纵倾;⑤ 消除受损船体桁上的应力。

这些目标对船产生整体的影响,而其实现需花时间。达到这些目标的措施,包括重量的移去、重量的增加、重量的移位和边界的恢复。以一个目标作为考虑的主要目的的操作,可能会对其他 4 个目标有严重的影响,这些次要的效果就可能不理想。这些措施的选择,要求作出对船意味着是挽救或是失去的决定。工程军官必须将其选择建立在如下基础上:① 对船的稳性和分隔特性的认识;② 对破损性质和程度的认识;③ 达到一种目标的措施,会对其他目标产生的影响。

任何向船首或船尾移动重量,或者在舰舯部前或后增加或去除重量的矫正措施,都将影响船的纵倾。类似的,在纵向移动重量,或沿着船的长度方向上增加或去除重量,都会改变船体桁的应力状态。

(1) 改善初稳性高(GM)和稳性的措施。

初稳性(及由负的 GM 产生的静横倾)可以通过任何消除自由液面,去除高处重量,增加低处重量,消除与海水的自由连通或重新获得失去的干舷高度的行动而得到改善。实现这目的的措施有:① 消除自由液面;② 抛弃水线以上部分的重物;③ 压载;④ 降低液体或固体重物;⑤ 恢复边界层。

通过内装的排放系统、移动式泵抽设备及戽斗式器件的使用,来排出自由游动的水。也可以从舷侧排出自由游动的水，或将其降到能由泵抽出至舷外的低水位上。排出自由游动的水，对适航性的作用是：① 通过排除自由液面的影响，改善了初稳性高（GM）和稳性（而且，如果进水是在高处，则通过高处重量的排除，重新获得干舷高度，也可改善 GM 和稳性）。② 通过去除偏离中心的重量可改善稳性（如果进水舱室不在中心线上）。③ 恢复储备浮力。

用泵从海中抽水来消除自由液面以改善稳性仅在低处舱室的情况下才是有益的。在低处舱室注入少的重量就使 G（重心）下拉到足以补偿由于干舷高度减小而产生的稳性损失。另外，能取得较大效果的方法是使船摆脱进水。一个舱室如果能被完全充压，也能起到泵抽出作用。

如果卷入的空气阻止了在水线下舱室的全部进水，则船上人员将面临这样的选择，即排出空气而让其完全进水，以消除自由液面；还是保持空气压力以止住海水，由此来阻止干舷高度的进一步失落。后者在大多数情况下可能是一种较佳选择。

对一个部分进水的舱室进行全部加压载（用海水或通过消防总管），对适航性能的影响是：① 通过消除自由液面的影响，改善稳心高（GM）和稳性（如果不是低处舱室，则增加高处的重量和减少干舷高度，这种改善便不能实现）。② 如果进水舱室是偏离中心的，将加大偏离中心的重量。③ 减小储备浮力。

若有一个以上的液舱是未充满的，则可以从其他的液舱向一个未充满的液舱进行充注来减小自由液面。如果在侧面高处布置的一对液舱，被向下泵抽（或开闸排放）到底部中心线上的液舱时，这种方法就特别有益。若是在狭窄的侧面布置的液舱中形成有自由液面，则它并不重要，因为其垂直于纵轴的尺度较小。然而这有可能对鱼雷防护有某种程度的降低。

通过从其他液舱充注来消除自由液面，对适航性的影响：① 消除自由液面的影响改善了初稳性高（GM）和稳性（可能也是由于降低了重量）。② 偏离中心重量不变（若是对称完成的话）。③ 储备浮力不变。

采用抛弃干舷部重物来改善初稳性高（GM）和稳性的方法及效果如下：

(i) 它是通过将在船重心以上的大而重的物体（或小但重的物体）解开固定并从舷侧抛弃来实现的。在这类物体中，从破损的舰船上实际抛弃的有：① 深水炸弹（置于安全处）及发射器杆；② 烟幕发生器；③ 鱼雷装置；④ 炮管、火炮伸出舷台及防弹片护盾；⑤ 备用弹药；⑥ 水龙带卷盘；⑦ 小艇、登陆艇及艇架；⑧ 吊杆、起重机及吊架；⑨ 飞机及备件；⑩ 炸弹和火箭；⑪ 雷达天线（已损坏的）；⑫ 残余物；⑬ 深水炸弹导轨；⑭ 20 mm 和 40 mm 炮座；⑮ 飞机支持设备，例如牵引车和移动台车；⑯ 备件箱和有锁小柜；⑰ 探照灯；⑱ 装载机械；⑲ 锚及船外锚链节；⑳ 弹射器；㉑ 扫雷器及扫雷装置；㉒ 装甲门；㉓ 各种类型索具；㉔ 甲板货物。

(ii) 被除去的重量越大及其位置越高，则所取得的效果就越好。当重心（G）上升的结果大于稳心(*M*)上升的偏移时,通常将造成初稳性高(*GM*)的减小,因此不要弃掉低处的重物。抛弃重物必须是大量地进行才会奏效。在比巡洋舰大的舰船上,除非它在水线以上干舷部装载有登陆艇、飞机或甲板货物这样的重物,否则这种抛弃是不值得的。抛弃会附带地产生军事效能上的降低。因此,这样的除去重量的后果必须考虑成熟。重要的作战装备不应抛弃,除非稳性已到了极度危急,而且破损的性质使得采用其他的改善初稳性高(*GM*)的措施(诸如消除自由液面)受阻时才采用。

(iii) 在抛弃水线以上干舷部重物来改善初稳性(*GM*)时,必须特别谨慎地防止造成偏离中心的重量。应该抛弃在中心线上的物体,或者从左舷、右舷两侧同等地抛弃。如果要对称地抛弃,那么在一个相同力矩的重量从另一侧抛弃之前,不要从这一侧抛弃多于它的重量。

(iv) 搬运这种重的物体,涉及杠杆、钢楔块、管辊子、塞块和叠木、液压或螺旋千斤顶,还可能有动臂起重架、链绞辘或盘车。当稳性成为严重问题时,仅对横过甲板的重型重物的吊运才使用吊杆和升降架。当一个重量被举升离开甲板并自由摆动时,其施力点便升到吊杆的头部,而不再在底部。这对稳性高(*GM*)会产生如同将重物特地从甲板举升到吊杆头部一样的影响。对具体的抛弃程序应给以充分的考虑。将甲板室的抛弃包括在抛弃清单中是不合适的,也是不切实际的,除非能做到将甲板室越过舷侧而在结构上对船不会造成损坏。

(v) 抛弃水线以上干舷部重量对适航性的影响如下:① 除去高处重量可改善稳性高(*GM*)和稳性(也是由于在某种程度上增加了干舷高度)。② 偏离中心的重量不变(若是对称完成的话)。③ 在某种程度上改善了储备浮力。

通过压载增加低处重量改善稳性高(*GM*)和稳性的方法与效果讨论如下:

压载是用海水充注低处舱室以改善稳性的选择。通常,压载是在破损尚未使船陷入困境之前就进行的。在破损之后,更要使用压载来增加低处重量以改善稳性高(*GM*),要提供干舷高度和仍能足以接纳重量的储备浮力。一艘以空的液舱防鱼雷攻击的舰船,在重新加注燃油时就可能会发现压载是必需的。

可用以下方法完成压载:① 使用为燃料—油舱压载而配备的系统连接。② 对空穴处使用排水系统。③ 拆去人孔盖并塞入消防水龙管。必须高度谨慎以防船一侧的重量超过另一侧。破损后的压载,应限制在底部中心线处的液舱,或限制在互不连通的左侧与右侧相对称的一对液舱中充注。一种公用的横轴方向上的连通,意味着不可避免地有一侧会有多于另一侧的液体充注。必须做出经常的语音提示,以确保一对液舱是以相同的速度在充注。

在压载时会形成一种瞬态的自由液面。如果液舱横向上的宽度小于船宽度的一半,同时,如果液舱完全受压,则没有危险。用压载来改善稳性,对适航性的影响如下:① 由于增加低处重量(它使重心 *G* 的下拉大于由减少了干舷高度使稳心 *M*

的下移)改善了稳性高(*GM*)和稳性。② 偏离中心重量不变(除非所进行的压载是不对称的)。③ 减少了储备浮力。

(2) 降低液体重量。

通过降低在船中的液体重量来改善稳性。这可以通过两种方式来完成：① 通过将破损进水向孔后的低层排放，即使水穿过孔进入后被有效地止住；② 通过泵抽(或开闸排泄)将未受损深液舱里的液体及翼舱里的液体移送至底舱。

降低液体重量对适航性的影响：① 通过降低重量改善了稳性高(*GM*)和稳性(提供一种不会形成宽自由液面的状态)。② 偏离中心重量不变(除非液体横向并向下移动)。③ 储备浮力不变。

(3) 下移固体重物。

这是一个费力又耗时的过程。在作战舰船上能被下移的重物数量是有限的。没有提供广泛的设备来处理这样的任务，而且作战舰船甲板上的开口通常是限制了能向下通过的设备的尺寸。尽管如此，一艘严重进水的巡洋舰，由于将 200 t 的重量在垂直距离上降低了 24 ft 而使稳性高增加了大约 0.25 ft。在这种情况下，重物大多数是由从第 2 和第 3 甲板移至底舱的弹药组成。若从这些层甲板抛弃的话，则只能取得很小的对稳性高(*GM*)的改善。降低固体重量对适航性的影响与降低液体的情况是相同的，除了不涉及自由液面。

(4) 边界层的恢复。

水密边界层的恢复是指使用堵塞、补缀、加固撑、防水堰、凝结物甚至堵漏毡来恢复已被开口钢板的水密。不只是在船壳板上的孔洞，而且也包括在内部空间，例如舱壁、甲板、液舱顶部的那些孔洞。通过对水上和水下船体上孔洞的修补恢复边界层，对适航性的影响是：① 消除自由连通的影响改善了初稳性高(*GM*)和稳性(在偏离中心的舱室中)。② 对偏离中心重量无直接影响。③ 通过恢复其效能改善了储备浮力。

(5) 减小波浪的动态作用力。

如果孔洞的尺寸太大以致不能修补水密(多数情况下是由鱼雷造成的孔洞)，或者所需要的物资不在手头，此时，最有效的是把孔洞覆盖住。任何能明显地阻止海水流入和流出的阻塞，在减小海浪对内部边界起击溃作用的动态作用力方面都是有利的。挡浪板、制荡舱壁板或挡板设计有时可以用来防护进水边界层。

(6) 恢复失去的干舷高和储备浮力。

恢复失去的干舷高(及储备浮力)，必须要从船上将大量的重量去掉。进行此项行动唯一容易实行的方法，通常是将破损进水用泵抽从舷侧排出，以恢复边界层和回收舱室。任何从船上去掉重量的矫正措施，均是致力于此目的。

对鱼雷或水雷爆炸造成的大洞，不必做修补的努力，排出大量的水必须要等到船进干船坞时进行。在前沿地区，船坞难觅，在某些情况下，可为船找一个安全场所，以便对太大而不能进行修补的洞口，在其周边建起隔离舱。

(7) 对偏离中心重量的矫正措施。

如果进水是不对称的，或大型重物的移位造成偏离中心的重量，那么要使船的重心移回到中心线上，可以采用将任何在船舷侧的重量，向着已经偏开的重心 G 的方向移动，或者在相反的舷侧方向上增加重量，或在船横向上转移重量等方法来实现。这些措施产生一种横向力矩，对偏离中心重量所产生的力矩进行校正性的平衡。这包括：① 用泵抽出非对称的破损进水；② 横越过船泵抽(或开闸排放)液体；③ 抗倾覆注水；④ 仅从低的一侧抛弃干舷部重物；⑤ 在船横向上移动固体重物；⑥ 从完好的翼舱中向舷外泵抽液体。

这些措施中的每一项对适航性的影响将在后续章节中讨论。当存在负的初稳性高(GM)可能时，必须要谨慎使用以防矫正过度。

(8) 泵出非对称的破损进水。

使用移动式或固定式的泵抽设备，从偏离中心或是对中心线为非对称的进水舱室中排出进水，这是矫正偏离中心重量，也就是去掉其根源的最好方式。在某种情况下，可以用斗链式器件，甚至通过从舷侧排出破损进水来扩大这种努力。在矫正偏离中心重量方面，排除破损进水始终是最终目的，但必须在边界恢复之后进行(因此，除了泵抽之外的其他措施必须经常地达到能重新启用状态，以便能快速地扶正船舶，使其保持能用状态，使电站和其他设备维持运转)。泵抽出非对称或偏离中心的进水对适航性的影响是：① 只有当进水在高处，或具有宽的自由液面时，才能改善初稳性高(GM)和稳性。若进水是在低处且是固定的，则减小 GM。② 通过向中心线反向移动 G(重心)来矫正偏离中心重量。③ 改善储备浮力。

(9) 横越过船泵抽或开闸排放液体。

以横越过船泵抽或开闸排放液体来矫正偏离中心重量的方法及影响如下：

从倾斜一侧至高的一侧泵抽燃油或压载水，是在船横向上迅速移动大量重量的最为常见的方法。这是用燃油输送管路和泵实现的，或是用别的即经过压载污水舱的消防和舱底污水泵方法，其排放是用水龙带跨接方法分解连接到排放管路。有些舰船可能使用液舱排放泵。使用应急补给(补给输送)泵在船的横向上移动备用补给水和淡水，能起到少量的重量移置作用。淡水泵能用来移动饮用水，但输送率是不高的。

在内装设备不能运行的场合，可以使用移动或应急泵抽设备进行液体的转移。在使用移动式泵来输送油料的情况下，其有关冷却的制约必须予以考虑。另外，如果油料是常温且黏滞的，需考虑起燃的可能性(《海军舰船技术手册》第 1 卷第 555 章，水面舰船消防；第 2 卷，潜艇消防)。

开闸排放指的是打开阀的实际操作，使液体依靠重力从一个液舱流到另一液舱。必须这样时选择液舱的层次，即应使液体能从倾斜侧朝向高的一侧流动。必须非常小心以防止相反的操作，即液体从高的一侧朝向倾斜侧下流，这会加剧倾斜。排放阀只有在进行输送时才打开，在其他的所有时间则应关闭，以减少自由液面并在破损情况下防止进行性的进水。在船相对两侧的两个不满的液舱之间，打开一个排放阀，则在稳性方面将产生与有两个和海水自由连通的液舱相同的作用。然而，如果两个液舱是完全空的，则将连通阀放在打开位置是合适的，因为可以防止在其他之一的舱底破损时产生偏离中心的进水。

船横向上转移液体对适航性的影响是：① 初稳性高(GM)不变(若液体保持在龙骨以上的相同高度，而且没有产生附加自由液面的话)。② 通过向中心线方向移动重心 G 来矫正偏离中心的重量。③ 储备浮力不变。

(10) 抗倾覆注水。

控制偏离中心重量的抗倾覆注水方法及影响如下：

抗倾覆注水是指谨慎地将海水注入船的与破损相反的一侧，以矫正由于偏离中心的重量而造成的倾斜。在某些情况下，抗倾覆注水也用于矫正纵倾，它或与静横倾的矫正同时进行，或单独进行。配备有鱼雷防护系统的舰船，对在两翼空穴中的偏离中心的进水是敏感的，因此，装备这种系统以用于相反一侧布置的空穴中的抗倾覆注水。可以使用遥控海水阀，或者在某些情况下使用破损控制泵抽系统。为使这些液体空穴进水，空穴逸出口应打开。在空穴被注满后，海水阀应关闭以消除自由连通效应并防止在进一步破损情况下进行性的进水。

在某些情况下，在鱼雷防护系统的侧翼空穴中进行抗倾覆注水，可以按对角的原则进行，同时对静横倾和纵倾进行矫正。在这种方法中，如果水下破损是在右舷头部，则引起船向右舷静横倾和由船头向下造成的纵倾，而抗倾覆注水则应在船尾和左舷进行。

某些大型舰船已经采取了两个步骤的抗倾覆注水收敛原则：首先是对成为主要威胁的静横倾最大值，然后是对纵倾和剩余的静横倾。这要求在行动之前，确定一种抗倾覆注水的方法来符合 7°～8°静横倾的预期值。当工程军官发出命令，抗倾覆注水左舷(或是右舷，视情况而定)，相应的修理小组迅速地打开抗倾覆注水的阀，该阀是通至在船的中部预先指定的一组空穴的，这将开始消除 7°～8°的静横倾值。在所接收和分析的受创位置信息为十分准确时，采取第 2 步，对靠近船未破损端的另外的侧面布置空穴进行抗倾覆注水，以平衡破损后的纵倾和剩余的静横倾。最后的结果是静横倾和纵倾两者都得到矫正。

用抗倾覆注水方法迅速控制装备有鱼雷防护系统的舰的静横倾和纵倾的方法，对适航性的影响是：① 由于增加了低处重量，在某种程度上改善了初稳性高(GM)和稳性。② 通过向中心线移动重心(G)矫正偏离中心重量。③ 减小了储备浮力。

(11) 仅从船的一侧抛弃干舷部的重物。

若仅从船的一侧去掉重量，其结果是在横向上移动了重心(G)。在较小的舰上，如果船体破损严重同时泵抽能力丧失又有某种程度的偏离中心重量，采取将所有的抛弃努力集中在倾斜一侧的方法，可以全部或部分地平衡偏离中心重量所产生的力矩。为避免矫正过度必须十分小心。干舷部重物从倾斜的一侧抛弃，对适航性仅产生以下的影响：① 由于向下移动了重心(G)，改善了初稳性高(GM)和稳性(并在某种程度上增加了干舷高度)。② 由于G向中心线移动，矫正了偏离中心重量。③ 改善了储备浮力。

(12) 横向上移动固体重物。

除了较小型舰船和巡逻艇之外，想以横向上移动相当数量的固体重物来矫正偏离中心重量是无效的。这种固体重物的移动，通常是在干舷部进行，并且主要是弹药类重量。如果固体重物的移动要横越过甲板，则应该牢靠又快速地进行，以防止在出乎意料的异常摇摆情况下发生松散。在横跨船移动固体重物对适航性的影响，与移动液体重量相同，但不涉及自由液面。

向舷外泵抽液体只有在确信初稳性高(GM)是正的，而且不会由于去掉了低处重量而减小到低值极限或负值时采用。由于大多数液舱都在船的低处，去掉液体也就是去掉了低处重量，因而减少了稳性。因此，在破损之后，应该严格地避免泵抽底部液舱。如果去掉的是燃油或淡水，就是减少了在巡航半径中的必备物，因而是必须加以考虑的。不要在会使船周围的不流动油膜引燃的场合泵送易燃液体。将下舷侧的翼舱中的液体泵抽出去对适航性的影响是：① 由于低处重量的移掉，减小了初稳性高(GM)和稳性。② 由于向中心线移动重心(G)，矫正了偏离中心重量。③ 改善了储备浮力。

(13) 矫正纵倾措施。

矫正在破损后有损纵倾的措施是：① 将低端的破损进水泵抽出去；② 在船的首尾方向泵送液体；③ 高端抗倾覆注水；④ 从低端抛弃干舷部重物；⑤ 在船首尾方向移动固体重物；⑥ 从低端的完好液舱中向舷外泵抽液体。

将破损进水泵抽出去是矫正严重纵倾唯一真正有效的措施。在高端增加重量(抗倾覆注水)不能显著地改善在低端的干舷高度。

相对静横倾和稳性的矫正而言，矫正纵倾措施通常是第二位的，除非纵倾已大到威胁到低端的露天甲板浸水的程度。可以看出，上述改善纵倾的措施与用于改善偏离中心重量的那些措施相似，完成的方法也是相似的。必须注意到类似的预先警告，尤其是在船体桁的应力方面。即使像抛弃干舷部重物和固体重物移位的措施，对纵倾的影响也是不大的，无论如何应考虑到这些情况，同时要注意所选择的措施不应加剧已经严重的纵倾。

(14) 消除船体梁应力的措施。

船体梁是如何作为一种梁来建立以抵抗中拱和中垂应力的，并说明了进水在船体梁上施加了附加的负载。如果破损已使船舯部强度失去或受到折损，应力增加的结果将导致断裂。消除由进水引起的过应力的唯一真正有效的方法是排掉进水。其他措施如果不是完全有效，也至少是有助的。若有断裂的危险，要设法选择所有的措施，至少不使应力加剧。消除加在船体梁上力的措施的选择，应先确定是什么样的破损进水增加重量才造成这样的中拱和中垂状态，然后设法除去或移动该重量来解除这种状态。

3.1.17　进水的处置

1）不同舰船控制进水的方法

前面建立的浮力和稳性的原理，说明了在破损前和破损后进水时载荷的变化是如何改变舰船的特性的。对应该预先考虑的采用各种矫正措施的影响，已经作了一般性的讨论。现在依然将这些一般性的原则运用到特殊类型的舰船。

船型和分隔的差异所改变的不只是进水可能引起的后果，也改变了所适用的矫正措施类别及应用这些措施的顺序。依据本节讨论目的，可将舰船分成 5 类：① 装备有鱼雷防护系统的主要舰船；② 具有翼舱的大型战斗舰船；③ 小型战斗舰艇；④ 商用型船舶；⑤ 其他（例如油船和登陆艇）。

（1）装备有鱼雷防护系统的主要舰船上控制进水的方法。

这类舰船排水量通常大于 25 000 t。其大的船宽和尺度，一般能使它在破损前有极好的稳性，而良好的分隔限制了来自任何一种打击所遭受的相对破损量。这类舰船一般指大型的航母和战列舰。

干舷部的破损很少能使这种主要舰船毁损，但充分地对其辅助兵器群和防空武器进行破坏从而由水下攻击击中要害的情况除外。这些舰船是如此之大，装甲和特制钢（STS）的防护是如此之好，其船材尺度是如此之大型，以致能承受由炸弹、炮弹、火箭、自杀飞机的对干舷部的多次打击而不会使舰船受到损毁。这种情况的例外是航母，在其飞机停留在甲板上且为其执行空中攻击进行弹药补给和加油准备时，母舰受到打击。在这种典型的状态下，损管人员应十分熟悉油料系统的防护性能以及堆置与转运装载在舰上的各种高爆炸型武器的方法。

因为有相当好的冲击防护，广泛的分隔以及在破损前具有高的 GM（初稳性高）值，要使这种主要舰船干舷部被击中有相当多的孔洞以及海水淹进到高层甲板以至 GM 降低或呈负值，那是不大可能的。然而，在航母中，数量极大的消防水可能被灌注到高层甲板，而且这种情况可能由消防主干竖管的破裂加上来自其他船舶消防水龙射出的水流而加剧。这些水的一部分可能集中在机库甲板（主甲板）。其大部分很可能会积聚到第二甲板，在此流到升降机凹座处，或者通过主甲板覆板的破损孔而流入第二甲板舱室。

增加高处重量和宽阔的自由液面相结合，将使舰船有相当大的负值 GM，并导致静横倾。海军海上系统司令部强调舰船要消除消防水的这种灌注的重要性。在干舷部增加防空武器和提高防护性能的改建，降低了这些舰船的稳性，使其变得对这种情况更为敏感。

因为所使用的爆炸装药量很大，水下破损可能是严重的。舷侧遭到鱼雷攻击，除了在舰的首部和尾部之外的任何部位，都会使鱼雷防护系统中的侧翼空穴不可避免地进水。由于主要舰船有大量的纵向分隔，在水下破损之后的静横倾，可以认为是偏离中心的进水造成的。原来的初稳性高(*GM*)是高值的话(一种广泛的分隔)，就不大可能在水下破损后使 *GM* 减小或呈负值。因此，对已经遭受鱼雷攻击的主要舰船的主要考虑，是迅速地排除由于偏离中心重量而引起的静横倾。

排除静横倾的最重要原因是防止进行性的进水从破损的舱室通过非水密的开口进入邻近的舱室。若是要害舱室进水必要时应采用果断措施。这要求对分隔的垂向尺度有详细的了解，它决定了进行性进水起始的角度值。静横倾还涉及减小稳性，使武器效能降低，机械使用困难，飞行甲板的操作中止以及明显地降低航速和机动性。由于静横倾使装甲甲板被置之于炮弹穿透的有利角度位置，同时使一侧的水线下装甲带暴露出来而另一侧的防护层则被浸没于水中，这使舰船更易于进一步受损。此后，没有鱼雷防护的高层甲板会面对水下攻击。需要很快地排除静横倾是明白无疑的。在这些舰船中，可以由装备在防护层侧翼的空穴中的对称注水(抗倾覆注水)系统来达到排除静横倾的目的。

在水下破损控制中，这些相同的诸如建立进水边界层和借助于消防手段的直接局部措施将由抢救小组在破损现场进行。同时，总船安全措施将由损管站决定和下达指令。这些总船安全措施，按其重要性排序如下：

(i) 抗倾覆对称注水。

(ii) 恢复储备浮力：① 通过将破损进水泵抽出舷外；② 通过从船一舷至另一舷的转移燃油，并将抗倾覆注水泵抽出去。

(iii) 矫正纵倾：① 通过将破损进水泵抽出舷外；② 通过船的首尾方向转移燃油；③ 采取从完好的侧翼舱中和在低端的尖舱型液舱中将燃油或海水泵抽出舷外。

抗倾覆注水，应当在倾斜计和干舷部的报告给出了由于鱼雷攻击而使静横倾扩大的迹象时，立即采取行动。在抗倾覆注水中，可以采取收敛原则或是对角原则。由于主要舰船的巨大排水量，抛弃干舷部重物来改善稳性是不切实际的。在储备浮力恢复期间，一种可取的方法是，在破损一侧的完好液舱中保留一层液体，而在未破损一侧保持一层空穴(邻接支持舱壁)。这种方法不管其程度如何都是切实可行的。

(2) 具有翼舱的大型战斗舰船上的进水及其控制所使用的方法。

这类舰船包括巡洋舰和某些海军建造的辅助舰船。这些舰船有很好的分隔，包括水密的横向隔壁和水密甲板。其特点是高速的水下船体线型以及舭弯曲部周围内底直到水线上面第一甲板的延伸，从而形成舷侧翼舱。舷侧翼舱，在某些情况下是由空穴的插入而与底部液舱相隔开的。在所讨论的这一类别的某些舰船中，有 2 层在舰船部分长度方向上延伸的舷侧翼舱。通常，这两层都充注有液体，并不影响要采取的矫正措施的形式。

一般说来，在这一级别中，长度方向上的分隔保持在很少限度。尽管某些偏离中心的舱室是不可避免的，在设计中努力要做到的是设置可能做到的少量船首尾方向的隔壁，而不是可能要有适当压载的将液体装载在这样建立起来的偏离中心的空间。

在这种级别中，干舷部的破损由于进水或火警就足以危及舰船的生存。至今还不曾知道有干舷部的破损导致船断裂成两部分的事件。相当可能的情况是：炮弹、炸弹、火箭或自杀飞机破坏在露天甲板和水线之间的船壳板，会引起船上有相当多的水并不断摇晃，这严重地降低了船的稳性。例如一艘现代的轻型巡洋舰，若舰上的这种进水范围是从 91# 肋骨到 126# 肋骨(船首尾方向 140 ft 的长度)，则在其宽阔的第三甲板住舱的 1 ft 或 2 ft 深的自由浮动积水，就可能会造成负的初稳性高(GM)。

水下破损可能会引起自由液面，但是由于水线以下进水而增加的低处重量且具有某种压载的效果。因此，作为水下破损导致的负值初稳性，尽管有可能，但可能性较小。然而，在轻型和重型两种巡洋舰上，它们却发生了。事情是这样的，这些舰上有一些不对称的空间，这意味着无论初稳性高(GM)是正或是负，可以预料的是有一定数量的偏离中心进水。

无论破损是在干舷部或是在水下，在这一级别的舰船中要采取的十分重要的第一步，包含直接的局部措施以限制进水和控制火警。在严重破损之后的静横倾矫正，必须在获得了确定的造成这种静横倾原因之后方能开始进行。对这种静横倾原因的了解，是从液体载荷记录、通晓船的分隔情况以及由修理小组在进行前文所列举的直接的局部措施的同时所收集到的信息中得到的。报告将由损管站评估。一旦所有的仍在继续行使职责的损管站已经报告其调查研究的结果，很可能的是工程军官将着手对破损现场进行进水范围和性质的查证。在其采取有重要影响的稳性控制措施之前，这样的检查是合理的。

总船安全措施，将是由工程军官起始，或是与直接的局部措施同时进行或者是在其之后进行，在具有翼舱的战斗舰艇上，应采取以下的顺序：

(i) 确定进水边界层。

(ii) 任何高处舱室中的水都要排掉。

(iii) 评估状态，以确定稳性是否处于临界。

(iv) 恢复或改善正的初稳性高(GM)。

确定稳性为非临界的状态，除非风和海情条件恶劣，这种改善可能是没有必要的。而在恶劣的情况下，稳性状态应视作临界的。

确定稳性为临界的状态，可采用以下方法：① 通过将破损引起的进水泵抽至舷外来抑制自由液面。② 从其他的液舱，或从海上(如果干舷高度的情况是好的话)抽水进行灌注，以抑制自由液面。③ 将液体降低，诸如从一对高处翼舱中将其转移至底部中心线的液舱。④ 如果干舷高度的情况良好，压载低处中心线的液舱。需要谨慎进行此项方法，不要形成偏离中心重量。⑤ 将固体重物下放，例如，将弹药从上层的转运间，下放至弹库(在底舱)。⑥ 如果第①至⑤条还不够充分或不可能做到，则抛弃干舷部重物。

(v) 矫正任何已知的偏离中心重量：① 将非对称的进水泵抽出去；② 在船的横向上转移液体；③ 其他措施。

(vi) 恢复储备浮力：修补船壳体、露天甲板和还未经处理的内部边界层上的孔洞。

(vii) 矫正纵倾(如果严重的话)：① 从低端排掉破损进水；② 在船首尾方向泵移液体；③ 其他措施。

(viii) 消除船体梁的应力：① 若进水是在船中部，则去掉中部的重量；若是在一端部，则去掉该端部的重量；② 对承受弯曲或断裂强度的部件进行加强。

如果舰船是由于负的初稳性高(*GM*)而有静横倾，而且又是设法通过矫正偏离中心重量而不是通过恢复正的 *GM* 来达到消除静横倾，则相当于本来没有偏离中心的重量，现在产生了。船将向另一侧突然一歪到一个更大的静横倾角度，并有可能倾覆。如果静横倾是由于负的 *GM* 和偏离中心重量组合，则重要的是，必须采取有力的改善 *GM* 的措施，直至确保达到正的 *GM* 为止。此后，仅对确认为偏离中心的重量值可以采取矫正措施。若怀疑 *GM* 很小(尽管其还是正的)，则可以采用相似的程序。

如果关于破损的探查连同对舰船分隔与稳性的特征的认识，表明 *GM* 还是正的，且静横倾是由于偏离中心重量造成的，则其后开始进行直接的偏离中心重量矫正是正确的，同时采取消除自由液面和切断高处进水的步骤。

矫正纵倾和消除船体梁应力的措施，必须被限制在这样的程度，即不会降低已经是临界状态的稳性。同样，如果已到极端的纵倾或严重的结构破损，表明船已处于可能下沉或断裂为两段的危险，则改善初稳性高(*GM*)和排除偏离中心重量的措施必须被限制在这样的程度，即不会加剧纵倾或船体应力。如果可行，则所选择的措施应对所有方面有利。

(3) 小型战斗舰艇上的进水及其控制的方法。

这一类包括驱逐舰、护卫舰、炮艇和猎潜艇。大多数扫雷艇及其改型，诸如运输舰、货船和快速布雷舰，尽管从技术上它们应分在辅助舰船类，但也归在这一类。这一等级的舰船，其排水量为1 000～4 000 t，主要的横向水密隔壁有12～18个，而且前后机舱为水密隔舱。在小型战斗舰艇设计中提供最少限度的纵向隔壁。通常，安装纵向隔壁仅是为了提供液舱（这种液舱能被压载，以防止偏离中心的进水）。

无论是干舷部或水线下的破损，都能导致这些小型舰艇由于火警、进水或结构损坏而造成损伤。在露天甲板和水线之间的船壳板，由于炮弹、炸弹、火箭、自杀飞机或近乎命中的满是窟窿的破损，能造成船上有相当多的水且摇晃不定，这造成了负的初稳性高（*GM*）。例如，在一艘2 200 t的驱逐舰上，在第一平台的5个舱室中有1 ft或2 ft深自由浮动的水，则将使*GM*降低至负值。在这种情况下，船或是静横倾一个角度并在这个位置上恢复正的恢复力臂，不然则是倾覆。

在一艘具有大约1.3 ft自由液面效应的驱逐舰中，如果机舱进水至水线高度，则增加的低处水的重量可能偏移有0.5 ft之多，由于这一个舱室进水而产生初稳性高（*GM*）的纯减少值是0.7 ft。

关于偏离中心重量，这些类型舰船的工程军官应对非对称布置的舱室加以注意。大型机械设备或润滑油舱的非对称分布，可能会引起机舱中偏离中心的进水（或渗透性）。这在某些驱逐舰的机舱中，可能会引起多达600 t·ft的倾侧力矩。

在巡洋舰的情况下，对比较小的舰而言，在破损后的最重要一步是直接的局部措施控制火警和使进水止住。如果压载适当，实际的静横倾，似乎更是由于减小了初稳性而不是偏离中心的重量造成的。因此，总船安全性措施首先应考虑的是改善初稳性高（*GM*）。直到完成了进水的探查之后才采取矫正静横倾的措施是危险的。这种探查的结果，应在船上的任何一个被指定为损管站的修理站的图表板上进行记录。此状态板应该包含破损前的液体载荷的记录。进水的探查，尽管其起始是由修理小组在破损现场进行的，但应由工程军官或其助手进行检查，以确保整个图表在消防受力、堵塞泄漏或消防主干竖管有破裂方面未被疏忽。

在小型战斗舰艇上，由工程军官采取的总船安全性措施，其进行的顺序应该与大型舰船上所进行的相同。

在小型战斗舰艇上的实际静横倾，可能是由负的稳性高（*GM*），或者是很低的正*GM*并有少量的偏离中心重量所造成的。如果*GM*是负值，而且若力图要做的是在恢复正的*GM*之前，用矫正偏离中心重量的方法来消除全部静横倾，则会产生下面的结果：① 船会突然一歪倒向相反的一侧，其所呈现的静横倾甚至比在原来一侧的倾斜还要大。② 如果突倾力矩发展到超过剩余动稳性，则船将倾覆。

（4）商用型船上的进水及其控制的方法。

这类包括货船、运输舰、医院船、水陆两用船、驱逐舰供应船、潜艇供应船、水上飞机供应船及其他大型商用型船舶，它们具有横向水密隔壁，但在露天甲板之下，只有少量的甚至没有水密甲板。按照一般规则，这种船没有纵向的水密分隔。大多数商用型船体没有纵向分隔液舱。因为没有纵向分隔，由进水及其后仅通过在货舱或机舱中的不对称的可渗透性，能引起很小的偏离中心重量。水下破损，货物或机器设备的移位，也能引起少量的偏离中心重量。然而，在这些船中的实际静横倾，将通常是由于初稳性高(*GM*)的减小而造成的。在大范围的破损之后，如果与此同时的干舷高度的情况良好，则在这型船舶中负的 *GM* 的状态即使有也不会像驱逐舰和巡洋舰那样严重。但是，若干舷高度是低的，若引起偏离中心重量，则负的 *GM* 就成为一种危急的需要考虑的问题。最后，如果自由液面足够大，负的初稳性便会造成灾难性的后果。

干舷部的多处窟窿会对储备浮力造成严重损害，尤其是在水密隔壁没有全部地支撑到露天甲板的那些船舶更是如此。如果船舶已处于重载状态，比较大型的各舱室会由于严重进水的问题而使储备浮力受损。同样，容量比较大且靠近船端部的水密舱室，在这些船的一端受创时，会使船首或船尾陷入严重的危险状态。当船上有了大量进水之后，会使结构强度处于危险状态。船体梁挠曲或断裂成两段并不少见。

在辅助船舶(仅有横向隔壁)中的一切情况都指出建立进水边界层的重要性。由修补内部边界层以止住进水的能力，对分隔不够多的船舶来说，是极其重要的。

商用型船舶的一般状态是当主要的舱室组合进水时，具有非对称进水的可能性。如果进水长度超过了允许的可进水长度，则船将下沉。大型的商用船舶能获得进水范围的信息，从可进水长度的观点，可预计船舶能支持得住，若非对称进水是中度的，则在这样的破损之后，甚至在适度的不利气象条件下，船也不会倾覆。负的稳性高(*GM*)尽管未必发生，但这种可能性不应忽视。建议的步骤如下：

(i) 建立进水边界层。

(ii) 对主要的非对称进水进行平衡校正。如果船舶有大的静横倾，并已确切地获知一个空的或是部分充注的非对称液舱已进水，则在相反一侧的对应液舱应用海水充注，则要施加相同力矩，若可能，采用向其他液舱充注的方法。

(iii) 估计稳性。如果船舶迟钝，对波浪的反应呆滞且有在横摇一端下垂的趋向，则应考虑稳性处于临界状态(在这种意义上，改善是必要的)。一种不是由偏离中心的进水或移位的重量所造成的静横倾，或趋向于朝任何一舷的静横倾，都是负的稳性高的象征。

(iv) 改善稳性(若是临界或负值)。① 大的双底液舱，只要是不满的，就将其完全充注。深度大的液舱，只要它有液体，便从其中抽出，为的是降低重量。② 如保持的干舷高度是足够的，则对低处液舱压载。③ 抛弃甲板上的载荷和登陆艇。④ 若可能，降低货物。

(v) 减小或消除静横倾。采取任何减小或消除静横倾的措施时，都应谨慎。

若静横倾的原因可能是部分地由负的初稳性高造成的话,则用于矫正静横倾的力矩应该等于或小于已知的非对称进水或移位重量造成的横向力矩,因为如果所加的静横倾矫正过大,船会朝相反方向倾覆。静横倾矫正的可能原因是:① 横向上转移液体;② 向空的液舱进行对称注水;③ 从一舷抛弃干舷部重量;④ 横向上移动货物;⑤ 如果可能是负的初稳性高,就有必要确定非对称进水或移动重量的力矩。应该考虑到由于装货的非对称可渗透性,或由于除了偏离中心舱室进水之外的装货移位,会造成偏离中心的重量。若偏离中心的力矩值并不完全确定,平衡矫正应做这样的限制:在有负初稳性高的可能性时,偏离中心的矫正力矩只能是部分的。

(vi) 恢复储备浮力。修补船体、露天甲板和内部边界层的孔洞。

(vii) 减少纵倾(若是严重的)(与战斗舰艇做法相同)。

(viii) 消除船体梁的应力(与战斗舰艇做法相同)。将进水泵抽出去可能不切实际,而且这在商用型船舶上也可能是危险的步骤。因为在其开始起矫正作用之前,当水被排出时稳性就将被减小。

(5) 其他船舶控制进水的方法。

在辅助型船舶中,油船是特殊的。油船有纵向分隔,因此,如果舷侧的液舱没有充注,它将允许有相当大的偏离中心重量并配合有大的自由连通效应。当其舷侧液舱充注达到水线时,油船能比其他形式货船更能抗破损。必须从恢复正的初稳性高(GM)和矫正大的偏离中心重量两方面来考虑矫正措施。货油泵通常用于后者,还用于减少严重的纵倾或防止船梁的挠曲。装载指南已颁发给所有油船,它将保障最大限度地防止水下破损。当这些指南被执行之后,油船将不会有倾覆的危险。破损之后必须进行的唯一行动是抗倾覆的对称注水。

大型登陆艇通常兼有辅助船的船体,具有很大的初稳性高(在破损前)及重要的纵向分隔。可以预料这些船舶在破损时会引起静横倾,这是在初稳性高(GM)仍然是正值(尽管已大为减小)时由偏离中心重量造成的。因此,用横向上重量移动来矫正静横倾通常是安全可靠的,同时,如果干舷高度良好,还可以使用对称注水的方法。浮船坞的情况,总的来讲也是相同的。

2) 舰船的操纵

如果稳性是临界的,则应采取各种措施来避免异常气象造成恶果并使船不驶入海浪。为此目的,在动力失去后,便使用海锚。一艘驱逐舰曾在某种场合下由于台风而横向移动,并因风力而处于面临完全倾覆的危险状态,风力曾使舰在横浪中向下倾斜。舰上所加的沉重的压载,帮助其经受住能使几艘驱逐舰倾覆的疾风而安全幸存。如果稳性是临界的,应避免剧烈的横摇,同时要采取措施防止与正横向上高速船舶通过而造成的尾流相遇。如果船体强度受到危害,则船舶有横向翘曲或断裂成两部分的危险,船舶的操纵再次变得严峻。速度必须降低,以防止驶入怒涛。最为理想的是，为最大限度地适应已减小的稳性，在不同的方位上选择航向。航向和速度的选择，应使纵摇、中拱和中垂为最小限度。

3）拖曳

在设法进行拖曳一艘已破损船时，除航海术方面的问题之外，还需要考虑下面两个问题：

（1）若舰船的稳性有问题，则必须考虑到与风向和海情有关的航向和速度。如果被拖曳的船是处于负稳性横倾突变状态，应避免调转，因为调转会引起相反一侧严重的突然倾侧，应该采取措施，使波浪打倒船体破损区域的连续重击的动态效应降到最低限度，或使对临时作战修补的冲击和被撞的情况为最少。在临界稳性的情况下，发现横靠拖曳可能是较好的，因为这样能对整个船的方向强制地控制，同时在破损和泵抽的控制方面能给予帮助。在某种场合下，可以用一艘能给帮助的舰船，牢靠地系住在稳性有问题的船的任一舷侧系缆栓座上。辅助船起着舷台或者承力外伸支架作用，它有助于防止被拖船倾覆，而且还起着拖曳、提供电源、泵抽、消防和其他辅助作用。

（2）如果结构强度严重受损，必须小心地使船体避免承受可能会进一步使其趋向断裂的作用力，同时必须防止海浪冲击动力造成的断裂。这里，用横靠拖曳可能也是更为可取的方法。在破损的一侧，应将主要的牵引力加到在破损处之后的点，以便施加力的趋向是闭合该断裂，而不是拉开它。

4）处置进水的技巧

在采取处置进水的措施方面，必须不仅要有合适的措施选择，而且进行的量也应适当。排除破损进水的最有效措施要求有明智的指导。一旦进水边界被确定下来，泵分配的优先次序应专用于在排除低处的和不晃动的进水之前，先排除自由液面的和高处的进水。泵的能量决不要浪费在有孔洞且是不能快速而有效堵塞住的舱室。如果一个舱室的进水迅猛，则表明泵抽是浪费的，除非水进入的缺口被堵塞为止。否则就仅仅是明显徒劳的海水循环。

充注十分缓慢的舱室，通常能由临时的移动式应急泵来处置，由它来处置泄漏，而堵塞依然进行。如果泄漏是少量的，泵抽就应使水面降低到足以能帮助发现和堵住孔洞。泵的使用就应这样综合地考虑到进水边界的建立和使进行性进水能够得到阻止。还必须注意由于向前运动时所引起的尾部重心下移。船体上孔洞的戽斗作用可能会明显地使进水舱室中的水面上升或下降。

在克服破损方面，始终可取的方法应为从破损的外部边缘开始向破损最严重处的中心方向进行工作，而不应是相反。修理人员应该修补在舱壁上的零散孔洞，并应该从远离受创点的舱室排掉自由游动的水，因而这些舱室的安全性是得到保证的，而这项工作应该在试图对那些破损是如此严重以致冒险修理成功的可能性值得怀疑的那些舱室进行处置之前进行。

在探查进水时，不应忽略水(或油)通过破裂管路由于船其他部分泵的压力而进入已破损舱室的可能性。一艘驱逐舰，通过受损的消防总管将大量的水泵入自己舰上，会产生相当大的静横倾(20°)，这是由于负的初稳性高(*GM*)和偏离中心重量相结合而造成的。

属于在压力下输送液体并可能偶然地注入已遭破损舱室(空间)的系统是：主要的补给输送、燃油供给、燃油输送、汽油、柴油、热的和冷的淡水、消防总管和冲洗系统。在这些系统中，唯有消防总管和冲洗系统是引入海水的，因此，它们十分危险。消防总管尤其有威胁，这是从其规模、从其用于供水的大型水泵，再加上在破损之后它们会被立即大量使用的事实进行考虑所得出的结果。一艘驱逐舰大小的船舶，经受大范围的破损而消防总管或竖管没有在某些点上破裂，那是很罕见的。因此，需要有这样的警惕性：在破损后应检查消防总管，查出任何破裂。

随着进水(包括通过破损管路进入的进水)的停止，可以继续进行排去自由游动的水和高处进水的步骤。如果泵抽能力已被破坏，或者在船壳板和分隔壁板上的孔洞因为太大而不能修补，此时可能会做出抛弃干舷部重物的决定。但这必须是无情地强有力地执行才能有效。如果初稳性高度(*GM*)改变是唯一的涉及因素，则应该对称地进行这种抛弃。

对称抛弃意味着从中心线，或是从左舷和右舷同等地移去重物。如果船的静横倾相当大，则从船的两侧同时移去类似的重量可能是困难的或是不可能的。在这种情况下，可从低侧去掉一个重量，接着由一个类似的重量从高处越过甲板滑至低侧。如果与倾斜力矩大致相等的设备(物体)是这样成对地移去，那么使船突然向另一侧倾斜的危险就少了。如果在这一点上存有怀疑，则应安排若干人员同时在船的横向上搬掉要去除的重量。

抛弃应是在十分理智并在良好的控制下完成，如抛弃的船上设备清单应给出重量、垂向和横向力矩以及可期望的由主要物品的去掉而可获得的初稳性高度(*GM*)值。

如果识别有偏离中心重量，在采取矫正措施之前，在时间允许的可能精度下估算其力矩。偏离中心舱室的力矩是由舱室中水的吨数乘上水的重心到船中心的距离而得出的。如果舱室跨着中心线，则忽略对船中心线的两侧是公用的那一部分而去找出仅对相反一侧没有配对物的那部分的力矩。进水影响图将包括进水所造成的横向力矩。从总图的清单中容易概略地估计出距离。

可以发现，待矫正的倾侧力矩是左舷的单个重量力矩的总和与右舷的单个重量力矩的总和之差。作为平衡这种倾侧力矩的矫正力矩，则可以作为以下的总和来估算：① 每一件待从倾斜侧移去的重量乘以从该重量的重心到船中心线的距离；② 每一件要在与倾斜侧相反方向的一侧上增加的重量乘以从该重量的重心到船中心线的距离；③ 每一件在横向上要移动的重量乘以从其原重心到其最终重心的横向距离。

严重破损之后所应采取的矫正力矩仅在工程军官要求之下才能进行。没有损管站的明确指令，工程军士不应试图去采取转移油料或其他手段。只有对态势的判断是负责的及掌握全船整体情况的行动，才能要求进行总船安全性措施。

5）工程军官的责任

工程军官在指导损管措施中的责任如下：

(1) 在比驱逐舰大的舰船中，通常的情况是工程军官会发觉身在损管站是较为可取的，直至所有的站(它们仍保持通信)报告已作出与其他人员接触的尝试，但在受创现场虽已指定了工作内容但却没有人员在工作时，工程军官可能会离开损管站。此后，他的关于在破损区如何进行工作的决定，将取决于：① 行动是否要继续和进一步的破损是否迫近；② 他所接收到的信息的范围和可靠程度；③ 他过去是如何训练修理小组探查破损和提供损管站需要的一类信息的；④ 他过去是如何训练修理小组单独活动执行直接的局部措施的。

(2) 曾经很好地训练过修理军士和海军上士的工程军官，将不需要对受创现场和工作细节进行指挥。船尺度的大小可能无关紧要，工程军官的注意力应集中在：① 破损的探查，包括所有可能的破损，使之没有疏漏部分。② 正在进行的直接的局部措施，他及其助手可能必须为进入危险区域以确定开始的工作内容而作引导。③ 总船安全性措施，作为对信息分析的结果而被执行。④ 指挥军官要维持损管站如何影响战位的合理劝告。

(3) 损管措施的成功是基于对舰船的熟悉。这包括能认识进水可能对船的影响以及为控制严重的进水该如何选择和运用合适的矫正措施。

3.1.18 搁浅

舰船不只是偶然地会搁浅，在失去稳性或结构损坏而对在深水中的舰船会有威胁的情况下，指挥官可能经过慎重的考虑，而把他的舰船冲上海滩以进行抢救作业。选择友方海岸的一个场点让舰船冲上海滩时，应该优先选择这样的地点：海滩的坡度不陡，底部则是平、软而连贯的结构，没有岩石锐边或尖礁，也希望没有横流和重型的击岸波。冲上海滩，不管是经过慎重考虑的或是非故意的，涉及 3 个主要问题：① 重新下滩的能力；② 结构强度；③ 稳性。

1）搁浅之后的下滩能力

如果舰船的搁浅是非故意的，则最理想的是使发动机工作而让船重新下滩。然而船的螺旋桨在浅水中的效能不足，同时在企图下滩时由于推进器洗流带动船体周围沙石而可能使船损多于益。如果有任何的风或涨潮会使船进一步搁浅的可能的话，则下滩的可能性会由于试图用螺旋桨和舵进行机动而受到危害。如果推进器是相反的，同时并没有打算将船从海滩上下来，则应决定不以螺旋桨为手段来进一步试图移动舰船。而应该是使船载重而牢靠地下坐，其实现可通过使所有液舱进水的方法，而且如有必要使一个或更多的底舱也进水。这样将使船牢靠地定位在其位置上，直到它准备好下滩为止。使船增加重量而下坐的方法，在涨潮时显得尤其重要，而如果有厉害的击岸波有可能驱使船难以保持搁浅状态，连续的重击使船在海滩上沉重地移动或使其转侧受风而有倾覆危险时，要采取各种措施使船下坐定位。处于这种状态时，一种可取的方法是用爆破炸药在舷侧炸出一个小孔，使船进水牢靠下坐而不是让船相对底部上升和下落。拍击波的严重打击会导致断裂、横倾面受风而有倾覆危险、驱使较高搁浅甚至倾覆。

一旦船已载重而成功下坐，应进行仔细探查，发声探测所有空穴，检查燃油舱是否泄漏，检查船体整个内层是否有结构损坏痕迹。应该全面地发声探测，以确定底部的坡度和特性应该使用小艇在向着船准备离开（下滩）的方向上持续地进行这些发声探测，以便对岩石结构层、珊瑚暗礁或其他水下障碍物进行定位。在船离开时，应注意可能不受控制的潮流。

在这当中，地面绞缆滑车应该临时赶装起来，同时应尽可能快地将小锚在靠海一边抛下。船上的小艇能用来执行 1 个或 2 个小锚的抛投任务。一艘商船的船长甚至使用货物起重杆将 2 个船首锚在船尾之后抛下。然后，导引缆索向前并在船内通过在船首部的绞缆滑轮，缆索缓慢地牵动使船离开海滩。在将船拖离海滩时，拖船也可能是有用的，而一旦船离滩而自由时便不受控制了。但是，一个好的小锚可顶 3 或 4 艘拖船。

当海滩上的传动装置已准备好且正是涨潮的时候，则船能再次被安全地减轻，而所有的缆索都绷紧而有张力。搁浅的舰船发动机，如果没有现成的拖轮的话，则应处于暖机状态，但不应转动，以避免将泥浆和沙灌入主冷凝器，同时防止损坏底部的螺旋桨或使滑轮组卡住。船首尾方向移位燃油或弹药，会使纵倾产生变化，这将有助于下滩。如果负压似乎使船被牢固地吸住在泥浆或沙之中，则由全船人员迫使船开始其倾侧将是有助的方法。用空气或蒸汽管道喷射，对此也是有用的。

当舰船搁浅时，海滩对船体作用一个向上的力，它等于船体重量不再由水的浮力所支撑的那一部分，其受力作用是与进水相反的。如果搁浅是在一端，中垂应力增加，因此较好的方法是在船的端部增加重量；而从船的中部去掉重量。如果搁浅是船的中部搁在岩石上或尖礁上，则中拱应力增加，较好的方法是在船中部增加重量，而从端部移去重量也是可取的。不规则的岩石或珊瑚结构或断面是变化陡峭的结构（如在岩石上）会产生集中的压力，它常使船壳板承受挤压而导致破损进水。这种局部破损，当船内设备工作时或移动其位置时会加剧。

2）搁浅和由搁浅向上的力所造成的稳性减小

滩面压力的幅度或搁浅的吨数就是由冲上海滩所引起的排水量的减少。它可以从自由漂浮时的排水量和在搁浅后对应于平均吃水的排水量之间的差值来确定

(当要求很准确时,这些排水量值应作纵倾、静横倾和吃水方面的校正)。滩面压力加在船的龙骨上或者其他的接触部分,并产生由于从接触点位置去掉了许多吨的重量而对吃水、静横倾、纵倾和稳性方面的影响。如果接触点是在龙骨上,它形成了一种低处重量的去除。实际的重心上移可由下式计算:

$$GG_1 = \frac{P(KG)}{(W-P)}$$

式中:GG_1——重心(G)上移,ft;

P——搁浅吨数,t;

KG——自由漂浮状态重心(G)在龙骨上的高度,ft;

$W-P$——对应于搁浅后平均吃水的排水量,t。

在自由漂浮时和搁浅后的吃水差值的 KM 曲线图形中可找到稳心偏移(MM_1)。则搁浅时的初稳性高度为:

$$G_1M_1 = GM + MM_1 - GG_1$$

如果接触点是在一端,则船将产生由从该端去掉搁浅吨数等同的量所决定的纵倾。如果接触点是偏离中心的,船将静横倾,相当于一个偏离中心重量去掉相对应的角度(并具有如上式所述的初稳性高度(GM))。如果计算的 GM 是负值,则这种静横倾状态的影响是必须加以考虑的。当船的搁浅点是仅在首部横向狭窄的点上,则可能造成倾覆的后果。然而,如果搁浅是整个地在其表面层的长度方向上,则即使是高而与水不接触,船也不会倾覆。

为对此检查,取在接触点的船体横截面并画出在接触点的船外板的切线,然后画出逐次的相应于较大倾斜角度的船外壳的切线。如果与这些切线中的每一根线相垂直的线,在船重心之上通过,则船没有倾覆的危险。如果这些切线的垂线与船中心线的交点处在重心之下,则倾覆的可能性将取决于由于搁浅而施加的向上的力会使稳性失去多少。

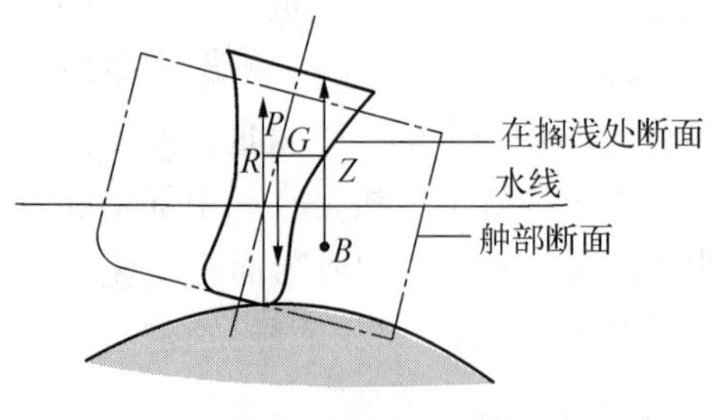

图 3-92 船首部搁浅时的稳性和作用力

图 3-92 为船在艏部搁浅时的力的作用。注意这一点,搁浅力 P 的作用是垂直于在所示船倾斜后的水线。如果力 P 对重心(G)(船自由浮态)的力矩等于纯浮力 B 的扶正力矩,则船将保持在此倾斜的角度上。如果力 P 的力矩大于恢复力矩,则将继续倾斜。除非在某些较大的倾斜角度上产生一个正的恢复力矩,否则船将倾覆。

在某些倾斜角度上,$(W-P)GZ$ 力矩必须超过 $P(GR)$ 以保证正的恢复力矩的产生。与可能发生的最低平均吃水时的排水量相对应的恢复力臂的大小,可从稳性横截曲线中获得。这些恢复力臂必须就重心(G)的实际位置(船自由浮态)进行校正以确定,GZ、GR 从横截面图上可以量得。

搁浅力 P 将是船自由浮态时和搁浅时的排水量之差值。最大的搁浅力将发生在船搁浅水线由高涨潮时下跌至低落潮时(图 3-93)。由于落潮,水的浮力变小,而搁浅力成比例增大。

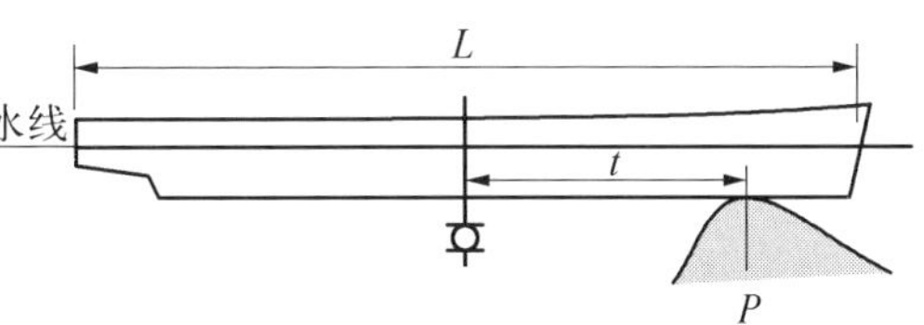

图 3-93　潮水作用对浮力和搁浅力的影响

在任何预期的落潮情况下,搁浅力 P 可以由以下关系式确定(对 TPI 和 MTI 使用船自由浮态的平均吃水):

$$\frac{P}{TPI}+\frac{Pt^2}{(MTI)L}=\text{落潮的英寸数}$$

$$\text{或 } P=\frac{\text{落潮的英寸数}}{\dfrac{1}{TPI}+\dfrac{t^2}{(MTI)L}}$$

式中:t——从搁浅点到船中部的距离,ft;

L——船长度,ft;

TPI——每英寸浸水的吨数;

MTI——改变吃水差 1 in 的力矩大约值。

在显示倾覆迫近的场合,为改善稳性,应采取相应的矫正措施。应考虑这些措施在船体强度方面和使船再浮起能力方面的效果。

对大多数搁浅的情况,应考虑采取以下措施:

(1) 若风和海情的状况会使船有难以在搁浅状态下工作,有被海浪重击移动,或横转侧面受风被冲至海的可能性,则不应试图借助于其自身动力来使船重新漂浮。

(2) 如有可能,应迅速地将锚在向海一边抛下,以防止船进一步向滩边移靠。

(3) 船应载重下坐,不使其减轻,以力图使船能免于在海滩上作业艰难,其次是防止由于对船底部的作用和重击而产生破损。

3.2　舰船水密分舱的划分与水密完整性

舰船在承受损害后的抗沉能力主要取决于该舰船水密分舱的划分和水密完整性。只要能适当维持这些特性,火灾和船体进水事故就能隔离在有限区域之内。

如果舰船没有进行水密分舱的划分或丧失水密完整性,则舰船在遭受严重损害以及没有配备应急损管维修队时,就几乎会面临灭顶之灾。

在本节中,主要向损管人员介绍水密分舱的划分、设备器材的战备状态、水密完整性以及上述三者之间如何相互关联等内容。另外,还介绍了舱室设备明细表、损管关闭设备记录日志、出入口关闭设备和附件的正确维护、舱室检查、舰船吃水以及测深与安全巡逻值班等知识。

3.2.1 水密分舱的划分

舰船水密分舱的划分是其水密完整性的主要特征。水密分舱划分就是指通过用结构件将舰船船体的内部区域分隔成较小的空间。

可参照图 3-94 了解有关结构件的知识:

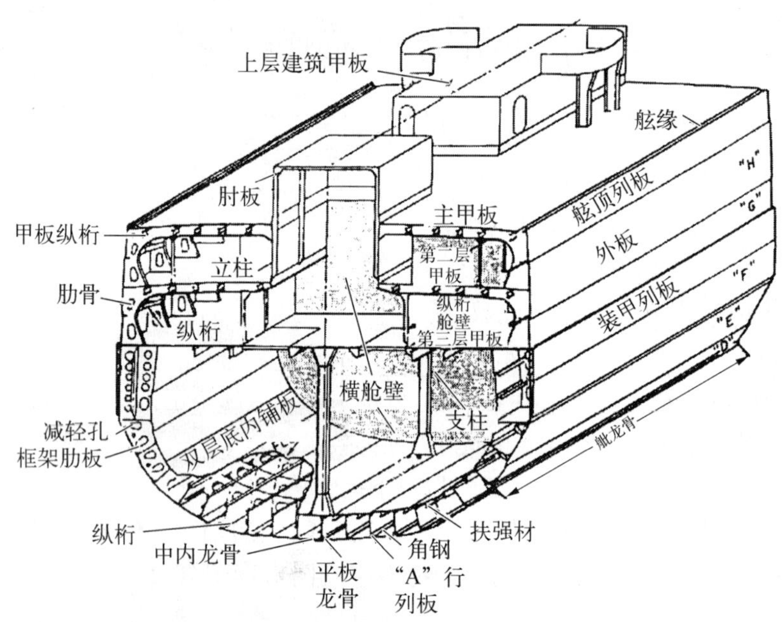

图 3-94 船体结构示图

龙骨是舰船的脊梁。龙骨不会延伸出船底,其通常形状为工字梁。构成船体结构所用的其他所有构件直接或间接与该龙骨连接。

船体横向结构由框架肋骨和肋板组成。肋板从龙骨一直向舷边延伸至船体舭部转圆处(即船底开始转弯向上处)。在此处肋板与向上延伸至主甲板的框架肋骨相连接。

桁架也称为纵框架,与龙骨平行延伸布置。从船体舭部转圆处沿船舷向上的船内骨架则称为纵桁。肋板与船底纵桁所形成的框架体系类似于蜂窝状结构,也称为网格构造,非常有利于船底的支撑加强。在由外壳板覆盖此蜂窝状结构时,即可形成双层船底。内底与外底之间的处所(也称为底舱)可用于液体储存。龙骨的首端则以船首柱形式一直向上延伸;其尾端也会相似延伸,称为尾柱。首柱在水线之上即是船首,首柱前缘则称为首柱分水处。

舰船的内部由既有纵向又有横向延伸设置的称为舱壁的垂壁分隔成各个舱室。大多数舱壁都仅仅是舱室的分隔,但也按适当的间隔设置有横向水密舱壁。这些主结构舱壁会在一舷至另一舷的整个范围内从龙骨一直延伸至主甲板。水密横舱壁可提供额外的船体横向加强并将船体分隔成数个独立的水密区域。大型舰船设有一系列的纵向边舱壁分隔舱室以提供保护,抵御鱼雷袭击。外舱通常都注满油或水;内舱是空的,称为空舱。最里面的舱壁则称为耐压舱壁。在鱼雷击中时,尽管外舱会破裂,但却能吸收足够的鱼雷爆炸能量从而使得耐压舱壁保持完整无损,这样就能有助于防止舰船的关键舱室进水。

船体的外壳板纵向排列固定在船体的结构框架上,称为列板。船体龙骨构成中部列板。列板从龙骨任一侧的“A”行列板一直向上延伸至主甲板都有字母予以标记。有些列板甚至还有名称,如:“A”行列板又称为龙骨翼板;沿船体舭部转圆设置的列板称为舭部列板;最上面的列板就称为舷顶列板。

按照规定,沿着船底靠近舭部转圆处设置的外龙骨称为舭龙骨。舭龙骨的用途在于减小舰船的横摇。

舰船两舷侧舷顶列板连接主甲板处的上缘称为舷缘。舰船最前面的舷缘与首柱连接处称为该舰船的船头(参见图 3 - 95)。在舷缘至船体尾柱呈向内弯曲弧线的部分则称为左舷尾和右舷尾。

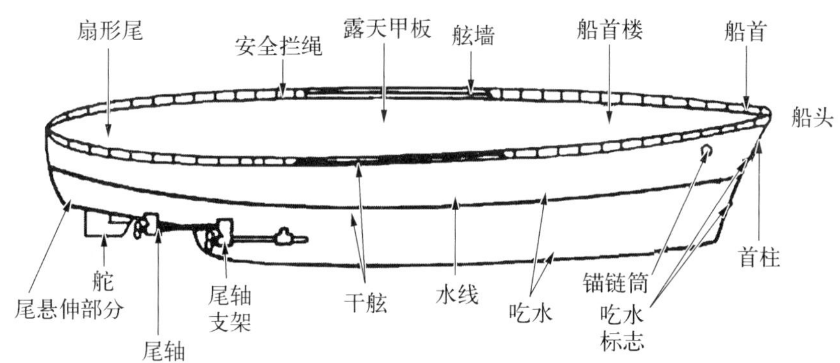

图 3 - 95 船体结构术语

舰船在水上静浮时沿船体的水平面就是其水线。从龙骨至该水线的垂直距离即为舰船的吃水。干舷则是指水线至主甲板的距离。

舰船的地板称为甲板(参见图 3 - 96)。甲板将舰船分隔成数层,并提供额外的船体强度和内部处所保护。每层甲板的下表面构成其下面舱室的顶。舱室则是指舰船内的处所。

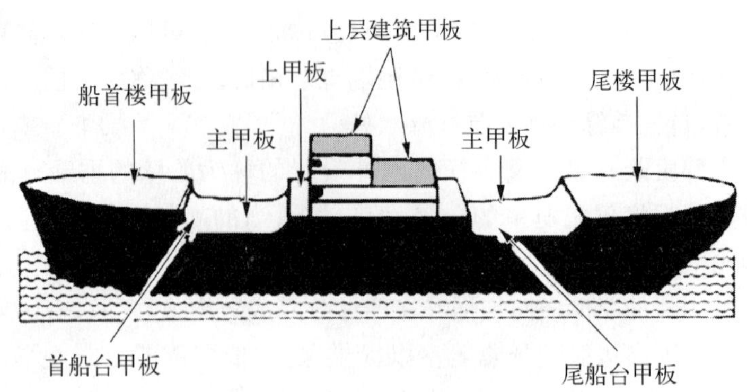

图 3－96 露天甲板

钢质甲板是由首尾纵向设置的列板构成。甲板铺板的外侧列板称为舷边甲板，与舷侧外板相连接或焊接，因而属于重要的强构件。甲板由甲板横梁和甲板纵桁予以支撑，称为立柱的钢质垂直支柱则提供了另外的甲板支撑方式。这些立柱都是一根设置在另一根之上或直接设置在主结构舱壁上（用于支撑安全拦绳的短柱也称为立柱）。甲板从舷缘至船中线之间通常呈弧拱形以便于甲板排水并能使甲板强度得以增强。

暴露于风雨中的甲板或其部分甲板称为露天甲板（图 3－96）。沿主（露天）甲板舷缘的实体围墙就称为舷墙。舷墙设有排水口（排水孔）以便在恶劣气候下水能从甲板上流走排出。

从一舷延伸至另一舷且从首柱连续延伸至船尾的甲板称为连续甲板。航空母舰上的最上层连续甲板称为飞行甲板，飞机即从该甲板起飞和降落。所有舰船的最上层甲板（航空母舰除外）都称为主甲板。在航空母舰上，机库甲板才是主甲板。机库甲板是指飞机不在飞行甲板上时提供存放和维护保养空间的那层甲板。

主甲板之下的第一层连续甲板称为第二层甲板（图 3－97），再下面是第三、第四层甲板，依次类推。

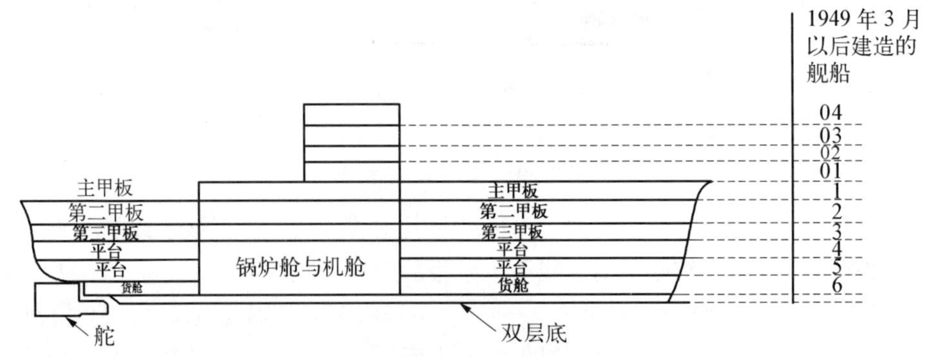

图 3－97 甲板编号系统

强力甲板是指设计用于不仅承受其上甲板载荷而且还参与船体应力承载的连续甲板(通常为主甲板)。损管甲板则是指自船首至船尾穿越主横舱壁通道的最下面一层甲板。主维修设备以及在损害状态下用于船体进水、喷淋和排水管制的主要设施都设置在该损管甲板上。在大多数舰船上,第二层或第三层甲板为损管甲板。

现代舰船内各甲板的定义和位置(图 3－96 和图 3－97)如下:

船首楼:主甲板的船首区域,通常从首柱后向船尾一直延伸到锚机后端为止。

平台甲板:连续甲板之间的任何局部甲板。

平台:最下一层连续甲板之下的局部甲板。平台通常都会有断开以便机舱或其他处所的布置,称为平台甲板或平台。平台一般按向下顺序编号,依次为第一平台、第二平台等。

舱内铺板:设置仅用于在舱底上提供作业或步行面的铺板或格栅。

层:层是指用于指明其上甲板距主甲板高度的一般术语。主甲板之上的第一层甲板是 01 层,第二层为 02 层,依次类推。不过,在一特定层内的不同甲板可以有不同名称。例如,尾楼甲板和艇甲板(通常)就都属于 01 层。

上甲板:在船中位置主甲板之上从一舷延伸到另一舷的局部甲板。上甲板是上层建筑的一部分,而上层建筑是主甲板之上除桅杆、烟囱和相关部件外的船体结构部分。船侧外板会向上延伸至上甲板。

上层建筑甲板:不延伸到舰船两舷的在主甲板、上甲板或船首楼甲板之上的局部甲板(如其延伸到两舷,则船侧外板不会向上延伸与该甲板相连)。

尾楼甲板:全部位于在船尾的主甲板之上的局部甲板。

首船台甲板:上甲板与船首楼之间主甲板的船首部分。

尾船台甲板:位于上甲板与尾楼甲板之间。

尾部下甲板:飞行甲板之下的第一层甲板或平台。

尾甲板:尾甲板实际上并不是真正意义上的甲板,而是为履行法定职能而由舰长指定的一区域。尾甲板是舰船在港口内时舱面值班军官所在的岗位,通常位于主甲板上右舷舷梯口处。

升降口扶梯(梯口):用于由一层甲板通往另一层甲板。升降口扶梯可以采用,也可以不采用舱口盖覆盖。

由甲板和舱壁将舰船内部区域再划分为舱室的数量则取决于该舰船的使命要求能够允许的程度。由于舰船舱室既有水线之上也有水线之下的,因此一舰船上的水密分舱的划分越细,舰船抗沉的能力就越高。

舰船划分水密分舱有以下功能:① 便于更加有效地控制火灾和船体进水事故;② 加强船体结构;③ 有助于防御化学、生物和辐射袭击;④ 将正在开展的各种不同作业隔离开;⑤ 通过设置外舱和空舱提供水下防护从而有利于舰船浮性和稳性的控制。

大多数大型战斗舰艇都设置有装甲列板以便对其至为关键的机舱实施防护。但装甲钢板会降低舰船的航速或会对舰船的驾驶操纵具有不利影响。航空母舰就是一个典型的例子：航空母舰由于装甲钢板过多而导致其在降低航速时的驾驶操纵受到干扰影响。因此，现在航空母舰业已减少装甲钢板，代之以增加航空母舰水密分舱的划分以弥补其装甲的减少。

3.2.2 分舱的编号方法

海军舰船上的分舱是按照标准系统来予以编号识别的。每个分舱的编号都是由以连字符连接的 4 部分号码组成；这 4 部分号码为：① 分舱所在的甲板；② 分舱的位置，以肋骨号计；③ 分舱相对于船中线的位置；④ 分舱的用途。

在首垂线前面的所有肋骨号都采用以“A”起始的大写字母标识(图 3－98)，这些肋骨号从首垂线前面的第一号肋骨开始向船首方向依序标识。在舰船尾垂线以后的肋骨则标识以“AA”起始的大写字母，同理，肋骨号从尾垂线后面的第一号肋骨开始向船尾方向依序标识。而舰船首垂线与尾垂线之间的肋骨则采用数字编号标识：首垂线标记为 0(零)号，首垂线后面的各肋骨就按自然数顺序往船尾方向逐站增加，最后编号一站肋骨即为尾垂线。分舱的位置以肋骨号计，如一分舱的前后边界位于两肋骨之间，编号应采用该分舱内最靠前的肋骨号。位于船中线上的分舱则应在编号中采用“0”标识。

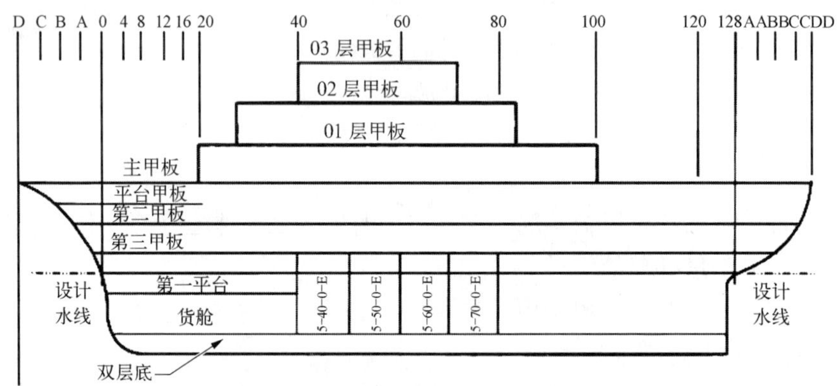

图 3－98 肋骨编号方法

其中，完全在右舷的分舱应以奇数标记，而在左舷的分舱以偶数标记。若有两个或两个以上的分舱在同一甲板或肋骨站号时，则合适的话应从船中线开始以奇数或偶数向相应一舷按序逐一递增编号。在此情况下，靠右舷的第一分舱相应编号为 1，第二分舱为 3，依次类推；同理，靠左舷依次为 2，4 类推。若船中线经过一个以上的分舱而每个分舱的肋骨号相同时，其前舱壁被船中线穿过的分舱在编号中标记为 0；而若可能的话其他分舱分别在编号中标记为 01，02，03（图 3-99）。

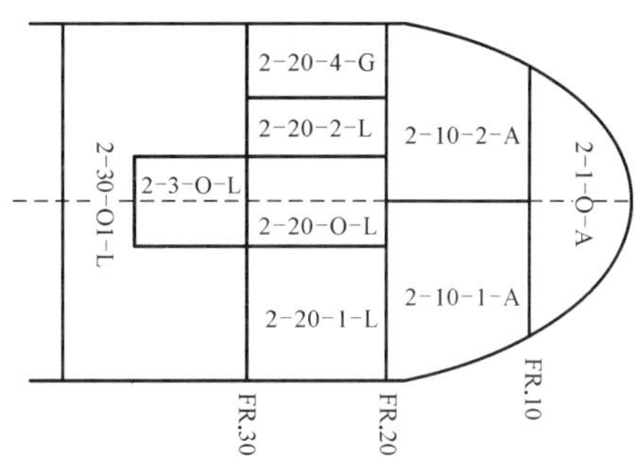

图 3-99　分舱标示

分舱编号中的最后一部分则是标识该分舱主要用途的字母。在干货和液货船上，采用双字母来标示其货舱。采用双字母后就可将上述货舱与为舰船本身使用而装载相同货物的分舱区分。例如，燃油与喷气推进（JP-5）燃料就是采用双字母标识以示区分的典型例子。

1949 年后所采用系统内对分舱用途的规定如表 3-3 所示。

表 3-3　舰船的分舱标识字母

标识字母	分舱用途分类	实例
A	储藏舱	储藏室与发货室，冷藏舱
AA	货舱	货舱与冷藏货舱
C	舰船和射击指挥作战的控制中心（通常为有人操纵）	作战情报中心、标图室、通信中心、驾驶室、电子设备工作舱、集成电路室
E	动力装置控制中心（通常为有人操纵）	主机舱、蒸发器舱、舵机舱、泵舱、辅机舱、应急发电机室
F	储油舱（舰船本身使用）	燃油、柴油及滑油舱
FF	储油舱（货物）	所运载各类油料作为货物的舱室
G	汽油储存舱（舰船本身使用）	汽油箱、隔离舱、翼箱及泵舱
GG	汽油储存舱（货物）	所运载汽油作为货物的舱室
J	喷气推进（JP-5）燃料（舰船本身使用）	喷气推进（JP-5）燃料储藏舱
JJ	喷气推进（JP-5）燃料（货物）	所运载喷气推进（JP-5）燃料作为货物的储藏舱
K	化学品与危险物品（油与汽油除外）	作为货物或为舰船本身使用而运载的化学品、次安全物品和危险物品
L	生活舱室	船员住舱与船员餐室、军官起居室、盥洗室、船首士兵厕所、军舰内禁闭室、船上医务部、走廊通道
M	弹药舱	弹药库、转运间、炮塔、火炮装置、炮弹舱、备用弹药舱

续 表

标识字母	分舱用途分类	实　　例
Q	上述标识字母没有涵盖的各类舱室	洗衣间、船上厨房、配膳室、布线围阱、无人控制动力装置、电气与电子设备间、车间、办公室
T	垂直进出围阱	逃生围阱
V	空舱	隔离舱(汽油隔离舱除外)、空边舱
W	储水舱	泄水舱、淡水舱、备用给水柜

除省略了用于标识分舱用途的字母以外,出入口关闭设备采用与分舱相同的编号方法(例如:2－175－3)。

3.2.3 水密完整性

海军舰船一旦建造完毕就已确定了水密完整性。此处"水密完整性"的定义为特定分舱都有关闭设备或设施能阻止水的进入。在经过对敌作战、风暴损伤、碰撞、触礁搁浅之后或由于疏忽都会导致其原始水密完整性降低或被破坏。损管官员(机电部门长)负责确保本舰船的水密完整性不会因人为疏忽而遭受损害,出现的任何导致水密完整性遭到损害都必须尽可能予以纠正修复。相关器材设备的有效战备状态也会相应地增加或降低舰船的水密完整性等级。

1) 水密关闭设备的分类

图3－100～图3－103是舰船上众多类型水密关闭设备中四类水密关闭设备的有关信息内容。

(1) 速动水密门(图3－100)。用于日常通道和从露天甲板、主通道或如作战情报中心、无线电通信中心、机舱或舰船损管中心等有人操纵舱室至上层建筑的通道进口/出口。这类水密门通常都设置在大流量的交通区域内。

(2) 独立搭扣式水密门(图3－101)。水密门分别为4,6,8,10或12搭扣式。这类水密门可设置作为不属于高使用率、从而不需快速进出的处所如作为油漆间、舱面用具舱或储藏室等舱室的进口/出口。通常10搭扣式水密门仅在水线以下区域应用以维持更高的水密完整度。

(3) 升高水密舱口盖(图3－102)。在不需要快速进口/出口的室内或室外露天区域内装设。通常都设置在低流量交通区域内,且多靠通道或舱室的角落设置。通常,装设这些水密舱口盖的舱室都另设有其他提供出口的设备。这类舱口盖不带逃生孔盖,通常用于储存备品的装载/卸载和重型设备的进出。

(4) 带孔盖的升高水密舱口盖(图3－103)。在要求设置快速进口/出口的室内或室外露天区域内装设。这类舱口盖设置所在区域的交通流量通常要比升高水密舱口盖所设置区域高，且多靠近通道或舱室的角落设置。这些舱口盖都设有逃生孔盖从而提供了人员快速进/出口，一般设置在住舱、无人舱室以及所有要求设置快速进口/出口的甲板层面。

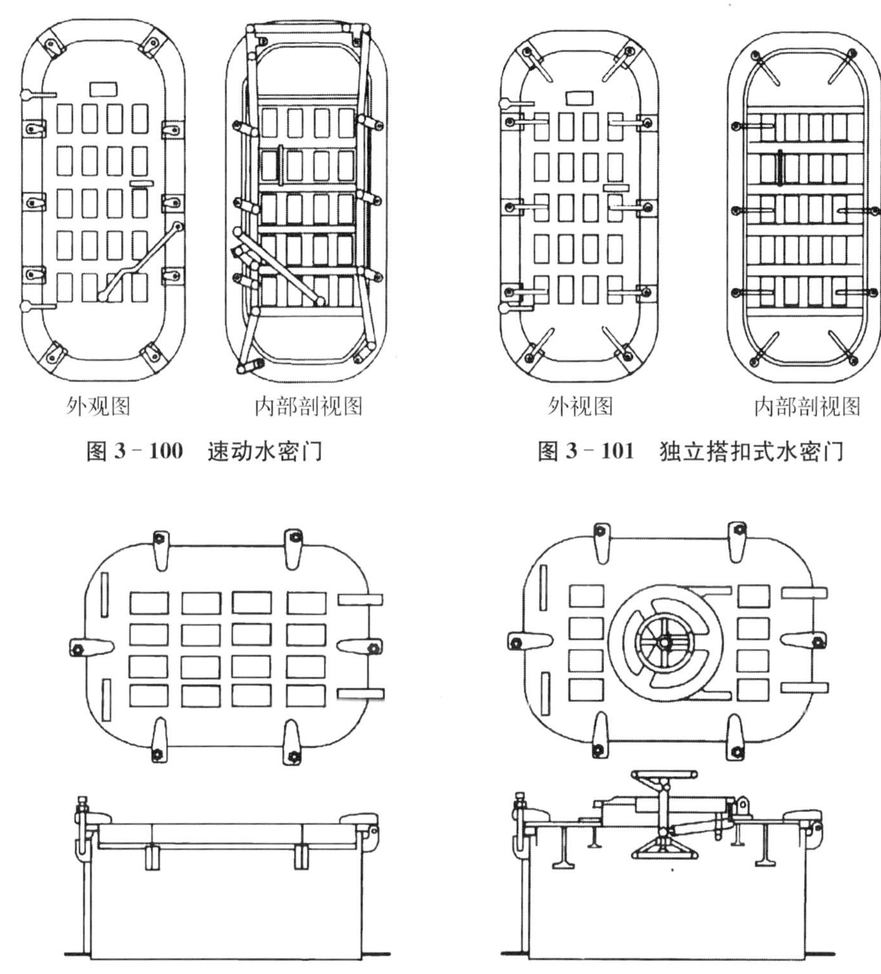

图 3－100　速动水密门

图 3－101　独立搭扣式水密门

图 3－102　升高水密舱口盖

图 3－103　带孔盖的升高水密舱口盖

2）水密关闭设备的检验

所有水密关闭设备的检验都须遵循下列原则规程：

（1）遵循每个作业中心都配备指导说明书。

（2）所有标出的规程都应符合现有的船上条令规程。

（3）在敞开围阱区域周围作业时须特别小心谨慎。

（4）每半年实施一次检验和维护，受不利条件影响时检验和维护周期需更短些。

(5) 松动、缺失或损坏零件和显示过度磨耗的部件必须全部予以替换。

损管士官、作业中心主管人员和区域检验员应对门、舱口盖和孔盖等就下列情况进行定期检查：

(1) 部件是否松动、缺失和损坏。

(2) 其密封嵌条、密封围板及工作部件如衬套、联动装置和托架上是否有油漆、铁锈和其他杂质。

(3) 是否有卡住或操作困难情况。

(4) 其金属表面是否有变形和损坏。

(5) 铰链销是否磨损及铰链销有没有正确固定安装。

(6) 其密封嵌条是否存在开裂、损坏、硬化、永久性变形深度超过 1/8 in 以上以及由于密封嵌条接合端收缩而出现间隙。

(7) 严禁密封嵌条有超过两处以上的接缝。密封嵌条的各段长度绝不能小于 24 in。

(8) 是否妨碍进入、使用逃生孔盖。

(9) 密封柱塞是否完好及操纵杆密封是否充分(配备自润滑衬套的关闭设备则除外)。

(10) 弹簧夹是否破损或失落。

(11) 专用特种扳手(如固定扳手、丁字形扳手和机械师用扳手等)是否丢失。

水密门框的检验：

开启水密关闭设施(图 3-104),采用直尺规或拉线检验其密封围板的平直度是否存在翘曲。密封围板平直度方面的最大容许偏差为正或负 1/8 in,门框翘曲度方面的最大容许值为 1/4 in。如门框/舱口围板的翘曲过大或其密封围板的平直度超出了公差范围,则应采取行动以替换该关闭设备。

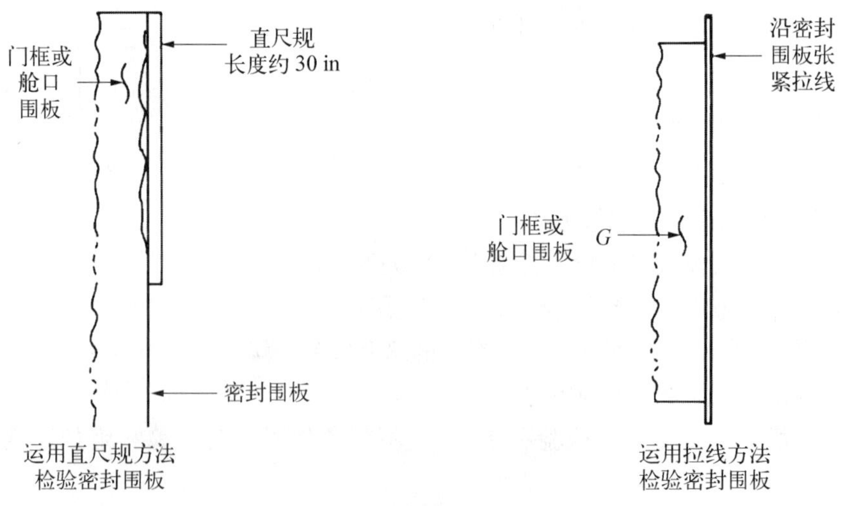

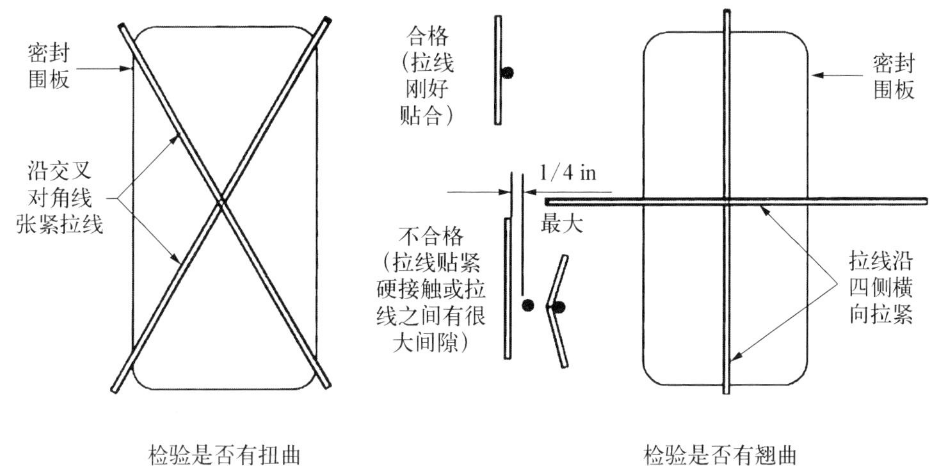

图 3－104　水密门框的检验

检查密封围板是否有油漆、污物、铁锈或缺口。对于钢质密封围板，采用＃320号氧化铝磨砂布来进行除油漆和除锈。必须保证用清洁抹布将研磨下来的砂粒清除干净以免掉落嵌在其密封嵌条内。对于铝质密封围板，则仅应采用尼龙硬刷和一块抹布来清除油漆。

检查整个密封围板的高度是否合适。在作此检查时可采用将铝块切割成适合的规格来作为一种有效的量规(图 3－105)。密封围板的高度若过高会损坏密封嵌条；而若过低，则会由于在试图保持水密封中水密门形成过调而造成对其铰链的破坏。因此，若门的密封围板高出或低于额定值1/8 in以上，就必须予以纠正、修复。

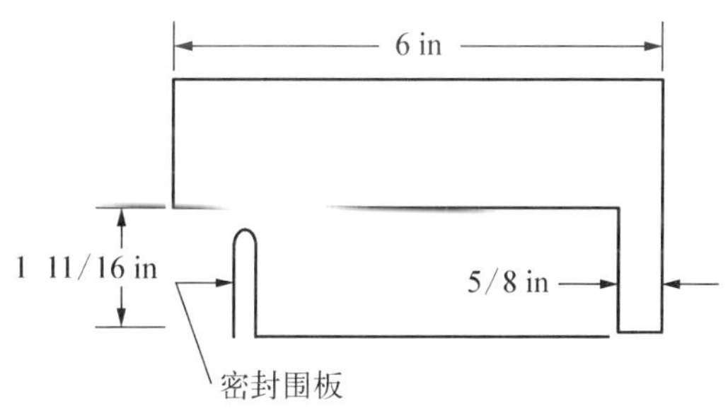

图 3－105　测量密封围板高度用的量规

对于钢质密封围板而言，缺口或低矮密封围板的修复可采用在该区域内堆焊抗腐蚀不锈钢焊条，然后再用锉刀锉平。将高出的密封围板锉低至要求高度，弯曲密封围板的校直可采用锤打或反向弯曲来使其再成形。

对于铝质密封围板，则禁止采用堆焊的方法来修补低矮密封围板。应向所在的维修部门报告申请修理。高出的密封围板仅允许采用细锉刀锉低，并须避免在围板上留下锉槽。在锤打弯曲的铝质密封围板时，须采用一块钢质冲击垫板以避免在铝质面上留下锤打凹痕。

在水密关闭设备中设置有橡胶密封嵌条用以在其贴紧密封围板时形成四周水密配合。对密封嵌条就下列方面进行检验(图 3－106)：

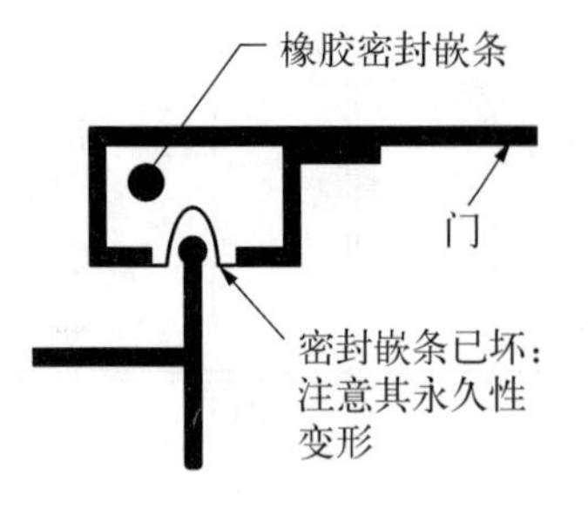

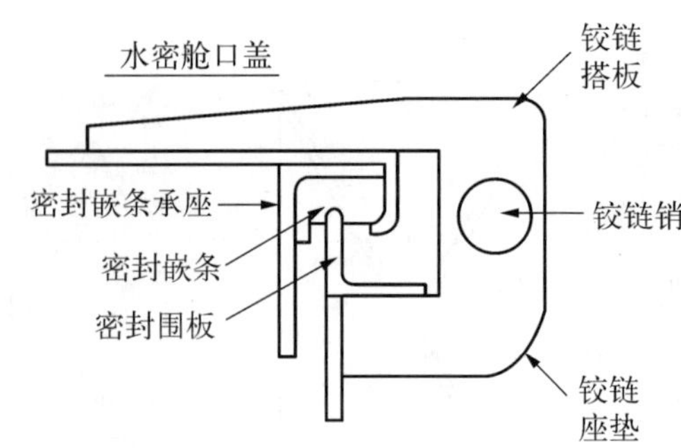

图 3-106 密封嵌条的检验

(1) 其橡胶须柔软、有弹性且无任何裂缝。

(2) 没有油漆、铁锈或其他任何杂质。

(3) 密封嵌条的接缝应设置在门的顶部。

(4) 在密封嵌条的接缝部严禁有任何间隙。如其接合两端由于收缩而导致分离，则应替换掉该密封嵌条。

(5) 密封嵌条橡胶的永久性变形或凹槽的深度不可大于 1/8 in。

确定当水密关闭设备扣好时其密封嵌条是否与密封围板连续贴合的一种简单方法就是进行垩粉水密试验。垩粉水密试验即使成功也不能确保该关闭设备就水密，但如密封嵌条完好且其搭扣正确调节到位，则确实能为其水密完整性提供合理保障。

门、舱口盖和孔盖的垩粉水密试验的步骤如下：

(1) 清洁其密封围板。

(2) 清洁密封嵌条。

(3) 在密封围板上擦上垩粉。

(4) 将试验关闭设备关合并将搭扣紧紧扣好。

(5) 在关闭设备的搭扣扣下之后，检查是否还有松动搭扣。如有任何搭扣松动，就需对其进行调节然后重复垩粉水密试验。

(6) 打开关闭设备，然后观察密封嵌条上垩粉留下的印迹：垩粉印迹应位于密封嵌条的中央。若垩粉印迹线不连续，则判定该关闭设备不水密，需要进一步调节或维修。

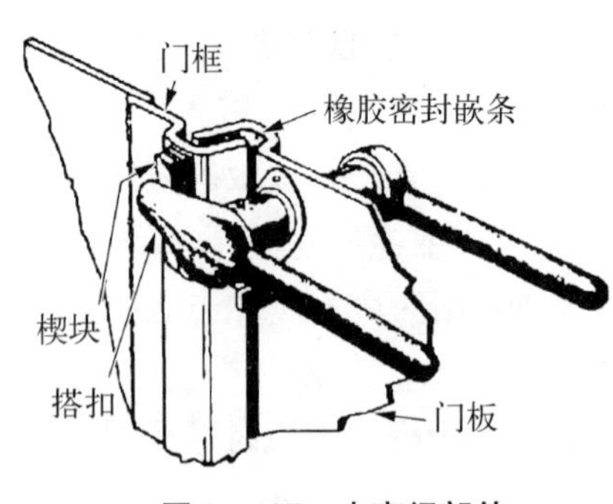

图 3-107 水密门部件

关闭设备出现渗漏的主要原因是密封嵌条失效、不合格。门、舱口盖、孔盖、舷窗和锁扣人孔都装设橡胶密封嵌条(图 3-107)以便在其四周形成紧配合。密封嵌条一旦暴露于油、油脂、受热或油漆之中就会逐渐变质恶化。因此，密封嵌条须予以防护，不能暴露在会导致其变质恶化的物质或环境中。一旦密封嵌条显示有变质恶化的征兆，就应立即将其替换掉。须经常检验密封嵌条以察看其是否出现硬化、开裂或有大于 1/8 in 以上的永久性变形(凹痕缺口)。

螺栓固定盖板人孔盖和其他螺栓固定板的密封嵌条与门、舱口盖、孔盖及锁扣人孔所用的密封嵌条相比，在尺寸规格、形状和材料上会有所不同。螺栓固定盖板人孔盖和螺栓固定板的密封嵌条在盖板拆卸时只要发现有不合要求处就应立即予以更换。由于一旦人孔/盖板在闭合螺栓固定后就很难再获悉有关其密封嵌条的任何情况，因此乘此机会替换密封嵌条就显得尤其的关键。而且，密封嵌条有可能会看起来全都完好无损，但实际上已是不合格，从而形成渗漏通道导致船体进水。用于替换的密封嵌条的材料必须合适匹配。人孔/ 盖板上四周均匀配置的螺栓必须予以紧固。固定不紧的人孔盖可能会被爆炸气浪掀开吹掉，而密封紧固的人孔盖就不会。

在搬运重件如军火弹药或机械装置要穿过水密门或舱口盖时须小心谨慎。一旦大意，就有可能会由于受到所搬运重件的碰撞而导致该关闭设备的密封围板或支承面扭曲变形。

密封围板与密封嵌条之间的压合情况应进行定期检查。如有必要，应对关闭设备进行调节直至其压合力满足生产厂商技术手册内所规定的压力值。

如能恰当地开启、关合水密门和舱口盖，其水密有效性就能保持更长久且所需的维护也较少：首先，在关闭水密门或舱口盖时，固定位于该关闭设备铰链对侧的一搭扣所施加的力应刚好足以保持门关闭。接着，将其铰链一侧的两个搭扣固定至贴合就位。然后再固定余下的所有搭扣并确保其四周均匀压合。在松开水密门或舱口盖上的搭扣时，先松开最靠近铰链的搭扣，这样可避免关闭设备弹跳，也更易于对其余搭扣的操作。

通常最容易渗漏的一个地方就是搭扣轴杆穿透门框的周围。在每个搭扣轴杆处都设有一个填料函，填料函内的填料可防止泄漏。应经常对填料函进行检查以确保其处于完好状态。可通过压紧填料函压盖使其内的填料保持适度压实。若填料因老化而变硬或变质退化，则应对搭扣进行填料函重装。另外，还需要对搭扣作临时调节以便补偿位于下面支承搭扣的楔块的磨损。若此楔块严重磨损，则需气焰钎焊修复或将其替换掉。

若要门或舱口盖搭扣固定后能形成水密，就须使该关闭设备的密封围板或支承面居于其密封嵌条的中央。同时，密封围板必须稳固、均匀压合在所要求水密关闭设备四周的密封嵌条上。若门板或框架翘曲，该门就无法形成水密。而且，若门或舱口盖上的铰链设置位置与门框相对而言不匹配，则关闭设备也会无法形成水密。决定一关闭设备水密特性的其他因素还有其承座衬条是否稳固就位以及其搭扣是否调节至在搭扣贴合设置时能对所有楔块产生均匀压力。如上述任何部件的装配不当，其框架或密封围板就有可能会触碰该关闭设备的金属部件，从而使得关闭设备在闭合后呈非水密状态。

有些通风管道设有屏蔽通风系统的盖板。这类盖板上的密封嵌条所呈现的故障类型与通道关闭设备密封嵌条相同。通风管道内所装设的许多通风关闭设备和阀缺乏密性就是因为其承座配合有问题。因此，应对这类装配进行定期检查。如能在日常予以润滑和维护，该类装配就能一直处于良好的工作状态。

遍及全船的电缆会穿越很多水密边界。通过将每根电缆穿套在密封填料函(图 3-108)后再穿过水密边界来维持其原有的水密完整性。通常，采用数根电缆在多电缆传导座(图 3-109)的小块区域内集中穿过甲板或舱壁。靠近该组中央的那根填料函只能在非常困难的条件下进行填料重装，不过，能在必要时替换掉其内的填料毕竟是关键。如允许变质填料继续留在填料穿管内，就会遗留下船体发生进水的隐患。

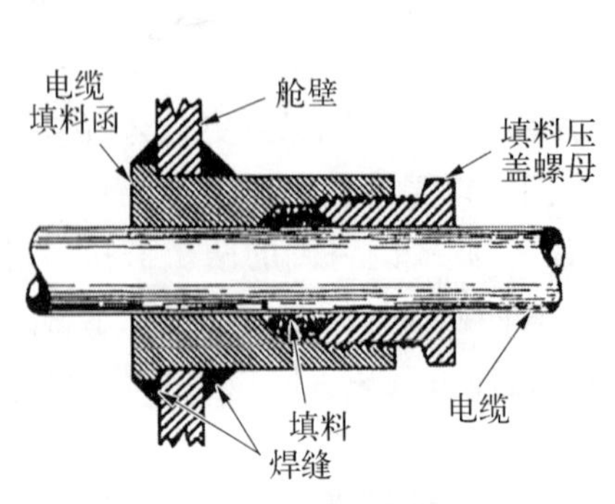

图 3-108　电缆穿过水密舱壁

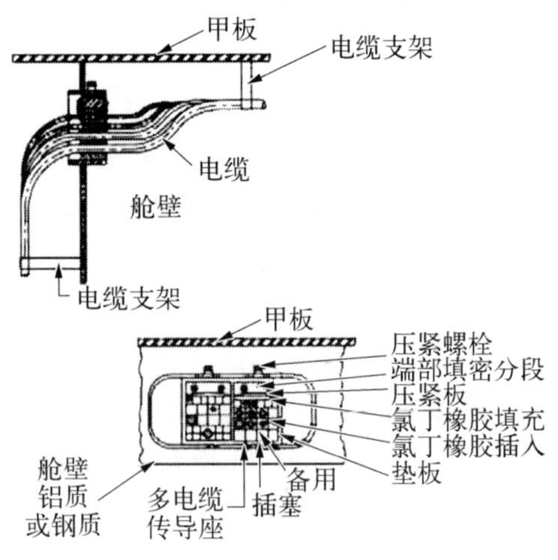

图 3-109　多电缆传导座

管路穿越舱壁和甲板处可能会出现渗漏。使管路穿入处保持水密的方法可以有多种。穿入处设置成水密可降低船舱发生进水危险的概率。

舷窗盖的操作基本上与门和舱口盖相同，但有可能需要扣紧舷窗盖上的搭扣。如搭扣没有扣紧，舷窗的玻璃就有可能会因大浪拍击或舰船本身运动而导致破碎。在固定舷窗盖时，一定要将舷窗盖的铰链销自始至终朝外扳向铰链一端，这样，就可避免不小心打碎舷窗盖。

要更换舷窗上的玻璃，应先在工作台上钻孔并攻好螺纹。钻取的这些螺纹孔的尺寸需与舷窗框角材企口上所装配穿入的紧固螺栓的尺寸相匹配。在更换舷窗玻璃时，通过预先钻孔并螺纹攻丝能节约大量的时间。然后，将舷窗框在工作台上固定之后，即可将其挡圈上的螺钉旋下。在卸下旧玻璃后，清洁窗框及其挡圈内的螺纹。如窗框和挡圈是由合成材料制成，还应在其螺纹上敷一薄层油或油脂。在镶装新玻璃之前，应先将玻璃四边嵌在红铅油灰或其他类似许用材料内。这样在固定好挡圈之后，红铅油灰就会绕玻璃四周均匀挤出，由此确保了其装配的密性。

3）安全性

无论从事何作业，安全性都是一个主要的考虑因素。在开启一关闭设备时，人员可通过站在门铰链的对面一侧、先松开门上最靠近铰链的搭扣来保护自己。这样再松开其他门上搭扣就会觉得较为容易，而且即使舱室内发生爆炸也不会对开门人员造成伤害。因为门上铰链会有助于制止门被气浪猛然掀开。在发生爆炸时人员若站在门铰链一侧，人就会夹在门和舱壁之间。

每道门都配备有安全保险装置。有些舱口盖内设有支撑杆，其他则设有锁紧装置。这两种装置的固定就位都采用栓钉。在开启舱口盖时，确保栓钉能一直保持在原位。水密舱口盖的孔盖则配有一个称为加固联杆机构的安全装置。在经由舱口盖上孔盖出舱室时，禁止采用抓住孔盖的方法将身体直接拉出来。因为一旦其加固联杆机构未能锁住，整个孔盖就有可能掉落下来砸在头上或手指上从而造成人员受到颇为严重的伤害。船上每道门都设置有门锁扣，若门需要开启一段时间时，应采用门锁扣将门固定住，否则舰船本身的运动会导致门猛然撞上关闭。门猛然撞上关闭会损伤门的密封嵌条并有可能伤人。实际上，大多数人员受伤事故都不是由于关闭设备的设计不当所引起的，而多是由于个人的疏忽所致。

3.2.4　设备器材的战备状态

设备器材战备状态是指在任何给定时刻出入口和系统闭合装置的效用程度。出入口关闭设施或系统的关闭能限制一艘舰船可能发生的损伤范围。

1）“XRAY”，“YOKE”与“ZEBRA”设备器材状态

海军舰船为舰船损管目的设有 3 类设备器材战备状态。其中每类状态都分别代表了不同程度的密性和防护。这些设备器材状态的名称与其音标字母毫无关系，而且，这些名称广泛使用于与设备器材状态相关的所有口头和书面通信中。

(1) “XRAY”设备器材状态。

“XRAY”设备器材状态下所提供的防护最少。一般是在舰船没有遭受袭击危险时所设定的状态。例如，舰船在受到很好保护的港口内锚泊或在国内基地内停泊时的正常作业期间。

(2) “YOKE”设备器材状态。

“YOKE”设备器材状态较“XRAY”设备器材状态提供更多的防护。一般是和平时期在海上时及战时在港口内时所设定和维持的状态。这也是和平时期正常作业时间之外在港口内所维持的状态。

(3) “ZEBRA”设备器材状态。

“ZEBRA”设备器材状态是在战时舰船离开或进入港口时所设定的状态。在处于战备状态人员配置时则不用另行命令也会立即自动转入这种设备器材状态。并且，即使舰船没有处于战备状态配置时，“ZEBRA”设备器材状态也会设定为对火警和船体进水进行隔离和控制。

2) 关闭设施分类

所有的水密、气密、防火和烟密出入口关闭设施都应予以分类，每类分别适用于对应的一组特定关闭设施。尽管关闭设施通常都是以其基本状态进行分类，但在上述3类设备器材状态中均有选定的一组关闭设施可以实行分类变更。变更关闭设施分类的目的在于可以授权进入一个由于所设定设备器材状态而被封闭的舱室。一旦设定了设备器材状态之后，除非注明，否则在该状况下的所有关闭设施都不能开启。因此，分类不可变更的关闭设施若要开启必须征得舰长的同意。在舰船不处于战备状态人员配置时，可经由征得舰船损管中心(DCC)值班人员或舱面值班军官同意后开启该关闭设施。在舰船处于战备状态时，经由损管助理同意后，由损管维修队队长负责控制管理其指定区域内所有关闭设施的开启和关闭。关闭设施的状况有任何变化都必须向舰船损管中心报告以便能对舰船的损管关闭设备记录进行更新。分类可变更的关闭设施则不用任何特别的授权即可开启，不过，这并不意味着允许该关闭设施开启后无人看护。通过严格遵循上述规程就能将一艘舰船的水密完整性维持在安全的水平上。

下面所述会有助于理解为何不同各组关闭设施被指定属于不同的分类。同时，也能清楚具体哪种分类的关闭设施可以开启，哪种分类的关闭设施不能开启。

(1) “XRAY”类关闭设施。

“XRAY”类关闭设施标有一黑体“X”标志，无论是在“XRAY”，“YOKE”还是在“ZEBRA”设备器材状态期间都必须予以封闭。船上人员在没有征得特别允许情况下禁止开启这类关闭设施。下列关闭设备应标上黑体“X”标志以标记其属于“XRAY”类关闭设施：① 至储藏室和装载舱包括弹药货舱的门和舱口盖；② 设置有孔盖且通向弹药库和转运间的舱口盖；③ 螺栓固定盖板人孔盖；④ 在其他地方没有覆盖的逃生孔盖；⑤ 设置在露天甲板上以及其下舱室用于保藏储存备品和军火弹药的门和舱口盖；⑥ 飞机加油站舱的通道出入口；⑦ 机舱内逃生围阱的通道出入口；⑧ 航空母舰阻拦装置锅炉舱的通道出入口；⑨ 弹射器间的通道出入口；⑩ 起锚绞盘和绞车操纵室的通道出入口；⑪ 锚链舱的通道出入口；⑫ 储存备品升降机的通道出入口；⑬ 航母飞机弹射器机炉舱的通道出入口；⑭ 压力排风机室的通道出入口；⑮ 通风机室的通道出入口。

“CIRCLE XRAY”类设施的标志为在一个黑色圆圈内标有一黑体“X”字母。这些分类可变更的关闭设备在“XRAY”，“YOKE”和“ZEBRA”设备器材状态期间都必须予以封闭。不过，在进入战位或例行检验核查要求时，船上人员可以不需要特别授权而直接开启这些设施。总之，允许人员开启这类关闭设备，但必须在使用之后立即将其封闭。

“CIRCLE XRAY”类关闭设备和设施包括：① 弹药库和转运间的门；② 没有设置孔盖且通向弹药库和转运间的舱口盖；③ 导弹装卸和校验区舱室的通道出入口；④ 尾轴隧、泵舱、弹药库和转运间的舱口盖内的孔盖；⑤ 燃气与燃油加油站及过滤室的通道出入口；⑥ 氧-氮（压缩和制成发生）室的通道出入口；⑦ 转换装置室、弹药输送机和升降机的通道出入口；⑧ 水下计程仪舱的通道出入口；⑨ 无人居住设备舱室的通道出入口；⑩ 用于传送军火弹药的孔盖。

（2）“YOKE”类关闭设施。

“YOKE”类关闭设施标有一黑体“Y”标志，在“YOKE”和“ZEBRA”设备器材状态期间必须予以封闭。在舰船处于“YOKE”或“ZEBRA”状态期间时，必须在征得有关方面的批准许可后才能开启属于该分类的关闭设施。

下列关闭设备和设施属于“YOKE”分类：① 设置有孔盖且通向尾轴隧和泵舱的舱口盖；② 机舱的备用通道出入口；③ 不属“XRAY”分类的露天甲板舱口盖；④ 在损管甲板及以上甲板的部分备用通道出入口；⑤ 起锚机舱的通道出入口；⑥ 发电机舱的通道出入口；⑦ 空压机舱的通道出入口；⑧ 空调机舱的通道出入口；⑨ 制冷装置舱的通道出入口；⑩ 升降机舱的通道出入口；⑪ 导弹发射指挥仪机械舱的通道出入口；⑫ 烘干室的通道出入口。

“CIRCLE YORK”类设施的标志为在一个黑色圆圈内标有一黑体“Y”字母。这些分类可变更的关闭设备在“YOKE”与“ZEBRA”设备器材状态期间必须封闭。不过，在进入战位或例行检验核查要求时，船上人员也可以不需要特别授权而直接开启这些设施。同样，允许人员开启这类关闭设备，但必须在使用之后立即将其封闭。

“CIRCLE YORK”类关闭设备和设施包括：① 没有设置孔盖且通向尾轴隧和泵舱的舱口盖；② 尾轴隧和泵舱在甲板上的孔盖；③ 围阱底部处通往尾轴隧和泵舱的门；④ 舵机动力源和柱塞室的通道出入口；⑤ 冷藏室的通道出入口。

（3）“ZEBRA”类关闭设施。

“ZEBRA”类关闭设施标有一红色“Z”标志，在“ZEBRA”设备器材状态期间必须予以封闭。在舰船处于“YOKE”或“ZEBRA”状态期间时，必须在征得有关方面的批准许可后才能开启属于该分类的关闭设施。

下列关闭设备和设施属于“ZEBRA”分类，应标上红色“Z”标志：① 日常通道的所有余下的门和舱口盖；② 所有车间、实验室、粮食库、用具室、控制室和医务舱室的通道出入口；③ 所有办公室的通道出入口；④ 当相关控制室在使用时，有人设备舱室的通道出入口；⑤ 机舱的主通道出入口；⑥ 发货室的通道出入口；⑦ 舵机舱的通道出入口；⑧ 密闭操纵部位的通道出入口；⑨ 飞机库和飞行甲板指挥控制站的通道出入口；⑩ 垃圾焚烧炉和垃圾箱间的通道出入口。

“CIRCLE ZEBRA”类设施的标志为在一个红色圆圈内标有一红色“Z”字母。这些分类可变更的关闭设备在“ZEBRA”设备器材状态期间必须封闭。在延长战斗部署时期内，在征得舰长的同意许可后可以开启“CIRCLE ZEBRA”类设施。开启这类设施是为了进一步部署的需要，如为了战斗给养的制备和分配、限制使用卫生设备的开放、战位的通风以及航空人员进入飞行甲板等。在开启时，“CIRCLE ZEBRA”类设施必须设置专门的看护警戒，这样在必要时可立即予以关闭。

“CIRCLE ZEBRA”类关闭设备和设施具体包括：① 从露天甲板至船员厨房的限制使用门或孔盖；② 从飞行员与空勤人员起飞准备室至飞行甲板的门。

“DOG ZEBRA”类设施的标志则为在一个黑色“D”字母内标有一红色“Z”字母。这些分类可变更的关闭设备在“ZEBRA”状态下和舰船灯火管制期间必须予以封闭。在舰船处于“ZEBRA”状态下或舰船灯火管制时，必须在征得有关方面的批准许可后才能开启属于该分类的关闭设施。

“DOG ZEBRA”类设施具体包括：① 除属“XRAY”和“YOKE”分类以外的、通向露天甲板而没有设置舰船灯火管制门控开关或舰船灯火遮光屏蔽的门；② 所有的舷窗(舷门)。

(4) “WILLIAM”类关闭设施。

“WILLIAM”类关闭设施标有一黑体“W”标志，在任何设备器材状态期间都必须予以开启。只有在必须对损害或化学、生物和辐射(CBR)污染进行控制以及必须对所维护设备进行维修时才封闭“WILLIAM”类关闭设施。

下列关闭设备和设施属于“WILLIAM”分类，应标上黑体“W”标志：① 在“XRAY”,“YORK”和“ZEBRA”状态期间供主、副冷凝器，消防泵以及有人舱室用水所必需的海水吸入阀；② 如关闭会损害舰船机动性和防火能力的关键阀。

“CIRCLE WILLIAM”类设施的标志则为在一个黑色圆圈内标有一黑体“W”字母。通常这类关闭设备就如“WILLIAM”类关闭设施一样须保持开启状态。但在为防止损坏扩散或在面临化学、生物和辐射(CBR)袭击时，作为防卫措施必须将这类设施封闭。

“CIRCLE WILLIAM”类设施具体包括：① 至驾驶室、旗舰司令台和信号屏蔽处所的门；② 主、副机舱，发电机舱和其他连续使用的装置系统和设施服务舱的通风系统。

如至一舱室的通道需要穿越一系列的舱口盖和(或)孔盖，则形成该通道的所有关闭设备都必须划归为与所至舱室相同的分类。例如，如一泵舱的分类为“CIRCLE YOKE”类，这就意味着其在“XRAY”设备器材状态期间开启，而在“YOKE”设备器材状态期间必须封闭。而考虑到该泵舱的日常进出，形成至该泵舱通道的所有舱口盖、孔盖和(或)门就都必须一同划归为“CIRCLE YOKE”类。

在通风机室门必须开启以便对风扇供气或将其内空气抽出时，该门应划归为此风机的同一分类。例如，若通风机室内设有一个分类为“YOKE”的风机，其门也应一同划归为“YOKE”类；而若一室内分别设有“YOKE”类和“ZEBRA”类风机，则该室的门应设为“ZEBRA”类。所有其他风机室的门应划归为“XRAY”类。

同时必须考虑到设施的分类应对其舱室的安全性没有影响。例如，一划归为“ZEBRA”分类的舱室如无人看护，则为了安全起见，即使在“YOKE”状态期间也须予以关闭。不过，其关闭必须呈报损管助理或舱面值班军官。

表 3－4 内收录了有关损管关闭设备及其分类的详细信息。

表 3－4　损管分类

系统或设施	XRAY	YOKE	ZEBRA	WILLIAM
放气孔	其内没有压力管系的损管空舱			内设压力管系的损管空舱
放气孔		所有透镜框	“Dog Zebra”分类：金属盖	
气密试验设施	所有			
航空燃油系统(汽油与喷气推进 JP－5 燃料)	所有阀			
压缩空气	火炮装置装填弹回平衡阀、鱼雷装填阀、其他供非“WILLIAM”类设施用系统的关断阀、升降机压力柜、飞机弹射器设备、柴油机启动空气柜与测试装置、压缩机上至总管的控制阀、软管出口、舱室测试阀			所有其他阀

续 表

系统或设施	XRAY	YOKE	ZEBRA	WILLIAM
损管压载舱通海阀	全部			
泄水系统	主、辅助泄水系统内的所有阀，机舱内的舭吸水阀和舷侧排水阀，各类泄水阀，轻便潜水泵舷侧排出接管		污水管路上的所有甲板泄水阀、旋塞、阀、排水孔和通风阀，设备冷却器和空调装置的重力式舷侧排水阀	操作室的甲板泄水孔和止回阀
消防总管、污水系统和喷淋系统	没有将其隔离成分段的以及对其总管竖管内压力没有不利影响的阀、操作舱底水总管和舱底水排泄器的阀、泵舱内的海水吸入阀、喷淋装置组控制阀、冲洗系统水龙带阀门、潜水泵启动阀、喷雾泡沫阀、飞机仓库喷淋阀、水幕阀与阀盖、固定喷雾系统的阀盖（附注：在消防总管和泄水阀联锁的情况下，应将消防总管阀划归为“XRAY”分类而泄水阀不分类）	将消防总管分隔成左舷和右舷纵向管段的阀，其中每个管段都应尽量由两个或以上的泵予以供水	将消防总管分隔成四段或以上管段的阀、消防总管至污水系统的阀、住舱区操作的排泄器阀、某些冷却水系统阀	所有其他消防总管阀、关键机械装置上冷却水系统的阀、由阀组控制的喷淋阀、机舱内消防泵的海水吸入阀以及汽油箱的舷外排出口
淡水	注入连接阀		机舱上的总阀	机舱的饮水喷头、炮管和火箭发射装置冷却系统、所有其他不分类阀

续　表

系统或设施	XRAY	YOKE	ZEBRA	WILLIAM
油与压载系统(燃油与喷气推进JP-5燃料加注、转运系统以及溢流系统)	除应为不分类的联锁阀和通向泵的那些阀以外的所有阀			
空舱、油舱和水舱的测深管甲板	全部			
通风		锚机舱和易燃材料舱	轴隧、车间、住舱、盥洗室、粮食库等工作舱以及生活舱室、发货室、雨服、运动器械、海图室及登记出版物收藏室,设有热管系的储藏室。厨房和首尾各一厕所则为“Circle Zebra”分类	机舱、飞机弹射器舱、泵舱、航空燃料维护间、装载蓄电池间和发电机舱。如没有空调,则还包括关键舱室、可控防火调节挡板
循环式空调			与通风舱室相同	舵机、控制室、医疗舱、飞行中队准备室、飞行服烘干室以及机械封闭操纵台、导弹舱
通风口	常规军火弹药舱和储藏室。轴隧、核武器、液体推进剂和有毒化学战剂舱以及弹药间则为“Circle XRAY”分类			
补充空气装置			关键舱室与住舱区	飞行员起飞准备室
传话管与信息传递设施	全部			
各类气密(AT)与水密(WT)盖			全部	

在设定设备器材的战备状态时，对舰船首要考虑的是其水密、气密、防火和烟密完整性的要求；其次才是生活条件和进出舱室方便的要求。不过，在长期处于战备状态岗位期间，在舰长的批准允许下"ZEBRA"状态可降低至忽略战位而允许船员使用正面的设施。例如，某些露天甲板门的开启后可利用自然通风将某些战位上的浑浊空气替换成新鲜空气。若合适的话，也可将"YOKE"状态分类按同样方式进行更改。

3.2.5 舱室设备明细表

在舱室设备明细表(表 3-5)内逐条分列收录了在舰船损管中所需用到的所有损管分类设施和关闭设备并设定了各特定设备器材相应的战备状态。舱室设备明细表最初是在该舰船或该型舰船的建造过程中由造船厂的设计部门编制并提供的，在此之后则由每艘舰船自己负责更新舱室设备明细表。

表 3-5 舱室设备明细表

舱室编号：2-108-1-L			名称：船员舱(登陆坞舰浮坞墙)		
项 目	设 施	编 号	位 置 与 通 途	损管分类	责任部门
	通道入口				
1	水密门	2-108-1	至编号 2-96-1-L 分舱的通道入口	ZEBRA	REP III
2	水密门	2-129-3	至编号 2-120-1-L 分舱的通道入口	XRAY	REP III
3	水密舱口盖	2-108-1	至编号 3-108-1-L 分舱的通道入口	XRAY	S
	各类关闭设备				
4	气密试验盖	2-108-1	在 WITH 2-108-1 舱口盖上，用于测试： 3-108-1-L 分舱 3-103-3-A 分舱 3-115-1-A 分舱	XRAY	E
5	气密试验盖	2-108-1	在 WTD 2-108-1 水密门上，用于测试： 2-96-1-L 分舱	XRAY	E
	泄水系统				
6	舱面承臼(遥控)	2-112-1	舱底水排泄器舷侧排泄口的阀 5-112-1	XRAY	M
7	测深管装置	2-118-1	用于 6-108-1-W 压载舱的测深	XRAY	R

续　表

项　目	设　施	编　号	位置与通途	损管分类	责任部门
8	设有压扳排水孔	2 - 109 - 1	来自 1 - 110 - 1 - L 分舱的污水管路	ZEBRA	REP III
	消防总管、喷淋系统与冲洗系统				
9	消防员关断阀	2 - 109 - 1	切断 1 - 109 - 1 消防栓	WILLIAM	REP III
10	消防员关断阀	2 - 110 - 1	切断第 IV 组弹药舱喷淋系统	WILLIAM	REP III
	燃油系统				
11	测深管装置	2 - 116 - 1	用于 6 - 1083 - F 燃油与压载舱的测深	XRAY	B
	遥控系统				
12	遥控起/止开关	2 - 119 - 1	用于 2 - 108 - 1 排风机的启动和关停	ZEBRA	REP III
	其他无分类系统				
13	扬声器		1MC 全船广播系统		
14	损管应急动力接头	2 - 114 - 1	损管应急电源出口		
15	15 磅二氧化碳灭火器	2 - 119 - 1	便携式灭火器		
16	一套氧气呼吸器		设于右舷 110 号肋骨的箱内		

所有舱室都须在其处所通道口的显眼处永久性张贴一份舱室设备明细表。配置损管设施的露天甲板区域也须张贴舱室设备明细表。舱室设备明细表内必须登记舱室的名称和编号以及设置在该舱室内的、损管人员履行其职责所必须使用的所有分类设施和其他必需损管设施。其中每项损管分类设施都需包含以下方面的内容：① 设备名称；② 设备编号；③ 设备位置；④ 设备的用途；⑤ 设备的损管分类（如有分类的话）；⑥ 负责操作使用各项设施的相应部门。

若一舱室具有一个以上的入口，则其舱室设备明细表的副本须张贴在舱室的每个入口，并且在上述张贴的设备明细表上须标明为“副本”。在一舱室内含有凹室或空阔区域时，可能有必要采用局部舱室设备明细表；此局部设备明细表上须标明为“局部”。该局部明细表上的设备编号须与其原始明细表上的设备编号相对应。

露天甲板以及部分其他甲板的舱室设备明细表可按船体分段划分；例如，可划分为“主甲板、肋骨号 90 - 120、右舷”。所有原始和局部舱室设备明细表在舰船损管中心内存档的原件都由损管助理负责保管维护。船上人员所分配的其他职责有：① 分部主管负责保管维护舰船处于完好状态下的舱室设备明细表；② 舰长在损管助理协助下负责填充表内标志为“责任部门”一栏内的内容；③ 相关部门负责关闭分类为“XRAY”或“YOKE”的设施；④ 舰船上的损管维修队负责关闭分类为“ZEBRA”的设施。

3.2.6 损管关闭设备记录

要求所有舰船都必须编制一份损管关闭设备记录并加以保管和维护(表 3-6)。损管人员必须清楚损管关闭设备记录并知道如何使用损管关闭设备记录。对于设备器材战备状态的更改必须遵守严格的纪律。如前所述，在改变任何设定的设备器材状态之前必须先获得许可，可向舰船损管助理或舱面值班军官申请许可。在战备状态期间，损管维修队队长负责控制其分配指定区域内的所有设施的开启和关闭。同时，损管维修队队长必须随时通报舰船损管中心以便舰船的损管关闭设备记录能随时保持更新。

表 3-6 舰船损管关闭设备记录
依据美国海军作战部长办公室指导说明书 3130.32

申请许可人员			设施标识			开启		关闭			批准申请的人员	
姓名	职务	部门	类型	分类	编号	日期	时间	日期	时间	确定开启时间	姓名	军衔或职务
Trulson	DC2	R	水密	XRAY	4-75-1	2006/02/01				24 h	James Watson	DC1

无论舰船是在港口内还是在航途中，都须保管维护好损管关闭设备记录。关闭设备记录用于给出下列信息：

(1) 目前设备器材战备状态中哪处已经过更改。

(2) 设施的类型、编号和分类。

(3) 申请设施开启或关闭许可的人员的姓名、职务和所属部门。

(4) 开启或关闭设施的日期、时间。

(5) 设施恢复至设备器材战备状态规定设置的日期和时间。

(6) 批准许可人员的姓名和职务/军衔。

舰长规定了舰船损管助理或舱面值班军官对设备器材战备状态所能批准的更

改权限。关于本应开启设施临时关闭的报告与报告开启本应关闭设施是一样重要的。例如，在宣布进入战备状态时，如一分类为“ZEBRA”水密舱口盖处于关闭状态就会严重影响船上人员、使其无法进入其各自的战位。

在港口内时，舰船损管关闭设备记录一般存放在尾甲板上；在海上航行时存放在驾驶桥楼上；而在战备状态期间则存放在舰船损管中心。然而，如果任何时候舰船都在舰船损管中心内设有 24 h 警戒值班，则无论舰船处于什么状态，舰船损管关闭设备记录都应存放在舰船损管中心内。一旦分类关闭设备或设施状态有变更，就应立即更新该损管设备记录。如分类损管设备需要保持开启状态数天，必须每天对其进行记录。一关闭设备或设施可记录为“开启”状态的最长时间不能大于 24 h。

必须一直将所有关闭设备和设施保持在最佳可能状态以维持舰船的水密完整特性。对关闭设备或设施的疏忽甚至有可能会导致损失整艘舰船。

3.2.7 舰船水密完整性的检查方法

舰船的水密完整特性是舰船的固有属性。对舰船及其水密完整性进行定期检验是十分必要的。在舰船的计划维修制中给出了舱室水密试验和检验的具体规程。在舰船的损管文件库内应存有该舰船的水密完整性测试与检验大纲。损管人员在按要求安排计划和实施测试与检验时可查阅上述参考资料。

1) 外表检查

通常，通过实施细致的外观检查就可能会发现水密舱壁或甲板上有破孔或裂纹。而如舱室内装有油、水或其他一些液体，则会发现有明显的渗漏现象。其他渗漏现象包括铆钉头松动、板材搭接或防挠板材的捻缝出现异常以及周缘角材的捻缝异常。所有的渗漏处都应尽可能予以修复以重建舰船的水密完整性。如其修理工作已超出了船上部队维修人员的能力，则应在下一次利用船厂、供应船或修理船维修时将此维修作业并入修理作业程序之内。

损管人员应按规定间隔周期进行外观检查以确定船上大部分的舱室是否有轻微渗漏情况。要实施此外表检查，须彻底封锁该舱室并关闭舱室内的所有照明；然后，由一人(观测人员)在黑暗舱室内查看是否有漏光；同时，就是确保该舱室周围处所内的照明要打开。这样，只要存在严重缺陷，观测人员就可根据周围处所泄漏出来的光线判定其位置。不过，某些区域可能需要采用手提照明以提供更强的照明度后才能实施外表检查。而且，观测人员也需要配备手提照明以便能在黑暗舱室中安全穿行。

2) 舱室气密试验

对指定为实施气密测试舱室的规划安排是：当船龄在 12 年以上时，所有此类舱室须每 18 个月实施一次测试；而对于船龄在 12 年以下的舰船，这类舱室则须每 36 个月实施一次气密测试。另外，指定实施气密测试的舱室内须配备有连接气密测试装置的相应设施。在舱柜内，则可能需要利用测深管或放气管与气密测试装置相连接。图 3－110 为配置在船上应用的气密测试装置，操作使用气密测试装置的具体指导规程可参阅每套装置所附带的生产厂商技术手册。

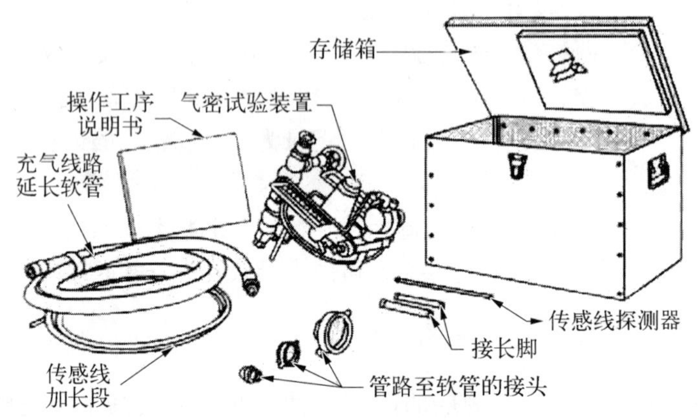

图 3－110　气密测试装置

在实施舱室气密测试时，必须严格遵循舰船水密完整性测试与检验大纲的内容。在试验中严禁超出该大纲内所规定的气密试验压力值。如试验压力超出上述推荐压力，就有可能会严重损坏被测试舱室的结构和边界。

在开始气密试验之前，需先对试验舱室进行外表检查并将所有被发现的渗漏修复。另外，需就准备实施舱室气密试验以及试验所涉及的舱室等情况通知机电部门长、损管助理和舰船损管中心。而且，如被测试舱室内设有喷淋系统、浸水系统或平衡浸水系统的话，还需一名电工助理协助切断上述系统电气按钮报警器和遥控阀的电源。之所以要提前切断电源，是因为上述设备都有隔膜盖，因而在测试舱室内引入试验所需气压时会自动激励启动。

在实施气密测试之前，服务于该舱室的所有设施应全部予以关闭或封锁。若有任何转动的轴系或其他活动部件穿过该测试舱室的舱壁，则必须在开始进行气密试验之前加强其密封以维持测试所需气压。

必须明确地让船上船员知道正在实施舱室气密测试的时间，应在测试舱室的每个可能入口处都张贴上相应标记。如在舱室气密测试期间在舱室内设置一名观测人员，则该舱室的所有入口都必须在其入口关闭设备处布置有人。设置这些警卫的目的是为了防止在舱室内的过剩气压得以释放之前就开启舱室入口的关闭设备。当然，在舱室气密测试中所采用的气密试验压力相对较低；但是，该气压在速动门或舱口盖上所形成的合力还是非常危险的。因此，须告诫船上人员在一舱室进行气密试验时切莫去开启该舱室的速动门或舱口盖，因为开启处于试验气压下舱室门或舱口盖的人员可能会严重受伤。

在一大舱室内进行舱室气密测试时，需要使用多名人员以满足渗漏检查的需要。同时，气密测试所涉及的各人员之间需要相互保持通信联系。其通信联系可利用"X40J"(花色或国际橙色)设备，从而能使测试人员具有不会中断的隔离线路。在实施舱室气密测试中，只要在规定一段时间内舱室内的气压下降超过其大纲内所列出的下降值就表示该舱室的水密完整性已经遭到破坏。如对其的修复纠正措施超出船上部队的维修能力，则必须将该舱室登记为"不合格舱室"。在下一次适当机会时，必须要求完成对该舱室的修复。

在舱室处于气密试验中时，可通过漏气所发出的嘶嘶声或哨声来发现舱室的泄漏处。然后，将舱室内的所有泄漏都予以定位、标记并进行登记以便后面采取修复措施。在修复了所有被发现的泄漏之后应再次进行舱室气密测试。如舱室内的气压下降仍然超过其容许下降值，则应在该舱室的各边界和所有的接缝、关闭设施与设备上涂抹一层肥皂液。这样，在施加测试气压时，会由于漏气而形成气泡，从而指出泄漏所在的位置。

舱室内的观测人员需持有一枝点亮的蜡烛。这样在观测人员靠近可疑泄漏位置时，从蜡烛火焰的偏向就可确定气泄漏所在的具体位置。

在完成舱室气密测试之后，应立即释放掉该舱室内的测试气压。必须更换掉气密测试设施的所有盖罩，这些盖罩都属于"XRAY"损管分类。此外，必须确保将弹药舱和燃油舱内溢出管、放气管和通气管内的临时关闭设备全部拆除，否则如这些通气和放气管仍旧关闭，则一旦舱室处所注满或进水时其边界必然会破裂。最后，如舰船上有日志的话，需将其记录在舰船水密完整性记录的相应条目内。

3) 通风

在舰船上设置通风可使工作区域或船员住舱内的船员感到舒适，同时，通风亦可让电子舱室保持凉爽。通风用于使空气在全船内流通循环，并使不同区域保持在不同的气候和适宜的室温。比如，与船员住舱区域内的空调气候截然不同，在舰船冷藏舱内流通循环的空气会维持在不同的温度和湿度。舰船上的很多区域内都设有敏感的电子设备。若无法使这些区域内的空气适当保持凉爽，其电子设备就会无法正常工作。显而易见，若船上的工作环境不舒适，船上人员也无法有效地开展工作。

可采用多种不同的通风加热器和预热器来加热送入舰船内的空气，在必要时又可采用空调系统和制冷装置来冷却空气，通风管道和调风门可用来将冷(热)空气输送到船上所需要的地方。通风系统内的温度调节装置用于监控和保持适当温度，而空气过滤器则用于从空气中过滤掉如灰尘等杂质颗粒以使空气保持清洁。因此，需要人员随时清洁、检测、润滑或维修或替换这一重要系统内的相关元件。

第 4 章　舰艇损管主要任务

4.1　舰 艇 消 防

火灾是舰船上常见的潜在危险。必须采取一切可能措施防止火灾发生。如万一失火起燃，则须立即将火警报告给舱面值班军官然后迅速将其扑灭。由对敌作战、暴风雨或事故所引起的火灾通常都会伴有其他损害。但如火灾不立即扑灭，则火灾所引发的破坏比其他初始事故灾害都要大得多。实际上，即使其他初始损害得以修复或控制到最小危害，单凭火灾就可能会导致整艘船的丧失。损管人员必须清楚如何识别不同性质类别的火灾、如何扑灭火灾以及如何使用和维护消防系统和设备。损管人员在这方面了解得越多，对自身所在舰船安全性的切实贡献就越大。

本节所述内容为舰船上消防灭火的基本原理。其基本原理包括火灾的组成要素、火灾的分类、扑灭火灾的基本原理以及所应使用的各类灭火剂。

4.1.1　火灾的组成要素

任何一场火灾都须具备三个要素：可燃物品、足够高的温度和充足的氧气供应。上述三个构成要素可简单表示为“燃烧三角形”关系(图 4-1)。

图 4-1　燃烧三角形

一般都是通过消除燃烧三角形中任一边的要素来实现火灾的控制与扑灭，只要能去除燃烧物、热量或氧气三要素中的任一要素，即可防止火灾的发生或扑灭火灾。

1）热量

火灾也称为燃烧，是以光和大量热量形式释放能量的一种剧烈快速的化学反应。大多数燃烧都与快速**氧化**有关，氧化是氧气与燃烧物质的一种化学反应。即使是在氧化进程缓慢时(如一块铁的生锈过程),也会释放少量的热量。当然,这种情况下的热量通常都会散失而不至于造成氧化物体的温度有任何的升高。

对于某些物品,如其氧化时的热量无法散失,缓慢氧化就会逐步转变为快速氧化。这种现象称为"自燃",从而导致起火。因此,确定为易于自燃的物品通常都存放在其热量可迅速散失的封闭处所内。如浸透动物油脂、植物油、油漆或溶剂的抹布或纸张等物品都特别易于发生自燃。

一个可燃烧材料或物体要着火,必须要有点火源并且其温度高到足以可燃。可燃物质释放出只要有火焰或火星接触即会燃烧的汽化物所需的最低温度就是所称的**闪点**。而一燃烧物在点着之后继续燃烧所需的温度称为**燃点**。通常情况下燃点的温度要比其闪点稍高一点。**自燃点**或**自起燃点**则是指一物质在不接触火星或火焰下被加热至释放出汽化物而自行燃烧所必需的最低温度。换句话说,自燃点就是指其发生自燃时的温度。通常自燃点的温度要远比燃点高。在一既定空气量内含有汽化物从而在点着时会引起燃烧或爆炸的最低含量至最高含量之间的范围相应称为**可燃范围**或**爆炸范围**。例如,我们可以说一物质的可燃或爆炸范围是1%~12%,就表示如空气内该物质的汽化物含量在大于1%而又小于12%时就会起火或爆炸。总之,与可燃或爆炸范围相关所指的百分比都是指所含容量百分比。

2) 燃烧物

燃烧物具有很多种特征,可以为固体、液体甚或是汽化物。损管人员接触到的部分燃烧物有抹布、纸张、木头、油漆、溶剂和金属镁等。

3) 氧气

燃烧三角形关系中的氧气这一边是指环境空气中的含氧量。平常情况下,支持火焰燃烧需要空气中的最低含氧浓度在15%以上。但是在空气中的含氧量达到3%时就足以支持闷烧。而一般空气中的含氧量为21%左右,含氮量为78%,另含有1%的其他气体,主要含量为氩。

4.1.2　火灾分类

火灾须根据所涉及可燃物(或燃烧物)的不同性质进行分类,如表4-1所示。对任何具体火灾来说,其所属分类的确定都具有极其重要的意义,因为这决定了扑灭火灾的必需方式。火灾具体可按如下分为A类、B类、C类或D类:

(1) A类火灾是指诸如木材、衣料织物、纸张、室内装潢和同类材料等普通物品所引发的火灾。A类火灾通常都由水采用高速或低速喷雾或稳定流来扑灭。A类火灾后会留下余烬或灰烬,都必须予以清查。

(2) B类火灾是指在诸如汽油、喷射燃料、柴油、燃油、稀释剂、油漆、溶剂、润滑油及油脂等易燃液体表面上的汽化物、空气混合物所引发的火灾。B类火灾的扑灭通常采用泡沫形成液膜灭火剂、1211卤素灭火剂、1301卤素灭火剂或碳酸氢钾干式化学灭火剂。具体使用何种灭火剂则取决于发生火灾的周围环境。

表 4-1 火灾分类

火灾分类	所属分类的物样	灭火剂的类型
A	木材、衣料织物、纸张、室内装潢	水
B	易燃液体,如汽油、喷射燃料、油漆、溶剂、油及油脂等	泡沫形成液膜、1301 卤素灭火剂、碳酸氢钾干式化学灭火剂、二氧化碳灭火剂及水雾泡沫灭火剂
C	电气设备及其配线	优先采用二氧化碳和 1211 卤素灭火剂,也可采用碳酸氢钾(PKP)干式化学灭火剂
D	可燃金属,如镁、钛和钠等	将其从船上抛掉,大量的水和砂

(3) C 类火灾是指由电气设备所引发的火灾。C 类火灾的扑灭通常采用非导电灭火剂如碳酸氢钾(PKP)干式化学灭火剂、二氧化碳灭火剂和 1211 卤素灭火剂等。应优先采用其中的二氧化碳灭火剂和 1211 卤素灭火剂,因为这两种灭火剂不会留下任何残余物。

(4) D 类火灾是指由如镁、钛和钠等可燃金属所引发的火灾。现已研究成功了特殊的技术工艺来控制此类火灾。但如有可能,还是应将燃烧着的金属投弃至舰船舷外。大多数的 D 类火灾都是靠浇覆大量的水使燃烧金属冷却至其燃烧温度以下来扑灭的。不过,镁金属引发的火灾可以采用覆盖大量干砂来予以闷灭。

4.1.3 火灾影响

物质的燃烧可导致一系列的化学反应。这些化学反应会产生火焰、热量、烟雾以及大量的气体和其他燃烧产物。其中,燃烧生成的气体和燃烧产物会减少可供人员呼吸用的氧气量。所有这些影响对于消防员来说都是十分重要的,必须做好切实准备以保护自己不受上述影响。

1) 火焰、热量与烟雾

人员必须做好对火焰、热量和烟雾的防护工作以避免受其伤害甚至牺牲生命。在进入发生火灾的舱室或区域之前,损管人员需要正确地穿着以作防护:必须将裤子束起塞进袜子内;将衬衫上的衣领扣好;穿戴安全帽。另外,须按现行条令穿戴规定的其他所有防护服。如是消防喷枪操作员或拖带灭火水龙带消防员,则还可能需要穿戴防护手套和氧气呼吸器。火灾的火焰和热量释放会非常剧烈,但如能适当穿着防护并保持足够距离,则可将烧伤的可能性降至最低。火灾的烟雾会使人难以看清和呼吸,但通过穿戴氧气呼吸器和头盔照明灯也足以应付这些问题。

2) 气体

火灾中生成的部分气体是具有毒性的；而其他气体虽然无毒，却在其他方面具有危害。与火灾相关的一些较为常见的气体简述如下。

(1) 一氧化碳。

在没有充足的氧气供燃烧物内所有碳元素完全燃烧时，火灾就会产生大量的一氧化碳。一氧化碳是无色、无味且无刺激性的气体，但是，即使在低浓度下也能导致人死亡。人员暴露在一氧化碳浓度为 1.28%的空气中时，只要呼吸两至三次之后就会失去知觉，如仍留在原地 1～3 min，就可能造成人员死亡。而且，发生一氧化碳爆炸的一氧化碳含量范围也很大：如空气中混合的一氧化碳含量在 12.5%～74% 之内，则明焰甚或一颗火星就能引发剧烈的爆炸。

(2) 二氧化碳。

在燃烧物内的所有碳元素完全燃烧时，火灾则会产生大量的二氧化碳。二氧化碳是无色、无味气体。虽然二氧化碳无毒，但是一旦浓度在 10%及以上时，长时间暴露于其中就会导致人员失去知觉。若二氧化碳浓度在 11%以上，导致人员昏迷的时间只需 1 min 甚至更少。若浓度足够高，就会导致人员死亡，因为二氧化碳会使得人没有呼吸的氧气。千万不要忽视这种窒息危险；即使其浓度已达到危险的含量时，二氧化碳的存在也没有任何预兆。二氧化碳本身不会支持任何物质燃烧，更不会形成爆炸。由于上述特性，二氧化碳作为灭火剂使用是非常有用的。另外，二氧化碳也常用于燃油舱、汽油柜及其他同类舱柜的惰性化处理。

(3) 硫化氢。

在有些火灾中会生成硫化氢。食物、衣料织物、皮革、污水和其他有机物的腐烂发酵也会产生硫化氢。硫化氢的生成只需 6～12 h。因此，在污水系统周围以及在其内有污水溢流口的舱室内进行火灾扑救时必须小心。硫化氢是闻起来有臭鸡蛋气味的无色气体。硫化氢含量为 4.3%～46%时，只要有明焰存在就会剧烈爆炸。而且，硫化氢浓度即使是在 20 ppm(ppm：百万分之一)以下，吸入后也会有剧毒。在硫化氢浓度含量为 1 000～2 000 ppm 的空气中，人员只要呼吸一口就会立即昏迷，以致停止呼吸甚至可能死亡。

3) 供氧不足

在密闭舱室内发生的火灾可能会导致人员呼吸用氧气的供应不足，因为绝大部分氧气会被火灾燃烧消耗掉，从而导致呼吸供氧相对很少。通常情况下，空气总的含氧量为 20.8%，人员就是在此含氧量空气中呼吸和工作的。因此，在怀疑某个舱室内的氧气含量不足时，应佩戴氧气呼吸器。在对该舱室测试含氧量低于 20%时，必须一直戴上氧气呼吸器。

4.1.4 火灾的扑灭

一般而言，通过消除燃烧三角形任一边的要素（即燃烧物、热量或氧气）或减缓燃烧的速度就可扑灭火灾。具体采用哪种方法取决于火灾的分类（见表4-1）以及火灾周围的具体环境。

1）清除燃烧物

虽然通常不太可能依靠通过清除燃烧物来扑灭火灾，但在某些特定环境下也是可能的。如能将附近的燃烧物甚至正着火的部分燃烧物安全抛出舰船舷外，则应尽可能着手实施。损管消防队必须时刻做好准备将可燃物转移到安全地带。应尽可能采取一切措施隔离其他可燃烧物以免火灾波及，特别是必须立即切断燃油、润滑油和喷气推进（JP-5）燃料管系上的供给阀。

2）消除热量

如能消除足够多的热量使燃烧物冷却至其能支持燃烧的温度以下，火灾就自然会熄灭。转移热量的途径有：① 辐射；② 热传导；③ 对流。

在所谓辐射过程中，热量经由空气向各个方向辐射。热量辐射就是站在明火旁能使人体感到热的那种热量传递方式。通过热传导，热量会通过分子之间的直接接触在一物质内传递转移或由一物质转移传递给另一物质。因而，在厚钢质舱壁一侧有火灾时会将热量从火灾一侧传导、转移至其相邻的舱室。而通过对流，火灾也会生成炙热空气和气体，这些空气则会进一步将热量传递给在其所及范围内的其他可燃材料。因此，在通风系统内通过对流形式的热量传递就尤其危险，因为通风系统会将炙热气体从火灾一直运送到相隔数个舱室外的另一处。如果同一通风系统内的其他舱室内放有低闪点的可燃物，则可能会引发另一场火灾。

要消除燃烧三角形中的热量要素，可通过喷洒某些会吸收热量的物品来降低火源温度。虽然有许多种可作为此用途的冷却剂，但最为常用的冷却剂还是水。水可以采用以稳定流的方式喷洒如喷雾或结合泡沫形成液膜一起使用。

3）氧气控制

氧气是火灾三角形中的第三要素。由于很明显不可能将氧气从环绕火灾的周围空气中彻底除去，因此要对氧气实施控制是非常困难的。但氧气是可以稀释或由其他不可燃物质替代的。如在一密闭舱室内发生火灾，就可采用二氧化碳气体稀释空气将舱室内的火灾扑灭。必须将空气稀释到一定程度后，这种方法才能真正起到扑灭火灾的作用，但如能将该舱室的所有通风系统都迅速关闭，则必然能更快地达到足以扑灭其内火灾所需的稀释度。一般而言，必须采用大量的二氧化碳气体方可将舱室内的含氧量降低到15%或以下。

4）减缓燃烧速度

采用干式化学灭火剂和1301卤素灭火剂并不是通过冷却或闷灭来扑灭火灾，

相反，这些灭火剂被认为是通过中断燃烧物与氧气之间的化学反应来扑灭火灾的。这种化学作用可降低燃烧的速度，从而使火灾得以迅速扑灭。

在灭火消防中，灭火的速度是非常关键的。如果不加以限制或扑灭而任其燃烧，则火灾会立即蔓延开来。谨记：不起眼的小火苗也可能会蔓延到其他燃烧物，造成波及数个舱室甚至全船的一场大火灾；这样就会使得原本可能只有数美元的损失最终发展成高达数百万美元的损失。因此，舰船上的损管消防队必须在尽可能短的时间内带着消防设备赶到现场、投入灭火作业。任何延迟使火灾进一步蔓延都会使得更加难以用现有的人力和设备将火灾扑灭。

4.1.5　灭火剂

通常救火队员所使用的灭火剂包括：① 水；② 泡沫形成液膜灭火剂；③ 碳酸氢钾灭火剂；④ 二氧化碳灭火剂；⑤ 1301 卤素灭火剂。

1）水

水对于火灾而言是一种冷却剂，船上消防用水可从海中取之不尽。如燃烧物的表面温度可降至其燃点以下，则火灾自行扑灭。水在温度升高至 212℉(100℃)之前对于热量的吸收最为有效，但即使在达到这个温度时水还能吸收更多的热量直至化为水蒸气。而水蒸气又能带走热量，导致燃烧表面温度的降低。

2）泡沫形成液膜灭火剂

对于要闷灭大规模火灾尤其是油、汽油和喷射燃料所引发的火灾而言，喷雾泡沫是一种非常有效的灭火剂。泡沫形成液膜灭火剂又称为“轻水”，是一种专门设计的船上消防系统所使用的人工合成泡沫。其泡沫调配/喷射设备可生成白色的泡沫覆盖。

泡沫形成液膜灭火剂在用于 A 类火灾的灭火时与海水等效。泡沫形成液膜灭火剂源于其自身性能而具备的独特作用是能够在易燃油料的表面上形成一轻质水膜漂浮层：在泡沫喷洒在可燃液体表面上时，会从其泡沫气泡中排出一种液膜，并在液面上逐渐漂浮扩散开来最终形成液膜汽封。这种形成液膜作用可大大提高灭火功效，而且即使在其泡沫覆盖受到破坏时也能阻止火势再燃。还没有起燃的燃料也同样可以利用这种形成液膜作用来进行保护。泡沫形成液膜灭火剂可以单独使用，也可以结合碳酸氢钾灭火剂一起使用。

3）碳酸氢钾灭火剂

干式化学粉末灭火剂灭火的化学机理相当复杂。此类灭火剂不能闷熄火灾燃烧，也不能使其冷却。相反，该类灭火剂是通过在火灾燃烧物上悬浮微细粒子而达到中断火灾燃烧化学反应的目的。实际上，这些干式化学粉末可在热量、氧气与燃烧物之间暂时建立一种屏蔽，而且这种屏蔽所维持的时间足以支撑到火灾被熄灭。用作灭火剂的干式化学粉末有数种类型；目前供海军舰船使用中最为重要的此类灭火剂是碳酸氢钾，也即所称的 PKP 灭火剂。碳酸氢钾灭火剂通常用于 B 类与 C 类火灾的灭火，因为该灭火剂对这两类火灾非常有效。不过，这种灭火剂具有腐蚀性和磨损性，因此只有在紧急情况下才允许用于 C 类火灾的灭火。现有碳酸氢钾灭火剂的规格有 18 磅和 27 磅手提式灭火器。另外，碳酸氢钾灭火剂也可结合泡沫形成液膜灭火剂一起使用。

4）二氧化碳灭火剂

二氧化碳灭火剂是一种通过闷熄燃烧物灭火的有效火灾灭火剂；也就是说，二氧化碳能减少火灾燃烧所需的供氧量。但这种闷熄作用只是临时的。必须牢记：一旦其炙热的余烬再接触到氧气，就会马上死灰复燃。

二氧化碳是一种在与大多数物质接触时都呈惰性的干燥、无腐蚀性气体。二氧化碳的比重较空气重，会更贴近地面；而且，二氧化碳不会对机械或其他设备造成损害。由于二氧化碳为非导电体，因此可安全应用于可能会存在触电危险处火灾的灭火。不过，二氧化碳灭火器喇叭口上所积聚的尘雾却会导电。因而，在使用二氧化碳灭火器时必须小心谨慎，严禁喇叭口触碰到电气元件。在舰船上，二氧化碳灭火设备包括有 15 磅规格二氧化碳灭火器、50 磅规格二氧化碳输送软管和软管盘带设施以及在注水装置系统上所装载的 50 磅二氧化碳灭火剂。尽管二氧化碳无毒，但也非常危险，因为会造成其空气环境无法呼吸；吸入二氧化碳会导致人员窒息。因此，在甲板下或密闭舱室内使用二氧化碳灭火剂灭火时必须穿戴氧气呼吸器。

5）1301 卤素灭火剂

1301 卤素灭火剂是一种密度比重 5 倍于空气的无色、无嗅气体。1301 卤素灭火剂不会导电，使用后也不会留下任何残迹。供船上使用的 1301 卤素灭火剂一般存放在压缩气瓶内。这类灭火剂对于 A 类、B 类与 C 类火灾的灭火都相当有效。1301 卤素灭火剂并不是通过闷熄或冷却方法来灭火的；相反，该类灭火剂与碳酸氢钾灭火剂相类似，都是通过中断火灾的燃烧化学反应来达到灭火的目的。

1301 卤素灭火剂在接触到大约为 900℉(482℃)的火焰时就会分解；1301 卤素灭火剂要有效发挥灭火功能就必须进行分解。不过，在其分解时，会形成数种产物如氟化氢和溴化氢。这两种气体都会刺激人的眼睛、皮肤和上呼吸道；甚至有可能对其造成化学烧伤。因此，相关人员除非穿戴氧气呼吸器，否则应禁止停留在投放了 1301 卤素灭火剂的处所内。

小　　结

本节主要介绍了消防灭火的基本原理。明确了构成火灾燃烧所必需的三个要素以及相应的火灾分类。相关人员在进行消防灭火时应清醒地认识到火灾的影响后果以及可能会接触到的各类不同气体。

没有两场火灾是完全相同的，相关人员必须根据实际情况确定扑灭火灾应采用的最佳方法和灭火剂，必须始终遵守有关的安全防护守则。

4.2　便携式消防与排水设备

在舰船上，船上水手使用手提式灭火器扑灭舱室或厨房内的失火。使用消防员装备可为救火队员的灭火、除气测试或检验作业提供全面防护，若能配备使用各类氧气呼吸器则更能增强消防员装备的防护能力。另外，在进行消防灭火过程中，可能还必须使用排水设备连同如风扇和通风机等其他便携式设备，其排水设备则应包括泵和排泄器在内。

4.2.1　手提式灭火器

所有的海军舰船上都使用手提式灭火器，船上最为常用的手提式灭火器有：① 干式化学灭火器；② 泡沫灭火器；③ 二氧化碳灭火器。

1）干式化学灭火器

干式化学灭火器（图 4－2）主要用于 B 类火灾的灭火。在这类灭火器中，碳酸氢钾是其最为常用的化学灭火剂。从这类灭火器中喷洒出的干式化学品可中断火灾生成的化学反应，灭火剂的这种作用就能使燃烧得以终止。

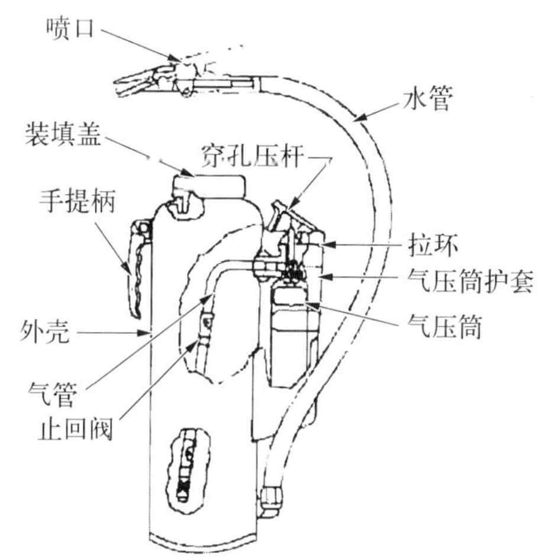

图 4－2　手提式干式化学灭火器

干式化学灭火剂用于 C 类火灾的灭火也是安全、有效的。但是，这类火灾的灭火还是应优先选用二氧化碳灭火剂，因为碳酸氢钾灭火剂使用后的残留物会污损电气与电子元件。同样，干式化学灭火剂也会污损发动机，因此除非绝对必需，否则燃气轮机或喷射发动机的内部起火不应采用碳酸氢钾灭火剂灭火。碳酸氢钾灭火剂对于 A 类火灾则无效，仅能在使用合适灭火器进行灭火之前用于压制火焰和保持对火灾的控制。

碳酸氢钾灭火器现有 18 磅和 27 磅规格。大多数碳酸氢钾灭火器都会在灭火器外壳的外面装设有一个小型二氧化碳气压筒。这个气压筒用于提供动力使灭火器充气喷射。除非准备使用，否则**严禁**压下碳酸氢钾灭火器。

操作使用干式化学灭火器应遵循如下程序步骤：

步骤1　将灭火器运至火灾现场；

步骤2　去除封印，将有“压”字样标志的穿孔压杆上的锁销拔出；

步骤3　将穿孔压杆压下直至穿透二氧化碳气压筒的密封。这时灭火器就已处于准备使用状态；

步骤4　尽可能从上风侧靠近火灾燃烧点。一手紧握灭火器，另一手握住灭火器的喷口；

步骤5　通过压下喷口上的压紧手柄来使灭火器内的干式化学灭火剂喷出。应紧握喷口并将其喷出的干式化学灭火剂导向燃烧源的底部。灭火时喷口应采用从一侧向另一侧大幅度摆动的运动方式，这样就能保证干式化学灭火剂在整个燃烧区域内大范围地均匀、密集喷洒。其中27磅规格灭火器的有效喷洒射程为21 ft，而18磅灭火器的有效喷洒射程则为19 ft；

步骤6　在灭火过程中，凡行进之前都必须保证当前灭火作业区域内的所有火情都已扑灭。如火势过大或如存在被火焰从翼侧包围甚至整个被围困的可能，则须协同另两名或更多人员使用灭火器一起灭火；

步骤7　在使用干式化学灭火剂时根本不必要考虑节约。只要是完全扑灭火灾所需，尽可能大量使用灭火剂(同时只要是灭火需要，不必计较灭火器的使用数量)；

步骤8　如灭火所需的水和泡沫一样，必须常备有干式化学灭火剂；

步骤9　在干式化学灭火器使用之后，应倒置灭火器筒，压下其喷口的排出手柄，然后将喷口轻轻敲击甲板。这样就能将灭火器筒和气压筒内的剩余压力及其软管和喷口内的剩余干式化学灭火剂全都释放掉。通过翻转灭火器筒也能防止干式化学灭火剂进一步排出，从而留存其内的剩余灭火剂粉末。必须保证灭火器的软管和喷口内没有干式化学灭火剂残留，否则会结块并导致其堵塞。

在对干式化学灭火器进行再装填时应遵循的程序步骤如下：

步骤1　倒置灭火器，轻敲灭火器筒体的侧面，以使其喷口内的所有散落的干式化学灭火剂都能清除。然后排除其内的气压；

步骤2　卸下灭火器上的装填盖(警告：在进行灭火器装填盖拆卸作业中，**严禁**作业人员俯身在灭火器顶上，因为一旦干式化学灭火剂喷溅在人员身上，会导致人员皮肤和眼睛严重受伤)；

步骤3　将干式化学灭火剂装填入灭火器筒体至其软管的弯头为止，所留下的剩余软管空间则可使得在灭火器筒体加压时灭火剂粉没有充气膨胀的空间，这样能确保灭火剂粉末在喷洒使用时不会结块；

步骤4　将洒落在灭火剂罐内螺纹和装填盖螺纹上的所有干式化学灭火剂清

除干净；

步骤 5　将装填盖装回原位。

安装一个新的二氧化碳气压筒所应遵循的程序步骤如下：

步骤 1　抬起切断手柄装置，插入锁销；

步骤 2　重新封印锁销和切断手柄；

步骤 3　卸下覆盖在二氧化碳气压筒上的护套；

步骤 4　拧松卸下已消耗掉的二氧化碳气压筒；

步骤 5　卸除要新安装二氧化碳气压筒上的封盖和垫圈；

步骤 6　将新二氧化碳气压筒按其左旋螺纹拧入在手柄装置内的相应装配位置上；

步骤 7　将二氧化碳气压筒上的护套装回原位。

2) 泡沫灭火器

泡沫形成液膜(AFFF)灭火器主要用于在少量的溢油上形成一层液膜汽封，扑灭小型“BRAVO”类(如热油锅所引发的)火灾以及用作热作业期间的防火警戒设施。

手提式泡沫灭火器(图 4－3)是一内装有 2 1/2 gal 预混泡沫浓缩液和水的不锈钢筒。泡沫灭火器以空气加压至在 70°F 时为 100 lbf/in^2，充满时的重量约为 28 lb。该类灭火器内混合液的膨胀比约为 6.5∶1，即可生成约 16 gal 的泡沫。泡沫灭火器的连续喷射时间为 55～65 s，开始喷射时的射程可达 15 ft，其后则随着喷射逐步衰减。

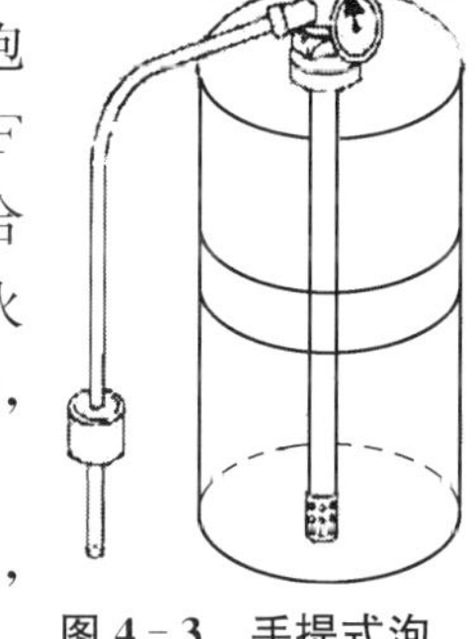

图 4－3　手提式泡沫灭火器

在操作和使用泡沫灭火器时应注意一些相关的重要情况，具体如下：

(1) 泡沫灭火器设计应用于扑灭 B 类液池火灾，但同时也可应用于扑灭 A 类火灾。对于 C 类火灾(通电的电气元件)的灭火则不推荐采用液膜形成泡沫灭火器。

(2) 在灭火之前，先确保灭火器筒内的压力是在其正常范围之内，然后卸下锁销。一旦要使用灭火器，压下其手提柄上的操作杆即可。该类灭火器能够连续喷射或多次重复喷射。

(3) 泡沫灭火器是通过冷却来扑灭 A 类火灾的。由于泡沫形成液膜具有更强的润湿能力和渗透能力，因此其灭火功效较水更好。用于扑灭小型 A 类火灾时，可将泡沫喷向这类火灾的底部(火源)。

(4) 通过漂浮在易燃油料表面上并在液面上最终形成液膜汽封，泡沫形成液膜可扑灭 B 类火灾或对还没有起燃的溢溅油类起到防火保护的作用。一个泡沫灭火器能有效扑灭 20 ft^2 面积内的易燃液体所形成的火灾。在使用灭火器时，应从距火源 15 ft 远处采用从一侧向另一侧大幅度摆动向火势底部喷洒的灭火方式。一个泡沫灭火器若用于在溢溅油类上形成液膜汽封以防止起火，其最大有效保护面积可达 40 ft^2。对于更大型的油类溢溅或其无法完全靠近或可见时，则应采用 1 1/2 in泡沫消防水龙带或由设置的舱底水喷淋系统予以覆盖保护。

(5) 热油锅所引起的火灾通常需要特定的程序才能扑灭。扑灭这些火灾可能需要泡沫形成液膜灭火剂结合碳酸氢钾灭火剂一起使用以阻止其扩散至整个舱室或通风管道内。灭火时，泡沫应导向热油锅的后壁以使其泡沫能在燃烧热油上面流动。这种方法不会分解烹饪油，而是使火灾熄灭并在油上面形成一层泡沫(警告：严禁直接将泡沫喷向烹饪热油，因为这样会导致泡沫形成液膜立即沸腾。由此导致的剧烈沸腾可能会致使烹饪热油溅出锅外威胁到消防人员)。

3) 二氧化碳灭火器

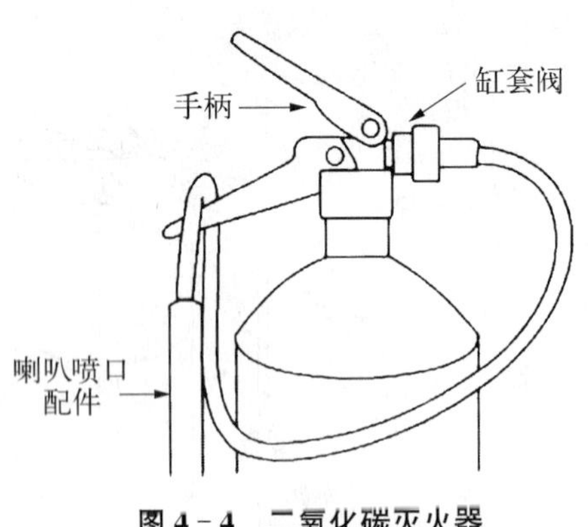

图 4-4 二氧化碳灭火器

海军用标准二氧化碳灭火器(图 4-4)的额定二氧化碳容量(按重量计)为 15 lb。卸下锁销然后压下设置在其缸套阀内的放泄阀即可操作使用该类灭火器。二氧化碳灭火器主要应用于小型电气火灾(C类火灾)，对于B类火灾也有一定的灭火功效。

在操作使用二氧化碳灭火器时应遵循如下程序步骤：

步骤 1 将二氧化碳灭火器以直立姿势运送至并尽可能靠近火灾现场；

步骤 2 将灭火器放置在甲板上，然后从其阀上卸下锁销；

步骤 3 握住灭火器喇叭喷口的绝缘手柄。若二氧化碳迅速膨胀会导致灭火器喷口的温度变得相当低；

步骤 4 压下操作杆以开启阀门，释放出二氧化碳。15 磅规格二氧化碳灭火器的最大射程从其喷口外端起计为 4～6 ft。在连续使用时，15 磅二氧化碳灭火器可连续喷射约 40 s。在释放喷射二氧化碳时，如将灭火器筒放置在甲板上就可避免受到静电电击。

很多舰船都配有二氧化碳输送装置，从而可在通风良好的舱室内将二氧化碳从 50 磅规格二氧化碳瓶再装填入 15 磅二氧化碳灭火器内。二氧化碳输送装置(图 4-5)则是由一台电动机、一台泵、一根高压软管、一个控制调节阀、接头和相应配件构成。二氧化碳输送装置的维护则应遵循计划维修制(PMS)及其生产厂商说明书内的规定。

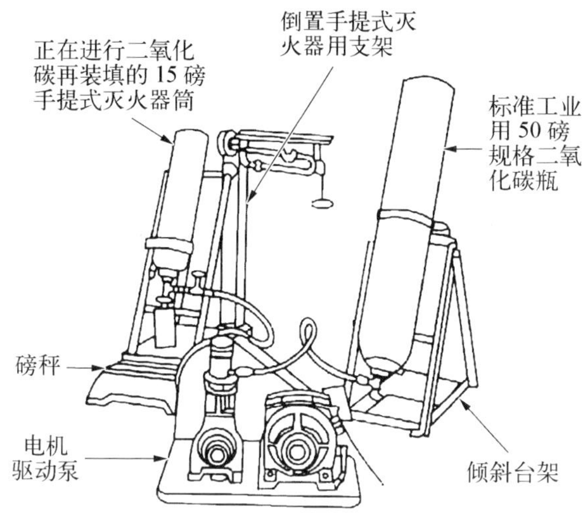

图 4-5　二氧化碳输送装置

作为一名损管人员，可能会要求对二氧化碳输送装置进行清洁、检验和润滑处理。另外，也有可能需要参加该输送装置的部件更换、按要求进行测试以及对二氧化碳瓶进行再装填作业等工作。

在操作使用二氧化碳输送装置之前，必须确保在电动机一侧的开关处于“关”位。检查对电动机进行供电的电路并确定其与该电动机顶部标示牌内所示相同。如可采用 220 V、60 周波的单相电流，则电动机引出线的接线设置应布置为由该电路供电工作。在电动机的标示牌内应配置有 220 V 下工作的接线图。对其进口软管和出口软管上的所有接头都应进行检查(其中，6 ft 长软管是泵的出口软管)。必须确保上述装置之间的所有接头都能保持密性。这点极为关键，因为二氧化碳都是以高压形式储存的。

在操作使用二氧化碳输送装置时应遵循如下程序步骤：

步骤 1　在输送装置、磅秤和倾斜台架正确就位之后，核查二氧化碳贮存供应瓶。仅允许使用 50 磅规格工业用二氧化碳瓶。二氧化碳瓶应倒置。

步骤 2　将泵进口软管连接至二氧化碳贮存供应瓶的出口。该软管的连接接头应配备有过滤筛网以防止任何杂质进入到输送装置或正在再装填的二氧化碳灭火器筒内。禁止开启二氧化碳贮存供应瓶上的阀。

步骤 3　将空灭火器筒放置在磅秤上。如使用灭火器支架，则应以近似垂直的姿势倒置灭火器筒，否则就水平放置。

步骤 4　将泵出口软管连接至二氧化碳再装填接头。泵出口软管配置有一个截流阀。须对上述所有软管连接都进行核查以保证其连接正确、可靠。所有软管连接都应采用扳手缓慢地、稳定地逐步扳动到位。禁止猛拉扳手作业，也禁止用锤子敲打。

步骤5　在确定泵出口软管上的截流阀已经密闭以及需要再装填灭火器筒上的阀处于“OPEN(开启)”位置之后，将二氧化碳贮存供应瓶上的阀完全打开。

步骤6　利用磅秤进行称重，时刻注意正进行二氧化碳再装填灭火器筒的重量。若采用杆式磅秤，则应将秤设置在空灭火器筒本身加上所需再装填二氧化碳量后的重量刻度上。

步骤7　打开泵出口软管上的截流阀，以使二氧化碳贮存供应瓶内的二氧化碳能够在其自身压力驱使下流入到需再装填的灭火器筒内。

步骤8　一旦再装填灭火器筒的重量不再增加，则表明二氧化碳不能再依赖于其自身压力流入灭火器筒内。在此时，须开启输送装置，然后密切注意磅秤的变化。只有在经检验核实所有的阀都已调节正确时才能开启输送泵，否则，在此输送装置系统内会生成过高压力，从而可能会导致氯丁橡胶密封破裂(警告：在输送装置正进行二氧化碳泵运输送时，严禁关闭正进行二氧化碳再装填灭火器筒上的阀或其泵出口软管上的截流阀)。

步骤9　一旦达到正在装填灭火器筒的全容量，就应立即按序实施下列程序操作：

(1) 关闭输送装置的电动机；

(2) 紧闭泵出口软管上的截流阀；

(3) 关闭正在装填二氧化碳灭火器筒上的阀。

步骤10　将正在装填二氧化碳灭火器筒上的软管断开。进行此项操作时必须十分缓慢以便使其截流阀与被装填灭火器筒之间所滞留的二氧化碳散逸掉。

步骤11　对二氧化碳再装填完毕之后的灭火器筒进行严格称重。在灭火器筒记录卡上记录下所装填的二氧化碳重量。

步骤12　在完成二氧化碳再装填之后，紧闭二氧化碳贮存供应瓶上的阀。然后非常缓慢地打开泵出口软管上的阀，使滞留在输送装置内的所有二氧化碳释放至环境空气中。

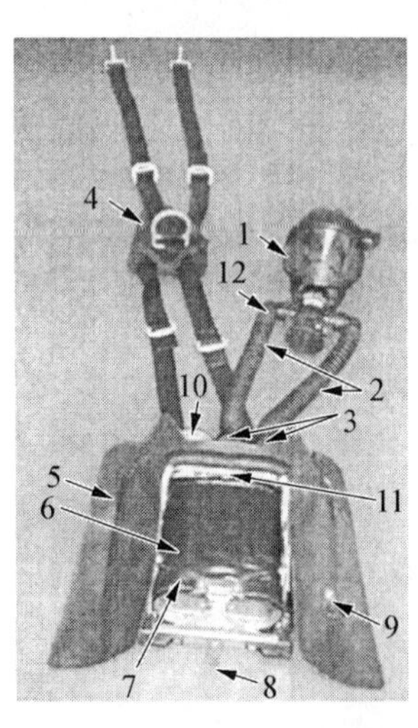

图4-6　氧气呼吸器的组成

1—面罩　2—呼吸软管　3—呼吸软管连接头　4—人体背带与衬垫　5—呼吸袋　6—胸革带装置　7—吊环手柄　8—氧气再生罐释放带　9—安全阀和拉耳片　10—计时器　11—冲杆装置　12—阀门组件

4.2.2　防护设备

可采用的消防员专用防护设备有很多种：氧气呼吸器、自持式呼吸器、消防员装备以及防燃服、手套、消防员头盔、防燃罩和声频放大器等。本节介绍可供使用的设备、如何操作使用以及如何维护以便使其处于最佳状态。

1) 氧气呼吸器

A-4型氧气呼吸器在整个海军范围内都广泛使

用。氧气呼吸器是一种完全自持式呼吸器。氧气呼吸器能让呼吸器穿戴人员不受外部空气环境的限制进行呼吸。氧气呼吸器自身能凭借化学反应提供氧气，因而可为呼吸器穿戴人员进入内有烟雾、灰尘或火灾或氧气含量不足的舱室、空舱或舱柜提供保障。

（1）氧气呼吸器主要部件。

损管人员如需要穿戴和使用 A－4 型氧气呼吸器并进行维护使其处于理想状态。则必须了解氧气呼吸器的各部件及其功能。

面罩。氧气呼吸器的面罩（图 4－7）包括有目镜、通话振动膜片和头部系带。目镜是一整体式的清晰透镜。另外，还可能会提供可安置在面罩内使用的眼镜设备。在该眼镜设备内可安置校正式透镜以满足必须佩戴眼镜人员的需要。不过，一旦安上此类透镜之后，则该眼镜设备以后只能由为其专门制作的人员专用。通话振动膜片可保证人员在穿戴呼吸器之后能与其他人员通话并使用如声力电话等通信设备。头部系带则用于保证将面罩固定贴合在穿戴人员的脸上。如能调节好头部系带，外部环境内的空气应不能进入到面罩内。

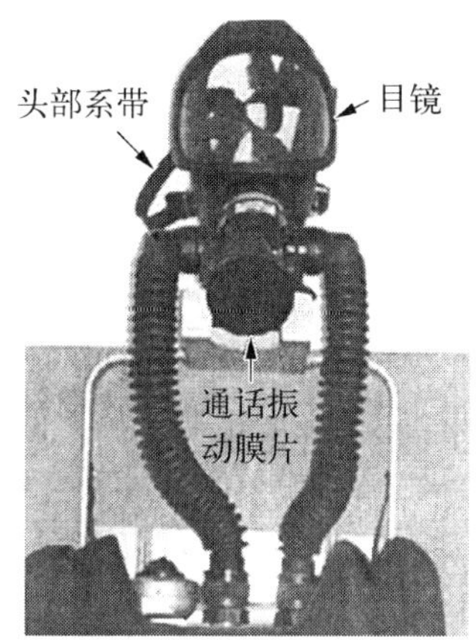

图 4－7　安设有眼镜设备的面罩

呼吸袋与呼吸软管。氧气呼吸器配有一个呼吸袋和两根呼吸软管来控制调节氧气。氧气呼吸袋内有由氧气再生罐生成的氧气供呼吸器穿戴人员呼吸用，其中一根呼吸软管用于将氧气从呼吸袋运送给面罩（图 4－7），另一根呼吸软管则用于将人员呼出气体送回氧气再生罐。这两根呼吸软管都是由波纹橡皮管制成，起到控制调节空气流向并有助于冷却空气使穿戴氧气呼吸器人员感到舒适。上述软管都是快速断开型连接。软管连接头采用颜色编码，且其供给软管采用与排气软管不同的直径规格（图 4－8）。这样就可避免出现将软管连接在错误连接头上的可能性。

计时器。计时器（图 4－9）设置在胸革带装置的顶部，这样呼吸器穿戴人员就

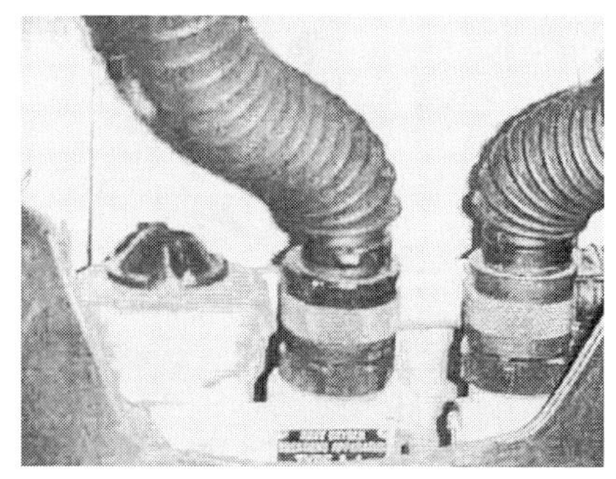
图 4－8　呼吸软管

图 4－9　计时器

可随时核查所从事工作的剩余时间量。计时器的铃声设计为连续响 8～10 s。

胸革带装置。胸革带装置内设有冲杆装置、氧气再生罐护罩和支座以及手柄。在氧气再生罐固定就位时，冲杆装置就会刺穿氧气再生罐的铜箔密封。手柄则驱动固定就位机构以使氧气再生罐在其罩内定位安置。胸革带装置的外部须进行绝缘以保护人员不会因氧气再生罐生热而受伤。

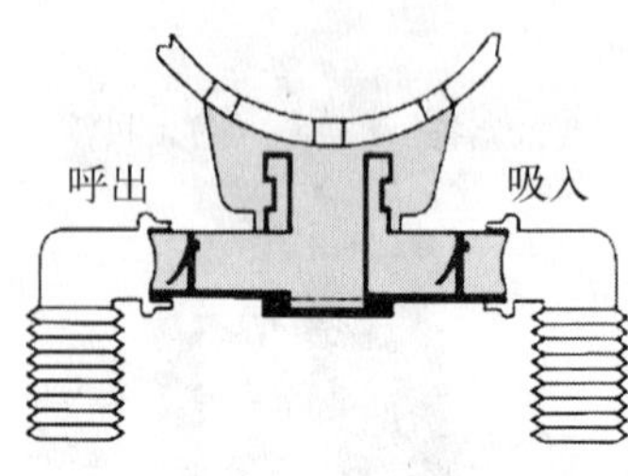

图 4－10 组合阀门组件

组合阀门组件。组合阀门组件如图 4－10 所示。组合阀门组件的作用在于控制气流经氧气再生罐流向呼吸袋。

氧气呼吸器快速启动再生罐。氧气呼吸器的快速启动再生罐(图 4－11)都被漆成绿色。这是在舰船上可供使用的唯一一种氧气再生罐。其橡胶密封垫片的设置可保证氧气再生罐处于氧气呼吸器内的工作位置时具有气密封。氧气再生罐上的铜箔密封可保护其内的化学品在氧气再生罐准备投入使用之前不会受潮。内置于氧气再生罐内的氯酸盐烛则能在再生罐正常制氧之前提供约 5 min 呼吸所需的氧气。呼吸器穿戴人员可在该氧气环境中呼吸，而人员呼出气体时就如没有穿戴氧气呼吸器一样。同时，人员呼出的湿气和二氧化碳会激活氧气再生罐内的化学品。氧气再生罐内的化学品会清除、净化人员呼出气体中的湿气和二氧化碳，然后再将净化后的新鲜气体送回供人员呼吸。

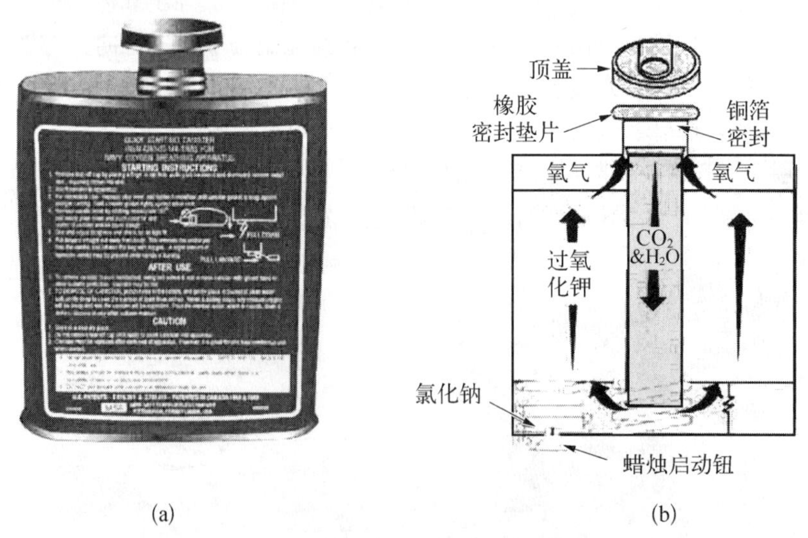

图 4－11 A－4 型氧气呼吸器配备使用的快速启动氧气再生罐

(a) 正视图;(b) 横剖面图

呼吸器穿戴人员的消耗量决定了氧气再生罐制氧时间的长度。呼吸器穿戴人员的运动消耗越剧烈，则氧气呼吸器内制氧化学品的消耗也相应越快。因此，如呼吸器穿戴人员从事比较温和的工作如核查船上的破坏情况，氧气呼吸器内氧气再生罐的工作时间就相对较长；反之，如从事消耗非常剧烈的工作如灭火，则氧气再生罐只能坚持工作约 30 min。而且，呼吸器穿戴人员的呼吸习性也同样会影响氧气再生罐的工作时间长度。若需要以新的氧气再生罐更换氧气呼吸器内业已消耗完的氧气再生罐，务必在新鲜空气环境下进行更换。

(2) 气流流程。

至此，损管学员应已熟悉、了解氧气呼吸器的所有部件的用途。图 4－12 所示为安装有一个氧气再生罐的氧气呼吸器；图中箭头表示为在氧气呼吸器内的气流流程方向。

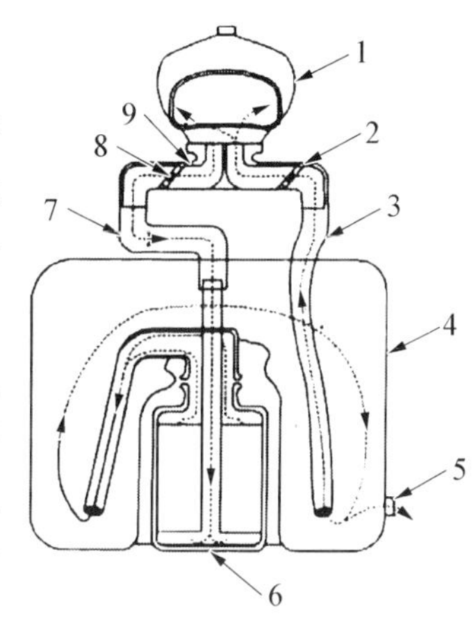

图 4－12　气流流程图

1—面罩　2—吸入阀
3—吸入软管　4—呼吸袋
5—卸压阀　6—氧气再生罐
7—呼出软管　8—呼出阀
9—组合阀门

呼吸器穿戴人员在呼出气体时，潮湿呼气先流经呼出软管(7)，然后经氧气再生罐底部上的阀套(6)，再向上流经制氧化学药品。呼出气体中的二氧化碳被吸收而所含的湿气与化学药品发生化学反应、释放出氧气，这部分制成的氧气随之流入到呼吸袋(4)(胸革带装置组件中的一个部件)。这时，随着呼吸器穿戴人员的正常吸入动作，呼吸袋内适合呼吸的混合气体就会经由吸入软管(3)再被抽吸至面罩(1)。

在吸入和呼出流程中都会运用到止回阀(分别为 2 和 8)。在其呼吸袋内还设有一个自动操作卸压阀(5)以释放掉呼吸袋内过高的压力。如前所述的通话振动膜片则内置于面罩之内。

(3) 氧气呼吸器的使用操作程序。

损管人员一般是基于正常救火或为培训目的而使用氧气呼吸器。氧气呼吸器能起到保护人员的作用，但是，如使用不当也可能会造成人员受伤。下面各主题所述即为 A－4 型氧气呼吸器的使用操作程序。学会正确使用氧气呼吸器是十分重要的，损管人员应在具有使用氧气呼吸器资格的资深士官的监督指导下反复练习其操作使用程序。

穿戴氧气呼吸器的程序步骤如下：

步骤 1　以一只手在组合阀套处握住面罩并在操作杆处握住呼吸器，以另一只手握住人体背带的带子和人体衬垫 D 形环。然后，将衬垫和背带举过头顶以使氧气呼吸器安置在胸部。如图 4－13 所示。

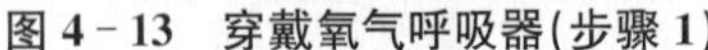

图 4-13　穿戴氧气呼吸器(步骤 1)

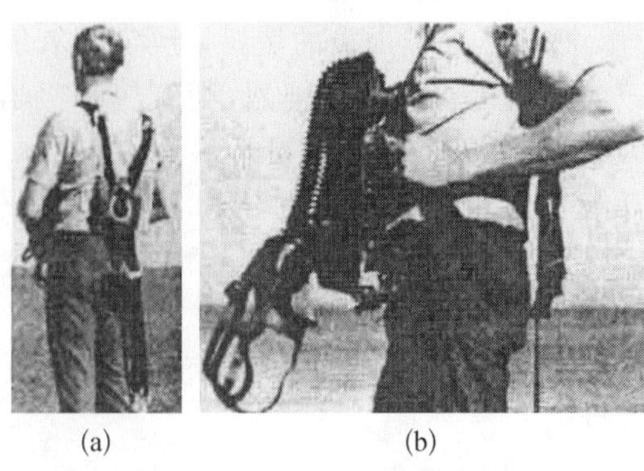

(a)　　(b)

图 4-14　穿戴氧气呼吸器(步骤 2)

步骤 2　找出两根带子自由悬挂在背后(图 4-14(a));然后将每根带子末端系在胸革带装置每侧的 D 形系环上(图 4-14(b))。

步骤 3　将胸革带装置置于呼吸器穿戴人员的胸前,其位置应确保呼吸软管接头稍低于穿戴人员的肩头。在穿戴上呼吸器的面罩后,不应对穿戴人员的头部活动造成限制。在将呼吸器保持固定在上述位置的同时,通过先调整腋下的两根带子再调整肩上的两根背带直至呼吸器穿戴舒适贴合(图 4-15)。呼吸器的背带衬垫则应从穿戴人员的颈部向下放置在其背部的中央以保证呼吸器穿戴贴合舒适。

图 4-15　穿戴氧气呼吸器(步骤 3)

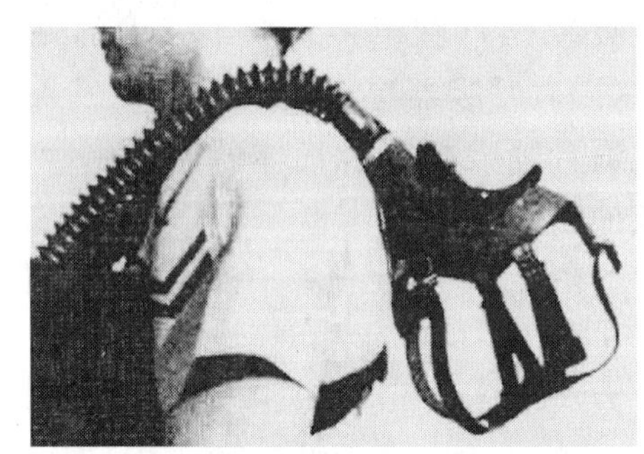

图 4-16　穿戴氧气呼吸器(步骤 4)

步骤 4　在氧气呼吸器的穿戴人员准备启用氧气再生罐之前,将呼吸器的面罩搁置在头部后面待用(图 4-16)。

步骤 5　按下列方法步骤安置氧气再生罐:

(i) 通过将其耳片向后、向下拉卸掉氧气再生罐上的掀盖,暴露出氧气再生罐的铜箔密封(图 4-17)。抛掉掀盖。

(ii) 通过旋转其转盘 180°卸下氧气再生罐上的制氧烛盖。然后,如图 4-18(a)所示将制氧烛按下推入氧气再生罐的中央。此时制氧烛盖由其系索悬挂着。在拆卸制氧烛盖时,**严禁**牵扯这根系索,否则会将开口销卸下。卸下开口销就会点燃制氧烛，从而氧气再生罐就开始制氧。如开始制氧时铜箔密封仍完好无损，会导致氧气再生罐内的气压逐步上升。该压力最终会导致铜箔密封或氧气再生罐接缝破裂。

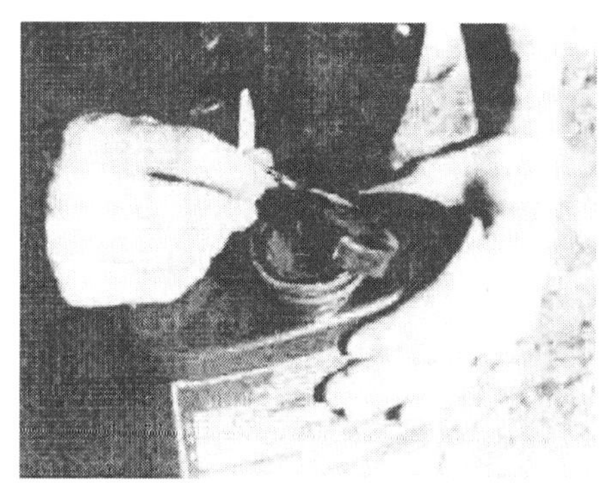

图 4-17　卸下掀盖(步骤 5)

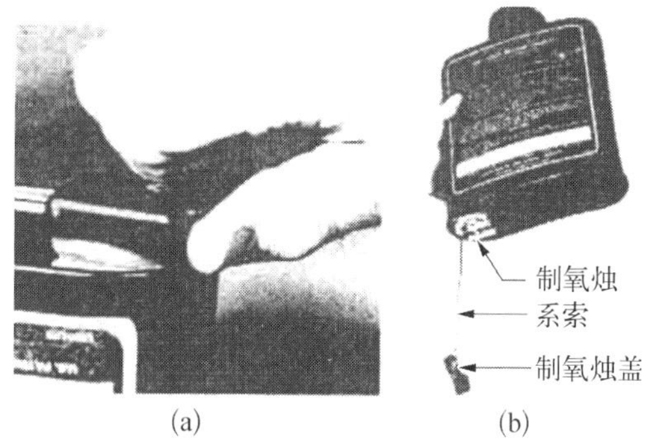

图 4-18　卸下制氧烛盖(步骤 5)

(iii) 使氧气再生罐保持颈部向上并且凹面或带筋一面朝向人员身体。然后，将氧气再生罐向上插入在护罩和胸革带装置内直至氧气再生罐牢固就位为止(图 4-19)。此时，氧气再生罐就封闭在该位置待用且其铜箔密封仍保持完好。若铜箔密封在氧气再生罐处于上述待用位置时已被刺穿，则需要调整其备用应急堵塞。在进行相应调整之前，**不应**使用在待用位置铜箔密封已被刺穿的氧气呼吸器。

图 4-19　插入氧气再生罐(步骤 5)

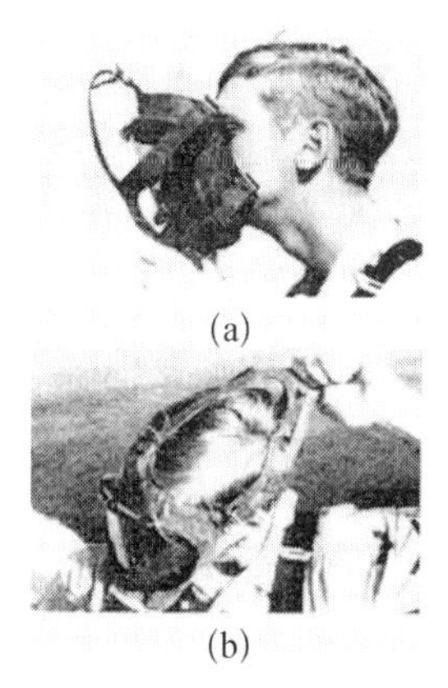

图 4-20　穿戴面罩(步骤 6)

步骤 6　面罩的穿戴与调整程序步骤如下：

(i) 将头部系带置于面罩的正面。

(ii) 呼吸器穿戴人员将下颌穿入面罩的下颌靠垫(图 4-20(a))。

(iii) 将头部系带从面罩的正面绕系在头部(图 4-20(b))。必须保证没有头发系在面罩之内。

(iv) 必须确保系带平贴头部。

(v) 将下系带(颈部系带)收紧。

(vi) 收紧侧面系带。

(vii) 将双手放在头部的系带衬垫上(在头后部),然后向下朝颈部拉紧。

(viii) 重复上面步骤(v)与(vi)。

(ix) 如果需要的话,收紧前额或正面的系带。

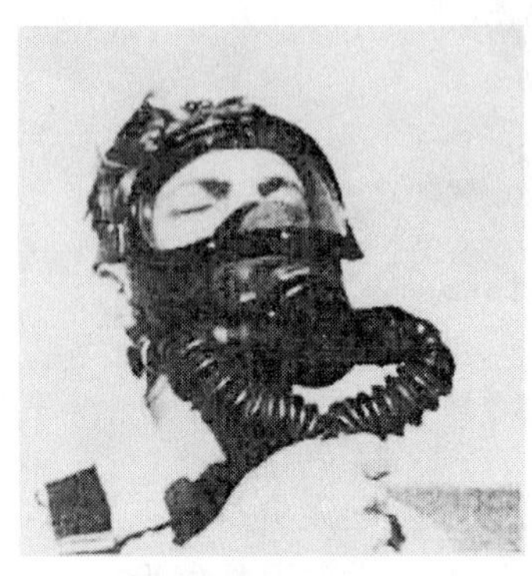

图 4-21 核查面罩的气密性(步骤 7)

步骤 7 通过挤紧波纹软管阻止空气流通来测试呼吸器的面罩是否具有良好的密性(图 4-21):轻轻吸入使面罩稍微瘪缩,然后屏住呼吸 10 s;如该装置气密良好,则在屏住呼吸时,面罩会保持上述瘪缩状态。如发现面罩的脸部密封处有渗漏,须重新调节头部的装备系带。如发现除脸部密封外的其他问题,则应查清状况并采取纠正措施。在每次使用呼吸器之前,都必须对其面罩的密封情况进行测试。

步骤 8 对身上所有四根背带进行最后的调节。呼吸器穿戴后应能够使人员上下左右察看而不会导致所戴面罩移位或受到计时器或主阀套的妨碍。

步骤 9 如呼吸器穿戴人员进入待命或战备状态,可仅松开面罩的下部系带,然后脱下面罩。在准备重新启用氧气再生罐、戴上氧气呼吸器之前,可将呼吸器的面罩偏置在头部后面以免碍事。在紧急情况下,本步骤可免除。

在受命进入污染区域时,应按以下方法步骤启动呼吸器的氧气再生罐:

步骤 1 如呼吸器的面罩处于待用位置,则在启动氧气再生罐之前须先戴上,然后重新收紧面罩的下部系带并重新测试面罩的密封性是否合格。

步骤 2 用双手将其底部闭锁装置上的耳片压下释放氧气呼吸器(OBA)的吊环手柄。然后向上旋转该手柄直至其啮合。通过在不压下耳片时轻微前推手柄来测试该手柄是否已锁住。

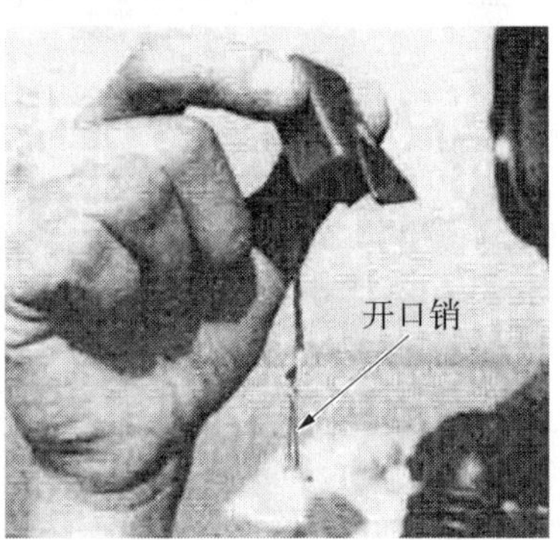

图 4-22 核查开口销

步骤 3 将氧气再生罐上的系索朝身体外方向拉直。这样就可将其开口销卸下(图 4-22),点燃制氧烛并使氧气袋内充满氧气。在拉出系索之后,必须时常进行检查以确保其开口销还与系索连接在一起。在制氧烛燃烧时,呼吸器的面罩可能会出现微量的无害烟雾。

步骤4 接下来，对软管接头、氧气再生罐和呼吸袋的气密性进行测试。在制氧烛制氧充注氧气袋时，用左手在氧气袋上的拉耳片处压下。用右手抓紧并封闭两根呼吸软管，同时用右手肘挤压呼吸袋的右侧(图4-23)。在此测试中，氧气袋上拉耳片处必须进行压缩，这样才能保证在此测试中呼吸器的安全阀不会放气。这时，氧气袋必须保持充气膨胀，否则就有可能是氧气呼吸器存在渗漏，必须在使用之前予以纠正修复。

图4-23 测试氧气呼吸器

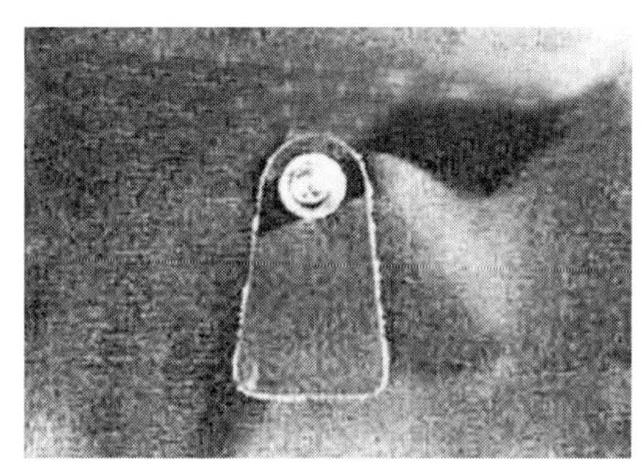

图4-24 手动释放拉耳片

步骤5 保持正常呼吸。氧气再生罐内化学反应所制氧气量将超出呼吸器穿戴人员呼吸所需氧气。如制氧量太多，在氧气袋装满时就会通过氧气袋内的安全阀自动排除多余的氧气。在该阀上设置有一个手动释放拉耳片以防其在长时间的氧气储存过程中卡在闭合位置(图4-24)。在正常使用期间，**严禁**拉下呼吸袋上的耳片；否则，就会将氧气袋内的呼吸用氧气放泄至空气环境中。

万一制氧烛发生故障而失效，可采用手动方式激活氧气再生罐。当然，不推荐手动启动氧气再生罐。此处所列出的手动启动程序仅是在氯酸盐烛不发火且有足够时间进行手动启动氧气再生罐，或如缺乏可用的氧气再生罐时才使用。在任何情况下都绝不允许将氯酸盐烛留存供紧急退出舱室时使用。这种做法是极其危险的，尤其在已知制氧烛不发火时。

在手动启动氧气再生罐时，人员应处在清洁空气环境中并且必须严格遵循下列操作程序：

步骤1 在所戴面罩的边缘用一根手指操作，稍微伸入面罩以破除其密封。

步骤2 用另一只手抓紧并封闭两根呼吸软管，同时吸入空气。这样就可让呼吸器穿戴人员吸入罩外的空气。

步骤3 将前述抓紧的呼吸软管释放开，撤出手指使面罩得以重新密封，然后将吸入气体呼出在面罩内。

步骤4 持续上述步骤直至呼吸袋内充满气体。然后通过右手侧施压排出呼吸袋内的空气直至右面的呼吸袋紧缩放空。通过此过程，呼吸中的湿气就会流经氧气再生罐从而使其开始化学反应制氧。通常注满呼吸袋一次还不足以充分启动氧气再生罐。

步骤5　重复步骤1至步骤4，将呼吸袋反复再充注和排空至少5次。至此，不戴手套直接裸手谨慎触摸氧气再生罐的底部。若氧气再生罐整个底部的温度上升，则表示其正在制氧。然后，准备对该设备进行计时器设定和操作检查。如氧气再生罐没有温度上升迹象，须重复上述步骤1至步骤4。在温度较低时，可能需要数次呼吸袋充气和收缩循环才能使氧气再生罐启动制氧。

计时器设定。要设定计时器，需先握住计时器上的球头手柄。顺时针方向旋转至60 min，然后再逆时针方向旋转至30 min。通过先将计时器设定在60 min，就可将此警铃的发条完全上紧。一旦30 min期满，警铃就会连续10 s或更长时间发声报警。在设定了计时器之后，人员就可放心地进入危险空气环境中作业。

未使用过氧气再生罐的拆卸。如氧气再生罐的铜箔密封没有刺穿，可通过一手置于氧气再生罐的底部然后拉氧气再生罐的释放带即可卸下氧气再生罐。在此情况下作业不需穿戴手套。其手柄则必须同样设置在负载和待用位置。氧气再生罐一旦卸下，须安置在铝质罩内以保护其铜箔密封。这类铝质罩专门设计作此目的用，平常保存在损管维修间内。

使用过氧气再生罐的拆卸。在拆卸发热的氧气再生罐时，需要穿戴经认可的安全防护手套以保护双手。在使用过氧气再生罐之后，卸下面罩并将其搁置于头部后面的待用位置上。然后，将吊环从其工作位置释放开并向下旋转至其负载和待用位置。接下来，呼吸器穿戴人员将两脚伸展开，上身稍许前倾。要将使用过的氧气再生罐松开卸下，需先拉氧气再生罐释放带(图4-25)。如此，氧气再生罐就会从该设备内退出落下(图4-26)。将氧气再生罐放落在清洁、干燥的甲板上(警告：在从氧气呼吸器中将其使用过的氧气再生罐拆下时必须十分小心谨慎。因为氧气再生罐会发烫而且氧气再生罐内的化学品就如同苛性钠一样在接触到人体皮肤时会造成严重的化学烧伤。另外，如其化学品接触到石油类物质时还会引发剧烈爆炸)。

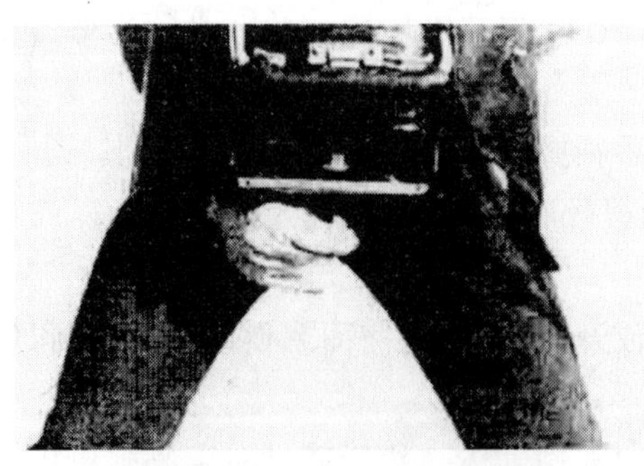

图4-25　释放氧气再生罐

图4-26　放落氧气再生罐

使用过氧气再生罐的处置。氧气呼吸器的再生罐一旦用过之后或其铜箔密封刺穿时必须尽可能立即对其处理。如所在舰船离岸超过 25 n mile 以上，可经舱面值班军官授权同意后将氧气再生罐抛出舷外处理。一旦授权同意之后，须确保将氧气再生罐的顶盖卸下而且其铜箔密封必须完全刺穿。这样才能保证让水进入到氧气再生罐内。**严禁**在氧气再生罐的底部或侧面上穿孔，同时必须确定水中没有油，然后才可将氧气再生罐抛入水中。一旦有油进入氧气再生罐，就会引发剧烈爆炸。如舰船所在位置在离岸 25 n mile 以内，则禁止将氧气再生罐抛出舷外处理，应代之以让其冷却至少 30 min。(如氧气再生罐没有用过但其铜箔密封已被刺穿，应将该氧气再生罐放置在一清洁桶内。使氧气再生罐熄灭并让其有 15 min 的时间放置冷却。)在氧气再生罐充分冷却至可以触摸操作时，在氧气再生罐的颈部新安置一个金属罩以覆盖被刺穿的铜箔密封。然后用一只聚乙烯袋双层包覆氧气再生罐。在可进行海上处置或移交由岸上设施予以处理之前，此包覆后的氧气再生罐应存放在干燥、无油区域内。在舰船进港之后，与岸上负责危险废弃物的部门联系，与该部门协商安排船上所有氧气再生罐的移交处理。

氧气呼吸器的脱卸。氧气呼吸器脱卸的程序步骤如下：

步骤1　先通过用指尖松开头部系带的系扣将其面罩脱下，然后才脱头盔。如氧气再生罐仍在氧气呼吸器之内，可先将面罩搁置于头部后面的待用位置上然后卸下氧气再生罐。**严禁**在氧气再生罐还在其工作位置内时就直接将氧气呼吸器脱下。

步骤2　如面罩搁置于头部后面的待用位置，则此时应将其放下，让面罩悬垂在氧气呼吸器的前面。

步骤3　松开腰部系带，然后将其解下。

步骤4　松开肩上系带并将其胸革带装置上角的背带解下，然后一手握住面罩和操作杆，另一手握住肩部背带(最好是握在其 D 形环接头处)。随后将氧气呼吸器举过头顶。

步骤5　如氧气呼吸器潮湿或受潮，应先将其抹干。

步骤6　氧气呼吸器在每次使用之后都须用皂液和温水的混合液将其外部壳体清洁干净。

步骤7　对面罩的内部进行杀菌消毒，消毒剂的具体调配则须严格遵循面罩生产厂商说明书，如其装箱标签内所述。以上述调配的消毒剂溶液进行消毒时，须采用一块湿润但不会滴水的海绵擦拭。

(4) 氧气呼吸器装置的存放。

在存放氧气呼吸器之前，应先对面罩进行保护以免其受到划伤或磨损。所有氧气呼吸器及其氧气再生罐都须存放在阴凉、干燥处。氧气呼吸器如能在符合上述这些条件下存放就能使其使用寿命大大延长。此处“阴凉”一词是指在没有阳光直接照射条件下从高于水结冰的温度至 110°F(43℃)之内的温度范围。“干燥”一词则通常是指在此存放区域内不会存在凝水问题。

一般氧气呼吸器存放在损管维修间或氧气呼吸器存放柜内。这类存放柜内设有以平卧姿态存放氧气呼吸器的相应设施。相关人员必须确保对呼吸器面罩的适当防护以免其透镜被划伤或留下划痕;可采用防燃罩实施对面罩透镜的防护。另外,氧气再生罐在存放时应将其凹面向下放置。

2) 自持式呼吸器具

目前自持式呼吸器(SCBA)在船上定位为氧气呼吸器的替代品。自持式呼吸器设计用于消防灭火且为完全自持式,能让呼吸器穿戴人员不受外部空气环境的限制而自主呼吸。自持式呼吸器从其背后所携带的供气柜中为呼吸器穿戴人员提供清洁呼吸气体从而可让其如同穿戴氧气呼吸器一样进入危险舱室。

自持式呼吸器采用压力需求方式进行工作。在呼吸器穿戴人员正常吸入气体时,调节器打开让供应呼吸空气流入面罩;而呼吸器穿戴人员呼出气体时,一简单的单向阀(称为呼气阀)会将呼出的气体排出而不会让外界空气中的污染物进入到呼吸器面罩内。这种工作方式原理也称为开路式系统。

目前使用的自持式呼吸器有数种型号,在舰船和岸上设施内都有所应用。所有的自持式呼吸器都具备 4 类基本组成装置且其工作的原理方式也基本相同。这 4 种基本组成装置为: ① 背带/背包装置;② 供气柜装置;③ 调节器装置(包括低压报警器和高压软管);④ 面罩装置。

自持式呼吸器是一种重要的防护设备部件,必须就其安全操作使用对相关人员予以严格的培训,可依据其生产厂商的技术手册实施这类培训。对自持式呼吸器的维护则须依照生产厂商的技术手册。对操作使用自持式呼吸器方面的培训包括有以下方面的内容(但并不仅限于下列内容):清洁、检验及其部件更换。

带自持式呼吸器具的供气式呼吸器通常缩写为 SCBA/SAR,主要设计用于支持除气测试与检验作业,可用于对船上包括那些怀疑为易燃、爆炸或有毒空气环境的舱柜和空舱的检验。带自持式呼吸器具的供气式呼吸器不能用作消防用呼吸器具。而且,带自持式呼吸器具的供气式呼吸器也不能用作对浸水或完全浸没舱室进行勘察时的潜水装具。

带自持式呼吸器具的供气式呼吸器经由空气管路和面罩(图 4 - 27)从供气瓶装置系统为舱室或空舱检验提供呼吸空气。其主供气装置是一种内包含有高压供气瓶和一块控制面板设备的轻型装置。图 4 - 28 所示分别为该装置顶部的控制面板和正面的控制面板。该装置的供气瓶则在 4 500 lb/in^2 表压下装有 87 ft^3 的可呼吸空气。另外,其储备供气装置(图 4 - 29)还另设有两个供气瓶,与主供气装置上的控制面板设备相连接。该控制面板设备能让操作人员在必要时选择或切换供气瓶以确保能够向某一处所或空舱内的人员连续不间断供气。若一个供气瓶供一名人员使用自持式呼吸器的话,供气最多可达 55 min。

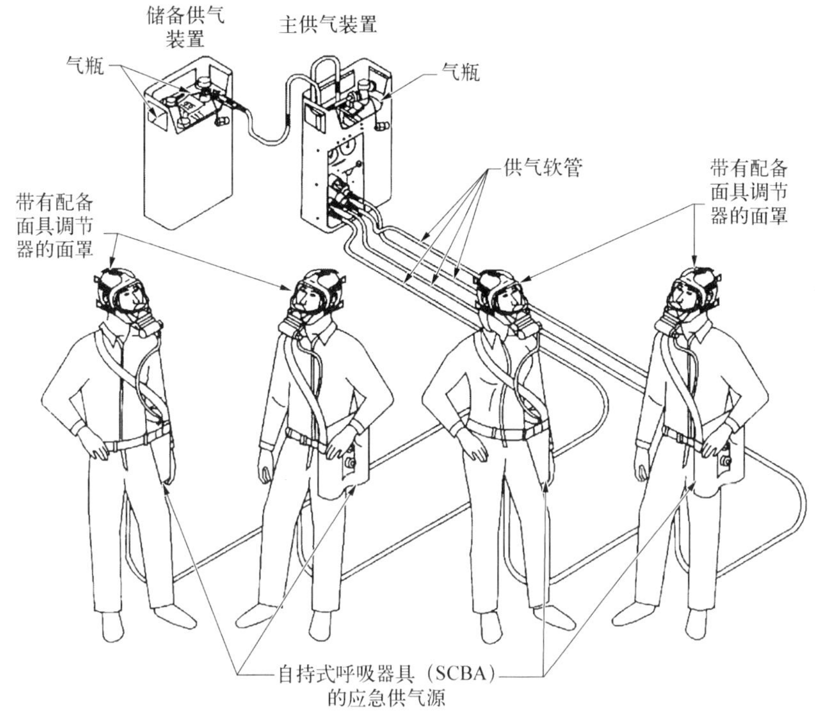

图 4－27　自持式呼吸器具的供气部件间的相互关系图

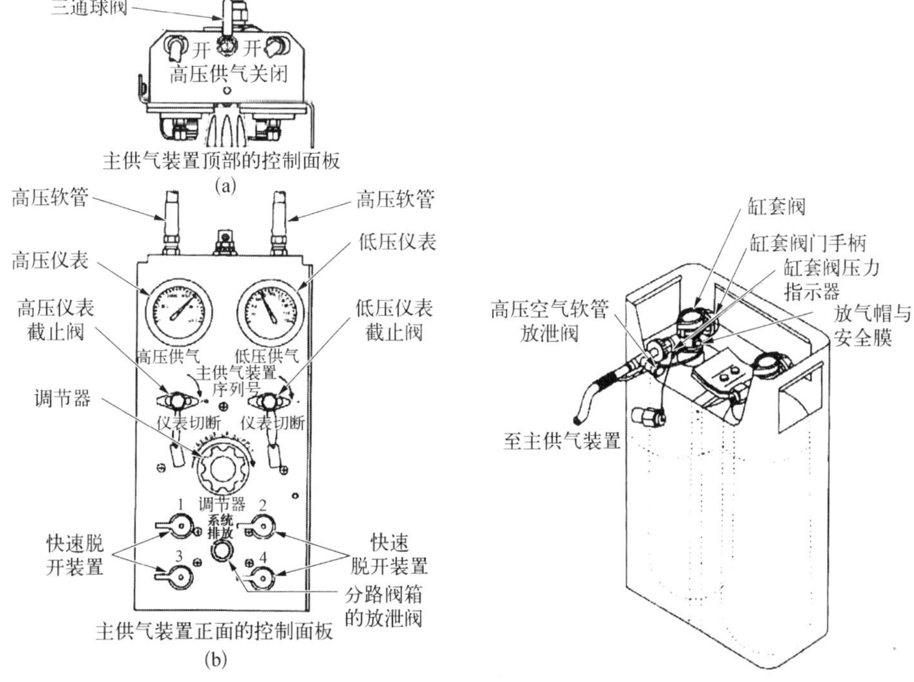

图 4－28　主供气装置的控制设备与指示器顶部(a)与正面(b)的控制面板

图 4－29　储备供气装置的控制设备与指示器

该装置配有两个仪表和一套声响报警装置对其供气的气压进行监控，并配有一个供气调节器将供气气压降低至 60～80 lb/in^2 以便供给空气分配系统。空气分配系统分路阀箱内共设置有 4 个快速脱开装置从而最多可允许有四名自持式呼吸器使用人员同时连接在主供气装置上。另设有一个放泄阀作为一种保障措施以实现系统的减压。在将软管拼接组成最大工作长度时，其拼接所使用供气软管的根数不允许超过 4 根；每根软管的长度为 75 ft。

如主供气装置/储备供气装置供气出现中断或无法供气，则自持式呼吸器具自身可提供一定的备用供气源。其备用供气源是由两个轻型逃生气瓶、一个带有配备面具的压力需求式调节器、一个一级调节器、一个报警器及其他相关部件构成。另配备一根背带及运载袋以携带和保护气瓶。自持式呼吸器可提供大约 15 min的应急呼吸空气供应。有关自持式呼吸器具的正确穿戴和脱卸方法由于自持式呼吸器具的样式各不相同而稍有变化，相关人员可在舰船上或舰队培训中心内的消防员培训演练期间学习有关的穿戴和脱卸方法。

带自持式呼吸器具供气式呼吸器的清洁、检验和计划维护对于保证人员安全都是非常关键的，因而必须严格按照预定的计划维修制及其生产厂商的技术手册贯彻实施(警告：切实执行定期维修是安全、可靠操作使用带自持式呼吸器具的供气式呼吸器的关键。疏漏或不严格执行规定的维护程序可能会导致设备故障、人员受伤甚或死亡)。

3) 消防员装备

消防员装备设计用于保护消防员使其免受因短时间暴露于火焰、灼热空气中和掉落碎片的伤害。在实际损害事故和培训演练中，相关人员的安全可能完全取决于是否正确穿戴了相应装备。船上拖带灭火水龙带消防队员需练习穿戴和脱卸消防员装备(以及氧气呼吸器和自持式呼吸器)。

消防员装备具体包括：① 消防员连衣工作服；② 消防员防燃罩；③ 损管/消防员头盔；④ 消防员手套；⑤ 消防员靴(警告：消防员装备并不是可以无限靠近火焰的服装，也不是专门设计用于穿戴后进行火场紧急救援的，因为与火焰长时间的接触会导致衣服将致命的灼热传递给身体或造成衣服自身起燃从而导致消防员严重受伤甚或死亡。另外，该装备也不能对化学、生物和辐射的袭击提供全面的防护)。

(1) 消防员连衣工作服。

消防员连衣工作服为上下连在一起的连身衣样式。该连衣工作服由外层、保护层和防火内衬组成。消防员工作服的膝部、大腿处口袋的底部以及腿脚底部三处为提供额外的防护而采用了皮革加强。衣服上绕在上臂、小腿和躯干处部位的反光标志带则可起到突出消防员身体轮廓的作用，以保证其即使是在浓烟或昏暗灯光下也能被辨认出来。

(2) 消防员防燃罩。

消防员防燃罩可对消防员头部、颈部和脸部(眼睛除外)提供防护。该防燃罩可与呼吸器具一起穿戴,套在其面罩系带的外面。该防燃罩配有弹性面封,只有一种尺寸规格但能适配各种尺寸的脸面。

(3) 损管/消防员头盔。

损管/消防员头盔设计用于对消防员头部、颈部和脸部提供防护使其不至于因短时间暴露于火焰、灼热中和掉落碎片而受到伤害。该头盔的外壳材料为耐热玻璃纤维。头盔为长型、后檐式,其护面罩配备有下颌系带,头盔悬垂部分可调节,并设有反光标志以及可整个覆盖头、颈部一侧的耳罩襟。在损管维修间内则配备了电池供电的高亮度头盔灯,需要时可安装在头盔上。

(4) 消防员手套。

配备消防员手套是为了提供防护使其不至于因擦伤、短时间暴露于火焰及灼热而受到伤害。消防员手套是由皮革、带有防水保护层的铝化织物和耐火衬里制成。

(5) 消防员靴。

消防员橡胶靴配有趾部钢质防护和防刺穿钢质鞋衬垫。消防员靴分为齐膝高和齐臀高两种样式,各有多种尺寸规格。其中,最为常用的消防员靴是齐膝高样式的靴。而齐臀高样式的消防员靴则用于在较深的烫水或沸水下提供对消防员的保护。

4) 防燃服

防燃服设计用于保护人员以免在烈性炸药武器的使用中被可能出现的瞬时高温烫伤或被火焰烧伤。防燃服由防燃罩和防燃手套组成,该防燃罩与消防员装备中的防燃罩相同。防燃手套则是由耐火棉制成,只有一种尺寸规格但能适配各种尺寸的身材。

4.2.3　排水设备

1) 便携式应急泵

P－100 型便携式泵为柴油机驱动组合式离心泵,在船上作消防和排水用(图 4－30)。在用于消防灭火时,P－100 型泵从海中抽水,然后经水龙带将水运送给消防总管或独立的消防水龙带;在用于排水时,P－100 型泵则从注水舱室抽水,然后将水排入海中。P－100 型便携式泵设计在吸升高度为 20 ft 时可以 83 lb/in^2 的压头每分钟供给 100 gal 的水量。该型泵还可以采用其他配置以提升其吸升高度。P－100 型泵是一种单吸式单级离心泵,其吸入接管和排出接管都各自配有直径为 3 in 和 2.5 in的外螺纹。吸入软管为 3 in 直径的硬橡皮管并可能配备有一底部止回阀。底部止回阀则由一挡板阀和一个用于防止大粒杂质进入到泵内的过滤网组成。

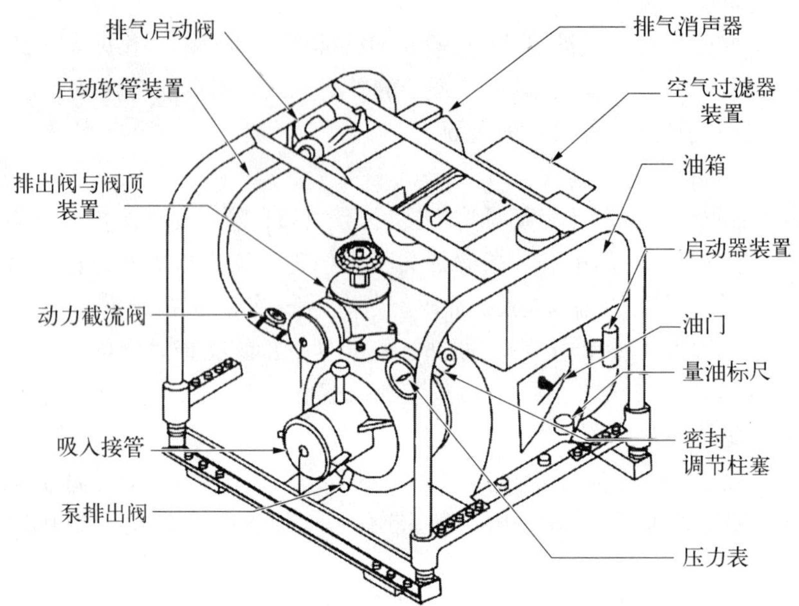

图 4－30　P－100 型便携式柴油机驱动离心泵

图 4－31 和图 4－32 为两种消防泵的配置连接形式。图 4－33 则为泵的排水配置形式。

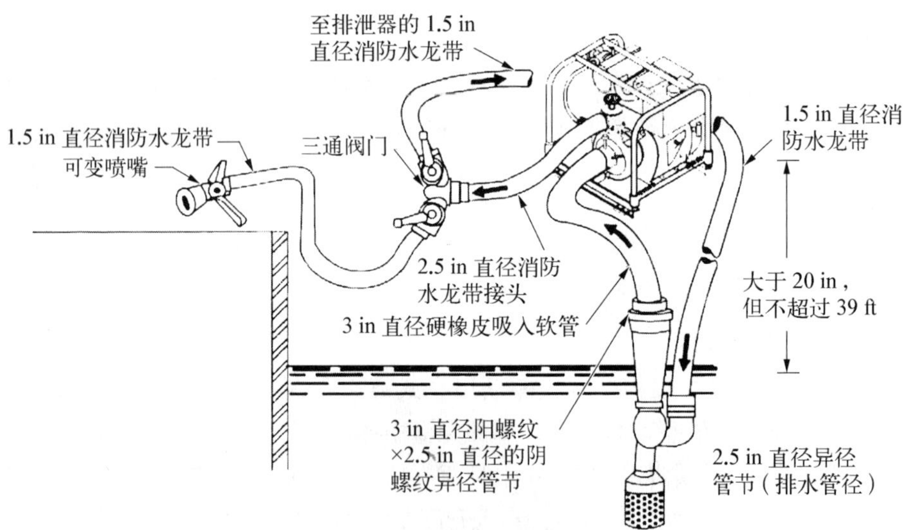

图 4－31　消防泵的配置连接形式

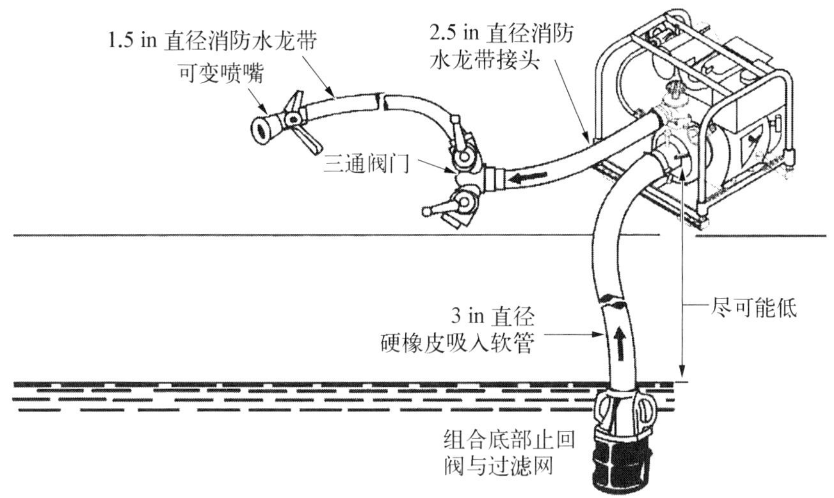

图 4-32 吸升高度大于 20 ft 的消防泵配置连接形式

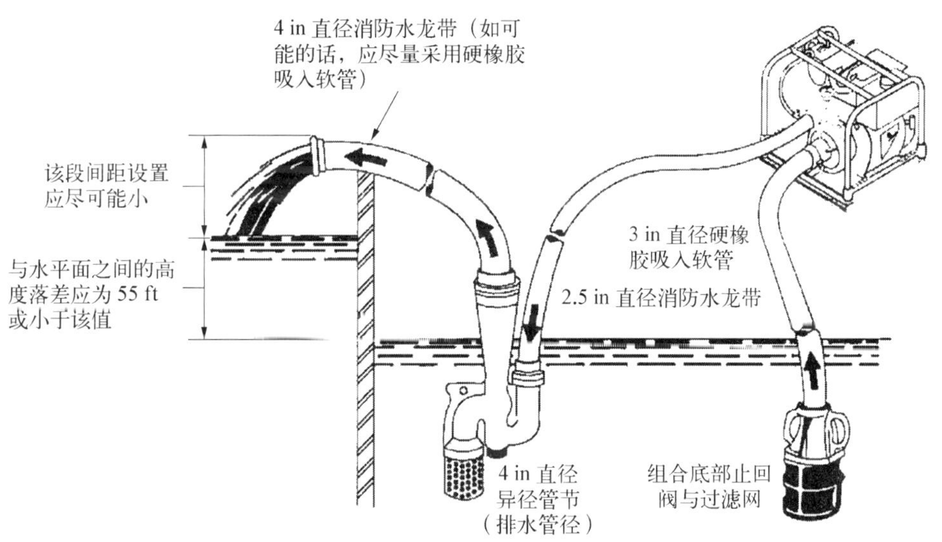

图 4-33 P-100 型便携式泵的典型排水配置形式

P-100 型泵由一台额定功率为 10 hp 的气冷式单缸四冲程柴油机驱动。柴油机的转速控制采用机械调速器。该型泵配有一个容量为 1.45 gal 的油箱，可供柴油机工作最长达 2.75 h。柴油机排气消声器的设计必须考虑到能安装一根排气软管(警告：柴油机的排气中含有有毒的一氧化碳。因此，严禁在如密封舱室等通风不良区域内使用泵组装置。如必须在此类舱室内应用，则应设置适当通风并且设置一根经核准的、通往露天甲板的排气软管进行排气)。

P-100 型便携式泵应存放在损管甲板或损管甲板以上的甲板上。在一个主水密隔舱内不应安放一台以上的单级泵。另外，还须存放一台泵并配备全套附件以备转送至船外供营救和援助用。P－100 型便携式泵的总净重为 106.9 lb，因而单个人不应试图将其进行移位。

P－100 型便携式泵需要进行如清洁、检查、润滑和测试等方面的各类维护以使泵能维持在正常工作状态。当然，修理工作也是必不可少的，应按照其生产厂商技术手册内所认可的工艺规程由经过专门培训的人员来实施具体修理作业。

2）便携式潜水泵

在海军舰船上所使用的便携式潜水泵（图 4－34）是一种由水套式恒速交流电动机驱动的离心式泵，设计可在单相或三相 220 V、240 V 或 440 V 电压下工作使用。该泵额定设计在最大 70 ft 压头下每分钟可泵送 100 gal 的水量，而在 50 ft 的静压头下每分钟可泵送 180 gal 的水量。该泵的输出水量是可变的，且随其压头压力的减小而增加。在用潜水泵抽浸没水时，都必须一直配备使用防护过滤网。部分该类泵则会半永久性地安装有直接连接至泄水系统的排水管。如要使用潜水泵排除一舱室内的水，可运用系在泵上的尼龙搬运索将潜水泵放落水中，然后将 2.5 in 直径的排水软管连向船上最靠近的泄水点。此处所指泄水点也可以是在损管甲板上设有的应急舷外排放接管。浸水舱室内的排水压头越低，泵的抽水量必然越大。因此，如能将泵的排水点位置尽量设置在最低处及其排水软管尽量短且无弯曲或扭结，则排水的效率就能达到最佳状态。在不得不以高排水压头进行排水时，可采用如图 4－35 所示两台潜水泵以接力（串联）方式进行排水，即在下面的一台潜水泵负责将浸没水提升给上面一台潜水泵的抽吸入口。同时可采用多路输出端口接线箱以方便必要的电气连接，这样也能实现在一单个位置处集中使用多台泵进行抽水。

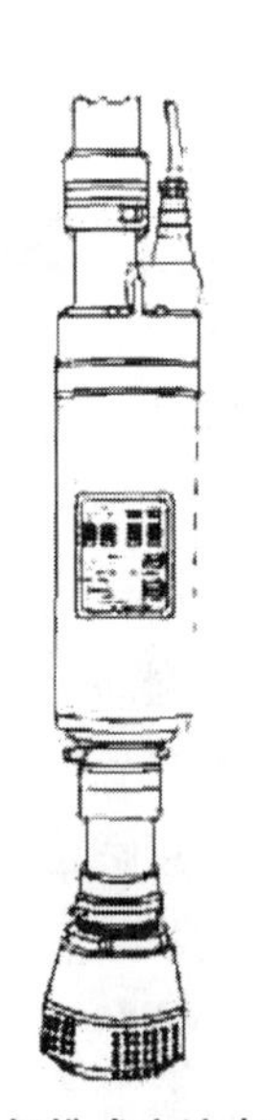

图 4－34　便携式交流电动潜水泵

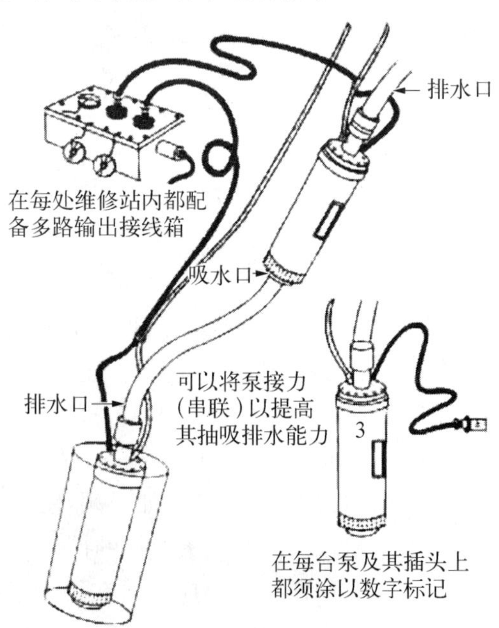

图 4－35　潜水泵的串联连接

在使用潜水泵时，必须始终采用泵上的尼龙搬运索而**严禁**利用其电缆来抬起或放落泵，因为若利用电缆搬运泵可能会导致电缆接入泵壳体内的水密密封遭到破坏，而搬运索则连接固定在泵壳体上专门作此用途的眼板内。搬运索有可能会与电缆连(扎结)在一起，但电缆在泵端都留有一定的松弛度(以免受力)。

潜水泵的设计不适合应用于泵送汽油或重油。由于泵运液体会作为冷却液绕发电机循环流通，因此泵运液体若是汽油的话，一旦渗漏入发电机就会引起爆炸。若采用潜水泵泵运重油，则由于重油的黏性很大、对泵的发电机形成重负载而导致发电机被烧坏，而且，重质黏性液体的热量散发速度太慢而不足以冷却泵的发电机。

电动潜水泵在使用之前必须由电工人员进行细致的检验。绝不能忽视此类检验，甚至直到发生了事故才发现泵的故障。潜水泵的所有各类维修、检测和维护则须严格按生产厂商技术手册的相关要求实施。

3) 便携式与固定式排泄器

排泄器(图 4－36)是一种其内部没有活动部件的射流型泵。排泄器内都设置有如图 4－37 所示水流在压力下流经的喷口(有时也称为喷嘴)。输入其喷口形成射流所需的水则由消防总管(或 P－100 型消防泵)经供应接管供给。水流在流经上述喷口时流速(速度)会加快，从而在排泄器的抽吸区内形成真空。排泄器的吸入端与不可拆软管连接或直接潜没在浸水舱室内实施排水。

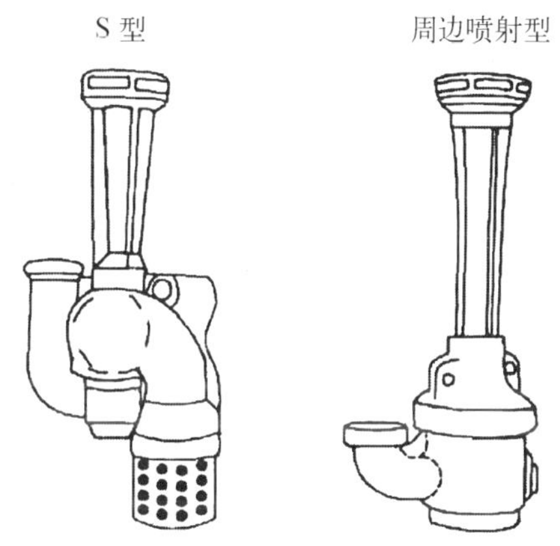

图 4－36　便携式排泄器

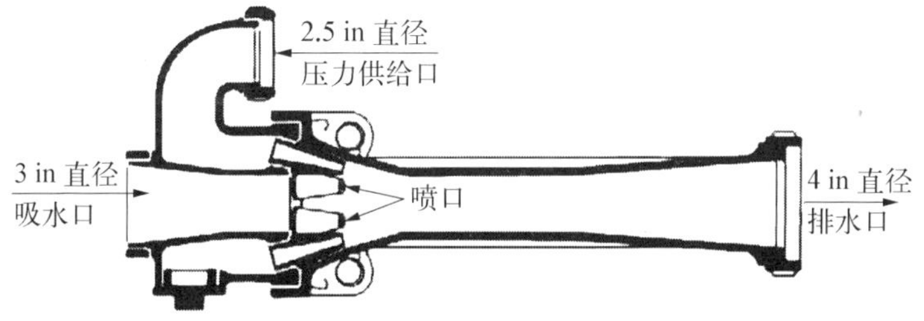

图 4－37　周边喷射型排泄器的横截面图

排泄器用于泵送其他轻便泵所不能泵送的液体(如重油或易燃液体)并能排除内有小颗粒杂质的液体。排泄器的排液速度则取决于喷射水压力(由消防总管提供)的大小及其排泄压头(即水要排除而必须抬高的距排泄器的高度)。在观测排泄器工作时，必须清醒地认识到排泄器所排出的总水量并非全都是舱室内的水，而是有相当大一部分的水量是由消防总管所供给的喷射水(油与易燃液体一般不允许排出舷外，而应按照相关的环境保护条例予以相应处理)。

有一些因素会影响排泄器的工作。例如，其吸入管系的状况必须定期检查以确定是否有损坏、其所有接头和法兰连接是否紧密。一旦有空气进入到吸入管内就会妨碍排泄器的正常工作。另外，其他舱室内放泄阀的错位偏差也同样会影响排泄器的正常工作。甚至有可能在不知不觉中从其舱底处将邻近舱室而不是计划排放舱室内的水排出。来自消防总管的正常供给压力必须始终保持比排泄器工作所需的压力高很多。如其压力不足以形成射流，这些水就会经排泄器倒灌回要排水的舱内，反而增加了舱室内的水淹速度。而阀的排列不当甚至还可能会导致其他舱室进水。在使用排泄器时，必须强制性地要求张贴相关的操作程序或工程操作顺序方法。

设置排泄器的作用在于在排泄器吸入管内形成真空，以达到从舱底处将积水排除的目的。排泄器在无人值班运行时可能会造成相关舱室内作业人员窒息，尤其是设置在远程舱室内时。因此，须对在封闭或密闭处所内作业人员进行相应的培训以使其具有辨别舱室内是否存在潜在窒息危险的能力(警告：设置在舱室内的排泄器一旦工作，就有可能会排除所有的呼吸气体，尤其是在该舱室内的通风关闭、通风不够或未安置通风设施时更会如此。因此，在进入任何其内装设有排泄器的处所之前，都必须确保该处所内能提供充分的补偿空气并有充足的氧气可供呼吸。若排泄器还在工作当中，则应与舱室内作业的人员之间保持通信)。

对环境的考虑是极其重要的，现在已颁布生效了有关污染防治的各类法律。美国联邦法律严禁直接向国内或沿海水域排放油污，同时也颁布了与在公海上舰船排放相关的限制规定。因此，对于船上排泄器的运行排放必须要征得值班机电部门长的同意。

舰船上的主泄水系统设置有固定式排泄器，一般用于舱底水的排除。固定式排泄器一般为周边喷射型设计形式，不设置吸入过滤器。周边喷射型排泄器的横截面如图 4－37 所示。

便携式排泄器则可根据一舱室或处所的排水需要而配备。便携式排泄器通常都会配合 P－100 型便携式泵一起用于舱室排水。图 4－38 为可能使用的一种配置形式。在该配置形式中，P－250 型便携式泵和排泄器一起用于注水舱室的排水。

4）便携式泡沫直列喷射器

便携式直列喷射器用于将海水和泡沫浓缩液混合以产生特别是用于“B”类火灾灭火用的泡沫溶液。该型喷射器是由青铜主体带一个内部止回球阀和挠性集流管装置组成。该喷射器配合 95 gal/min 的可变喷嘴一起使用。海水在流经喷射器时会在其集流管装置处形成吸力，此力会使集流管抽吸所设 5 gal 罐装或桶装泡沫浓缩液(图 4－39)。在喷射器进口处的压力为 100 lb/in^2 时，泡沫浓缩液与海水的混合比例大致保持在 6%。若要其连续工作使用，则每分钟需要大约5 gal的泡沫浓缩液。

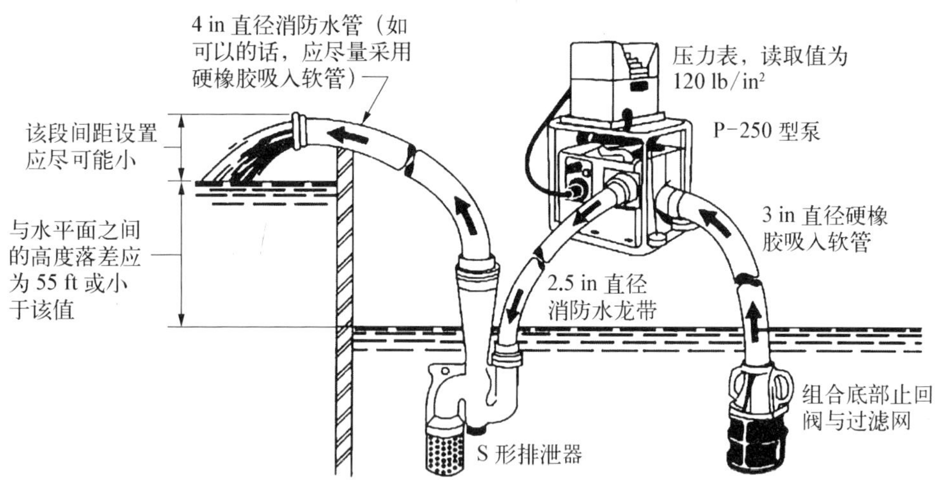

图 4-38　用于注水舱室排水的 P-250 型便携式泵配合排泄器的配置形式

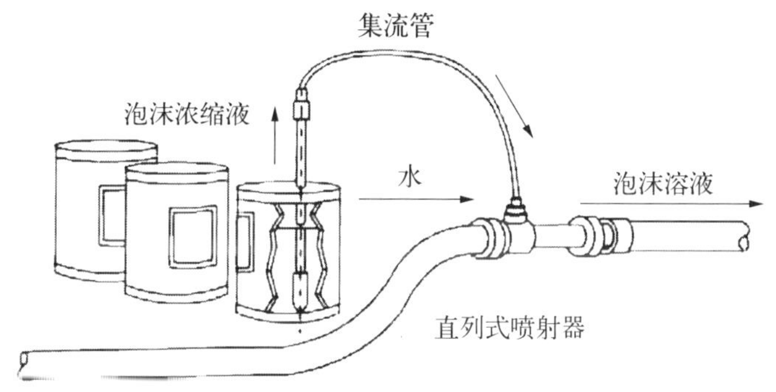

图 4-39　直列式泡沫应急喷射器

直列式喷射器应直接与消防栓连接以使其因摩擦损失而导致的进口处减压最小。沿喷射器流经的摩擦损失会导致生成足够的背压，从而致使抽吸泡沫停止但海水却还在流动。在水平层面内或朝上不超过一个甲板层面内采用直列式喷射器进行消防灭火时，具体使用人员必须将喷射器排出方向的水龙带限制在三段（总计达 150 ft）以内。而若泡沫喷射器设置在灭火位置所在甲板的上一层甲板上（如在机舱接入口内），则喷射器的排出方向上最多可连接六段水龙带（总计达 300 ft）。

从整个舰船的船体首部至尾部，在损管甲板上每个主横分舱内的左右两舷都设有应急喷射器。应急喷射器是一种由 4 in 直径规格缩至 2.5 in 直径规格的接管，通常是在排泄水进程中应用。有些较小型的舰船也可能会采用不需要缩径的标准 2.5 in 直径规格的接管。这类接管通常都不会配备阀门，而是在其舷内一端上配以水密螺帽。通过这类接管，排泄器或便携式消防泵就可直接连向舷外排放。

应急喷射器的维护作业包括其清洁、检查以及润滑，具体维护须严格按照相应的计划维修实施。

4.2.4 其他各类便携式设备

还有其他各类便携式损管设备也需要损管人员熟悉；这些设备包括各类风扇和通风机以及战斗照明灯等。

1）便携式风扇与通风机

有各类不同的风扇和通风机可供除烟用，并且每类都有其各自的优点。其中有些是电机驱动型，不适宜在爆炸环境中使用。其他通风机都是由消防总管驱动；这类通风机需要消防总管，并配备有相应的供给水龙带。该类风扇要求进行清洁、检验和维护以确保其可靠性，另外，相关人员还会涉及维修和/或部件更换，以及为了确保质量而按计划维修制(PMS)及生产厂商技术手册实施维护和保养。

风扇或通风机通常用于空气的循环流通或大容量空气的排除。“箱”式电扇十分便利且易于装配设置，但在爆炸性气体中使用(或用于除去爆炸气体)时却会造成危险。而且，这类风扇还需要有电力以供其运转工作。水力驱动通风机则不会存在上述危险(只要正确接地)，但却须考虑其他事项。消防总管是该类通风机的原始驱动力，因此必须进行相应的配备设置以提供其动力并设置配套的排水水龙带。

2）便携式冲压风扇

便携式冲压风扇是目前在舰船上用于舱室内除烟或在其内引入通风的一种初级风扇。便携式冲压风扇的动力则由消防总管或 P－100 型泵经由 1.5 in 直径的软管接头提供，具体由水涡轮机驱动风扇叶片，其最大转速可超过 10 000 r/min (取决于消防总管的压力)。便携式冲压风扇非常紧凑(直径为 18 in)，重量在 35 lb 以下，因而便于搬运(警告：通过管道排出气体会产生一定的静电荷。因此，在爆炸性空气环境下工作时确保强制接地以避免有害放电是非常重要的)。

3）便携式电动除烟风扇

这类中等流量风扇是用于由舰船损管人员对不需要装设排气管道区域内的舱室进行除烟的一种电动风扇。此类风扇能生成强螺旋形的空气或烟雾，从而能阻止其排出后再循环流入到被除烟区域内。

便携式除烟风扇应在使用之前检查是否有损坏。尤其有必要对其电气绝缘电线进行仔细检查以防止发生触电事故，同时风扇电动机的密封必须保持完整无损。如果密封破损，则该风扇严禁在任何爆炸性环境下使用。另外，在操作使用之前必须将风扇的防护筛网安置就位。

便携式电动除烟风扇所使用的工作电压为交流 115 V；只需简单地插上电源插座然后启动即可。

4）战斗照明灯

在舰船上，全船都设有战斗照明灯以备万一正常照明无法使用时可提供应急照明。战斗照明灯分为应急照明灯与便携式号灯两类，常设置于船上战略位置以便为通道、损管设备、梯和舱口提供照明。战斗照明灯属于舰船损管设备，因而其维护和修理应由损管士官负责按计划维修制实施。

5）应急照明灯

在舰船上，全船都设有应急照明灯以便在其他照明源故障失效时能提供有限照明。应急照明灯采用标准的6 V电池，并须进行定期检查以确保其可靠性。这类灯内所设置的电气继电器保证了正常照明电路一旦断电这类灯就会自动打开。这类灯的应用为：① 避免在完全漆黑情况下可能出现的恐慌和人员受伤；② 标志逃生路线或通道（包括标准和应急逃生路线）；③ 使固定式泡沫塑料注射装置能够进行装填；④ 能够紧急销毁机密材料；⑤ 能够恢复电力；⑥ 能够打开存放机密材料的设施上的锁装置；⑦ 能够完成舰船的控制功能、实施损管控制、清除人员所受污染以及继续医护治疗等一刻也不允许耽搁的事务。

6）便携式号灯

便携式号灯用作应急照明灯的补充以及在涉及舰船功能性操作的部位上加以应用。便携式号灯的应用应符合下列原则要求：

（1）仅偶尔使用一次的部位和小面积处所（船长起居室和储藏室等则除外）应配以一盏便携式号灯。

（2）在舰船弹药舱内，号灯的设置应保证为每个进出闭合设备都有一盏号灯提供照明以及每处水密门孔都有一盏号灯为其提供照明。另外，弹药舱内每200 ft^2面积应设一盏号灯以便对其内走道空间提供照明，该号灯最好装设在舱内支柱上。

（3）在运输弹药舱内，每个出入口处应装设4盏号灯。

（4）应设置号灯为一些专门部位如桌面、海图和信息显示器等需要照明才能完成舰船操纵控制职能且不允许太长时间耽搁的部位提供局部照明。

7）手电筒/头灯

海军提供多种通用手电筒供舰船上日常使用。这类手电筒都相对比较牢靠，很少需要维护。平常只需检查手电筒外壳、镜片和开关是否损坏，对于其工作情况，则只需打开手电筒然后查看其光照亮度即可。如有必要，可将手电筒的电池更换掉。

目前可供舰船损管维修间使用及在除气检验中使用的防爆型手电筒有数种规格型号。这类手电筒都予以充分密封绝缘从而其内部电流不会与外界的潜在危险环境发生接触。

在船上消防员头盔上装设有头灯以便于消防员不用另外手拿手电筒而是随着消防员的头部转动就可直接照明查视。有数种型号的头灯可供使用，所有这类头灯都为电池供电，因而必须定期检测以保证其在需要使用时能可靠工作。头灯若有故障损坏必须予以替换或维修。

小　结

本节主要介绍了在消防灭火和紧急排水中所使用的各类便携式设备。有些专用的舰船损管设备会在本书后面章节予以介绍。而关于另外一些较新型的设备，本教程则可能不会加以论述。本节的目的在于让本书的学习人员能对特定的几类便携式设备有一个基本的了解。要熟悉这些设备，就必须在严格监督下进行上述设备的使用培训并熟悉其相关的技术手册。

4.3　消防系统

为了有效扑灭船上火灾，舰船损管人员除必须熟悉舰船主要损管设备外，还必须通晓海军舰船上的消防系统。本节就上述消防系统作一一般性的介绍，关于其详细信息资料，可参阅各系统的生产厂商技术手册。

4.3.1　消防水总管

消防水总管接收从通海舱底泵送来的海水。然后，消防水总管将其分配给消防栓、喷淋系统、卫生用水冲洗系统、机器冷却水系统、冲洗系统以及需要海水的其他系统。消防水总管主要用于向消防栓和喷淋系统供水，其他方面海水的分配应用都是相对次要的。

1）消防水总管的分类

海军舰船上的消防水总管分为3种基本类型：① 单根总管系统；② 水平环路系统；③ 垂直分支环路系统。

对于任何一艘特定舰船而言，采用何种消防水总管类型最终须视该舰船的特征与使命功能而定。通常小型舰船的消防水总管都采用直线式单根总管系统；大型舰船的消防水总管则一般采用其中一种环路系统或复合系统，即上述3种基本类型经一定组合或变化后所形成的系统。

消防水总管的上述3种基本类型的构造设计分别如下：

（1）如图4－40所示单根总管型消防水系统由沿舰船首尾纵向延伸的单根水管构成。该类消防总管通常都靠近船中线设置，并按需要沿舰船首尾纵向尽可能延伸。

（2）水平环路消防水总管系统如图4－41所示，是由两根沿舰船首尾纵向延伸、相互间有横向连接的单管设置构成。这两段单独管路装设在同一水平层面（同一层甲板）上，但在船体横向间距上应尽可能分开设置。

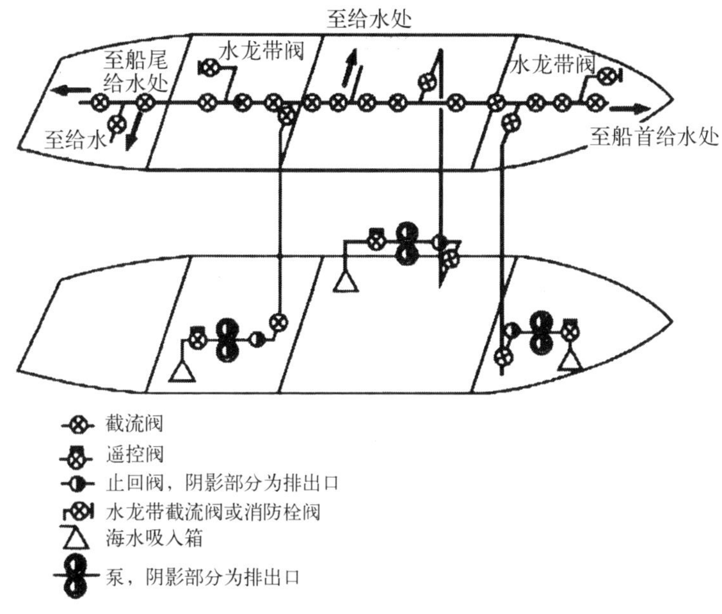

图 4－40　单根总管型消防水系统

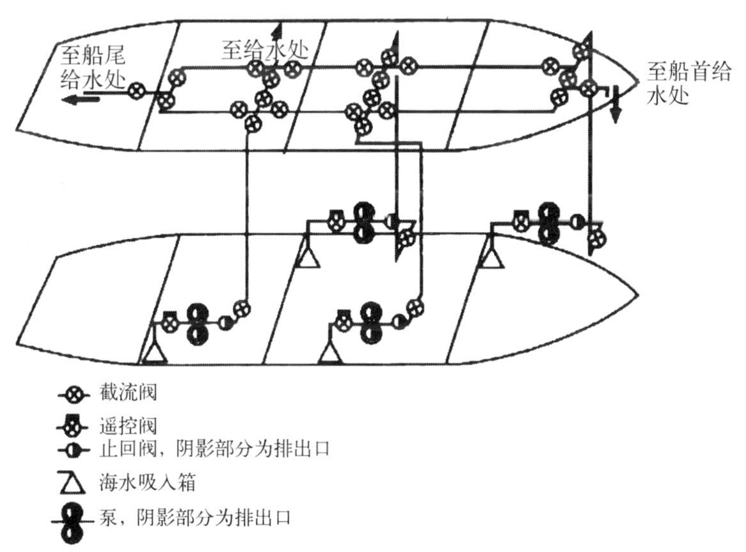

图 4－41　水平环路消防水总管系统

(3) 垂直分支环路消防水总管系统如图 4－42 所示，由两根沿舰船首尾纵向在倾斜(即有一定角度)面上延伸的单管设置构成。这两根单管无论在垂向还是船体横向间距上都应尽可能分开设置，并在其管端连接而形成一个环路。该消防总管的下面一段应尽可能低地设置在舰船一舷，而总管的上面一段则设置在舰船另一舷的损管甲板上。通常都是在其每个泵竖管处设置横向连接。

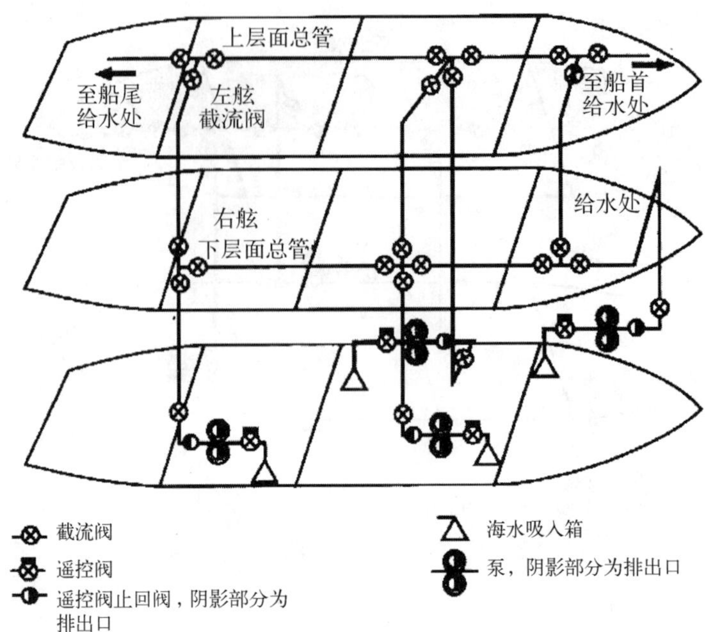

图 4-42　垂直分支环路消防水总管系统

通常所采用的消防水总管变化组合是一种由装设在舰船损管甲板上并沿舰船横向隔开的两根管路设置构成的复合消防总管系统。该管系的分支管段设置在靠近船中线的下一层面上，其给水管段与分支管段之间交替设置横向连接。

2）弹药舱喷淋系统

该喷淋系统应用于弹药舱、备弹舱、军火库以及导弹转运操作间内的应急冷却和消防灭火。弹药舱喷淋系统是由一系列管路网络构成。这些管网固定在舱室天花板上并与舰船消防水总管的喷淋系统控制阀相连接。上述喷淋系统管路配备有喷头或喷头阀门。这些喷头或喷头阀门的设置能促使喷淋水洒向弹药舱或军火库及导弹转运操作间的所有各个角落。现代所采用的喷淋系统能以每平方英尺每分钟 2 gal 的流量淋湿所有的暴露舱壁，其喷淋在甲板区域上的流量则为每平方英尺每分钟 4 gal。

弹药舱喷淋系统应能在一小时之内淹没所在的舱室区域。为了防止其邻近舱室出现不必要浸没，凡设置喷淋系统的所有舱室都必须为水密隔舱。当然，上甲板上的转运操作间和备弹舱内由于配备了泄水孔因而淹没的水位高度会被限定在仅几英寸之内。

用于控制弹药舱喷淋系统工作的阀门有下列几种：

（1）手动控制阀。这种阀允许手动操作喷淋器的阀门。

（2）液压操纵遥控阀。这种膜片球形阀通过工作压力作用于阀盘内侧即可开启，在工作压力作用于膜片顶部时则关闭。这种阀使得喷淋器的阀门无论是手动还是自动都可从其他位置予以操控。

(3) 弹簧加载提升止回阀。这种弹簧加载、膜片操作提升止回阀会在逆流下顶住关紧而在正常流向下放开使来流通过。由于这种能够阻止倒流至其他控制位置的功能,弹簧加载提升止回阀的设置可实现从多处位置操作其控制系统。

(4) 液压操纵止回阀。该型阀能使工作压力得以从弹药舱喷淋阀的隔膜腔释放,因而弹药舱喷淋阀能迅速、彻底关闭。

(5) 机械操作止回阀。这种活塞操纵的突开型阀是由作用于活塞反方向的"闭"回路内的压力予以启动。

在舰船船员中分派有枪械军士长的助手来专门负责弹药舱喷淋系统的维护。不过,在损管人员评级中所涉及的相关人员也必须考虑到在消防水总管上所采取的维护与修理对弹药舱喷淋系统产生的影响。

4.3.2 固定设置泡沫灭火系统

泡沫形成液膜是最为广泛使用的消防灭火剂之一。泡沫灭火系统在舰船上主要应用于 B 类火灾的灭火,通常结合碳酸氢钾灭火剂一起使用。泡沫可由便携式和固定设置设备进行释放。图 4－43 和图 4－44 分别为固定设置泡沫灭火系统的两种形式。

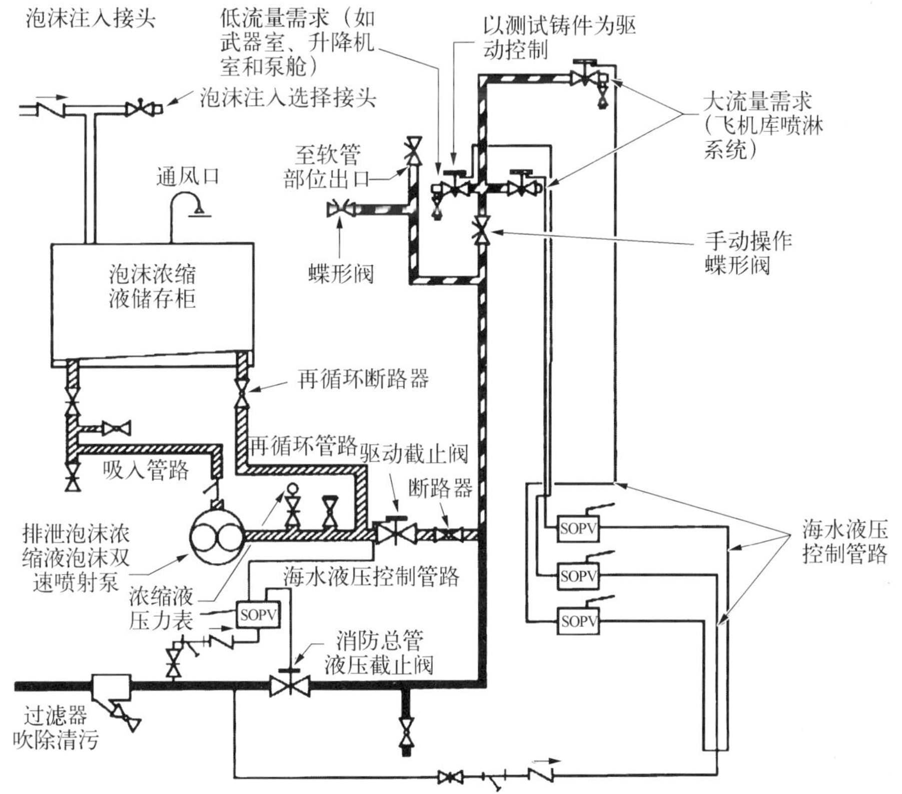

图 4－43　典型双速泡沫灭火系统(SOPV 意为"电磁作动操纵阀")

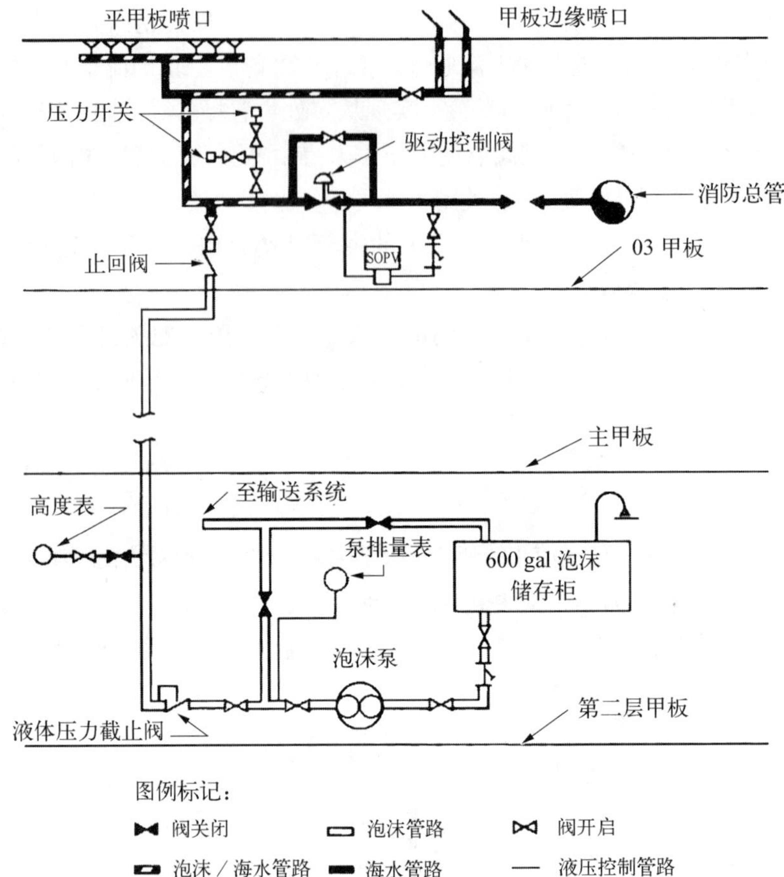

图 4-44 典型大容量单速喷射泵系统(SOPV 意为“电磁作动操纵阀”)

舰船损管人员必须对泡沫灭火系统的操作及该系统所有各个部件的功能有一个基本的了解。不同舰船采用的泡沫灭火系统装备也各不相同。不过，一旦了解了系统各部件的基本操作之后，就应当做好使用任何海军舰船上的各类泡沫灭火系统的准备。

船上固定式泡沫灭火系统主要组成部件和相关设备包括：① 泡沫生成设备；② 泡沫单速喷射泵；③ 泡沫双速喷射泵；④ 泡沫输送泵；⑤ 泡沫储存柜；⑥ 泡沫阀；⑦ 平衡压力比例调节器(II 型)；⑧ 平衡压力比例调节器(III 型)；⑨ 泡沫喷淋系统；⑩ 泡沫输送系统；⑪ 泡沫测试设备。

1) 固定式泡沫灭火系统

固定设置的泡沫灭火系统通常都布置在主机舱和喷气推进(JP-5)燃料泵舱内、飞行甲板上以及飞机库与直升机仓库内。这样布置的原因在于通过调查研究表明，上述区域是最易于发生 B 类火灾的处所。

固定设置泡沫灭火系统所采用的泵有两类，分别是泡沫单速喷射泵和泡沫双速喷射泵。

2) 泡沫单速喷射泵

泡沫单速喷射泵(图 4-45)是一种永久性装设的、容积式电动滑片型泵。这类泵的流量分别有 12,27,60 gal/min 三种规格。其泵组由泵、电动机、挠性联轴节、安装在钢质底座上的减速齿轮箱(其中 12 gal/min 规格泵组除外,为直接驱动)构成。泵则配备有一个内部安全阀,开启该阀可起到防止泵损坏的作用。喷射泵与喷射管系的尺寸应能保证将泡沫浓缩液注入海水分配系统并使其在最高需求量时所制成溶液的浓度为 6%。泡沫浓缩液由一个泡沫储存柜予以供给。在有些装置内,泵与泵的关断阀之间设有 1.5 in 直径的软管连接。该软管用于泵与其他储存柜注入管路之间的连接将泡沫浓缩液转输至其他储存柜内。上述措施可使该系统用作飞行甲板、扇形尾以及直升机降落飞行甲板和平台的消防系统。除防火冲洗系统外,喷射泵还向消防水龙带卷车、船台甲板和带油车辆装载甲板供应泡沫。

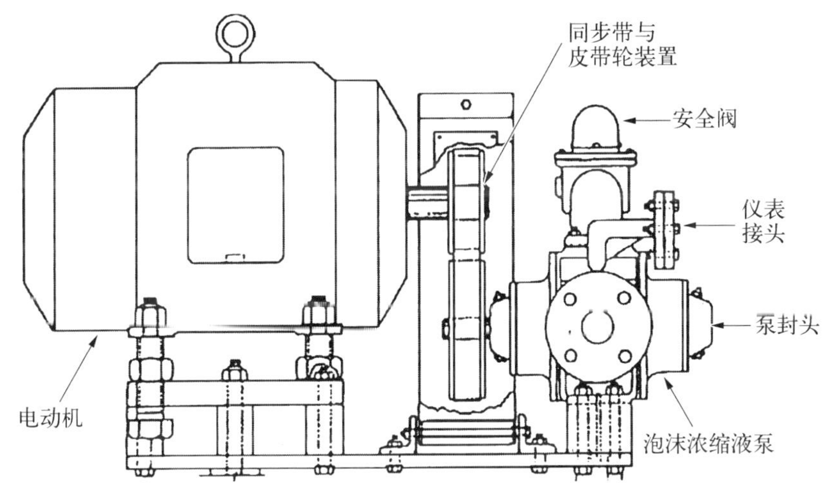

图 4-45 泡沫单速喷射泵

3) 泡沫双速喷射泵

泡沫双速喷射泵(图 4-46)设计用于既可满足小容量消防能力又可满足大容量消防能力的需求。泡沫双速喷射泵由一台额定压头为 175 lb/in^2 的容积式泵、一台电动机和一个挠性联轴节、安装在钢质底座上的减速齿轮箱构成。该泵设计用于根据消防要求的压力和需求量将泡沫浓缩液以恒定流速注入海水供应系统内。在大多数情况下,泡沫浓缩液的浓度会大于 6%。其低速模式主要用于满足单个消防水龙带卷车站的泡沫需求;而在飞机仓库和甲板边缘喷淋器的消防水流速大于 250 gal/min 时并且舭部喷淋器的消防水流速大于 450 gal/min 时须采用高速模式。双速喷射泵上电动机的电力由电源板供电，而该电源板则因与舰船的船用配电盘和应急备用配电盘都连接而由船用主电源予以供电。该电源板还配备有一个自动母线转换装置以确保双速泵的电动机始终都有电源供电。电动机控制器设有专门设备既可现场控制也可遥控。在现场控制的部位，泵在高速或低速两种模式下均可启动。而遥控部位则须分为高速和低速两类遥控台：高速遥控台可以用高速模式启动泵，如供飞机仓库喷淋系统的需要；而低速遥控台可以用低速模式启动泵，如供一消防水龙带卷车的需要。一旦系统处于锁定状态下，则只能从现场控制的部位关停泵。

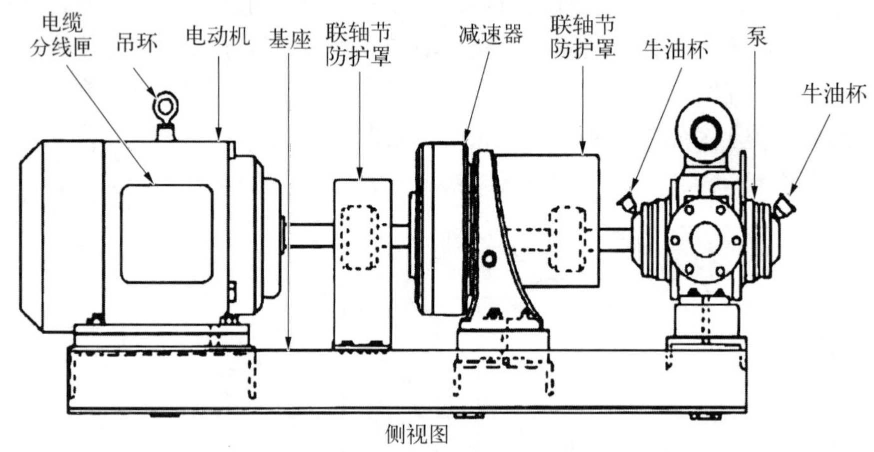

图 4-46 泡沫双速喷射泵

4）泡沫输送泵

泡沫输送泵是一永久性装设的、单速离心式电动泵。这类泵的额定流量为 360 gal/min。该输送泵可通过选择切换，经泡沫注入与输送子系统将泡沫浓缩液运送至各个泡沫灭火站。

5）泡沫储存柜

泡沫储存在容量为 50～2 000 gal 的日用柜内，其储存/转运柜的容量甚至可达 3 500 gal。泡沫储存柜的外形呈长方形或圆柱形，是由比例为 90/10 的铜镍合金或不锈钢材料制成。在每个泡沫站内设置一个日用柜，每个日用柜都相应配备一个鹅颈通风管、排泄接头、注入接头、液位指示器、再循环管路和一个供日用柜维修用的进出人孔。鹅颈通风管的作用在于既可在泡沫储存期间防止柜内的压力过高，又可在系统运作时防止出现真空现象。

6）泡沫阀

泡沫灭火系统要求配备一系列具备不同功能的各类阀门：① 驱动控制阀；② 驱动止回阀；③ 带测试接管的驱动控制阀；④ 液体压力控制阀；⑤ 液体压力截止阀；⑥ 电磁作动操纵阀；⑦ 平衡阀。

(1) 驱动控制阀。如图 4－47 所示，驱动控制阀是一种膜片式常闭的海水压力操作控制阀。该阀用于使泡沫/海水混合溶液流经其分配系统或控制在飞行甲板泡沫喷射系统内的海水流向。驱动控制阀由弹簧加压以保持闭合。该阀是在其控制管路由专用电磁作动操纵阀加压至消防总管压力时才被启动。该控制管路的压力则施加在驱动控制阀膜片的底部从而克服弹力强制阀门开启。

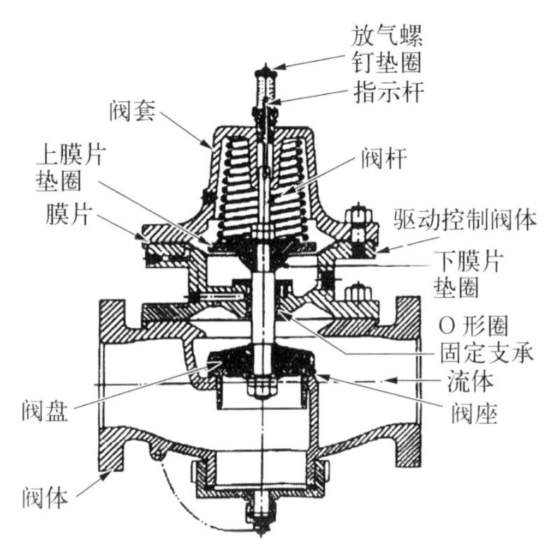

图 4－47　驱动控制阀

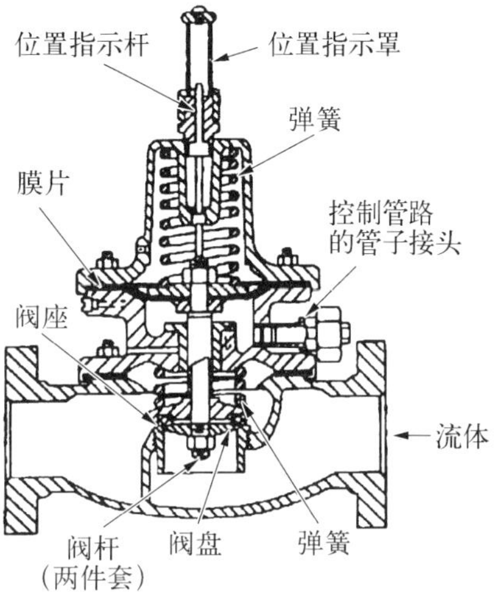

附注：在平衡压力比例定量系统装置上所装设驱动截止阀内的下弹簧拆除

图 4－48　驱动截止阀

(2) 驱动截止阀。驱动截止阀(图4－48)是一种膜片式常闭的海水压力操作控制阀。该阀用于使来自泵的泡沫流与海水混合，并保护泡沫储存柜不被海水污染或稀释。驱动截止阀实质上就是一个内置有提升止回功能的驱动控制阀。在其控制管路上没有压力时，上部的阀门弹簧就会驱使阀关闭，阀的提升止回功能也不起作用。而在消防总管压力作用于控制管路上时，该压力就直接作用于阀内膜片的底部从而克服上部的阀门弹簧力开启阀。此时，泡沫流推动阀盘与下阀杆上升，使泡沫得以控制。如阀的去流方向的背压超过了阀来流方向的压力，则阀座压板与阀杆就会滑动至其“关闭”位置以阻止倒流。在平衡压力比例调节系统装置上，其驱动控制阀则不设下弹簧。

(3) 带测试接管的驱动控制阀。带测试接管的驱动控制阀是一种膜片式液压操纵球形控制阀。该阀实质上就是一种具有测试功能的驱动控制阀。该类驱动控制阀一般用作一组喷淋器的控制阀。除非在经喷淋头排出之前能对其液体流进行转向分流，否则就不可能对一组喷淋器实施测试。在实施测试时，需先从阀的底部卸下接口盖，然后将测试连接管插入。该测试用连接管配有一个 O 形圈以提供该连接管与阀座之间的密封性。然后，在该连接管上连接一排泄软管并将该软管的出口端设置在适当的位置。这时若在阀的工作腔内加压，阀就会开启；从而阀内的流体沿阀座顶上的通道经测试连接管分流转向后从排泄软管排出。这样，就能对阀进行成功测试，同时能保持喷淋器组内不会有液体。在测试结束后，需排空阀的工作腔，然后卸下测试连接管并将阀上的测试接口盖装回原位。

(4) 液体压力控制阀。液体压力控制阀(图 4-49)是一种用于控制泡沫混合溶液流向的膜片式、出故障时可自动打开的海水压力操作控制阀。在其准备就绪状态时，阀的膜片上部会承受弹簧压力和控制管路的压力。在控制管路压力撤除时，消防总管的液体压力就会克服弹簧压力而开启阀。在电磁作动操纵阀将消防总管液体压力转变为控制管路压力时，则阀的膜片上部的压力就能抵消掉膜片底部所受的消防总管液体压力，从而在弹簧作用下关闭阀。

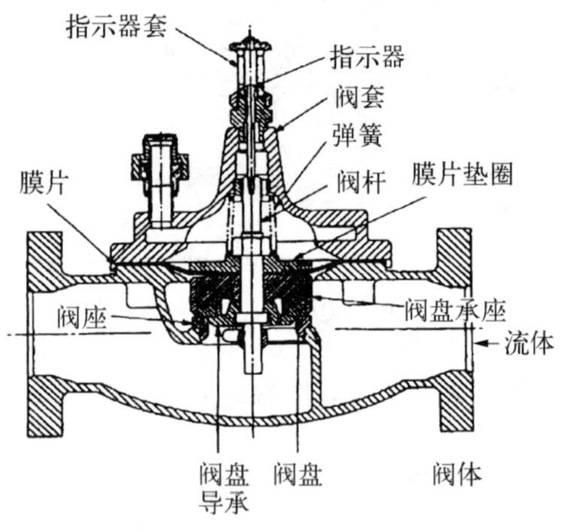

图 4-49 液体压力控制阀

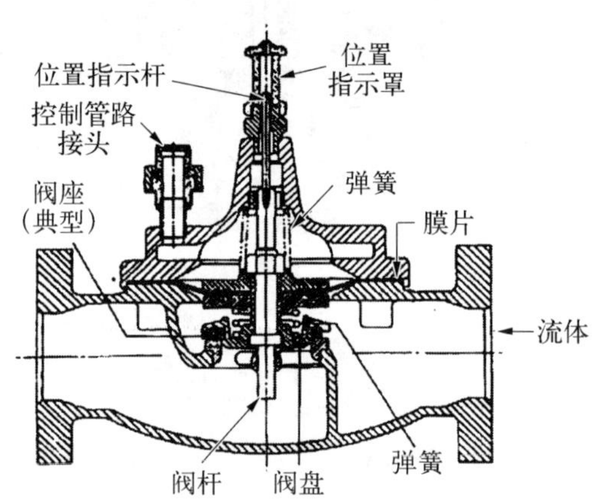

图 4-50 液体压力截止阀

(5) 液体压力截止阀。液体压力截止阀(图 4-50)是一种膜片式、出故障时可自动打开的海水压力操作控制阀，用于控制来自消防水总管系统的海水流与泡沫浓缩液进行混合。液体压力截止阀如同驱动截止阀一样配备有滑动提升止回功能块。在泡沫灭火系统处于备用状态时，由主控电磁作动操纵阀将消防总管液体压力施加在膜片顶上而使液体压力截止阀保持闭合。一旦主控电磁作动操纵阀解除膜片顶上的消防总管压力，就会因消防总管液体压力而促使液体压力截止阀开启。如对泡沫的需求终止而泡沫/海水混合溶液的液体压力又相当于或超出消防总管的压力，阀的下弹簧会将阀盘关闭，这样就可防止泡沫泵将泡沫浓缩液倒抽至消防总管内。

(6) 电磁作动操纵阀。电磁作动操纵阀(图 4-51)是控制多个泡沫消防系统运作的电动操纵阀。所有的(主控与专用)电磁作动操纵阀都设有 4 条控制管路端口：一个端口一直与供给压力端口(消防总管)相连接；另一个端口为阀排出口(应与泡沫消防站围板内的排出口管路连接);其他两个控制端口用于通过控制管路与主控电磁作动操纵阀上的膜片操作控制阀相连接。

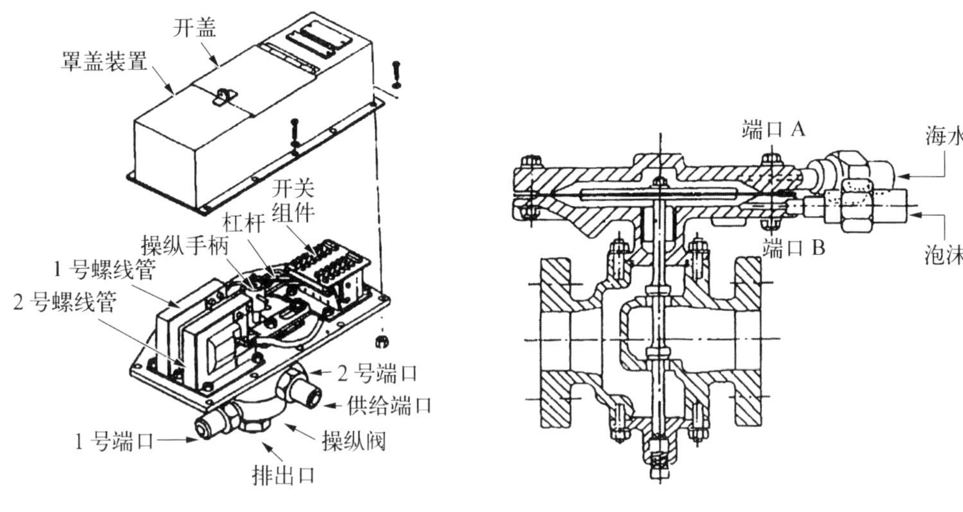

图 4-51　电磁作动操纵阀　　图 4-52　平衡阀

(7) 平衡阀。平衡阀(图 4-52)可自动按比例以适当的一定量的泡沫浓缩液与海水混合。平衡阀是一种能随泡沫浓缩液供应管路与消防总管之间压力变化而调节的膜片作动式控制阀。平衡阀上连接有两条压力感应管路,一条用于监控泡沫浓缩液管路内的压力,另一条用于监控消防总管的压力。上述管路之间的压差驱动其控制阀内的膜片,这样,随着泡沫/海水流量的增加,消防总管的压力感应管路内的压力就会下降,从而控制阀进行调节以迫使更多的泡沫浓缩液进入至比例调节器内。

7) 平衡压力比例调节器(II 型)

II 型平衡压力比例调节器(图 4-53)可在较大流量和压力范围内自动按比例分配生成泡沫/海水溶液。该系统装置通过电动或手动触发电磁作动操纵阀来启动。电磁作动操纵阀会排空液体压力截止阀的工作腔并使驱动控制阀的工作腔加压。电磁作动操纵阀的开关组件则能通过电动机控制器来促使组合泵(容积式、滑片式或回转泵)电气启动。组合泵启动后对比例分配需求和平衡阀的泡沫浓缩液管路进行

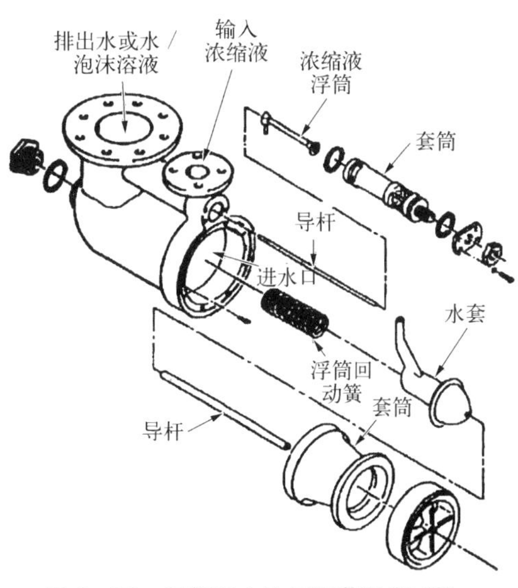

图 4-53　平衡压力比例调节器(II 型)

加压。此时流经比例调节器的水流就会根据消防灭火所需的流量驱使一个水浮筒沿其水套向其大开口处推进。泡沫浓缩液浮筒则直接由水浮筒的运动予以控制，从而由其改变进入到水流内的泡沫量。

水与泡沫浓缩液在相同压力下进入到比例调节器内，正因为如此，该比例调节器被命名为平衡压力比例调节器。其压力平衡机制则直接是平衡阀作用的结果。在液体压力截止阀的去流处设置有一条压力感应管路，而另一条压力感应管路则设置在泡沫浓缩液排出截止阀的来流处。这两条压力感应管路分别负责向平衡阀的工作腔输送水压和泡沫浓缩液压力。其中，水压感应管路与阀的上工作腔管路连接，而泡沫液压力感应管路则与其下工作腔管路连接。在随需求变化而导致流经比例调节器内的流量增加或减少时，其水工作腔内的水压也分别会相应地增大或降低。一旦发生上述情况，平衡阀就会自动调节泡沫浓缩液排放泵以使其压力与水压匹配相等。平衡阀会不停将泡沫浓缩液循环回流至日用柜。通过再循环管路返回至日用柜的泡沫浓缩液量会有一定变化，这完全取决于由其水工作腔内水压直接控制的平衡阀的定位。而水与泡沫浓缩液则基于文丘里原理会在比例调节器内按相应的比例分配混合，然后被排入到其系统的分配管系中。

8) 平衡压力比例调节器(III 型)

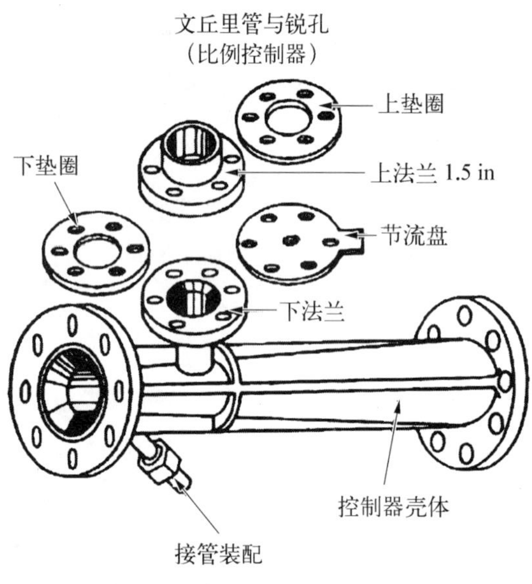

图 4-54　平衡压力比例调节器(III 型)

III 型平衡压力比例调节器(图 4-54)的用途、系统的运行控制及其平衡阀的原理机制都与 II 型平衡压力比例调节器完全相同。III 型平衡压力比例调节器完全不存在内部活动件，而是运用文丘里原理来实现使泡沫/海水溶液达到完全混合。输入到比例调节器内的泡沫量则由节流盘予以控制。所设置节流盘的锐孔孔径则须视要求该系统装置提供灭火剂的最大需求量而定。由 III 型平衡压力比例调节器壳体至其平衡阀之间直接连接的接管即为比例调节器的水压感应管路。

9) 泡沫喷淋系统

对于船上消防队运用泡沫/水溶液或水来扑灭大面积燃料起火而言，喷淋系统不失为一种简便而又快速有效的灭火方式。该系统是由连以众多分支接管的一根大直径总管与其附设喷淋头组成。排出至喷淋头的液流由一喷淋器组控制阀(带测试接管的驱动控制或液体压力控制阀)予以控制。该组控制阀可由电磁作动操纵阀或手动控制阀来触发启动。有些喷淋系统则是由手动操纵关断阀来操作启动。至于该控制阀组的驱动操作控制装置,可设置在主飞行控制中心、驾驶桥楼、直升机控制中心、发生火灾部位、泡沫生成站或全船的其他各个位置,具体须视喷淋系统布置及舰船的类型而定。泡沫喷淋系统属于泡沫生成系统的子系统。下面所列为海军舰船上所采用的一些不同类型的喷淋系统:

(1) 在主、辅机舱内设置顶部喷淋系统,其喷淋头布置在下层甲板的下面。在直升机和飞机仓库、船台甲板、载货车辆舱和燃油泵舱的天花板上设置顶置喷淋装置。有些柴油动力舰船则在主机舱内也装设顶置喷淋系统。

(2) 在飞行甲板和直升机甲板发生火灾时,甲板冲洗系统采用防火冲洗的甲板冲洗喷口来排出泡沫/水混合溶液。目前所有的航空母舰、直升机母舰以及部分辅助和战斗舰艇都具备这种功能。

(3) 航空母舰和直升机母舰上的甲板边缘喷淋器用于在其飞行甲板上喷射泡沫/水混合溶液。该系统由位于直升机和飞行甲板左右舷的甲板边缘处成梳状的喷雾器组成。其喷嘴将泡沫/水混合溶液以弧型交叉喷向甲板对面,从而将灭火剂喷洒覆盖在起火燃料或飞机的上面。

10) 泡沫输送系统

在灭火消防时,泡沫生成站需要耗用大量的泡沫浓缩液,而其整个日用储存柜内的浓缩液容量可能不足以应付扑灭一场大火灾之需。因此,需要有一个具有一定转输功能的设施以补充泡沫浓缩液日用柜。这种固定式的转输系统由一台备用输送泵(容积式、滑片式或离心式)、储备储存柜及相关管系和阀件构成。转输系统可通过一根输送总管将泡沫浓缩液输送至现场工作日用柜。输送总管则由将泡沫日用柜与储存柜相互连接起来的一根粗管分接众多支管构成。这种构造特点使得在现场工作的浓缩液泵具备了将泡沫浓缩液泵入输送总管的功能。这样,一旦输送总管加压,无论是通过备用泵还是通过现场工作泵,泡沫生成站的所有日用柜都可得到补充。现场工作泵用于输送泡沫浓缩液时可能需要结合跨接软管和连接阀一并使用。另外,有些舰船可通过安置在其生成站附近的55 gal储存容器来补充日用柜。应用这些储存容器进行补充须使用一台附设的手摇泵或气力输送系统。气力输送系统可用于补充储备储存柜。舰船也可借由注入接头通过手动向5 gal的储存容器倒入泡沫浓缩液来对日用柜或储备储存柜进行补充。

11) 泡沫测试设备

泡沫浓缩液和泡沫/海水混合溶液都必须定期予以测试检验以确保船上消防队具有扑灭B类火灾的能力。要完成上述测试,就必须对实施该测试所采用的设备有一个基本的了解。其测试设备包括手持式折光仪和氯化物含量滴定带。

(1) 手持式折光仪。

手持式折光仪能给出水溶液中总溶解固体的准确读数。如按规程对泡沫生成系统进行测试,则折光仪的读数能反映出其中固体溶解百分比。为使其读数具有代表意义，必须对用于制成泡沫/海水混合溶液的同类水源和泡沫浓缩液日用柜都进行采样。例如，如一艘舰船有 20 个泡沫生成系统，那就必须采集 20 份泡沫浓缩液试样和 20 份泡沫/海水混合溶液试样。

通过运用折光仪可确定水溶液试样中的有效固体溶解百分比。一旦取得其读数之后，就可按下式推算出泡沫浓缩液与水按比例混合的百分比：

$$RS - RW = A$$

$$RT - RW = B$$

$$A/B \times 100 = \text{泡沫浓缩液的百分比}$$

式中：RS——软管内试样(泡沫/水混合溶液)；

RT——日用柜内试样(泡沫浓缩液)；

RW——水试样。

(2) 氯化物含量滴定带。

氯化物含量滴定带用于测定水溶液中的含盐量(氯化物)。海水中含有大约 20 000 ppm(ppm：百万分之一)的氯化物，因而，泡沫浓缩液中氯化物污染的允许极限为 2 000 ppm，即相当于容许有 10%的杂质含量(注意：所有核定的泡沫浓缩液都已经过 10%海水污染测试，且其泡沫生成系统中被检验过的金属通过了防腐蚀测试。若其杂质污染含量超过 10%以上会引起两方面问题：① 泡沫生成系统的构件会出现腐蚀；② 泡沫/水的混合比例不当会导致该灭火剂失效)。

如其污染度超过 2 000 ppm，则必须查明污染源并在倾倒掉该泡沫浓缩液柜内的储存液之前先消除污染源。在对日用柜重新补充前应清洁泡沫浓缩液的所有相关构件。必须严格按照计划维修制订的要求实施所有的泡沫测试检验规程。

4.3.3 固定式二氧化碳(CO_2)灭火系统

二氧化碳是在空气中就已自然存在的、其平均浓度为 0.03%的一种无色、无气味的气体。由于二氧化碳能将周围空气中的含氧浓度降低至使燃烧停止的浓度以下，因而二氧化碳可作为消防灭火之用。典型情况下，灭火时要求二氧化碳的浓度为 30%～70%。海军舰船上都设有二氧化碳灭火系统以便能够随时、可靠地对存在异常火灾危险的某些区域充注(或局部充注)二氧化碳。固定式二氧化碳灭火系统一般都有一个或几个规格为 50 lb 的二氧化碳气瓶。这些气瓶可以单独设置，也可以两个或两个以上作为一组设置。除其尺度和释放机构不同外，50 lb 规格便携式二氧化碳瓶实质上与 15 lb 规格便携式二氧化碳瓶完全相同。

固定式二氧化碳灭火系统分为两类：即二氧化碳软管与卷车灭火装置以及二氧化碳充注式灭火系统。其中，二氧化碳充注式灭火系统一般用于平常无人居住的舱室处所。

1）二氧化碳软管与卷车灭火系统

二氧化碳软管与卷车灭火装置（图 4-55）由两个二氧化碳瓶、一根卷绕在卷车上的专用二氧化碳软管以及一个配备有副控制阀的喇叭形不导电喷口构成。当软管与卷车都设置在正常通道附近时，两个二氧化碳瓶中任何一个都应能单独操控。如果空间限制，二氧化碳瓶很可能不能与软管卷车处在同一位置。若二氧化碳瓶距软管卷车的距离超过 10 ft，则在软管卷车处应设置人工引线盒以便单独施放某一个二氧化碳气瓶（警告：只有在二氧化碳软管卷车设施上才设置带槽螺母施放帽。严禁在二氧化碳充注式灭火系统内装设这类施放帽）。

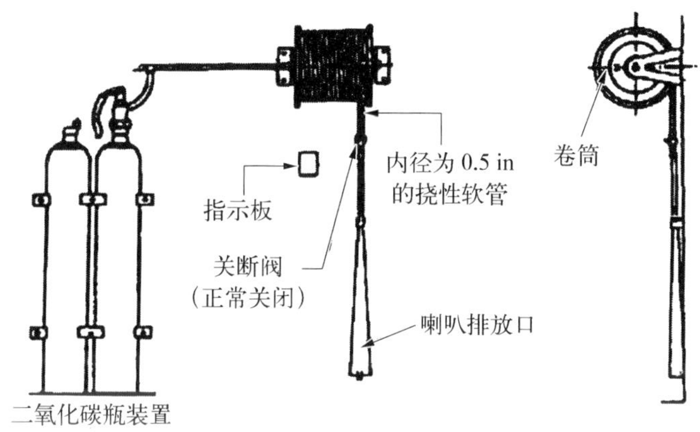

图 4-55　二氧化碳软管与卷车灭火系统

操作二氧化碳软管与卷车灭火装置必须严格遵循相关规程，其具体步骤如下：

（1）确保其喇叭喷口的阀门处于“关闭”位置。

（2）打开待使用二氧化碳瓶上的控制阀。

（3）回卷解开软管，将其喇叭喷口移动至实施灭火的位置。

（4）通过旋转阀杆或压下压挤手柄打开喇叭喷口上的阀门。

（5）将喷出的二氧化碳向燃烧火源的基底部施放。

2）二氧化碳充注式灭火系统

二氧化碳充注式灭火装置（图 4-56）由从其阀出口至集管间以管系连接的一个或多个二氧化碳瓶构成。二氧化碳从该集管通向需要充注舱室的各处位置采用固定管系。从阀控机构引出的缆索则会一直延伸至设置在存放二氧化碳瓶舱室之外的引线盒。（有时，二氧化碳瓶甚至还会设置在二氧化碳防护舱室之外。）在需要释放二氧化碳时，只需先打碎引线盒表面的玻璃，然后扳动连接二氧化碳瓶缆索的手柄即可。

通常在二氧化碳充注式灭火系统中会设有一或两套阀门控制设备。所设置阀门控制设备的数量则取决于储藏库内二氧化碳瓶的数量。储藏库内留存（如有的话）的二氧化碳瓶都需配备压力启动的施放帽。当来自被控二氧化碳瓶的压力输入至其施放帽出口时，这些施放帽就会自动开启。

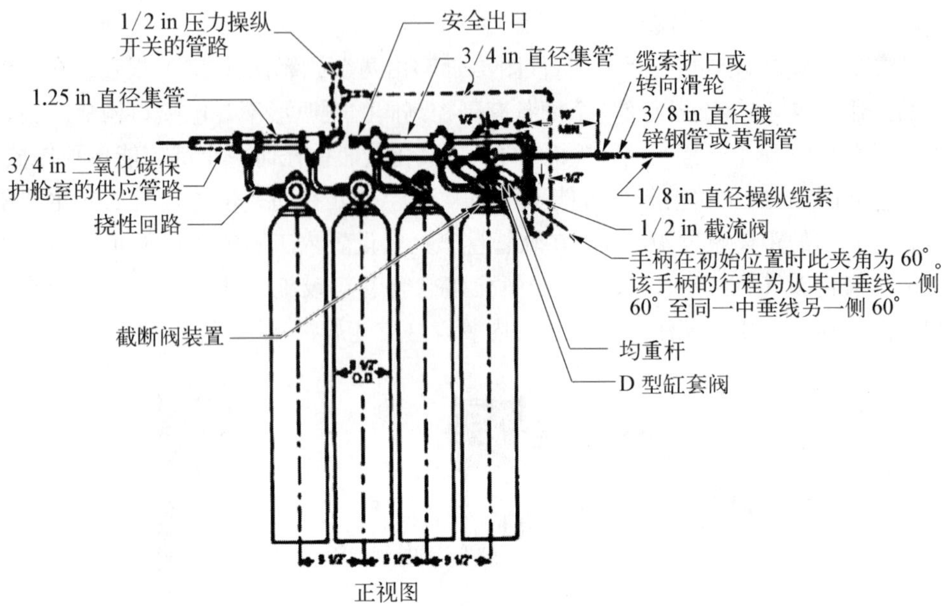

图 4-56 二氧化碳充注式灭火系统

海军舰船上所设置的固定式二氧化碳灭火系统组件因生产厂家不同而有所差别。因而,关于一特定二氧化碳灭火装置的具体信息,必须查阅相关生产厂商的技术手册(注意:在操作开启一固定式二氧化碳灭火系统之前,须确保其舱室内的所有开口及该处所的通风系统都已关闭。这些预防措施都是非常必要的,可防止二氧化碳无谓损耗)。

3) 卤化物灭火系统

此处的卤化物就是卤代烃,也就是说其每个碳氢化合物内的一个或多个氢原子已被卤代系列化合物(如卤代氟、卤代氯、卤代溴或卤代碘等)的一个或多个原子所替代。现在业已形成一套卤素编号系统来标识各种卤代烃的种类。该编号中的第一位表示分子中的碳原子数目;第二位表示其氟原子数目;第三位表示氯原子数目;第四位为溴原子数目;第五位若有的话表示为碘原子数目。在该编号系统中,若其末位为零位则不用示出。

舰船上所使用的卤素灭火剂有两类,分别为 1301 和 1211 卤素灭火剂。其中最为常用的类型是 1301 卤素灭火剂,因为 1301 卤素灭火剂可安置在用于扑灭易燃液体火灾的注水系统中使用。

1211 卤素灭火剂是一种嗅起来有甜味的无色气体,专业化学术语叫做溴氯二氟甲烷。该卤素灭火剂一般作为有些飞行甲板与机库甲板上移动消防设备的双重灭火剂即泡沫/1211 卤素灭火剂之一使用。在现役的 MHC-51 型沿海扫雷舰和气垫登陆艇上则采用了 20 磅规格的便携式 1211 卤素灭火器。1211 卤素灭火剂以液体形态储存和运送,采用氮气加压。由于其汽化压力实在太低而无法在正常状态下将其运送到火灾现场,因此必须对其加压后才能储存运送。

1211 卤素灭火剂不能用于全船注水系统。1211 卤素灭火剂具有低挥发性兼具高密度特性，这就使得该灭火剂可作为液体喷雾形式使用。作为液体喷雾用时，1211 卤素灭火剂较任何可能采用的其他液态灭火剂都能更易于被推送至火灾现场区域内。1211 卤素灭火剂在航空母舰类舰船上则作为其移动消防设备内的双重灭火剂之一使用。

就化学性质而言，1211 卤素灭火剂和 1301 卤素灭火剂都具有抑制火灾正面火焰的作用。卤素灭火剂在接触到火焰或其热表面温度超过 900℉(482℃)时会分解；其分解产物主要为即使在低浓度下也会具有强刺激气味的氟化氢和溴化氢。

1301 卤素灭火剂极短的排出时间(最多 10 s)使得其热分解产物恰能保持在致命浓度以下。不过，其真正的危险在于火灾燃烧所生成的产物如一氧化碳。这些生成物结合氧气的损耗、灼热和烟雾就会对人员造成重大的威胁(警告：除非穿戴有若干特定类型的呼吸器具，否则人员不应滞留在已释放出 1301 卤素灭火剂进行灭火的舱室内)。

对于大多数人员来说，暴露在 5%～7%浓度的 1301 卤素灭火剂下的时间若不超过 10 min，一般就不会对人员的健康造成危害。不过，尽管如此，相关安全守则还是应规定一旦有卤素灭火装置系统进行排放灭火时其舱室内人员应完全撤离。

分别在 1301 卤素灭火剂与 1211 卤素灭火剂环境下的人体暴露试验表明：以容积计，暴露在约 7%浓度的 1301 卤素灭火剂和浓度为 2%～3%的 1211 卤素灭火剂下对人员健康基本没什么影响；暴露在浓度为 7%～10%的 1301 卤素灭火剂和浓度为 3%～4%的 1211 卤素灭火剂下时，人员会有头昏眼花、手足麻刺的感觉，表明已有轻度麻醉；暴露在浓度超过 10%的 1301 卤素灭火剂和浓度超过 4%的 1211 卤素灭火剂下时，这种头昏现象就会变得非常显著，试验人员似乎都已失去知觉(尽管没有一人真正失去知觉)，且身体和思维方面的灵敏度都大大下降。

排出 1211 卤素灭火剂进行灭火时可能会由于 1211 卤素灭火剂本身的固有特性及该灭火剂暴露在火灾燃烧中或其他热表面导致的分解产物而对人员造成危害。长时间暴露在浓度超过 4%的 1211 卤素灭火剂下就有导致人员昏迷甚或死亡的潜在危险。尽管 1211 卤素灭火剂蒸汽的毒性较低，但其分解产物却是非常危险的。在不通风或封闭舱室处所内使用 1211 卤素灭火剂时，具体操作人员及其他人员都应避免吸入灭火剂气体，并且应只使用完成灭火所必需的灭火剂量。虽然卤素灭火剂具有潜在的危险，但自其从 30 年前引入市场以来还没有关于 1301 卤素灭火剂或 1211 卤素灭火剂作为灭火剂使用而对人体健康有明显损害的报道(警告：在易燃气体瓶储藏室内，采用 1301 卤素灭火剂灭火时要求其浓度达到 20%。因此，一旦其灭火系统开启工作后，室内所有人员都必须立即撤离)。

与汽化 1301 卤素灭火剂或 1211 卤素灭火剂直接接触会对接触物体有一种强致冷效应，会导致人体皮肤冻伤、刺痛。由于灭火剂在排出时的液相汽化非常迅速，因而上述的致冷效应危害也仅局限在其喷口的紧邻区域内。

卤素灭火剂从喷口的排出速度非常高，足以移动未固定的纸张和轻质物品，而这有可能会造成人员受伤。其全船充注系统的排放所引起的噪声可能会大得惊人。

在潮湿空气环境中，由于空气中水汽的冷凝可造成能见度的下降。

1211 卤素灭火剂或 1301 卤素灭火剂都属于对臭氧有严重破坏作用的物质。因此，这类灭火剂只有在扑灭真正火灾中才允许使用。而且，不得以任何理由将仅部分灌装或退还进行再装填的任何卤素灭火剂瓶内的残存卤素灭火剂排空到大气环境中。

1301 卤素灭火剂(化学术语名称为一溴三氟甲烷)由一个碳原子、三个氟原子、无氯原子、一个溴原子组成而没有碘原子。为了在船上设置，1301 卤素灭火剂必须用氮对其施以超高压并以液态储存在气瓶内。在释放时，1301 卤素灭火剂会蒸发汽化成一种密度比重约为气态 1301 卤化物灭火系统(三溴氯甲烷气体灭火装置，参见图 4－57)五倍的无色、无气味的气体。1301 卤素灭火剂可设置在主机舱、锅炉舱、机舱、辅机舱、燃油泵舱、舰船的日用或应急发电机舱、辅助锅炉舱、主推进或发电机的机械模块、舰载直升机回收锁紧搬运系统区域、机炉舱、战术拖曳阵声呐(TACTAS)操作间以及存放或会放出易燃液体的舱室处所内。在航空母舰上，气动炸弹吊运储藏舱也可采用 1301 卤素灭火剂来进行消防防护。

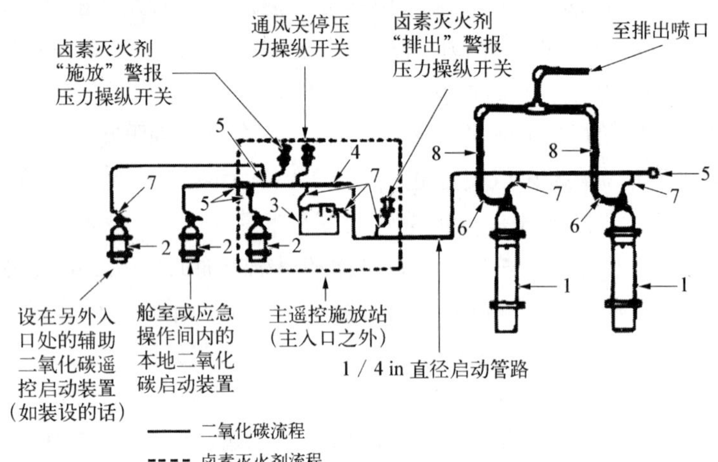

项 目 号	组 件
1	卤素灭火剂瓶
2	手动-氧化碳启动装置
3	延迟设备
4	延迟旁通阀
5	1/4 in 直径止回阀
6	1.5 in 直径挠性软管
7	1/4 in 直径挠性软管
8	1.5 in 止回阀
9	排放口附件

附注：

1. 1/4 in 直径的接头附件没有示出。其位置设置在 1/4 in 管系与 1/4 in 直径挠性软管(7)之间。

2. 卤素灭火剂瓶的数量和尺寸规格会随每套装置而变化。

3. 在仅有一个灭火剂瓶时，1.5 in 直径止回阀可取消设置。

图 4－57 三溴氯甲烷气体灭火装置

卤化物灭火系统采用以液态形式装有1301卤素灭火剂的一个或数个储存瓶。卤化物灭火系统的作用在于扑灭那些超出便携式灭火器灭火能力且火灾所在舱室必须予以放弃的火灾。

(1) 组成部件。

卤化物灭火系统的组成部件包括：① 1301卤化物储存瓶；② 5 lb二氧化碳启动装置；③ 排放口附件；④ 1/4 in直径铜氮管道接头及称为启动管线的4 in直径管线回路；⑤ 挠性排出软管；⑥ 止回阀；⑦ 延迟设备；⑧ 延迟设备旁通阀；⑨ 二氧化碳启动系统管系；⑩ 压力操纵开关；⑪ 卤素灭火剂排出管系；⑫ 排出喷口；⑬ 内置式过滤器；⑭ 电动报警与指示器。

(2) 设置位置。

卤素灭火剂瓶通常设置在某一处所的封闭舱室内。不过，也可安置在外面或卤素灭火剂瓶储存间里面。安置在机舱(主机舱、锅炉舱、机舱、辅机舱等)内的卤化物灭火系统有60 s的延迟时间。而设置在除机舱之外的其他舱室内的卤化物灭火系统则只有30 s的延迟时间，并且只有卤化物主灭火系统。发动机罩或模块内的卤化物主灭火系统和储备灭火系统都有30 s的延迟时间。

(3) 性能。

所有各类卤化物灭火系统的设计都须保证其1301卤素灭火剂单次排放就可使1301卤素灭火剂在整个防火处所内空气中的浓度按容积计达到5%～7%。要使其浓度在15 min内至少保持在5%以上就需要有充足的卤素灭火剂。部分以卤化物作为灭火剂实施防火的处所内设有双重储备卤化物灭火系统作为其卤化物主灭火系统的补充。而且，所有各类固定式卤化物充注灭火系统的设计都须保证将全部1301卤素灭火剂气体排入到需要灭火的舱室内的时间，从其排放开始起计应能在10 s内完成。

(4) 系统启动与特点。

通常各套系统都配备有一个以上的二氧化碳启动装置站。启动装置既可设置在防护处所内，也可设置在其外面。这种系统的特点包括通风的自动关闭、本地与遥控报警的启动、延迟的手动旁通以及卤素灭火剂排放指示灯的设置等。

(5) 系统操作。

可通过下列步骤完成卤化物灭火系统的正常操作程序：

(i) 打碎玻璃或开启遥控启动站上的封罩。卸下由铅和金属丝固封的安全销。

(ii) 充分活动释放杆使其完全打开，然后将释放杆固定在“工作”位上。释放出的二氧化碳会立即驱动两个压力操纵开关。其中一个压力操纵开关负责运行该舱室内的灯光与喇叭(或警铃)以及在启动站舱室外面和入口处的一套警铃与黄色灯系统的启动照明；另一个压力操纵开关则用于关闭通风机和关闭所有的通风闭合设施。

(iii) 如其报警不能工作或通风没有关闭，须拔出相关压力操纵开关上的重置/

启动手柄。如仍无法运行，则须手动关闭通风系统，然后传话通知撤离该舱室。

(iv) 在作一定的延迟之后，二氧化碳气体的压力就会驱使卤素灭火剂瓶上的阀开启将卤素灭火剂排放到其组合施放喷嘴。而后，位于延迟设备去流方向上的第三个开关就会开启一个红色灯表示卤素灭火剂正在排放。

(v) 万一延迟设备的定时超过 70 s(相对于一 60 s 的延迟设备而言)或 35 s(相对于一 30 s 的延迟设备而言)，则应通过开启延迟设备旁通阀来排放卤素灭火剂(警告：只有在过了其全部延时 30 s 或 60 s 之后，延迟设备旁通阀才能开始起动工作)。

关于该系统的其他特点还包括有通风的自动关闭、预排放之前的本地与遥控报警的启动、延迟的手动旁通、自动关闭通风闭合设施(如有设置的话)以及卤素灭火剂排放指示灯的设置等。

通常，在机舱和泵舱内除了设置 1301 卤化物灭火系统之外还另设有泡沫(AFFF)舭部喷淋系统作为补充。在同时设有这两套装置时，泡沫(AFFF)舭部喷淋系统应与 1301 卤化物灭火系统同时打开一起施放灭火。不过，如其舱底太浅就无法装设泡沫舭部喷淋系统。

4.3.4 碳酸钾溶液消防系统

舰船上装设有碳酸钾溶液消防系统(图 4 - 58)以提供对船上厨房内热油锅和油炸煎锅及其排风系统的消防防护。碳酸钾溶液是专门为扑灭积油内的火灾配制而成，碳酸钾溶液通过结合烹饪热油表面形成一阻燃乳化皂层从而将油脂与其氧气源之间的联系切断。碳酸钾溶液的冷却效果很小甚或没有。

1) 组成部件

每套碳酸钾溶液消防系统都配有一个或两个储存瓶，瓶内注满以压缩氮(N_2)加压的含水碳酸氢钾混合溶液。(一个或数个)储存瓶的排出管系通向喷头，喷头则应设置为沿厨房排气罩送风方向将混合灭火溶液喷入烹饪积油或向上喷入厨房排气罩的排出管道。采用一根弹簧张力缆索使该系统处于待用状态：在其张力释放时，消防系统就会开启从而由一密封压力筒释放出氮。此动作导致其杠杆控制帽的打开、释放出碳酸钾溶液。

2) 控制操作

碳酸钾溶液消防系统的控制操作在通常情况下都是自动的。当然，在其储存瓶装置、压力释放控制箱和遥控操作箱处都设置有手动备份操作模式。

(1) 自动操作。

只要其中一个易熔联杆出现过热就会熔化连接从而释放掉缆索上的张力。其压力控制箱内的拉伸弹簧随之拉下控制杆，使得压力释放筒得以启动施放。由压力释放筒内施放出的氮气驱动(一个或数个)杠杆控制帽，致使系统(一个或数个)储存瓶排出碳酸钾溶液。

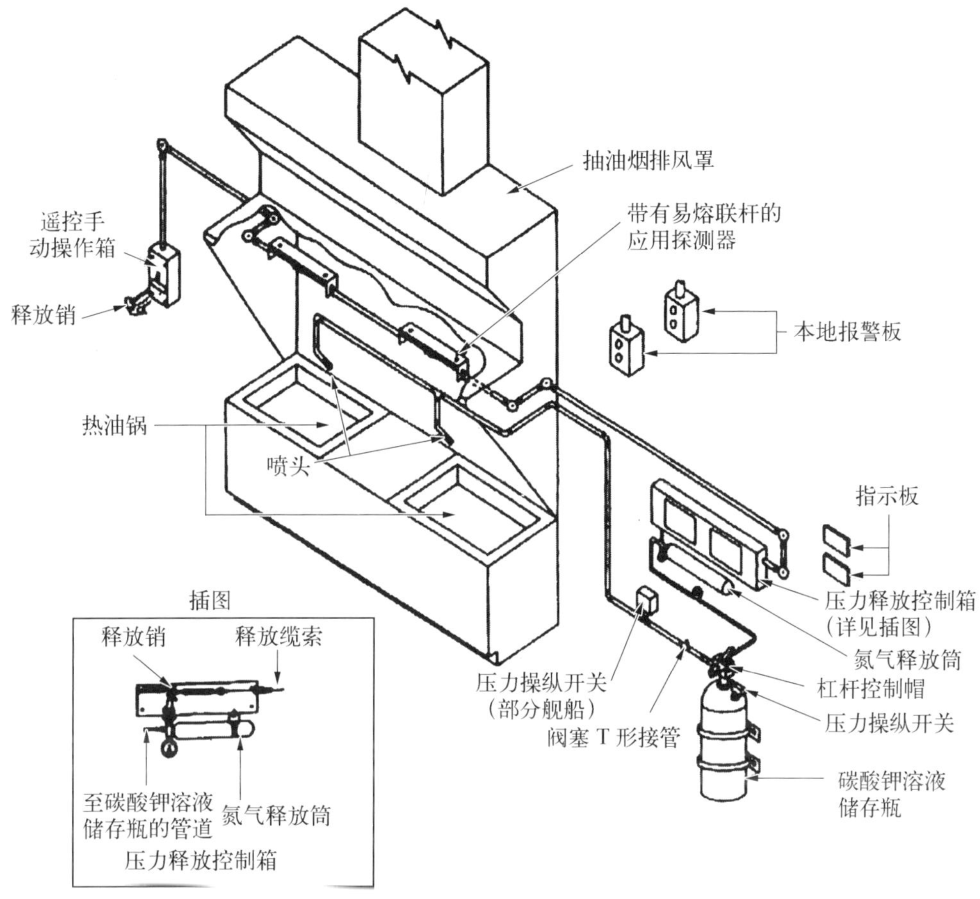

图 4-58　碳酸钾溶液(APC)消防灭火系统

(2) 手动操作。

碳酸钾溶液消防系统设有 3 种手动操作模式：

(1) 在储存瓶装置处：将其杠杆控制帽上的释放销完全卸下，然后操作控制杆。这样可以直接将瓶内储存的碳酸钾溶液排出。

(2) 在压力释放控制箱处：打开控制箱，将其释放销完全卸下。这样就断开了释放缆索，促使拉伸弹簧如上面自动操作模式中所述的那样启动系统施放碳酸钾溶液。

(3) 遥控操作箱处：将其释放销完全卸下。这样可断开释放缆索的支撑固定端、释放张力，从而促使拉伸弹簧如上面自动操作模式中所述的那样启动系统施放碳酸钾溶液。

小　结

本节主要介绍了船上主要固定式消防系统的构造与功能作用。上述消防系统包括消防水总管、弹药舱喷淋系统、泡沫灭火系统、二氧化碳灭火系统、卤化物灭火系统和碳酸钾溶液消防系统。

4.4 消防策略

作为一名损管人员，在舰船上的人员中最有可能遭遇到各类不同的火灾。尽管火灾具有某些特定的共同属性，但无疑每类火灾都有其自身独有的特性。举例来说，与各类火灾有关的一些独有特性包括燃烧材料所属的燃烧类型、其火势的隔离难易程度以及火灾发生所在的舱室等。考虑到上述因素之后，就很容易明白在决定扑灭一场火灾所采取的策略时需要明确很多方面的情况。因此，船上损管消防队和维修间人员都应予以培训以应对各种各样的紧急情况。

损管人员应比较熟悉消防、作战机动部署及应对工程机械损坏问题的处理，也应具备同时处理多项单独损害的能力。舰艇所能出现的最坏情况就是一场大规模的毁灭性大火。例如，有些舰船在经历了多枚导弹的袭击后，另外还遭到水雷爆炸和船体进水损害。这样，也许有一天相关人员所练就应付多重损害的能力就有可能拯救整艘舰船。重要的是不要墨守成规！譬如，消防总管破裂可以采用绕过跳接，而一旦舰船电气系统发生损害则可采用 P-100 型便携式泵来替代原来的消防泵。支撑加固薄弱舱壁的能力必须反复实践。再如，是否具备能力来安装应急电力电缆使关键系统恢复工作？还有许许多多这样的情况；此时，关键是要保持镇定、冷静，然后进行处置。经过培训后，相关人员完全有能力在损管突击组或消防队内承担不同的职位。这样一旦有人员受伤需要更换，其消防队成员的资格就能使得这些人员在需要时可以相互替换。

火灾会以多种不同的方式蔓延。从一场剧烈火灾燃烧中所发出的辐射热可点燃相邻舱室内的材料或经由没有关闭但不工作的管道来传递。舱室间的开孔包括电缆管道的管孔都会促使火灾进一步蔓延。火势蔓延的第一个征兆就是烟雾。如作为一名勘测调查员，就必须经常巡视主火警边界之外的指定区域；同时必须确保指定担任巡边的人员能胜任其分配的工作。凡在火警或烟雾设定边界之外发现烟雾都须立即报告，然后穿戴好呼吸器具再进行仔细勘查。如确定为火灾已经蔓延开来，则次火警边界就自动成为主火警边界，必须立即派人处理舰船上出现的新威胁。

根据现场、勘测调查员和巡边员的报告并在此基础上作出对消防灭火的决策是舰船损管行政管理系统的职责。一场小火灾甚至都有可能在很短时间内蔓延成为一场毁灭性的熊熊大火，迅速使舰船上的一个舱室或一片区域成为无人能生存的地狱。在舰船处于航行途中时，就无法采用在岸上灭火时所采用的消防技巧和策略。

1）火灾的属性

火灾共有 4 种分类，每种分类都有其各自截然不同的属性和燃烧动态特性。

(1) A 类火灾。

一般而言，A 类火灾是指所有其燃烧物会留下灰烬的火灾。诸如纸张、木材和衣料织物等都属于此类火灾的燃烧物。这些固体燃烧物在起燃之前都必须先被加热至其燃点，同时要求有足够的氧气供其燃烧。

而固体燃烧物要燃烧，就必须先转化成汽化物状态。这种化学作用称为“高温分解”，具体来说就是由于热量而导致的化学分解。这种分解会生成燃烧汽化物，与氧气混合之后就能引发火灾。

通过消除燃烧三角形中任一边的要素（即热量、氧气或燃烧物）就可扑灭火灾。扑灭 A 类火灾的常用方法是喷洒水。水可将燃烧物的温度冷却至其燃点以下，从而消除了燃烧三角中的热量要素，借此扑灭火灾。如要扑灭此类较大型的火灾，则采用泡沫形成液膜（AFFF）会比用海水更为有效。在发生任何此类火灾时，所有临近可燃物（包括其舱壁另一侧并非直接可见的可燃物）都须转移或设法使其冷却以防止火灾进一步蔓延。

(2) B 类火灾。

在 B 类火灾会遇到在其他类火灾中不会遇到的挑战；这是由于该类火灾的燃烧物是存放在舰船上的各类易燃液体，包括燃油、液体润滑剂和各类溶剂。通常采用卤素灭火剂、泡沫灭火剂、碳酸氢钾干式化学灭火剂或混合使用多种灭火剂来扑灭 B 类火灾。在扑火这类火灾中最为关键的一个步骤就是要保护可燃物源的安全。

易燃液体所具有的特征之一就是其闪点，即使该液体能够释放出足够的汽化物从而形成可点燃混合物时所需的最低温度。在这种温度下与空气混合后，只要有引燃源，汽化物就会被点燃。

舰船上存放的燃油与其他液体通常都是以密封加压（以便将其泵送至船上其他区域）或在压力下储存以尽量减少汽化物的释放。但是，一旦这些加压燃料系统发生泄漏就会趋于向外喷射，且通常是以喷雾状喷射，因而也大大增加了接触到引燃源的可能性。这类引燃源既可以是动力舱室内的受热表面，也可以是电气元件故障所产生的电火花。

在易燃液体从密封加压源溢出或泄漏时，会覆盖一大片区域，释放出大量的蒸汽物，一旦点燃后相应地也会生成大量的热量。易燃液体的主要标志属性之一就是其最低闪点。任何时候只要舰船进行燃料补给，就必须对所接受的燃料同时进行质量和闪点测试。

有些易燃液体需要特别存储，通常储存在设有温度探测和喷淋系统的专用储藏库内。储存在这种储藏库内的材料有油漆、焊接用气体、易燃洗涤剂及其他物品。在此类储藏库内储存的危险物品应列有准确清单以备随时使用。便携式消防泵和专用小艇的燃料则有时会存放在舰船的露天甲板上。

所属舰船上的供应部门会提供关于易燃物品的详细信息资料(包括安全守则和操作守则、易燃性和最低闪点等)。其材料安全性数据表也收录有对应于舰船上所携带每种危险物品的单独信息。

(3) C类火灾。

C类火灾是指由通电的电气设备所引发的火灾,可采用不导电的灭火剂如二氧化碳灭火剂或低流速水雾进行灭火。在灭火时,必须特别注意与通电设备保持一定的安全距离。对付C类火灾的最常用(也是最安全)的方法是先切断其电源,然后将其作为A类火灾(隔绝燃烧)处理。

必须特别注意避免接触到通电的电气设备。二氧化碳灭火剂瓶必须予以接地导电,同时禁止便携式灭火器的喇叭喷口与通电设备接触。如果不得不采用水雾作为消防剂,则必须保持至少4 ft以上的距离。由于存在触电的危险,因此严禁直接采用水流来扑灭C类火灾。

(4) D类火灾。

D类火灾是指由可燃金属所引发的火灾,是诸如镁、磷、钠或钛等材料被点燃时所产生的火灾。有些类型的飞机轮子以及各类烟雾、焰火信号就是由这类材料制成。尽管有些舰船在甲板下设有烟火信号弹药舱,但典型情况下发生D类火灾最多的还是在舰船干舷部,因为通常此部位更有可能用来存放烟火信号弹药。

D类火灾燃烧所产生的剧热温度最高可达4 500°F,因此必须采取相应措施保护眼睛不受其火焰辉光的伤害。在扑灭这类火灾时,应采用高流速喷雾覆盖整个火灾的燃烧区域并使其冷却。如有可能,可通过将其投弃至舰船舷外来清除燃烧物。为了防止火灾蔓延,应以低压喷洒大量的水使燃烧周围区域冷却。“D”类火灾会释放出极高的热量并有可能形成爆炸。因此,在喷洒水雾灭火时,相关人员必须与火灾燃烧源保持一定的安全距离。

在扑灭D类火灾过程中,洒水以冷却燃烧周围区域时会导致发生特定的化学反应:所洒的水会与燃烧金属发生反应并形成氢气,而氢气则会引发燃烧或爆炸,具体取决于燃烧强度和燃烧的金属量。在任何情况下,为防备可能发生的爆炸都须与燃烧源保持一定的安全距离并对自身和同队人员实施防护。

2) 火灾燃烧的动态特性

舰船上携带有大量的各种能燃烧的物品,因而应将其都视为可燃物。正如前面所述,若一固体可燃物要燃烧,必须先转化成汽化物状态。这种化学作用也称为高温分解,具体来说就是由于在热量的作用下所导致的化学分解。

这种分解会生成燃烧汽化物，只要在适宜温度下与氧气混合之后就会引起火灾。

固体燃烧物可以各种不同速度燃烧，视其大小和结构而定。例如，一堆木屑或卷成一卷的纸张的燃烧速度必然要比等量实木或纸箱的燃烧速度快。这是因为其暴露于热量下的面积相对较大，因而，发生汽化的速度也相对较快。这样，由于有较多的汽化物可供引燃，燃烧物的燃烧速度也就必然快了。

液体燃烧物与固体燃烧物一样会释放出大量的汽化物。不过，液体燃烧物的释放速度更快，并且可在更大的温度范围内释放。由于液体分子之间的结合更为松散，因此热量也更会加快其汽化物的释放速度。基于上述动态特性，1 lb 液体燃烧物要比 1 lb 木材所产生的热量多 2.5 倍，而且液体发出该热量值的速度也要快得多。

易燃液体一旦溢出(或在压力下成雾状喷出和泄漏)，就会覆盖非常大的一片表面区域，从而释放出的汽化物也要多得多。这也是易燃液体(B 类火灾)燃烧如此猛烈的原因之一。

如前所述，闪点就是该液体释放出足够的汽化物从而形成称为可点燃混合物时所需的最低温度。可点燃混合物是指可由引燃源予以点燃的汽化物与空气混合物。举例来说，汽油的闪点仅为−45℉(−43℃)；由于汽油在正常温度下就能产生易燃汽化物，这一因素使得汽油在任何情况下都是一种危险物品。同汽油一样，船上所携带的其他燃料也都有标定的最低闪点。

液体的易燃气体或汽化物只有在与空气以适当比例混合之后才能点燃。构成可点燃混合物中气体所占的最小百分比称为爆炸下限。如其中的汽化物或气体小于该百分比，其混合物会因浓度太低而无法起燃。相反，还存在一个爆炸上限；若超过该百分比值，混合物会因浓度太高而无法燃烧。爆炸下限与爆炸上限之间的浓度范围则称为气体(或汽化物)的爆炸浓度范围。

表 4-2 为船上携带的部分物品的闪点、爆炸下限、爆炸上限和点燃温度列表。如10%汽油与90%空气所形成的混合物就因其浓度太高(到了爆炸上限以上)而不会点燃。在此情况下，要其形成可点燃的混合物就必须大量空气与少量的汽化物混合。

表 4-2 几种主要易燃液体和气体的属性

物品	闪点	爆炸下限	爆炸上限	点燃温度
乙炔	气体[1]	2.5%	100%	581℉(305℃)
一氧化碳	气体[1]	12.5%	74.0%	1 128℉(609℃)
烹调用油	610℉[6]	——[3]	——[3]	740～830℉ (393～443℃)
普通酒精	55℉(13℃)	3.3%	19.0%	685℉(363℃)

续 表

物　　品	闪　点	爆炸下限	爆炸上限	点燃温度
海军船用蒸馏燃料(F－76)(标准号为 MIL－F－16884)	140℉(60℃)	——[2]	——[2]	450℉(232℃)
汽油(100 辛烷)	－45℉(－43℃)	1.4%	7.6%	853℉(456℃)
液压油，规格号为 Mil－H－176722075 TH	315℉(157℃)	——[3]		——
2110 TH	325℉(163℃)	——[3]	——[3]	685℉(363℃)
2135 TH	340℉(171℃)	——[3]	——[3]	——
氢	气体[1]	4.0%	75.0%	932℉(500℃)
喷气推进 JP－4 燃料	0℉(－18℃)	1.3%	8.0%	464℉(240℃)
喷气推进 JP－5 燃料	140℉(60℃)	0.6%	4.6%	475℉(246℃)
喷气推进 JP－8 燃料	100℉(38℃)	0.7%	5.0%	444℉(229℃)
润滑油：规格 2190 TEP	400℉(205℃)	0.9%	7.0%	——[4]
9250 润滑油	380～390℉(193～199℃)	——[3]	——[3]	——
甲烷[5]	气体[1]	5.0%	15.0%	999℉(537℃)
甲醇	52℉(11℃)	6.7%	36%	725℉(385℃)
甲乙(丁)酮	16℉(－9℃)	1.4%	11.4%	759℉(404℃)
丙烷	气体[1]	2.1%	9.5%	842℉(450℃)
鱼雷奥托燃料	265℉(129℃)	——[3]	——[3]	——

注：1. 由于易燃气体在任何温度下都可点燃，因此也就不存在闪点。
2. 海军船用蒸馏燃料(F－76)的爆炸极限近似于喷气推进燃料的爆炸极限。
3. 没有相关的爆炸下限和爆炸上限数据。
4. 没有相关的数据。
5. 甲烷(沼气)存在于污水的收集、储存和转移(CHT)系统与真空吸收、储存和转移系统(VCHT)装置内及其周围。
6. 烹调用油的闪点和点燃温度会随油源、品牌、时间及其所含杂质的不同而有一定的变化。

3) 火灾的发展过程

在舰船舱室内的火灾发展过程包括 4 个明显不同的阶段(图 4－59)。这 4 个阶段分别称为生成阶段、闪燃阶段、充分燃烧阶段和衰退阶段。

在火灾的生成阶段中(图 4－60)，舱室内的平均空间温度还很低，火势范围仅局限于其起火的区域内。在紧靠火源处会很烫，上升温度和烟雾会在该舱室内的顶部形成高温层。

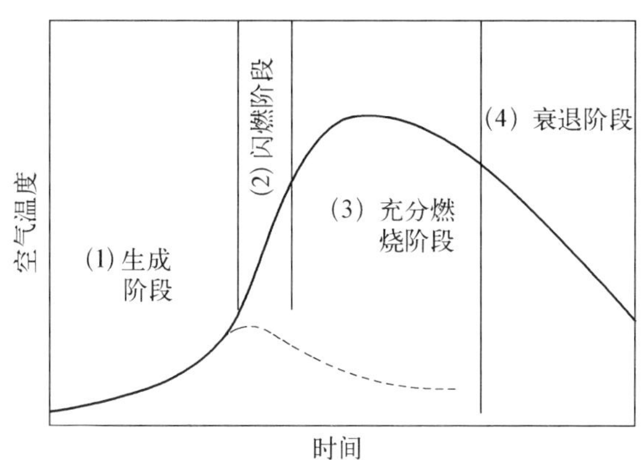

图 4-59　舱室火灾发展的各阶段过程

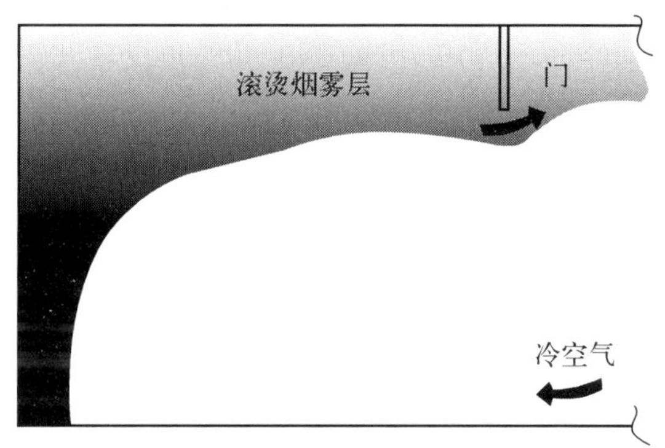

图 4-60　舱室火灾发展的生成阶段

在称为舱室内火灾的“火焰翻滚”中，燃烧气体会越过舱室的天花板面形成火焰前缘。在火灾的生成阶段中当火灾所产生的未燃的可燃烧气体与新鲜空气在天花板处混合才会发生火焰翻滚并在距火源一定距离处就开始燃烧。火焰翻滚与火灾闪燃的区别在于此时空间内只有气体在燃烧。

火灾的闪燃阶段就是从其生成阶段过渡到充分燃烧阶段之间的那段时间。这是在短时间发生的事情，因而正如“点燃”在火灾中可视为事件一样也可将该阶段认为是一瞬间的突然事件。该阶段一般发生在顶部烟雾层的温度达到 1 100℉(600℃)的时候。火灾闪燃阶段的最明显的特征就是火焰瞬间蔓延到该处所内的所有其他可燃物。在达到闪燃阶段时还留在该舱室内的人员不可能再幸存下来。

在火灾的充分燃烧阶段内，舱室内的所有可燃物都已达到其点燃温度，因而都已在燃烧。通常燃烧的速度受到空气中可供燃烧的氧气量的限制。火焰会通过船上的一切可能通道和开孔涌出，如舱口、通风管道等。烟雾中未燃的燃烧汽化物在接触到临近舱室内的新鲜空气时就有可能点燃起火。另外，还可能会造成舱壁或甲板因暴露在上述超高温环境中而导致受损。在机舱易燃液体起火或敌方武器攻击所引发火灾的情况下，舱室很可能会一下子就达到充分燃烧阶段。

随着该处所内燃料和可燃物的逐渐消耗，火灾开始进入衰退阶段。在衰退阶段，燃烧会逐渐减缓(衰减)并最终熄灭。

人体对灼热的耐受度有几个关键的暴露阈值如表 4-3 所示，表内一并附有其他温度特征以便帮助使用人员对其有正确的认识。

表 4-3 关键的暴露阈值

点燃阈值(在 30 s 内无引导点燃)			
材料	热空气(烤炉作用)	热金属接触 (煎锅作用)	辐射热通量(kW/m²)
纸张	450°F(230℃)	480°F(250℃)	20
织物	480°F(250℃)	570°F(300℃)	35
木材	570°F(300℃)	660°F(350℃)	40
电缆	700°F(370℃)	840°F(450℃)	60

纸张经由辐射热点燃	
辐射热通量(kW/m²)	点燃所需时间/s
20	25
25	14
35	8
50	3.5
75	2.5

人体对灼热的耐受度	
暴露于热空气	
200°F(90℃)	35 min 丧失行动能力，60 min 死亡
300°F(150℃)	5 min 丧失行动能力，30 min 死亡
380°F(190℃)	立即丧失行动能力，15 min 死亡
400°F(200℃)	不可逆呼吸道损伤
650°F(340℃)	死亡
暴露于热辐射	
1 kW/m²	在晴空下的正午太阳辐射
5 kW/m²	裸露皮肤的痛感阈值
10 kW/m²	即刻起泡

续　表

电子设备暴露于热量下的阈值	
电子设备的热效应	
120℉(50℃)	计算机显示故障
300℉(150℃)	计算机永久性损坏
480℉(250℃)	数据传输电缆破坏

如火灾由于缺氧而迅速熄灭，例如在紧密密封的舱室内发生的火灾，则只要其内有易燃液体被加热至闪点以上就有可能还会构成可燃汽化物。这时，一旦在可燃汽化物冷却至其闪点以下之前有新鲜空气进入到该舱室，所形成的混合物就会迅速点燃。这称为“逆火”，不过幸运的是，这种情况不常发生。

4）火灾的蔓延

如处所内的人员能在火灾早期有效扑救火灾，就能将火灾限制在火灾发生的区域内。如火灾不加制止持续燃烧，则会产生大量的热能并从燃烧区域蔓延开去，从而导致在具有燃料和氧气的区域引发更多的火灾。钢质舱壁和甲板及其他防火间隔可迟滞火灾的蔓延但并不能真正阻碍热量的传递。

一旦某一舱室内的火灾进入充分燃烧阶段，该火灾就会经由各种开口如门口、通风管道和未经密封的电缆管道的管孔非常迅速地蔓延到其他舱室；火灾还会通过舱壁的热传导蔓延至临近舱室。通常情况下，火灾向上蔓延的速度要比向临近水平处所蔓延的速度快，原因很简单：热量是向上升的。

对火灾充分燃烧时通过舱壁热传导的情况开展测试检验以提供相关典型温度、辐射热通量和点燃隔壁材料所需时间长短等方面的信息。所测试舱室的尺寸为8 ft×8 ft×8 ft的裸露钢质表面的钢质立方体。上面所示的这些典型值会因诸如舱壁绝缘、舱室的容积尺度、通风、材料特性以及水的喷洒和冷却等因素随火灾所在处所的不同而有所变化。这些相关数据如表4-3所示，可用于提供显示热传导的相关特性，作为巡边员应对其特别关注。

火灾可以经由舱壁穿透处如电缆管道的管孔蔓延。尽管这些穿透孔都是经过密封的，但以往的经验表明即使是铠装电缆也会因极高的温度而起火燃烧。要扑灭电缆管道管孔内的火灾可能会比较困难，因为电缆管道内的多重复接电缆会聚热且不易发散而致使其难以冷却。而且，电缆管道管孔通常都贯穿舱室的天花板，而燃烧浓烟又会妨碍火源的查找。比较老型的电缆会从其绝缘中发出有毒的黑烟，舰船上所使用新型电缆的构造设计则可减少大量的毒烟生成。

4.5　战斗损伤修理

损管人员必须非常熟悉可供使用的损管设备和工具才能修复战斗损伤。同时,必须能够进行快速的分析以确定必须采取的检修措施。

一旦舰船遭受袭击破损,就必须立即着手对损伤的范围实施调查。其中的关键是调查勘测员应以紧急的方式迅速递交准确的调查报告。这些关于舰船损伤的调查报告使关键的损管人员得以形成关于舰船损伤程度的清晰认识。这样就可以形成最终决策,确定采取何种措施来使损害限制在局部范围并加以修复。

4.5.1　损管设备与器材

战斗损伤修理所需要的设备与器材随战斗损伤性质和类型的不同而变化。由于舰船可能发生的损伤有数种类型,因此必须清楚很多种不同的损管设备与器材的使用方法。各型舰船的设备器材供应品明细表内包含了单独损管维修间的库存清单。典型损管维修间内通常都包含下面所列清单中的大多数设备(具体配备须视该舰船的供应定额而定):

- 18 具氧气呼吸器。每具氧气呼吸器配 12 个氧气再生罐,6 个作为备用;
- 消防员防护手套;
- 手电筒;
- 封闭光束灯;
- 战斗照明灯;
- 拖线灯;
- 测深带;
- 头盔;
- 救生衣;
- 手动工具;
- 电动工具;
- 链式滑车组;
- 螺旋千斤顶和液压千斤顶;
- 马尼拉纤维索;
- 强制进入设备;
- 损管通信电缆与配电箱;
- 含氧量指示仪;
- 可燃气体指示仪(爆炸浓度指示仪);

- 四台氧气分析仪；
- 带自持式呼吸器的供气式呼吸器；
- 便携式放热型切割装置；
- 电气工具箱；
- 橡胶靴；
- 橡胶手套；
- 备用电缆；
- 钢质楔块；
- 软管与管子法兰；
- 支撑用工具箱和撑条；
- 成套堵漏器材；
- 管子堵漏器材箱(临时补板)；
- 鼓风机衬套；
- 预制堵漏板(木制与钢制堵漏板)；
- 声力电话；
- 篮式粗滤器；
- 潜水泵；
- 防毒面具；
- 化学、生物和辐射(CBR)防护服；
- 化学、生物和辐射(CBR)探测设备与指示器；
- 净化消污设备；
- 消防耙和消防梯；
- 消防喷枪和备用灭火水龙带；
- 直列式泡沫喷射器。

在对设备实施更细分类的舰船上，其中一些设备会存放在专门的设备器材储藏室内。在全船的指定区域内还分散布置有其他一些损管设备器材。这类设备器材有下列各项：

- 便携式汽油消防泵(P-100 型消防泵)和软管；
- 灭火水龙带；
- 消防喷枪；
- 施放装置；
- 泡沫(AFFF)柜；
- 二氧化碳灭火器；
- 干式化学灭火器；
- 便携式鼓风机；

- 潜水泵；
- 喷射器；
- 支撑用工具箱；
- 支撑工具；
- 堵漏板材；
- 战斗照明灯；
- 损管应急电源电缆。

1）损管设备的可靠性

损管组织系统若没有充足的损管设备器材供应也就不能真正地行使损管职责。作为一名损管人员，须帮助确保所有的损管设备都能使用且处于完好无损状态。因而，须严格按照计划维修制的指导准则经常进行检查。这些检查确保了舰船供应备品明细表内所列的所有损管设备、器材和工具都能切实上船入库而不会有所遗漏。须经常将舰船供应备品明细表与最新的船上损管设备实际库存清单进行核对，核查确定所有的损管设备是否都已入库存放或安置在指定区域并确定其是否已做好准备随时投入使用。如损管设备器材随时可供使用且不用另费时间精力寻找所需的设备，则对紧急情况的处理控制必然要有效得多。分配至每个损管维修间的设备都应予以明确标识以便在其使用之后都能毫无混淆地返回至原来所在的损管维修间。可采用简单色码标记方法。归属于一特定损管维修间的所有器材和设备都应以条纹带或与该损管维修间同样的识别颜色予以标志。

损管设备应**严禁**用作舰船损管之外的其他任何目的。损管设备器材在全船都有设置，有些人就是因其方便顺手而不管在什么场合下都倾向于使用损管设备，这种情况必须彻底予以**制止**。全体船员都负有舰船损管的责任，必须意识到自身的生命可能完全依赖于在紧急情况下损管设备的战备有效性和完备状态。

2）损管器材

在每个损管维修间内都配备有许多损管器材并收拾整理好后存放在帆布包内。这些损管器材须时刻做好准备带至损害现场应用，而且，损管器材的构造和包装尺度应保证与舰船上的最小水密舱口盖相匹配。这类损管器材一般是指堵漏器材、管子堵漏器材箱和支撑用工具箱。

所有损管器材和损管维修间的设备在每次使用之后都必须严格按照计划维修制的要求予以编目清点。每套损管器材都应在其拎带上系缚有相应的目录清单，有了该目录就可使器材项目的清点相对简化，在编目清点中一旦发现有损管设备或工具遗失应尽可能立即予以替代。在舰船的船舶供应品分级配备明细表内标明了本舰船上每项器材的允许装载量。在损管器材帆布包外的标志板上则应标记包内的每套损管器材。

在舰船的机械处所另调配有备用堵漏器材和管子堵漏器材箱。这些备用器材由指派至机械处所的人员负责编目清点和维护。

3）堵漏材料

可以有许多的材料用于堵塞、修补漏洞以及覆盖和固定补板。其中作此目的用的一些常用材料如下所列。

4）堵塞与补漏材料

堵塞与补漏材料主要包括木栓塞和堵漏木楔、木支撑、各种尺寸规格的预制木质箱形堵漏板、破布、枕垫、垫层、覆盖、木棉救生衣、金属板、折叠式金属堵漏板、金属软片补板、预制钢质箱形堵漏板、活塞堵漏板和焊接钢质堵漏板。

5）固定材料

固定材料主要包括各类齐全的钩头螺栓、马尼拉纤维索、钢丝绳、链条、机用螺栓、焊接用连接角材和支撑设备。其后备器材则包括饭桌、金属轻便门、戽斗、夹板或木材、薄板金属以及金属板。

6）垫衬材料

垫衬材料主要包括橡皮板和橡皮条、皮革、帆布、破布和填絮等。

4.5.2　船体修补

舰船的船体外板上的任何、尤其是水线以下部位的破裂、裂口或破洞都会致使海水涌入船内。如不予以控制而让船体持续进水，就会导致舰船沉没。

在水下部分船体被刺穿时，就只剩下两种可能的措施途径；这两种措施分别为：

(1) 堵塞破洞或缺口。

(2) 在舰船内部设置并维护浸水边界以免船体累进进水。

只有在采取上述措施之后，对进水舱室实施排水才会有效。

关于船体进水的非常关键的是：即使是一系列微小的、外观毫不起眼的破缝裂洞也会轻易导致一艘舰船的沉没，因为这些微小破孔会逐渐发展成一个巨大的、外观显眼的缺口。但在人的意识中却一般都自然而然地趋向于将着手处理明显的损害作为当务之急，而往往忽视了船体上和内部舱壁上的微小破缝裂洞。这样就可能会导致损管人员费时费力地在早已进水的舱室内对巨大破洞进行堵塞、补漏，但同时对微小破缝裂洞所导致的正在发展的船体累进进水却是漠不关心。在很多情况下，这时转而将损管重点放在这些微小的破缝裂洞上效果反而会更好。通常，真正在水下船体上的巨大破洞在舰船进坞修理之前是无法真正修补好的。

船体上的所有破孔、无论大小都应尽可能彻底地予以堵塞与补漏。如不能完全堵塞，则作为一种临时措施，可予以部分堵塞，因为即使是部分的堵塞补漏也能大大减少涌入船体内的水量，从而实实在在地降低了舰船沉没的危险。

在水线处或刚好在水线之上的船体破孔应予以特别注意。在此位置的破孔看起来似乎危险不大，但实际上极具危险性。因为随着舰船的横摇或一部分浮力的丧失，上述破孔就会被淹没从而使海水涌入至高于舰船重心位置的危险水平面。因而，这类船体破孔必须立即予以堵塞。应首先堵塞船体上位于水线位置或更低部位的(若舰船静横倾)破孔，然后再堵塞更高位置处的破孔。

水下船体破孔修补与水线之上船体破孔修补所采用的方法和器材大致相同。当然，水下船体破孔的修补会更加困难。因此，所有能修补船体水下部分损伤的损管人员都必然能够修补水线之上船体部分的类似损伤。

1) 影响水下修补的各个因素

使水下船体破孔难以修补的主要因素如下：

(1) 水所施加的水压。

(2) 相对来说船体水下部分的损伤处不易靠近。

由水压所导致的困难性往往会被夸大。实际上，在水线 7 ft 以下的一个破孔处所承受的水压仅有约 3 $\mathrm{lbf/in^2}$。

为计算任何一时刻经由一船体上破孔涌入舰船内的水量，可采用下面公式计算：

$$Q = 0.6A\sqrt{2GH}$$

式中：Q——每秒水量，以立方英尺计；

A——船体破孔面积，以平方英尺计；

G——重力常数，32 $\mathrm{ft/s^2}$；

H——水面高度(破孔在水下的深度)，以英尺计；

0.6——锋利破孔的出流系数。

图 4-61 分别为一未堵塞的破孔与同一破孔在插入简单堵塞后对船体进水的影响，其进水量以每分钟加仑数计。处理船体进水所需的电动潜水泵的数量同样也已知。此图应已清楚显示及时堵塞破孔是非常积极有效的。这样可以拯救整艘舰船，可省出一些潜水泵至他处使用，同时还能使在此处工作潜水泵的磨损与损耗降低，因为所使用的泵流量要比其额定流量低许多，额定流量通常为 200 gal/min。而一旦潜水泵的防护过滤网被碎片杂质阻塞，则其实际泵流量也会远远低于其额定流量。

修补船体水下部分损伤的最大困难通常都是不易靠近其损伤处。如一舷内舱室进水，则如果打开门或舱口盖以到达真正损伤区域时会导致其他舱室进水。而且，水下残骸的干扰纠缠、没有照明灯光以及难以将浮起的修理器材沉入水下等也都可能会对其修补作业造成妨碍。

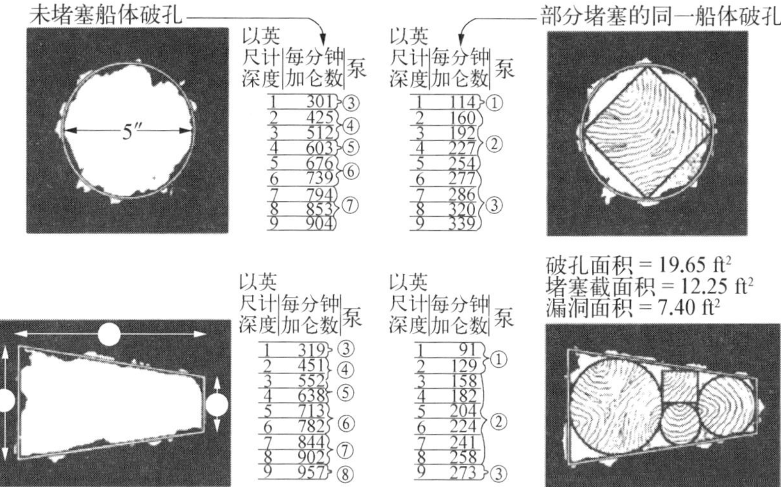

1. 白线内所示为平均有效进水面积

2. 上面所示数字清楚表明在所有船体破孔立刻插入一定类型的堵塞重要性。图示所有数值都为近似值

3. 破孔面积 = 21.0 ft^2
堵塞截面积 = 15.0 ft^2
漏洞面积 = 6.0 ft^2

图 4－61 对船体进水的影响：未堵塞破孔与部分堵塞破孔之间的对比

2）船体破孔的堵塞与补漏

此处所述关于堵塞与补漏船体破孔的工艺规程主要是在紧急情况下的应用。这些都只是用以在其有效作用期间使舰船浮性得以维持的临时修补措施。在大多数情况下，也不需精致的工具或设备。在使用木栓塞、预制堵漏板或其他简易可用器材进行作业的方法体现了一般的作业原则。

船体上破孔的临时修补主要有两种原则性方法：① 将某物插入在破孔中；② 将某物置于破孔之上覆盖破孔。

无论采用上面哪一种方法，堵漏补板都能减小船外海水涌入舰船内或从一舱室流入另一舱室的破孔面积。

（1）堵塞。

阻塞一较小破孔的最简单方法就是在其中插入某种类型的木栓塞。由软木如黄松木或杉木制成的木栓塞对于堵塞尺寸约在 3 in×3 in 的船体破孔来说就相当有效。有时甚至也可以用这些木栓塞来堵塞尺寸更大的船体破孔。

一成套堵漏器材包括如下各项：

(i) 一个设有拎带的深约为 30 in、直径为 12 in 的帆布包；

(ii) 软木制成的木栓塞，至少备有直径为 1～10 in 各种规格的 10 个木栓塞；

(iii) 5 lb 填絮或破布；

(iv) 一把短柄斧；

(v) 一把冷凿;

(vi) 一把金属捻缝凿;

(vii) 由软木制成的堵漏木楔,至少备有 8 个堵漏木楔,规格为 2 in×4 in×12 in 长;

(viii) 一把大木槌或大锤;

(ix) 一把榔头,重量至少在 2 lb 以上;

(x) 一把用于切割木材的横割手锯。

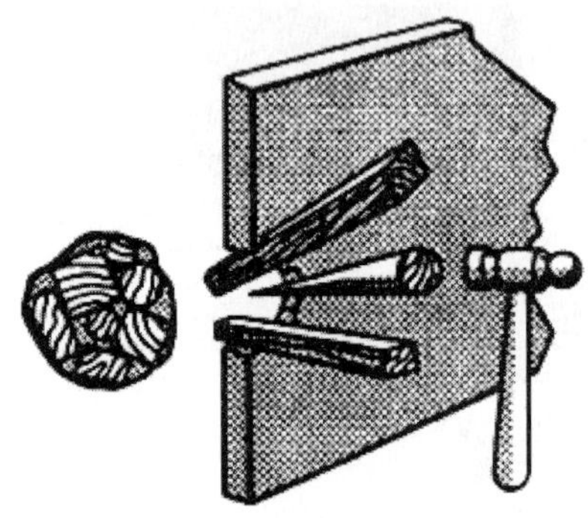

图 4-62 组合运用木栓塞堵塞一船体破孔

如其与船体破孔正合适,则木栓塞和堵漏木楔可单独使用。然而更为常见的是,若要使堵塞与破孔形状更为符合相配,最佳的方法就是组合使用圆锥形、方形端面与楔形木栓塞。如图 4-62 所示就是这样的一种组合堵塞方法。

在插入船体破孔之前,最好能在每件木栓塞上以轻柔裹布缠绕包覆,裹布能够帮助木栓塞就位后固定并填塞木栓塞之间留下的部分缝隙。在大多数情况下,船体破孔堵漏不会形成水密配合,但是在采用堵漏并用抹布、填絮和较小木楔对剩下漏洞进行堵缝处理之后确实可以大大降低船体的漏水速度。若船体破孔是位于其厚度为 1/4 in 或更薄的船壳板处,则采用方形端面木栓塞较圆锥形木栓塞更易于固定。

大多数木栓塞都是从舰船内向外插入船体破孔。若采用这种方式堵漏,就必须小心应对向舷内突出的金属锐缘。而在船外向内堵塞船体破孔时,通常就不会存在这个问题。不过,在舰船外的堵塞通常不易管理,也不能在长时间内完全保持不松动。因此,若必须要从船体外部插入堵塞,则堵塞的舷内端须配有螺丝眼,用一根系索穿过每个螺丝眼,然后将其固定在船内的受力结构件上以帮助保持破孔堵塞固定就位。

(2) 补漏。

在有锯齿状边缘向舷内突出的船体破孔上使用箱形堵漏补板进行补漏是非常有效的。图 4-63(a)为一典型的金属箱形堵漏板;图 4-63(b)为金属箱形堵漏板由支撑固定就位;图 4-63(c)为金属箱形堵漏板焊接固定在有锯齿状边缘向舷内突出的船体破孔上。

折叠式堵漏板设计在相对较小的船体破孔上应用。这种堵漏补板没有垂向支撑让其固定就位。图 4-64 为一折叠式堵漏板在装设之前、之中及之后的状况。

钩头螺栓是一种通常由圆钢材预制而成的长螺栓。钩头螺栓有一系列不同的直径和型号规格。螺栓头的形状须能保证该螺栓经螺栓头插入穿过船壳板后钩在船壳板上固定。图 4-65 分别为 T 型、L 型和 J 型钩头螺栓以及如何运用钩头螺栓连接固定堵漏补板。其长螺栓杆则须予以螺栓并配备螺母和垫圈。钩头螺栓与木质(或有时为钢质)强力背板配套一起应用。

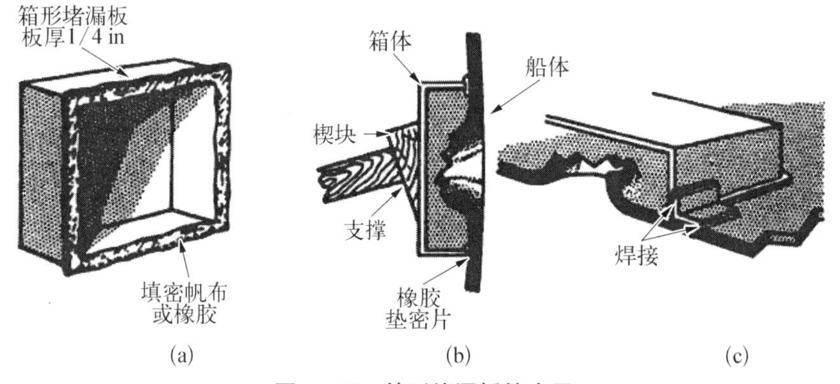

图 4-63　箱形堵漏板的应用

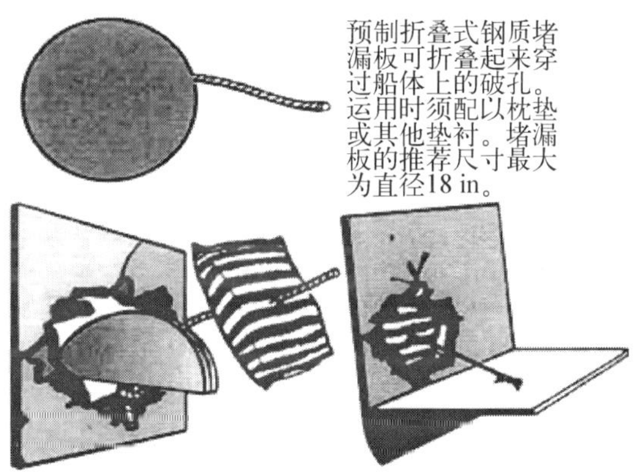

图 4-64　折叠式堵漏板的应用堵塞

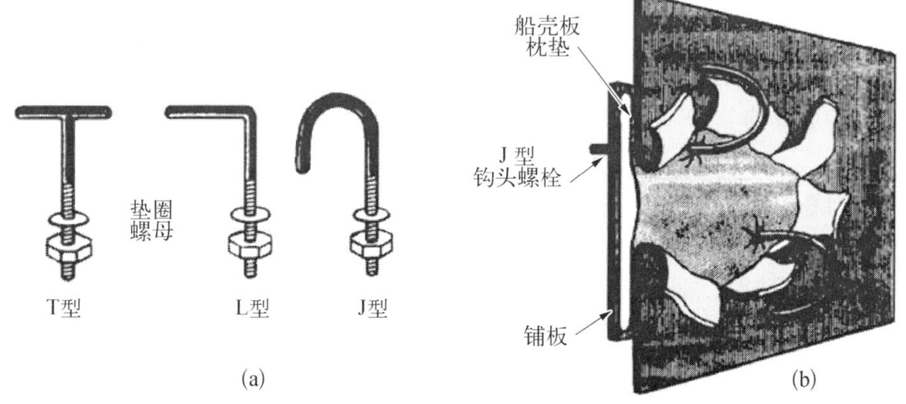

图 4-65　钩头螺栓的类型(a)以及在应用堵漏补板中钩头螺栓的运用(b)

运用钩头螺栓时，先将螺栓的头端插入穿过船体上的破孔；然后转动或调整螺栓直至其无法再从破孔中倒拉出；随后贴着船壳板缓慢塞入一块软垫或垫衬，再以铺板或强力背板套过螺栓作为其衬背，最后拧紧螺栓固定该堵漏补板。通常，钩头螺栓一般都是成对使用的。另外，钩头螺栓能与多种堵漏板以各种组合方式配合使用。

折叠式T型钩头螺栓(图4-66与图4-67)其螺栓杆与横档有一相连接的铰链。该钩头螺栓可折叠，从而可插入穿过较小的船体破孔。在穿入后再倒拉螺栓，钩头螺栓的横档就会挂撑在船体外壳板上。通过运用此种钩头螺栓，仅需一名船员站在船内就可将堵漏补板装设在舰船的内部或外部：由螺栓上的一根固定索穿过一块强力背板或枕垫然后将整个堵漏补板折叠穿过船体破孔放置，在拉紧固定索时，该堵漏板就会紧贴船身设置。该堵漏板还需再调整以使其更加紧密贴合，也可以在船内将枕垫和补板穿过螺栓杆推入以形成堵漏板设置在舷内侧。配备的螺栓和垫圈用以固定和紧固堵漏板，通常采用大的蝶型螺母。

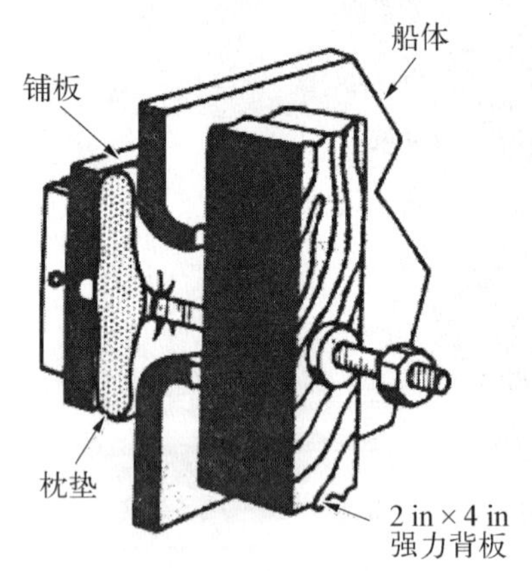

图4-66 折叠式T型堵漏板的一种装设方法

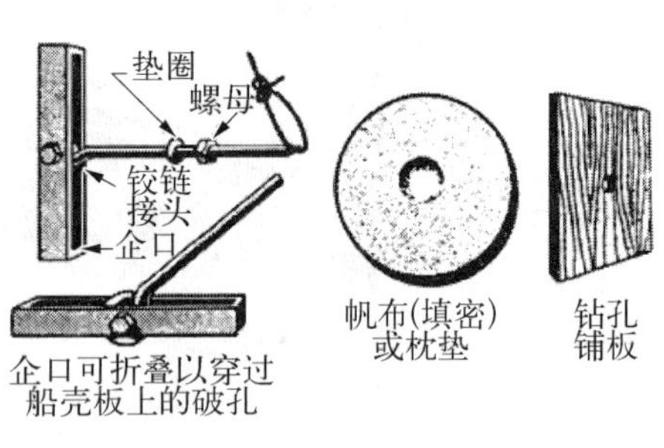

图4-67 装配折叠式T型堵漏板所采用的器材

普通羽枕垫在受潮浸湿时具有形成球状物的趋向，因而在用于船体破孔的补漏时不能形成均匀的表面。由于此原因，有些舰船可制作由帆布或填絮制成的枕垫。

然而在实际损管中经常会发现有时必须采用任何就近的材料凑合作为临时的堵漏补板用。这就需要有相当的技能和一定的想象力。通常铰接或折叠式预制堵漏补板在使用最为方便且在大多数情况下也最为有效。但如果身边没有这类预制堵漏补板时，就需要自己随机应变、临时凑合制成堵漏板。

4.5.3 支撑

在舰船上经常会采用支撑来支承破裂甲板、加强强度遭削弱的舱壁和甲板、构建临时的甲板和舱壁以抵御海水的侵袭、支撑舱口盖和门以及为已松脱的设备提供固定支承。

懂得何时实施支撑是一个首要的问题，套用任何一种准则都无法解决这个问题。有时，需要进行支撑是非常明显的。例如机械的松动或舱口盖的损坏。然而很多时候，就可能不太容易注意到机械或机械下面支承的强度已削弱至危险地步。因此，最佳的总体准则就是"只要有所怀疑，就对其进行支撑"，尽管有时候并不是真正需要支撑。

1）支撑工具

支撑所需的基本工具器材有：撑柱、楔块、撑柱垫板以及强力背板。**撑柱**就是一根可移动的梁柱。**楔块**是一侧面为三角形、平头端为矩形的垫块。**撑柱垫板**是一安置于撑柱端部下面以分散所承受压力的平坦垫块。**强力背板**则是一用于分散所承受压力或用作堵漏补板的固定支撑块的木质或金属横档或横梁。强力背板通常较撑柱短。

与支撑有关的还有其他许多用具，包括木质撑条、鱼尾锤、大木槌与大锤、手锯、垫层、枕垫、斧、短柄斧、木夹钳、倒链、电焊机、氧乙炔焰切割装置、冷凿、木凿、钉子、木栓塞、湿布、花篮螺丝、螺旋千斤顶、液压千斤顶、螺栓、螺母以及垫圈等。在每艘舰船的船舶供应品分级配备明细表（COSAL）内都列出了在舰船上所携带上述各类设备用具的数量。

(1) 撑柱。可供撑柱用的最好木材是花旗松木和黄松木，也可采用铁杉木或云杉木，但没有花旗松木和黄松木好，因为其强度没有花旗松木和黄松木高。用作撑柱的各种木材都应为直行纹理且相对没有任何木节和裂纹。另外，新木材的强度也没有经处理木材的强度高。如不得不采用相对劣质木材作撑柱时，所使用的撑柱数量要多于采用优质木料撑柱所需的数量。经认可在船上使用的撑柱都须经阻火剂处理。**严禁**在撑柱上涂以普通油漆。

撑柱的长度不应超过其最小厚度的 30 倍；也即尺寸为 4 in×4 in 或 4 in×6 in 的撑柱的长度绝不应大于 10 ft，同理 6 in×6 in 的撑柱的长度绝不应大于 15 ft。相对其厚度而言，撑柱越短，所能支撑的重量也就越大。通常舰船上所携带撑柱都为 16 ft 和 18 ft 的长度规格，在需要时可将其切割至所需的长度。

(2) 楔块。楔块应为软木制成，优先采用冷杉木和黄松木。楔块应用粗锯切割并保持粗糙和不油漆。这样可使楔块比其细磨和油漆后更易吸水和更好固定支撑。另外，还须在手头备有少许的硬木楔块以备特殊之用，因为硬木楔块能更好地抗压碎。但是由于硬木楔块具有渐渐松动的趋向，因此不能在所有的支撑中都采用硬木楔块。在采用硬木楔块时，必须经常对其进行检查。

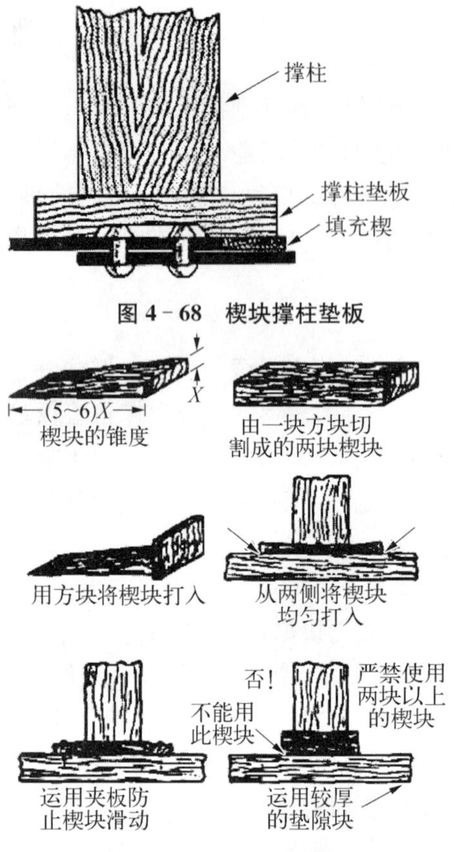

图 4-68 楔块撑柱垫板

图 4-69 撑柱垫板的运用

(3) 楔块的宽度应与其所配合使用的支撑的宽度基本相同。楔块可在其前缘处制成各种角度,但必须明白钝形楔块没有尖形楔块支撑牢固。楔块的长度应约为其厚度的 6 倍;也即4 in×4 in 的撑柱所配合使用的楔块应为约 4 in 宽、2 in 厚、12 in 长。图 4-68 为部分楔块及其应用的方法。

(4) 撑柱垫板应由花旗松木和黄松木铺板制成,至少为 1 in 厚、8~12 in 宽。在两块或更多块铺板间采用横向穿钉夹板可制成更宽的撑柱垫板。即使单块铺板也可能需在其末端采用夹板以防止开裂。禁止在实际需要之前就预先制作好撑柱垫板;因为预制的撑柱垫板在真正需要时可能又不合需要。撑柱垫板的运用如图 4-69 所示。

(5) 强力背板。所有或至少部分的普通撑柱都可用以构成强力背板。支撑在用过之后可留作强力背板和短撑柱用。承力铺板、型钢、角钢和钢管等也都可用作强力背板。

2) 金属撑柱

可供临时修理时使用的有几类伸缩式钢撑柱,其中部分可以用于紧急修理。通常金属撑柱都设有销子或锁定装置并在其每端配备有一个铰接承座。销子或锁定装置用于调节撑柱的长度;而铰接承座则可轻易调节至任何角度后就位焊接固定。较新型的金属撑柱同时还配备有螺旋千斤顶或旋转轴承(球窝式)座。

可供应用的较小型钢质撑柱有下列两种型号:

(1) 型号 3~5 是一种从最短 3 ft 长(正负 3 in)至最长可为 5 ft(正负 3 in)的可调节撑柱。该型撑柱在其螺旋千斤顶伸出接近于 1 in 内时可支承的最大垂向载荷为 20 000 lb。在螺旋千斤顶完全伸出时可支承的最大垂向载荷为 12 000 lb;

(2) 型号 6~11 是一种从最短 6 ft 长(正负 3 in)至最长可为 11 ft(正负 3 in)的可调节撑柱。该型撑柱在其螺旋千斤顶伸出接近于 1 in 内时可支承的最大垂向载荷也一样为 20 000 lb;在螺旋千斤顶完全伸出时可支承的最大垂向载荷则为 6 000 lb。

这类金属撑柱是由两根伸缩式方形钢管构成(图 4－70)。在其外钢管上设有 4 个弹簧加载锁定装置、一个旋转轴承座板和一个螺旋千斤顶,内钢管的末端设置一个旋转轴承座板。撑柱的每侧也都设有弹簧加载锁定装置,各锁定装置分别与其对面的锁定装置处于同一平面内,但与其连接锁定装置有 2 1/4 in 的偏移。

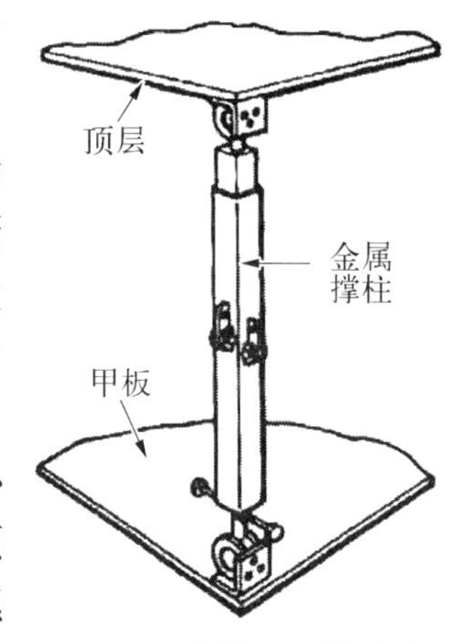

图 4－70　支撑顶层甲板或载荷的钢质撑柱

钢质撑柱必须保持在良好的有效使用状态:钢管必须能顺利滑动,回转接头必须能自由活动;螺旋千斤顶的螺纹上禁止有任何涂料,回转接头和螺旋千斤顶的螺纹都应经过清洁处理并涂脂。所有的开孔和开槽都应畅通并且没有过多的油漆。

将钢质楔块视作撬开东西的工具要比其实质支撑更有价值。钢质楔块可配合木质楔块一起应用以分担木质楔块所承受的部分磨损和压力。在实施非永久性修理时,钢质楔块也可焊接固定就位。

在采用钢管或金属管作为临时支柱支撑时,支撑支柱端部下面使用钢质撑柱垫板要比木质撑柱垫板好,因为金属管撑柱会轻易刺穿木质撑柱垫板。

尽管型钢、角钢和钢管等都可用作强力背板,但也必须考虑到其在可变负载下的来回弹动趋势。在时间足够时还可利用这类设备实施非永久性修理。

3) 支撑用工具箱

支撑用工具箱的尺度应足够小以保证能穿过舱口盖和其他的小开口。支撑用工具箱内一般包含以下物品:① 一个深约为 30 in、直径为 12 in 的帆布运输包;② 一把 10 lb 大锤;③ 一把 8 齿横割手锯;④ 一个 10 ft 金属卷尺;⑤ 一个 50 ft 金属卷尺;⑥ 一把鱼尾锤;⑦ 一把短柄斧;⑧ 一把 3/4 in 冷凿;⑨ 一把 1 in 木凿;⑩ 8具夹钳:以标准尺寸计,4 具为 6 in,4 具为 8 in;⑪ 一把手工捻缝凿;⑫ 一把 24 in 木工角尺;⑬ 一盏电气手提灯;⑭ 8 块 2 in×4 in 软木楔块;⑮ 一袋钉子:20d 和 30d 规格普通钉子,每种规格各 2 lb;⑯ 5 lb 填絮或抹布;⑰ 5 lb 沙子;⑱ 数节撑柱:4 in×4 in×10 ft。

4) 撑柱的测量与切割

为了切割而测量撑柱的最为迅速和准确的方法是采用一根可调撑条,其撑条如图 4－71 所示。这些撑条可由船上所携带的物品制成,要求每个损管维修间内都配备一根撑条。

在使用撑条时,先将其伸展至所需长度,然后通过固定此长度锁定装置上的翼形螺钉将其长度锁定。然后再通过调节撑条端部的铰接金属件来测定切割角度。

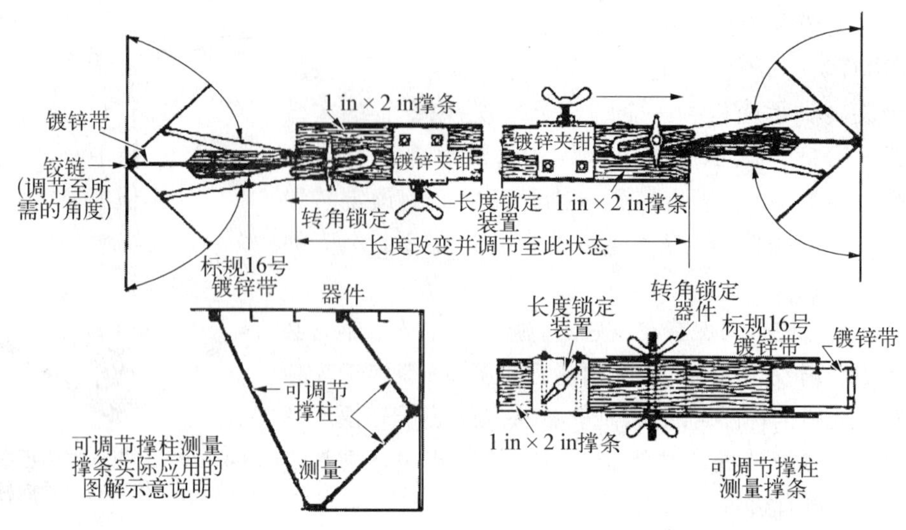

图 4-71 撑 条

将其转角锁定器件锁定就位。最后将撑条沿撑柱放置，以此标记木料并严格按其长度和角度进行切割。撑柱的切割长度应比所测定的长度短半英寸以便能留有余量供设置楔块。

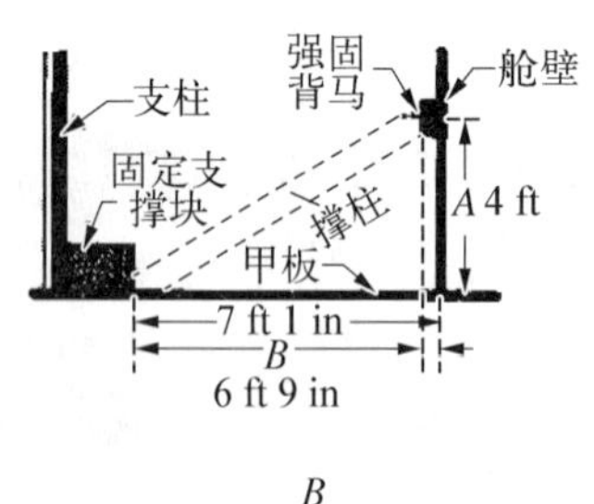

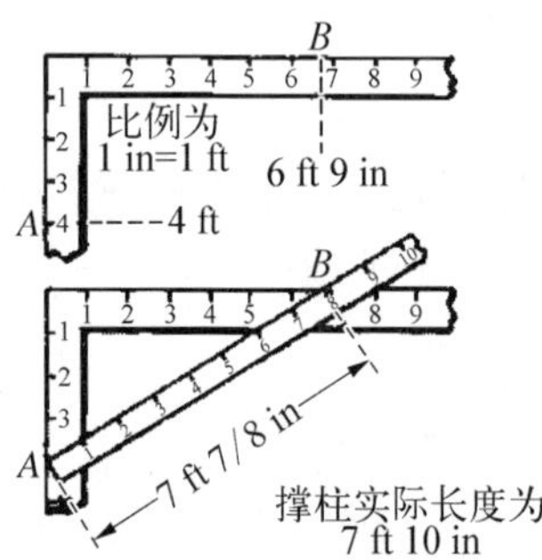

图 4-72 测量撑柱的长度

如没有撑条可用，则可通过利用一把折尺或钢卷尺和一把木工角尺来测定撑柱的长度。这种测量撑柱的方法如图 4-72 所示，其操作程序如下：

步骤 1 测量从强力背板中心至甲板的距离 A，这段距离也称为“撑高”。然后测量从固定支撑块边缘至舱壁的距离，此段距离也称为“原始跨度”。然后从所测得值扣除其强力背板的厚度。这段距离则称为“修正跨度”B。

步骤 2 采用 1 in∶1 ft 的比例在木工角尺上划出所测得值 A 和 B。

步骤 3 量取 A 与 B 之间的斜线距离。在图 4-72 中，该间距值为 7 7/8 in。由于比例为 1 in∶1 ft，因此其实际尺寸以英尺计为 7 7/8 ft 或 7 ft 10 1/2 in。

步骤 4 由于撑柱的切割长度应比所测定的长度短半英寸以便能留有余量供设置楔块，因此须扣除半英寸。因而，撑柱的最终长度应为 7 ft 10 in。

木工角尺也可用于测定切割角度然后在撑柱上标记切割(图 4-73)。如前例尺度，具体操作步骤如下：

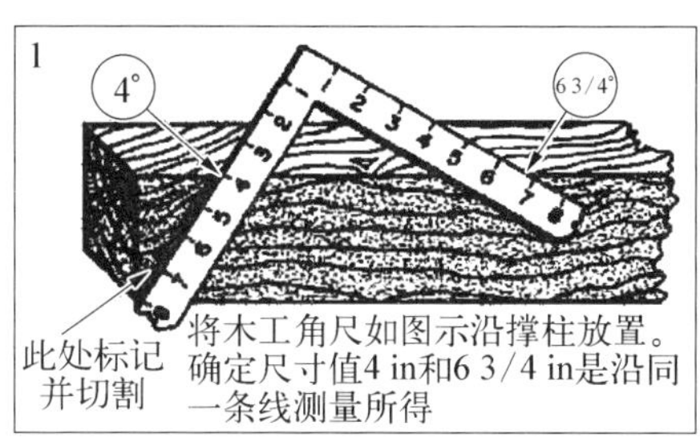

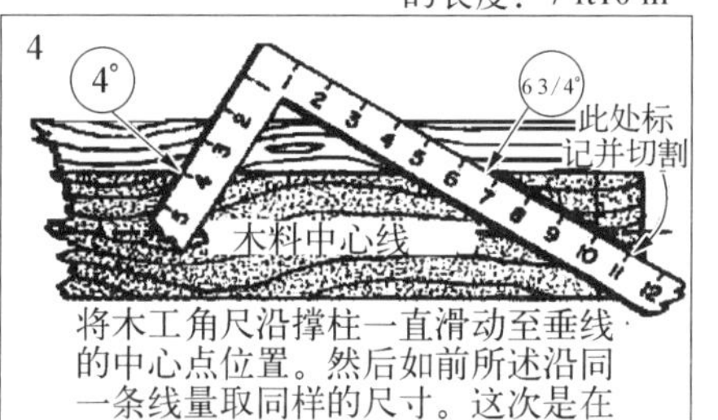

5
此处标记并切割
木料中心线
从此切割处的中心点位置划出一直角线标记以便再次切割

7 ft 10 in
这样就完成了两端经过适当切割的一根7 ft 10 in长的撑柱

图 4－73　撑柱的切角

步骤 1　将木工角尺沿撑柱贴置，如图 4－73 第 1 部分所示，确定尺寸值 4 in 和 63/4 in 是沿同一条线测量所得。然后沿此线切割撑柱。

步骤 2　量取切割处的中心，然后在此点与原切割线作一直角线标记以便进行再次切割。用锯沿该标记线锯开撑柱。至此撑柱一端的切割工作完成。

步骤 3　沿木料的中心线量取撑柱的整个长度(7 ft 10 in)并在该撑柱的另一端划出其相应的垂线标记。

步骤 4　将木工角尺沿撑柱一直滑动至前述垂线的中心点位置。然后如上面步骤 1 内所述沿同一条线量取同样的尺寸。不过，这次是在角尺的另一侧划出标记切割线。

步骤 5　在此切割处的中心点位置作一直角线标记以便进行再次切割。然后实施切割。这样就完成了两端经过适当切割、与测定装配完全匹配的一根 7 ft 10 in长的撑柱。

对撑柱的正确切割是所有实施撑柱操作中非常关键的一部分。撑柱的切割通常都采用手工圆锯。当然，也可以采用普通木工手锯。所有损管维修间内的人员都应经过指导能正确使用这类工具。撑柱若切割不好可能会导致延期完成支撑作业、甚至可能导致支撑结构失效。若撑柱切割不正确，就会发现楔块与撑柱之间不能相互匹配。除非采用合适的切锯方法，否则湿木料会特别难以切割。若需要切割巨大撑柱，则采用伐木工人用的横割锯可节省大量时间。冷凿、斧和短柄斧等也可用于撑柱切割。

5）撑柱的修整

撑柱必须经过修整以便与支撑结构相匹配。在进行修整时必须防止撑柱发生裂开或碎裂。如图 4－74 所示撑柱 A 与撑柱 B 在同一平面相匹配而且必须承担一定的压缩载荷时，则撑柱 A 的末端必须切割成方形并与其纵轴相垂直正交。

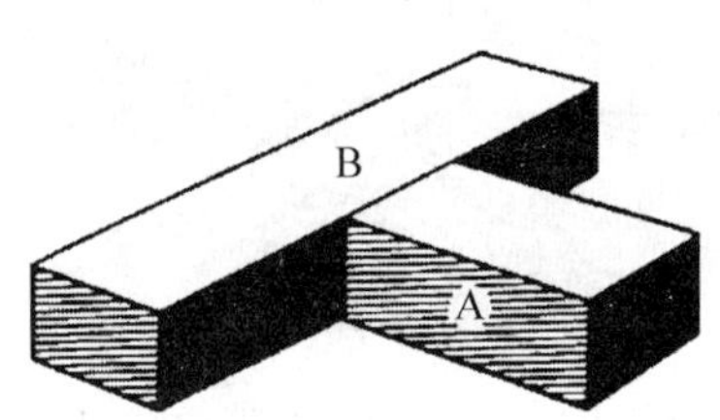

图 4－74　撑柱与撑柱间的修整

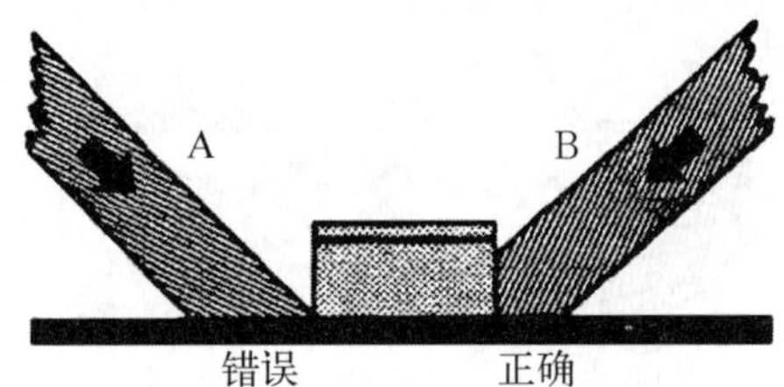

图 4－75　撑柱与甲板间的修整

在要求撑柱承受压力时，严禁撑柱上出现尖缘端。撑柱末端若为尖角会出现滑动和翘曲现象，并使撑柱松掉、移动。图 4－75 分别为使每个压力区面呈平面而对撑柱进行修整所采取的正确和错误的方法。

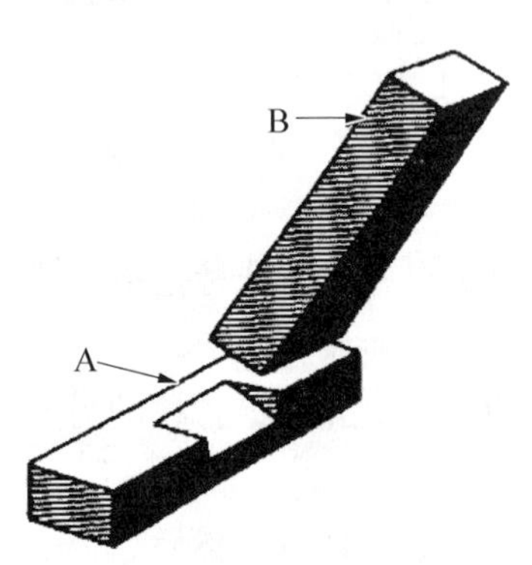

图 4－76　撑柱上所切出的槽口

有时撑柱在其末端开有槽口以便与其他撑柱相匹配。但是，若预计压力很大时，则不应采用这种装配方法。这时，较为安全的方法是在一撑柱的内侧切割出一个承窝然后将另一根撑柱的对接平头端插入装配在该承窝内。这种方法如图 4－76 所示。

6）支撑的一般准则

所实施的大多数支撑都是为了加强由于遭袭击或船体进水水压所引起的结构损伤或变弱而陷于危险的舱壁。进水舱室作用于其舱壁上的水压是非常巨大的，因此必须要有专门的支撑使此类舱壁能保持在原来位置。在支撑舱壁时须谨记下列相关的一般性准则：

（1）始终留有很大的安全储备，即实际采用的撑柱数量要比预计所需的**更多**，而非相反。

(2) 分散压力。通过将撑柱固定在横梁、纵桁、肋骨、防挠材、支柱、炮塔座等此类构件上使强力构件能得到充分利用。如有可能，应尽量将支撑以 45°或 90°角倚靠在强力背板上。图 4-77 为最简单也是最强的支撑结构，图 4-78 则为各个支撑的角度。

(3) 不要试图强行将舱壁的翘曲、裂开或鼓起凸出部位恢复至原位。只要在其翘曲或鼓起凸出部位处设置支撑就能保证舱壁维持完整。

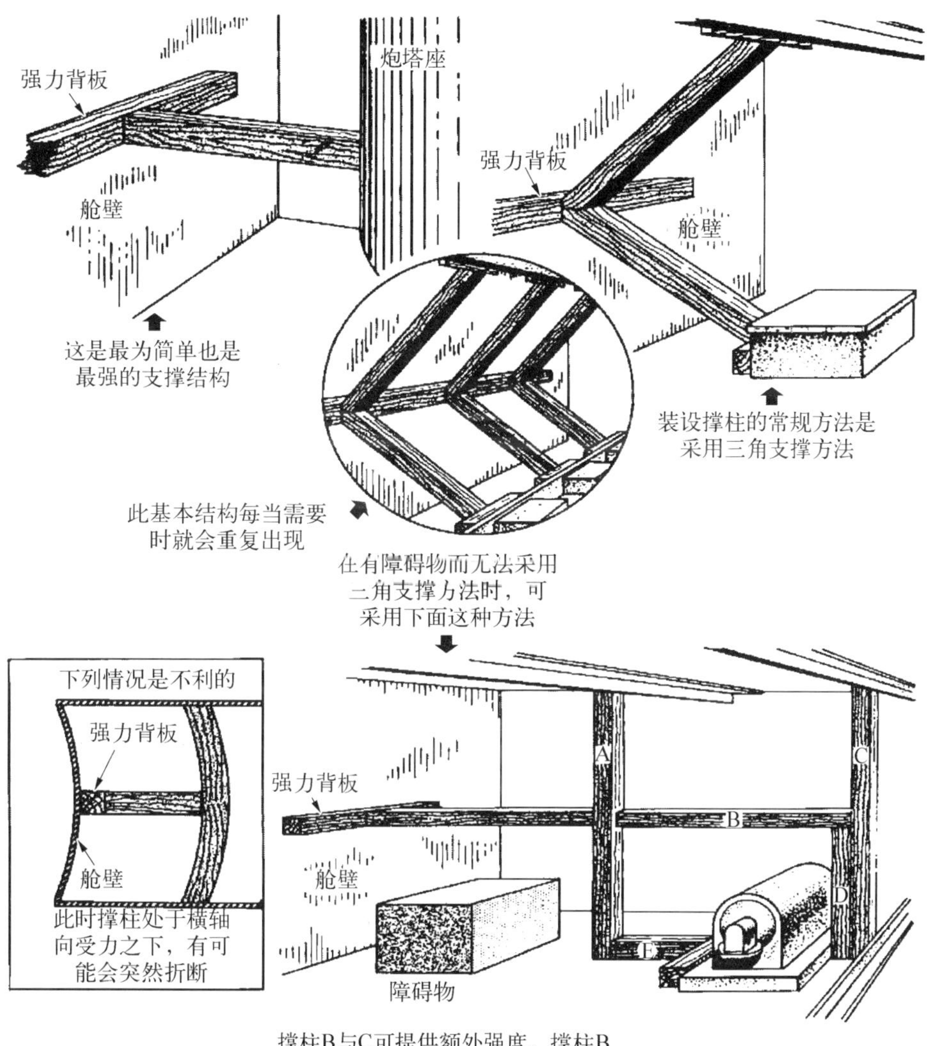

图 4-77 水平承压下的撑柱

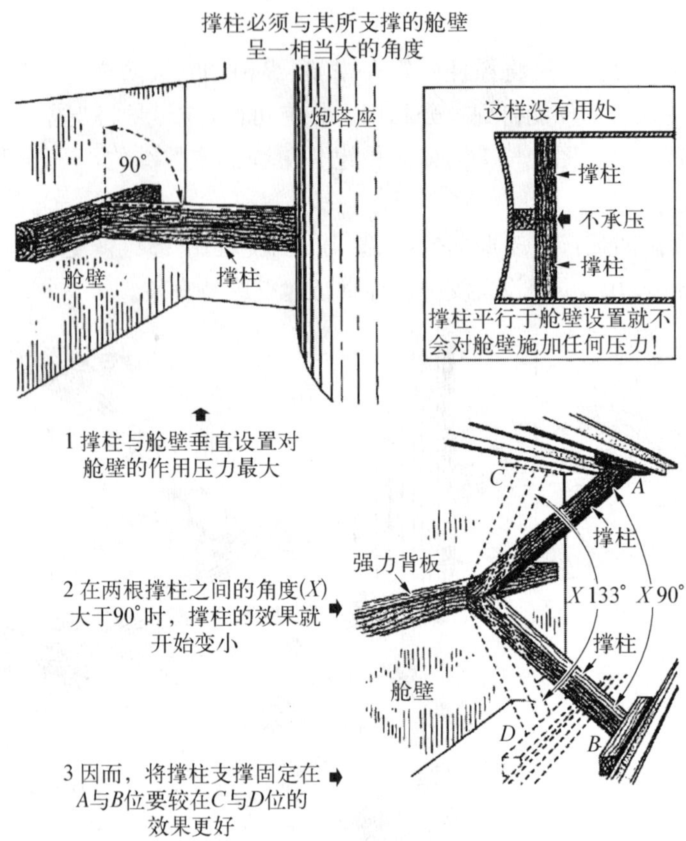

图 4－78　支撑角度

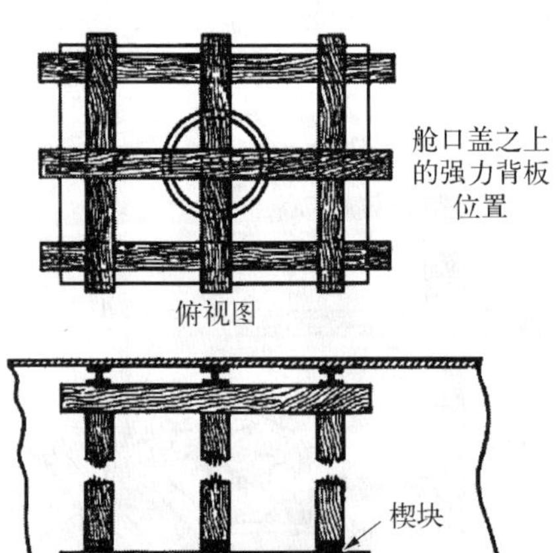

图 4－79　舱口盖的支撑

(4) 只要有可能，就需采用辅助撑柱加强主撑柱。

上述一般性准则同样也适用于舱口盖或门的支撑。不过，舱口盖或门应整个都予以支撑并应将其承受压力在舱口盖或门及其支承结构上均匀分散，如图 4－79 所示。谨记舱口盖和门的设置部位是在舱壁或甲板的最薄弱部分。由于有孔盖或快速关闭手轮的存在，对门或舱口盖的支撑可能会因此而大大复杂化。在图 4－79 所示情形中，撑柱布置就采取了越过、避开其手轮的方式。其中一条基本的准则就是在这类闭合设备上设置的承压点与该闭合设备上的搭扣数量一样多。

对任何支撑作业而言，支撑是否成功主

要依赖于其对撑柱塞入楔块的楔入方式。随着支撑作业的开展，必须进行细致核查以确保所有楔块对所支撑的构件施加的压力都差不多相等。另外，在保证取得满意支撑结果的前提下所采用的楔块数量应尽可能少。必须始终是从撑柱的两侧将楔块缓慢、均匀打入，这样才不至于导致撑柱被推动移位。同时，楔块打入后必须原位锁定，否则楔块会慢慢松掉并导致撑柱滑动。图 4－80 为原位锁定楔块的一种方法。

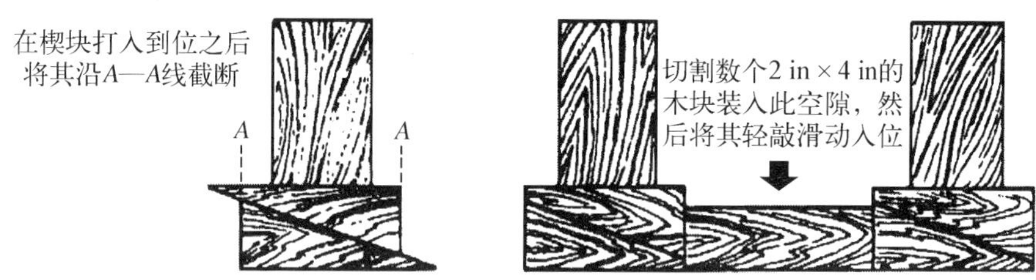

图 4－80　楔块的就位与锁定

7）支撑训练

如你被委派负责船上的支撑分遣队并且船上有足够撑柱的话，则让分遣队属下人员进行支撑方面的一些练习不失为一个好主意。在分遣队人员安设撑柱过程中，向其详细讲解如何做法正确及如何做法错误并具体解释其正确或错误的原因。必须确保支撑人员明白分散压力的道理和准则以及撑柱在受到横向力作用下可能突然折断的原因。同时还须确定支撑人员学会了如何测定撑柱长度以及在实际进行切割之前明白如何切割撑柱。如有可能，在征得同意后在一个可使用数天的舱室内设置支撑。这样可以让其他人员对其进行检验并可间接学到一些关于如何支撑方面的知识。

在练习支撑作业时，须注意不要超出实际需要而随意切割撑柱，因为船上绝不可能无限量地供应撑柱。如船上没有多余的撑柱供支撑训练用，则可利用衬条和板条建成练习用的实物大模型和缩尺度模型。尽管对人员训练而言模型没有实际支撑作业那样有效，但毕竟还是有一定的训练效果。模型的一个重要优势就是可以依靠它们解决一些相当复杂的支撑方面的问题。而且，模型可以保留下来，可反复供训练使用。

在完成支撑训练（无论是采用模型还是实物撑柱）之后，让支撑分遣队人员对支撑作业进行讨论并评判支撑中的优劣之处是非常有益的。在此讨论中应提出包括下列一些问题：

（1）支撑作业是否有效？

（2）如撑柱数量更少一些是否也同样有效？

（3）是否应使用更多数量的撑柱？

（4）撑柱的压力分布是否予以适当分散？

(5) 楔块的楔入设置是否恰当?

这类的提问和讨论也可以是确定所涉及人员是否真正懂得支撑的问题所在及其原理准则的一种有效工具。

4.5.4 应急通道设备

前面已论述了用于舰船损管的各类损管工具与设备。然而万一发生由于门、舱口盖或孔盖损坏而导致无法进入某一处所的情况时,船上又有什么设备可供使用呢?答案就是便携式液压通道与救助系统和便携式放热型切割装置。

1) 便携式液压通道与救助系统

便携式液压通道与救助系统早已经过陆上民用消防部门证明不失为一件非常有用的设备,现海军也已批准其在船上作为应急损管设备应用。便携式液压通道与救助系统可运用于通道的应急进出、人员救助或涉及薄钢板或金属薄片展开、切割、撕开和刺穿的消防作业。在海军舰队中可供使用的此类装置有数种不同的类型。每艘舰船至少应配备一套便携式液压通道与救助系统装备。

便携式液压通道与救助系统的动力装置内设有一台柴油机,用于向软管卷车提供压力的液压泵供电。该软管卷车附设有 100 ft 长的液压软管。这根液压软管上设有一个液压分路阀箱以便分设多路液压供其连接设置的切割器、伸缩式液压千斤顶和延辗机之用。

要求舰船损管人员必须掌握操作使用该装置的方法。另外,损管人员必须对该装置进行测试,同时实施必要的修理工作来维护该装置并确定该装置业已经过适当润滑。关于其更详细的信息资料,则可查阅相关的技术手册以及本舰船的计划维修制。

2) 便携式放热型切割装置

便携式放热型切割装置是一件非常有用的舰船损管设备,可借此快速进出舰船上其正常进出通道已损坏的区域。便携式放热型切割装置可用于切割甲板以使由于火灾生成的超高温而无法正常进入的舱室得以排气通风。便携式放热型切割装置还可用于消防灭火作业,可将舰船上因消防行动所产生的积水排空。

便携式放热型切割装置基于放热型切割器的工作原理需要使用易耗切割条。其工作原理所涉及的是结合燃料对氧气的运用。在这种情形下,所指燃料就是钢质管材。经过其铁条的氧气一接触到由 12 V 直流电池激励的点火装置所引发的火星后,放热型切割条就会被点燃。而一旦点燃之后,只要能保持有氧气来流,该燃料条就会一直燃烧下去直至消耗殆尽。因此,只要释放其氧气控制杆就能使燃料条熄灭。12 V 直流电池则是所允许的最大电力,因为若电源的电力更高会使其电缆也一起熔化掉。

放热型切割器能割穿大多数的材料,包括钢材、铝材、层压制件、管道和电缆。

便携式放热型切割装置使用一根切割条就可工作，并且切割器在水下也可如同在空气中一样操作。不过，市场上所供应的这类装置则未必能提供这样的水下切割功能。

使用便携式放热型切割装置在舰船结构上所切割的开孔应为圆形，且其直径应不小于 6 in 但也不宜大于 19 in。所切割成的开孔必须避免形成会造成或引发应力集中开裂的转角。

要求舰船损管人员必须掌握如何操作使用该装置。另外，损管人员必须对该装置进行测试，同时实施必要的修理工作来维护该装置并确定该装置业已经过适当润滑。关于其更详细的信息资料，则可查阅相关的技术手册以及本舰船的计划维修制(警告：严禁用以切割加压的管道、内有可燃液体的管道或正在通电的电缆)。

放热型切割器会产生火星和熔渣，因而可能会导致人员烧伤、设备损坏甚或正被切割的甲板或舱壁两侧的易燃物品被点燃。

在露天使用切割器时，操作人员与其他人员应置身于切割的上风处并应从计划开孔的下风处开始切割，这样切割器所生成或从开孔处排出的熔渣、热量高温和烟雾才能顺风吹走而不会波及人员。进出通道清道组应携有防烟幕设备，堵塞、补漏和支撑器材和用具以及适合其环境情况的直接可使用的消防设备。

便携式放热型切割装置在工作中会产生大量的烟柱。在有些情况下，可能有必要为其操作人员设置呼吸防护或紧急通风换气、甚至要求操作人员穿戴氧气呼吸器(OBA)。如穿戴了氧气呼吸器，则应能屏蔽掉熔渣飞溅而保护操作人员不受伤害。便携式放热型切割装置的技术手册内收录了有关该装置维护、存放和清洁处理等方面的具体指导说明，具体包括：① 保持氧气供给系统清洁(没有油污、油脂或污垢)；② 确保在使用之前热弧消除器安置就位；③ 确保其弹簧夹头的螺母和垫圈处于完好状态；④ 在收存便携式放热型切割装置之前卸下燃料条；⑤ 严禁在氧气供给系统加压或点火系统通电时出现其切割器无人看管的情况；⑥ 在收存便携式放热型切割装置之前清除其外表面上的所有溶渣、污垢和碎屑。

4.5.5 管子应急补漏

舰船舱室的另一进水来源是管系破损。管道可能会有小破孔或裂缝、甚至可能完全被切断。通常，可以通过关闭受损管段两侧的关断阀来隔离损害。然而，管道是否可以关闭以及可关闭的时间长度则取决于其所在系统的工作性质。例如，海水冲洗管路完全可以一直保持关闭直至完成其他关键系统的修理后再对其实施维修。然而，有些管线则需要立即实施临时修理以使其系统能尽快恢复运行。其中，消防用水管系、燃油管路和电子舱室的冷冻水冷却管线等都应予以尽快修复。

如能在外面钻孔、攻螺纹然后拧入一只机用螺钉，就能对有些管系上的部分破孔给予临时修补。其他的管道破孔则需要不同的修补方法,可以采用管子堵漏垫紧固箍、临时补板或金属管子堵漏补板。所有上述修补管子用的器材都包括在管子堵漏器材箱中。

舰船的损管维修间内都存放有管子堵漏器材箱供管子补漏时使用。每个器材箱包括下列各项物品:① 一个深约为 30 in、直径为 12 in 的帆布包;② 数个由软木制成的小木栓塞和堵漏木楔,其数量须足以堵塞 24 in 长的裂缝;③ 面积约为 8 ft^2 的 1/8 in 厚的橡胶垫片;④ 面积约为 8 ft^2 的粗帆布;⑤ 150 ft 长的油麻绳;⑥ 3 lb 填絮或破布;⑦ 一把手锯,至少备以 6 根备用锯条;⑧ 一把短柄斧或木凿;⑨ 一把铁锤,重量 2 lb;⑩ 一把剪刀或一把用于切割器材的刀子;⑪ 箍带捆扎用具;⑫ 管子堵漏紧固箍,至少有 5 种不同的规格尺寸。

1) 管子堵漏紧固箍

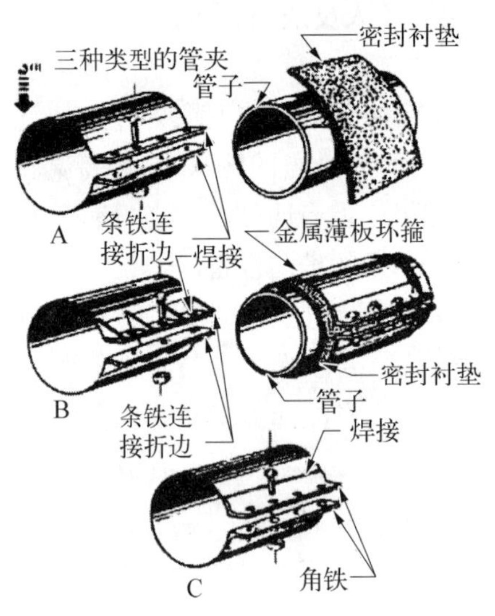

图 4-81　管子堵漏紧固箍

管子堵漏紧固箍(图 4-81)是市场上软管夹的一种改型。耐用增固型管子堵漏紧固箍完全可以定期通过供应系统订购。然而,如一时无法订购,管子堵漏紧固箍也可自己制作。

要制作一管子堵漏紧固箍,须先将一块金属薄板卷成圆桶状。然后,在其两端折弯出耳片作为连接边。该连接边上可焊接以小铁片作为加强。最后,在两端的连接边上配钻 3～5 个孔用于螺栓对接固定。为了使连接边的平面之间在压力之下能保持一定的平行度,还应从其连接边至紧固箍的背面之间焊接有小肘板。管子堵漏紧固箍的制作材料采用厚规格的金属板,这样不仅能使其承受一定的压力,而且紧固箍的开口处也能弹开至足够宽度从而可将紧固箍套在管子之上。

在使用管子堵漏紧固箍时,先将一块橡胶或垫密材料覆在管子破孔上。该块橡胶或垫密材料的面积应足以完全覆盖破损处并叠盖住其破损四周至少 2 in 的范围。然后将管子堵漏紧固箍套在此橡胶或垫密材料上。最后将螺栓穿入管子堵漏紧固箍耳片的孔内并紧固就位。管子堵漏紧固箍能承受 100 lb 的压力。

2) 临时补板

低压(小于 150 lbf/in^2)管系上的小破孔或裂缝可运用临时补板予以修补(图 4-82)。若可能的话,可先按需要打入软木制成的木栓塞和堵漏木楔以减少漏洞的面积。不要将木栓塞和堵漏木楔打入太深,否则会阻碍、延缓管道内的流体流动。一旦木栓塞和堵漏木楔到位之后，就将其截断至与管子外表面齐平。在管子受损区域覆盖一块橡胶，这块橡胶应能完整覆盖并延伸至其破损四周至少 2 in 的范围。紧密缠绕两层油麻绳或铁丝使橡胶固定在原位。

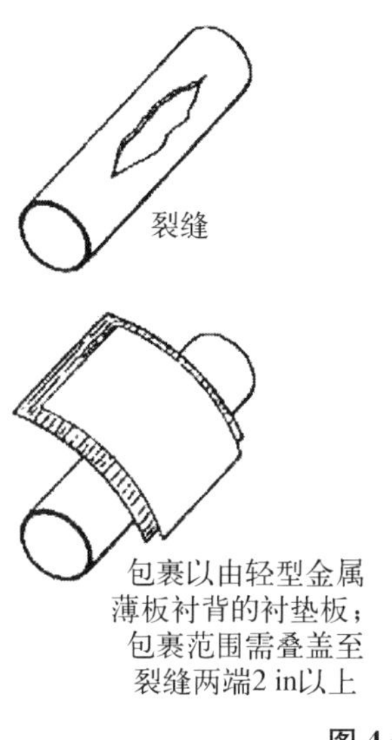

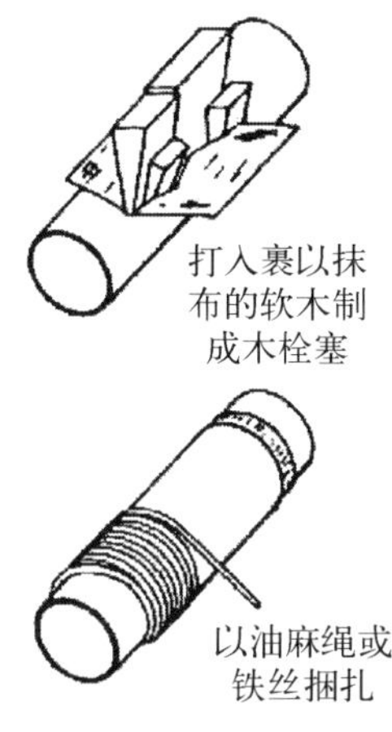

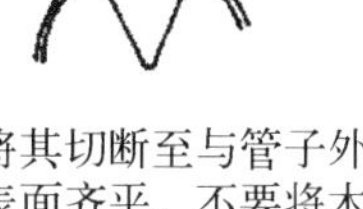

图 4－82　低压管道上的临时补板

可以对临时补板进行改装或改进以使其适合手头现有的条件。通常，最好是在橡胶与油麻绳或铁丝之间采用一弯曲成型的轻型金属薄板覆盖。另外，在橡胶正面涂敷一层红丹会有所助益，并且可采用油麻绳或填絮作为裂缝内的堵缝材料。

图 4－83 和图 4－84 所示的应急水活化修补堵漏板（EWARP）是非常独特且易于使用的管子补漏器材，可适用于众多类型的管路系统。应急水活化修补堵漏板封装在一个明亮的塑料封袋内，内装有即时修补树脂涂敷布和一双橡胶手套。应急水活化修补堵漏板有两种尺寸规格供应：一种为 3 in×9 ft 的 1 号规格；另一种为 4 in×15 ft 的 2 号规格。其最大工作压力 150 lbf/in^2；正常工作温度则不应超过华氏 300°F。必须在其损伤处包括延伸几英寸的范围之内紧紧缠绕包覆应急水活化修补堵漏板。如需要的话，可用刀将其多余部分切除。该堵漏板还可用砂纸磨光然后油漆。应急水活化修补堵漏板（EWARP）在 30 min 之后就可完全硬化，此时受损的管路系统就能得以恢复全部功能（警告：在饮用水进水管线或燃油系统上的堵漏修补**严禁**使用应急水活化修补堵漏板）。

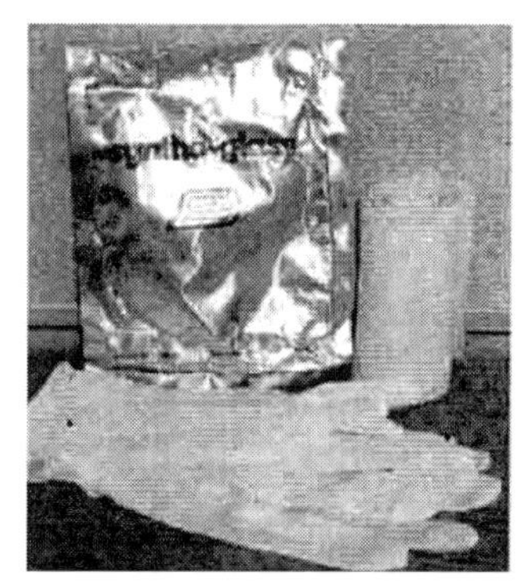

图 4－83　应急水活化修补堵漏板（EWARP）

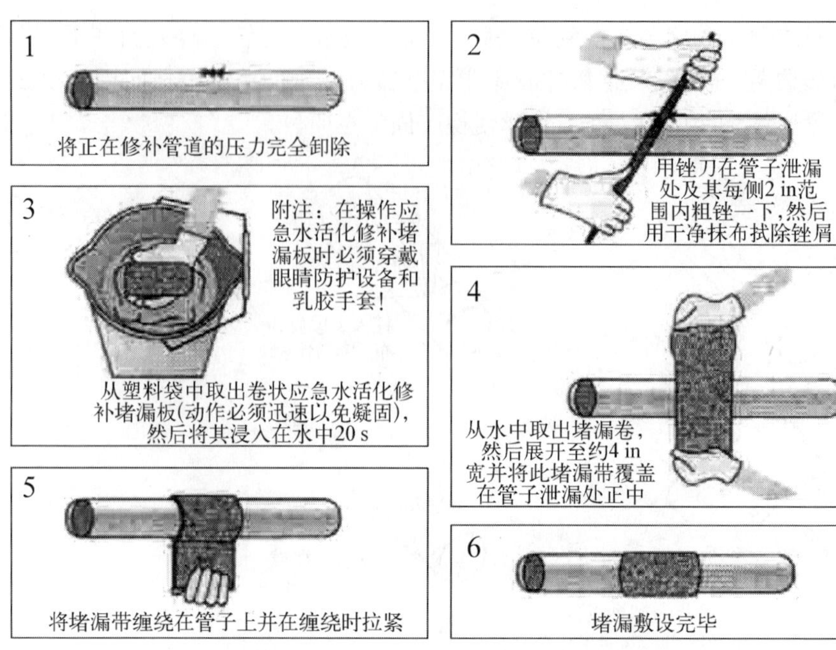

图 4-84 应急水活化修补堵漏板的应用步骤

4.5.6 应急电力系统

应急电力系统(图 4-85)是舰船最为重要的损管系统之一。该系统其实就是一个电气配电系统，用于让使舰船维持浮态或脱离危险区域所需要的大多数关键机械或设备始终保持有电源供电。应急电力系统是设计为在真正的紧急状态下才使用，因此**严禁**将其用作实施临时常规修理的一种供电设备。

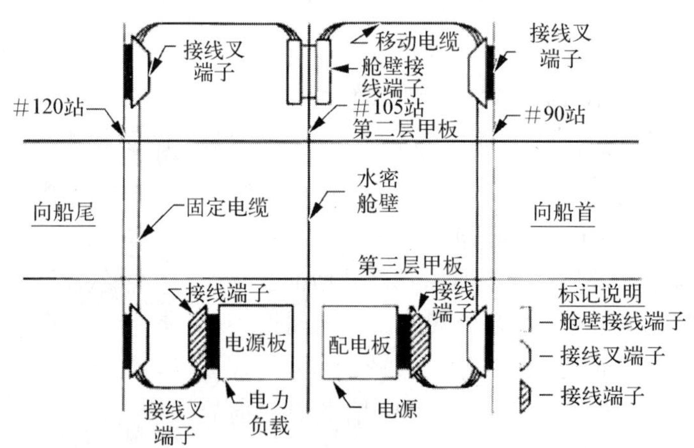

图 4-85 应急电力敷设路线

应急电力系统包含了以下设备：

(1) 存放在全船电缆架上的移动电缆。

(2) 使供电线路穿过舱壁而不会破坏舰船水密完整性的舱壁接线端子。

(3) 甲板层间的电气接线叉。

(4) 在电源处的应急电力接头。

移动式应急电缆上带有金属标签用以标明该电缆的长度及其电缆储存架的位置(图4-86)。移动式应急电缆只有在实际应用需要或应急电力系统配备演练需要时才应予以装配连接。在除此之外的其他任何时候,应急电缆都应存放在电缆标签所标明的电缆架上。

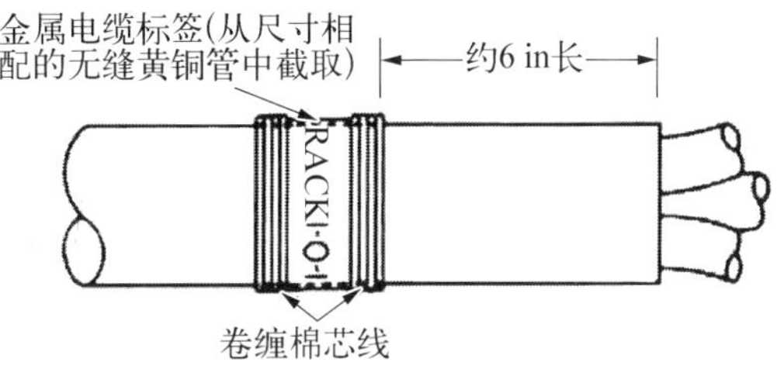

图4-86 移动式应急电缆标签

在应急电缆装配时,其接头的布线必须严格按从电力负载至电源方向连接以避免出现电缆带电作业情况。在每个接头处及在整个电缆长度中的每10 m间隔处都应附设内容为"**危险-高电压**"的活动标记。电缆必须都越过甲板架空固定在天花板上。

在每艘舰船的日用与应急配电板上都设有使用应急电力的电源。此类电源是由各个配电板上的应急电力接线端子组成,接线端子经由断路器与母线连接。有些舰船还另设有专门设计供应急电力使用的小型柴油机驱动发电机。这些发电机的尺寸相当小,只有很少的控制操纵设备。

应急电力接线端子敷设在指定接受应急电力的设备所专门使用的电源板内。该电源板上的应急电力接线端子也可用作应急电力系统的电源之一(警告:电源板上的所有接线端子都为"**高压通电**"。因此,在应急电缆与其接线端子连接之前,板上的正常供电都必须予以切"**断**")。

在由应急电力系统供电的机械设备中包括有操舵装置、内部通信配电板、消防泵以及锅炉舱和机舱内的关键辅助设备。

组成交流电应急电力系统的设备和固定装置包括下列各项:

(1) 存放有各种长度的移动式热塑性塑料绝缘或氯丁橡胶绝缘电缆的电缆架。每段电缆都配置有3根导线或导体(图4-87):其中一根为黑色,一根为白色,另一根则为红色。全船上所有电气装置内的三导线电缆都采用同一色码。

(2) 在小型舰船上,用于使移动电缆在上层建筑内沿主甲板构成水平敷设的单线路上设有舱壁接线端子。而在大型舰船上,通常两路、即左右舷各一路水平敷设的线路上设有接线端子。这些铺设的线路都设置在船上第二层甲板。接线端子延伸穿过舱壁,伸出在舱壁的两侧,但这些舱壁接线端子不会破坏舰船的水密完整性。电缆端头则绕接线端子的外缘(或其曲面)插入在其设置插孔内。接线端子的正面还设有3组、每组3个的插孔。所配备的方柄绝缘扳手与上述插孔相匹配,用

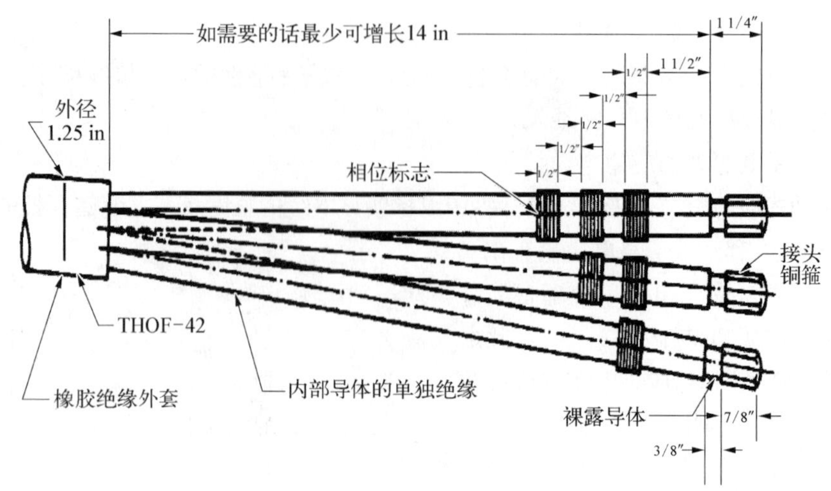

注：图内所有数字的单位都为“英寸”

图 4-87 450 V、三相移动式应急电缆端头

于将电缆固定在接线端子内。在其所需处舱壁上安置的搁架内应配备这样的两把扳手。除非当前正在投入使用，否则方柄绝缘扳手必须始终放置在此搁架内。

(3) 接线叉端子与舱壁接线端子相类似。不过，不同的是接线叉端子通过永久性装设的铠装电缆与其他接线叉端子连接以实现垂向的线路敷设。这些接线叉端子负责从发电机至主甲板和第二甲板层面之间的应急电力运载。

(4) 有时在电缆架附近的舱壁上设置有移动式转换器。这类转换器仅是简单的通断开关，配备有供移动式电缆使用的专用插孔。

交流电系统应急电源端子的正面分别标志有“A”、“B”与“C”字样，而电缆端头的颜色也分别对应为黑色、白色与红色。在电缆与这些接线端子连接时，则应将黑色导线与“A”端子、白色导线与“B”端子以及红色导线与“C”端子两两相配对接。

然而在黑暗或其他不利环境条件下，仅靠其色码来进行区分对接是不够的。因此，设定一种方法仅靠触摸就能辨别每根导线及其端子上相应的插孔是非常必要的。这种触摸辨别是借助在端子的“A”、“B”与“C”部分上设置模制旋钮来实现的，即在端子的“A”、“B”与“C”部分上分别对应设置一个、两个和三个旋钮。类似地，在移动式电缆的黑色导线上设置一段粗双股线，在其白色导线上设置两段粗双股线，而在红色导线上设置三段粗双股线。上述每段双股线的卷缠宽度大约为半英寸左右。

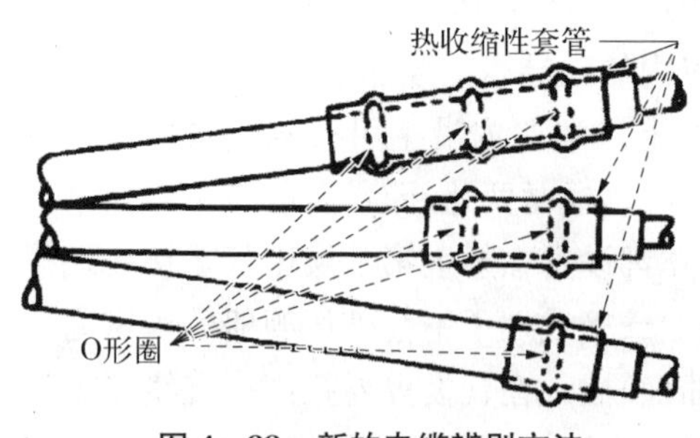

图 4-88 新的电缆辨别方法

有一种与原来方法相类似的新的电缆相位辨别方法，其区别在于用 O 形圈和热收缩性套管来取代原有的卷缠棉芯线，如图 4-88 所示。

每根导线及其在接线端子上的相应位置都可仅凭触摸导线然后查找使各根导线上双股线的段数与端子上对应区域内的同等数目的凸起旋钮相匹配就能予以辨别。在较老型的舰船上，应急电力设施则是利用在端子前端刻有的V形凹槽而不是凸起旋钮来予以触摸辨别。

在连接一应急电缆敷设线路时，谨记必须**始终**是从电力负载至电源方向连接。这样可以避免出现电缆带电作业情况。

小　结

在发生战斗损伤时，必须予以修复。但在大多数情况下，在得以实施永久性修理之前只能先予以临时性的修理。实施必要临时性修理的通常方法有支撑、堵塞和补漏。在某些特定关键设备的电源供应出现中断时，则需要采用备用装置，即所称的应急电力系统向这些关键设备供电。

4.6　化学与生物战防御

核子战争的目的主要是利用其爆炸波和冲击波来摧毁一切物质。而军队作战使用的生物和化学战剂则主要是杀伤敌方人员的手段和工具，运用生物和化学战剂的目的是在不破坏建筑、舰船或设备的前提下造成敌方人员被杀伤。本节就舰船上对化学战和生物战的防御与对抗措施进行全面、概括的介绍。

舰船对化学、生物战的防御并不是一项孤立于其他使命任务之外的职责。相反，舰船应当能够在危险环境包括各类有毒环境下在海上展开军事行动。其化学或生物污染环境应视为是潜在加大了所有各项军事作战任务的执行难度。因为对应防御措施的运用可能会对舰船履行其使命任务的能力造成损害。

4.6.1　化学、生物战防御用防护设备

使用大多数的化学、生物战对抗措施和防御设备都会使人员的正常行动和军事作战机动部署更加困难。使用化学或生物武器都会迫使舰船进入防护态势从而降低了舰船的作战能力。在有些情形下，甚至不得不承受化学或生物武器袭击伤亡的危险以保证能完成高优先级的使命任务，但应始终将此种危险降至最小。通过风险的确定排列基本上就可作出明智的权衡决策。关键是不仅要了解化学和生物战剂及其武器的性能，而且同时也要明白其局限性。有了这方面的知识就具备了正确决定对应所需防护级别的相应能力，因而也可据此将所采取的防护措施局限在实现防护所必要的水平上并可及时地中止防护措施的使用。这样，使用化学、生物战防御用防护设备所带来的对作战能力的不利影响就可降至最小。

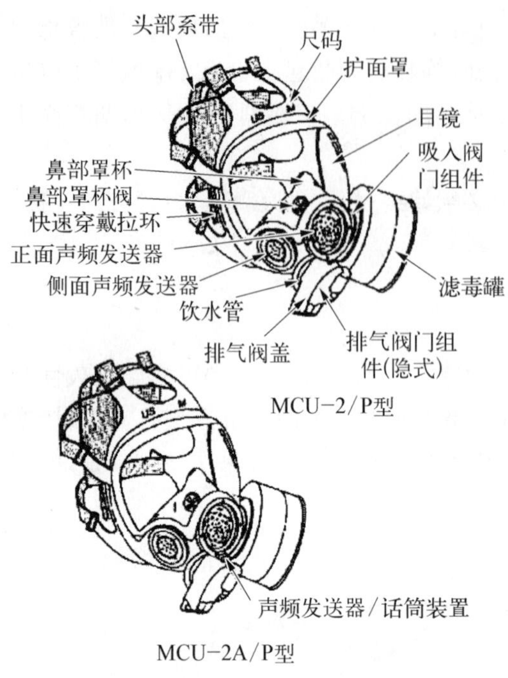

图 4 - 89 MCU - 2/P 型与 MCU - 2A/P 型防护面具

1) MCU - 2/P 型系列防护面具

防御化学、生物战剂的主要工具就是防护面具。MCU - 2/P 型系列防护面具(图 4 - 89)设计用于防护使用人员的面部、眼睛和呼吸道免受战术浓度的化学和生物战剂、毒素和放射性沉降微粒的伤害。MCU - 2/P 型系列防护面具设有一个过滤器和两个声频发送器,其中一个设在面具的正面用于直接与受话器或手持无线送受话器通话,另一个则设在面具侧面使附近人员能听到喊话。罩在口鼻部上的是其带有两个吸入阀的鼻部罩杯。鼻部罩杯负责将吸入空气越过目镜导入面具内以使目镜减少水雾生成。该防护面具上还设有一个用 M1 型盖帽连接行军水壶的饮水管。由于 MCU - 2/P 型防护面具有三种尺寸规格可供选用,因此对于个人而言关键是要确定哪种尺寸规格最为适合,从而能提供最大限度的防护。为了简化防护面具的选用及其尺码的初始确定,可先采用一把卡钳按照 MCU - 2/P 型防护面具使用手册内的指导说明测量脸部(从下巴尖至鼻根凹处)的长度后再选择尺码。

(1) 防护面具的检验与测试。

在穿戴防护面具时,应先对其进行目视检查以确保面具完全匹配。对防护面具的检验应注意: ① 其护面罩贴合在前额上的位置要高,但不能高出发际线; ② 箍带的位置不应穿过耳部勒入; ③ 护面罩的底部不应穿过咽喉; ④ 鼻部罩杯不应干扰视线或勒得鼻部生疼; ⑤ 对于戴军用作战眼镜的人员来说,防护面具的鼻部罩杯与眼镜镜架之间还应保证相互不会干扰影响。

在确保防护面具匹配良好之后再对其实施负压检验: 先用手掌将滤毒罐的进气孔盖住,再轻轻吸气使护面罩和目镜轻微内陷,然后屏住呼吸 5～10 s 以判定其护面罩和目镜是否仍能保持轻微内陷状态。如目镜不再内陷,则有可能是由于防护面具不完全匹配或尺码不配而导致面具四周边缘漏气所致。关键是要确定导致漏气的原因并及时纠正。

(2) 防护面具的穿戴程序。

若戴眼镜的话,应在穿戴防护面具前先将未经认可的眼镜或隐形眼镜更换成经核定的军用作战眼镜。完成眼镜更换之后，就可开始下面所述的防护面具穿戴程序，其穿戴程序具体步骤为：① 屏住呼吸；② 紧闭眼睛；③ 脱下帽盔；④ 打开防护面具托架(严禁通过拉住排气阀将防护面具从其托架内移出)；⑤ 抓住防护面具护面罩正面部分声频发送器与排气阀门组件区域(在检验防护面具是否漏气时如吸气太用力的话，其护面罩会坍陷至与脸部贴紧从而可能导致排气阀移位)；⑥ 将防护面具从其托架上抽出；⑦ 将阀门组件握在一只手的掌心，然后用另一只空出的手将前额上的头发捋向两边；⑧ 将防护面具置于脸部，用力将其下巴罩杯紧紧套在下巴上；⑨ 利用其快速穿戴拉环将头部系带绕过头顶扣住；⑩ 两手各抓一根颈部箍带然后以小幅、快速动作拉紧；⑪ **呼气**；⑫ 如指挥决策机构要求的话，睁开眼睛然后将防护面具的外嵌套卸下并放置在其托架内；⑬ 将一手掌心按压在滤毒罐口处。然后吸气来判定防护面具与面部之间是否达到了贴合密封(如防护面具在吸气时有稍微的坍陷并且在呼气时保持坍陷状态，即表明该防护面具是气密的。如没有坍陷现象，则须检查面具密封垫与面部之间是否有头发或其他异物。如需要的话也可先拉紧箍带，然后再重新进行气密检验)；⑭ 在达到完全密封之后，睁开眼睛然后**恢复正常呼吸**；⑮ 关闭防护面具托架。

(3) 防护面具的脱卸程序。

对于使用人员的安全而言，关键是要严格遵循防护面具的正确脱卸程序。下列脱卸程序适用于没有暴露于污染之中或虽然暴露于污染中但已消除污染经过净化的防护面具：① 旋转扣环松开防护面具的颈部箍带；② 抓住防护面具的排气阀体处，然后通过将其先往下拉、再外拉最后上拉的步骤脱下防护面具；③ 如需要的话，将防护面具的外嵌套安上；④ 将头部系带翻置于防护面具的护面罩上，除去防护面具内的水分；⑤ 按照现行计划维修制的要求清洁防护面具并晾干；⑥ 将防护面具存放在防护面具托架内。

(4) 外嵌套。

防护面具目镜上所配备的透明塑料外嵌套可有两层用途：① 在防护面具存放在托架内时，外嵌套可保护目镜免于擦伤；② 在防护面具穿戴上时，外嵌套则可防护目镜以免其接触到化学药剂液滴、油或其他石油制品(在穿戴防护面具时是否使用外嵌套须服从指挥决策机构的指挥)。在防护面具存放在其托架内时，防护面具上应设置外嵌套保护。

(5) C2 滤毒罐。

MCU－2/P 型系列防护面具采用一个标志为 C2 的单级过滤器滤毒罐。

该滤毒罐配有北大西洋公约组织标准螺纹，拧入在其吸入阀体内。在初始配置时，滤毒罐位于防护面具的左面，但通过吸入阀体与侧面声频发送器之间的位置交换，滤毒罐可移动至防护面具的右面。

随防护面具一起配发有两个滤毒罐，同时舰船应配发第三个滤毒罐。应保持其中两个滤毒罐密封在原包装内以备战时使用，另一个则配置在防护面具上供训练和适应环境用。若一滤毒罐从其包装拆出之后已有60天，应将其标明为训练用滤毒罐。

C2滤毒罐都具有一个基于最恶劣情形下环境条件（炎热气候和高湿度）的作战使用寿命：在没有化学、生物战剂时，船上人员在其密封包装拆除后60天内可保留滤毒罐供作战时使用。滤毒罐开封60天之后应只作训练使用或弃置，此时可在每个滤毒罐上绕其边缘涂一道白色条纹作为训练用滤毒罐的标识。

该型滤毒罐能承受一次血液性生化毒剂的袭击，但之后必须予以更换。只要滤毒罐是在其密封包装拆除后的60天限期之内，滤毒罐就仍能在暴露于其他化学袭击战剂之后的30天之内保持完好。

存在特定情况时应将滤毒罐更换掉；这些特定情况包括：① 其内活性炭受潮；② 滤毒罐破损；③ 滤毒罐堵塞或导致呼吸阻力过大；④ 在使用之后脸上留有活性炭粉；⑤ 舰长命令予以更换。

(6) 军用作战眼镜。

配备在MCU－2/P型系列防护面具上使用的军用作战眼镜有两种尺寸规格。军用作战眼镜的订购和分发则由船上的医务部门负责（军用作战眼镜是唯一经核定认可的配备在MCU－2/P型系列防护面具上使用的眼镜，**禁止**佩戴隐形眼镜）。

(7) 行军水壶。

在舰船上采用1夸脱容量的行军水壶。MCU－2/P型系列防护面具上的饮水管则经由M1型盖帽与行军水壶相连接。该型盖帽内设有一个将饮水管末端的隔板压下的销针，从而可让防护面具穿戴人员在穿戴面具时能补充液体流质。

2) MCU－2A/P型防护面具

MCU－2/P型防护面具系列中的最新改型是MCU－2A/P型防护面具（图4－88）。MCU－2A/P型防护面具的轮廓外貌与MCU－2/P型防护面具相同，经改型后可并入内部语音通信系统（IVCS）和飞行甲板通信系统。MCU－2A/P型防护面具的优先发放顺序为：① 飞行甲板管理人员；② 处于集体防护系统整体防护区域之外的战备状态岗位上需要使用内部语音通信系统的人员；③ 飞行甲板上的剩余人员；④ 处于集体防护系统整体防护区域之内的战备状态岗位上需要使用内部语音通信系统的人员。

3) 化学防护外罩

化学防护外罩是由能渗透水汽的材料制成；也就是说，该材料制成外罩能排除由人体出汗而生成的水分。此种设计可适当降低穿戴人员的热负荷疲劳，但在炎热气候下也并不能完全防止产生热负荷疲劳。

化学防护外罩的作用在于保护穿戴人员不会受到危险剂量的液态形式化学毒剂及其汽化物的伤害。化学防护外罩的防毒内层内含有的活性炭能截留化学毒剂汽化物；其外层则是由能抗御隔离非稠化化学毒剂或使化学毒剂在更大表面内扩散的变性聚丙烯腈纤维尼龙制成。这种扩散过程称为毛细作用效应，能大大提高液态试剂的蒸发作用从而只有很少的剂量会被吸收、到达其防毒内层。但稠化试剂就不会迅速扩散，因此必须将其从外罩上拭去。

化学防护外罩由两件套组成：即带附属兜帽的罩衫和长裤。罩衫和长裤通常都剪裁成适合穿着在普通工作制服之外。在罩衫的背部缝有三角形布料以便于能活动自由。在罩衫的正面有一个大吊袋用以存放阿托品自我注射器、氯化磷定自我注射器(2 PAM－CL 型)、前处理神经药剂二甲氨基甲酰氧基－1－甲基吡啶和 M291 型消除皮肤沾染用具包。在罩衫上还设有袖口补缀用来固定检测试纸。罩衫可以由手腕和腰部处的绒面松紧搭扣进行调节以使其穿着合身。其长裤在正面也缝有三角形布料以便于合身并且设有绕过肩膀系在身体正面的吊裤带。长裤上用以穿着合身调节的绒面松紧搭扣则设置在腰部和两大腿的根部。化学防护外罩有 4 种尺码规格：小号、中号、大号和特大号。化学防护外罩在污染环境下的允许穿着时间为 6 h，在未被污染环境下，化学防护外罩在从其发放时的防护包装内启用后的 30 天之内可累积穿着 100 h。

化学防护装备则是由化学防护外罩再加上防护面具、一对防护靴和防护手套组成，如图 4－90 所示。

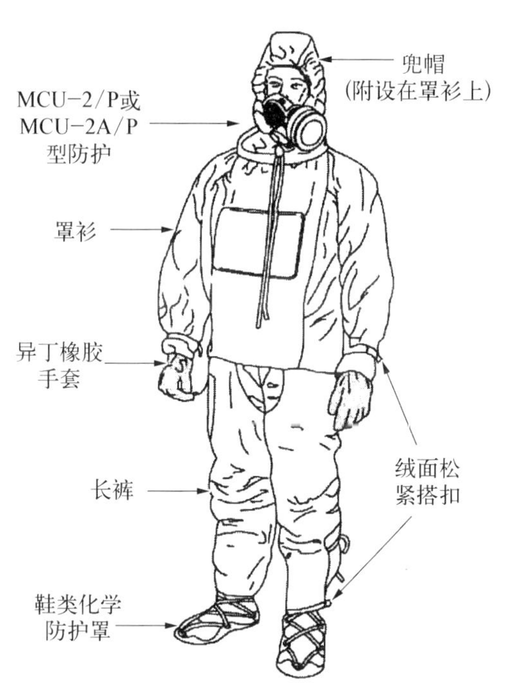

图 4－90　化学防护装备

新型化学防护服是一可套穿在制服或内衣裤之外的外罩。新型化学防护服是由能将水汽排除的材料制成，此种设计可让排汗散发从而适当降低了穿戴人员的热负荷疲劳，但在高温天气下也并不能完全消除热负荷疲劳。新型化学防护服提供对液态、汽态和气雾剂形态化学毒剂的防护。应在数年内逐步采用新型化学防护服来替换化学防护外罩。在其库存消耗殆尽及其安全储存期限到期之前，应继续发放、使用化学防护外罩。

4.6.2　化学战

在化学战中，有毒化学战剂会导致人员死亡、损伤或刺激作用。虽然化学战剂常常会被误认为就是气体，但实际上固体微粒、液体或气体都可以是化学战剂。使用化学战剂主要是因为其对人体的作用。有些化学战剂会对特定材料有腐蚀作用，而燃烧剂则能焚毁大多数物品。化学战剂在通过皮肤、吸入或吞咽作用人体时会引起有害生理反应。大多数化学战剂都会导致人体机能紊乱。

化学战剂可以通过飞机喷洒、化学炮弹、化学炸弹、化学榴弹、发烟罐、烟幕弹筒、化学地雷和导弹等传播。上述主要因素决定了传播蔓延化学战剂所采用的方法、实现特定目标所需战剂的剂量、所用化学战剂的类型、至战剂投放袭击地的距离以及使用该化学战剂所必需的速度。

1）化学战剂的特性与作用

一种化学战剂的作用速度是指人体对该化学毒剂反应或被感染的速度。对于不同的有毒化学战剂，其反应速度也会有很大的变化、甚至对于那些属同一战术或生理分类的有毒化学战剂也是如此。例如，馏出芥子气就不会立即引起生理感觉，而是在 4～6 h 之后才使皮肤发红；路易斯糜烂性毒气则恰恰相反，会立即引起疼痛并在 30 min 内皮肤开始变红。

糜烂性毒剂必须在暴露于其中的 1～2 min内予以消除污染，否则就会对人体有严重影响。血液性毒剂和神经性毒剂都会迅速起作用。因此，若要避免死亡，应在其症状显现后的 30 s 之内使用解毒剂或开始其他急救措施。催吐剂和催泪剂也会在吸入后不久就开始生效。

有些化学战剂通过皮肤或眼睛吸收感染就能生效，而有些毒剂则必须吸入才能见效。催泪性毒剂有的只侵袭人的眼睛，有的则同时侵害人的眼睛和上呼吸道。糜烂性毒剂会造成人体的内外表层都被感染。亚当斯催吐毒气和窒息性毒气必须在进入至人体肺部后才能发挥作用。

解毒速度是指人体消解一种化学战剂毒性作用的时间。这是对重复暴露于某一接近致命剂量有毒化学制剂的危险性进行判定的一个关键因素。有些毒剂的解毒速度非常快，而有些则非常缓慢，其毒性作用是累积性的。血液性毒剂氯化氰和氰化氢的解毒非常迅速，因而要导致敌方最大限度的伤亡就需很高浓度的剂量。神经性毒剂沙林的解毒缓慢，其毒性在很大程度上是累积性的。如遭受其 50％的致命剂量，可能只会呈现轻微的症状；但数小时内再遭受 50％的致命剂量而又没有予以治疗的话就有可能会导致死亡。糜烂性毒剂馏出芥子气和窒息性毒剂也都具有累积性的毒性作用。也就是说，假设暴露于上述任何一种毒剂中 10 min 后隔数小时再暴露于同一种毒剂中 10 min，其毒性作用是与一次性暴露于其中 20 min 是等效的。而且，重复暴露于接近致命剂量的馏出芥子气会导致对低浓度剂量的该毒剂也过敏。

（1）神经性毒剂。

神经性毒剂是不会迅速、轻易被探测的；且小剂量的毒剂就能很快造成损伤和死亡。神经性毒剂可以是有轻微气味、或无嗅、或无色乃至浅棕色的液体。这类化学战剂能完全扰乱人体神经系统的化学过程，从而导致其他的身体机能损害或丧失。

神经性毒剂可通过吸入、摄入和经由皮肤或眼睛吸收进入人体。其中,经由皮肤进入人体是一种非常有效的杀伤方式。这就意味着单靠防护面具是不足以提供充分防护的,因为该类毒剂能经由任何裸露皮肤进入人体。

目前,神经性毒剂共有两种系列或分类:即 G 系列和 V 系列。

G 系列神经性毒剂包括:① 塔崩;② 沙林;③ 索曼。

V 系列神经性毒剂则由 VX 神经性毒剂构成。

G 系列神经性毒剂的物理属性基本相同,属性如下:① 塔崩神经性毒剂是一种由无色至褐色的液体,散发出无色水汽;② 沙林与索曼神经性毒剂都会散发出无色水汽的、由无色至浅棕色的液体;③ 所有这三种 G 系列神经性毒剂都是非持久性的;不过,塔崩与索曼要比沙林神经性毒剂的毒性作用时间更持久。

不论是通过吸入、吸收还是摄入进入人体,G 系列神经性毒剂中毒后所显示的前后症状次序基本上相同。这些症状按其正常显示前后次序为:① 鼻子流鼻涕;② 胸闷透不过气;③ 视线与眼睛瞳孔聚焦模糊;呼吸困难;④ 流涎;⑤ 出汗过度;⑥ 恶心反胃;⑦ 呕吐;⑧ 抽筋痉挛;⑨ 大小便不受控制、失禁;⑩ 颤搐、肌肉抽搐并且动作蹒跚失调;⑪ 头痛并慌乱;⑫ 昏昏欲睡;⑬ 昏迷;⑭ 惊厥。

如剂量足够的话,上述所有症状都会在 30 s 内发生。紧接这些症状之后就是呼吸停止,随之死亡。在皮肤剂量下这些症状显示要比呼吸剂量慢得多。尽管可能会出现皮肤在 1～2 min 内就能吸收足以致死的剂量,但真正死亡却要拖延 1～2 h。吸入了致命剂量则能在 1～10 min 就能致人死亡。而眼睛内若沾染了液体毒剂的话,其致人死亡的速度几乎同样的迅速。至于实际所显示症状的数量和剧烈程度则取决于神经性毒剂进入人体的剂量和速度。

关于 VX 神经性毒剂的大部分详细资料都是保密的。一般而言,V 系列神经性毒剂都是不会迅速蒸发或在低温下冻结的无色、无嗅液体。由于其低挥发性,其汽化物的毒性作用是相当有限的,但也正因如此,其毒性效力的持续时间也得以大大增加。在其液态和气雾剂形态下,V 系列神经性毒剂侵袭感染人体的方式与 G 系列神经性毒剂相同。V 系列神经性毒剂通常都是以液滴形式传播。一旦吸入后,V 系列神经性毒剂所固有的毒性相当于较老型神经性毒剂(G 系列)毒性的 5 倍。而在通过皮肤感染时,V 系列神经性毒剂的毒性要较 G 系列神经性毒剂强数百倍,因为 V 系列神经性毒剂在经过皮肤的脂肪层时不会分解(而沙林毒剂则会分解)。

(2) 糜烂性毒剂。

用于杀伤作用的糜烂性毒剂可以限制敌方使用地面人员、迟缓敌方部队的调遣运动以及给敌方对装备和设施的运用能力形成牵制。这类毒剂能沾染人员的眼睛和肺部并使皮肤起疱,致使人员长时间丧失行动能力甚至死亡。糜烂性毒剂没有气味,其毒性效力的持续时间也各不相同。大多数的糜烂性毒剂在具体运用时都是暗中施放的，因为暴露于其中时基本或全然没有疼痛(路易斯糜烂性毒气和碳酰氯肟毒剂则除外，这两种毒剂一旦接触就会引起疼痛)。糜烂性毒剂所造成的伤亡结果会有稍许的延迟；馏出芥子气的毒性作用会在受到污染后 4～6 h 之后才显现：首先是眼睛刺疼；其次是人体上较为敏感部位感染；接下来有一系列的症状，包括从充血发红直至起疱、形成溃疡。而皮肤潮湿所吸收的芥子气剂量要比干燥皮肤多。基于此原因，较低浓度的馏出芥子气需要在炎热、潮湿天气下施放，因为此时人体的皮肤会由于出汗而较潮湿。这一点在热带就体现得尤其明显。由于糜烂性毒剂能侵袭感染人体上任何与其液态或汽态毒剂发生接触的部位，因此要对其实施防护是极其困难的。

主要的糜烂性毒剂馏出芥子气和氮芥作为一般用途化学战剂是极为有效的；然而由于芥子气需要很高剂量的汽化浓度才能致人死亡，因此糜烂性毒剂在吸入后致人迅速死亡的杀伤效力方面远不如神经性毒剂有效。但芥子气在经由皮肤吸收其汽态和液态毒剂方面还是相当有效的。芥子气对生理机能的作用仅局限在其被沾染的皮肤部位，而不会对全身组织造成影响。

在纯净状态下，芥子气是一种呈微黄色的油状液体。由于其高沸点，液态芥子气在正常温度下的蒸发速度缓慢，因此，在其投放之后相当长一段时间内都有效。事实上在寒冬腊月里，馏出芥子气能在传播之后的数个星期里都能保持其杀伤力。另一方面，在夏天由于高温伴之以风雨会将其毒性作用降低至仅几天。除亮度较高的金属和玻璃外，几乎所有的船体表面或器材都会吸收一定量的芥子气并且一直能保持或多或少一部分的毒性。在经探测设备装置检测确认为阴性之前，无论天气情况和风向如何都不能将船上任何被芥子气污染的表面视作已完全没有这种化学毒剂存在。

由于馏出芥子气可溶解在脂肪内，因此在饮食内就可能溶解有芥子气，从而使其也一并具有毒性。芥子气可很轻易地溶解于如苯和清洗液等工业溶剂和机油之内，但只能溶解少量于水中。从长期而言，芥子气还会与水发生反应生成无害的物质。馏出芥子气对金属的毒性作用则是非常轻微的。

较新研制的糜烂性毒剂包括有氮芥 HN－1、HN－2 与 HN－3 以及混合型糜烂性毒剂。上述混合毒剂的杀伤力并不见得比使用其中单种毒剂的杀伤力大，但混合毒剂的凝固点要比馏出芥子气低。

(3) 血液性毒剂。

血液性毒剂是经由呼吸道进入人体的。血液性毒剂作用于细胞色素氧化酶从而阻碍由血液向人体组织的正常氧气输送来影响人的身体机能。大多数血液性毒剂都会迅速见效，但一般都是非持久性的。一般而言，一名受沾染人员若没有死亡则在数小时后就会康复。

最为常用的血液性毒剂有两类：① 氰化氢；② 氯化氰。

尽管氰化氢是已知最剧毒致命的毒剂之一，但由于其迅速蒸发因而也是效力最差的化学战剂之一。氰化氢的汽化物密度较空气小，从而无法形成毒剂覆盖并且其中毒效果也不会随着暴露的持续而积累。氯化氰毒剂则能在很短时间内就能使防护面具内的化学滤毒罐恶化失效。

(4) 窒息性毒剂。

窒息性毒剂有时也称为肺部刺激剂，主要作用是损伤包括鼻、喉以及导致其肺水肿的肺在内的呼吸道。在极端情况下，会造成人体隔膜肿胀、肺部充满液体并最后因缺氧而导致死亡。因而，这类毒剂会使未经防护的人员窒息而死。这类致死症状也被称为"陆地溺毙"。

最为常用的窒息性毒剂有两类：① 光气；② 双光气。

由于这类毒剂会与水迅速反应生成无毒的水解产物，因此其使用得到相当大的限制。窒息性毒剂在空气中的浓度会因冷凝水分(如雨或雾)和茂密植被的存在迅速下降。其他类的毒剂在这方面就相对要有效得多。不同于神经性毒剂和糜烂性毒剂，窒息性毒剂对食物没有毒性作用；因为窒息性毒剂太容易被分解破坏了。

(5) 催吐剂。

最重要的催吐剂有 3 种：① 二苯胺氯胂；② 二苯氯胂；③ 亚当斯毒气。

这类毒剂是以气雾剂形式散播并需通过人体吸入后才能发挥作用。这些催吐剂会引起眼睛轻微刺激并且鼻子和鼻窦有疼痛感觉和堵塞感，伴随而来的是剧烈头痛、嗓子冒火、胸闷并疼痛以及眼睛刺疼，以致涕泪交流。此时人会不受控制地咳嗽，同时会持续不断地猛烈打喷嚏。另外还伴有明显的恶心和呕吐。暴露于很低浓度毒剂下所引起的轻微症状非常类似于重感冒所引起的症状。这些症状可能会在初始暴露后延迟数分钟才发作、尤其是暴露在亚当斯毒气(DM)中时。所以，早在开始怀疑存在烟雾毒剂之前可能就已暴露感染；此时若再戴上防护面具，尽管有了充分防护，但感染症状还是会在数分钟内逐渐加强。结果，感染人员可能就会认为是防护面具无效，从而脱下防护面具而导致进一步暴露于毒剂之内。一旦离开毒剂施放现场，感染人员的症状就会比较快地消退，强烈的不适感在约半小时之后就完全消失。在高浓度下，其毒性作用则可能要持续数小时。由于催吐剂的含砷属性，这类毒剂可导致食物有毒。

(6) 催泪剂。

催泪剂(也称为防暴控制用化学制剂)本质上是局部性的刺激剂，在非常低的浓度下主要作用于眼睛，能够致使其剧疼并大量流泪，暖、湿的皮肤刺疼，鼻子感到刺激。在高浓度下，催泪剂会引起上呼吸道和肺部刺激并导致恶心和呕吐。催泪剂既可以是固体也可以是液体，能以汽化物或烟幕形式散播于空气中。

催泪剂主要有：① CN 类催泪剂；② CNC 类催泪剂；③ CNB 类催泪剂；④ BBC类催泪剂；⑤ CS 类催泪剂。

在上述催泪剂中，CS类催泪剂是最新研制和最为有效的催泪剂。这类催泪剂即使是在极低浓度下也能立即收效。个人暴露在催泪剂后20～60 s内就会丧失行动能力。催泪剂的毒性作用在受沾染人员移至新鲜空气中5～10 min之后即能消除。在此段时间内受沾染人员则无法进行有效的协调动作。该类化学毒剂对于制止骚动暴乱尤其有效。

催泪剂在生理机能方面的作用有：① 眼睛极其灼热并伴之以大量流泪；② 咳嗽、呼吸困难和胸闷；③ 不受控制地紧闭双眼；④ 潮湿皮肤会有刺痛感觉(尽管在受到CS类催泪剂污染后在必要时可以淋浴，但若CS类催泪剂粉末或微粒落在皮肤上，则应延缓6 h之后才能进行淋浴以免皮肤刺疼或变红)。

(7) 失能毒剂。

失能毒剂是经过了大量的研究和分析后才研制出来的一种化学战剂。失能毒剂用于发动并赢得一场战争而却不必如以前的战争一样采取大规模的厮杀、损毁大量的财产和耗费庞大的金钱，这无疑是所有未来冲突中与使用核武器截然不同的一个特色。失能毒剂是最近才发明研制的，其中许多还处于研究、研制与试验的阶段。

失能毒剂的具体作用是无法预测的，甚至可能因剂量不同和因人而异。在单次暴露于污染时，人的感觉反应可能会从急躁、烦乱不宁和焦虑一直发展到充满快乐感觉。受沾染人员可能会有被迫害或高高在上的幻觉。有些人甚至会发展至丧失自主运动并长久保持任一姿势的紧张性精神症状态。在此种状态下，患者会遭受幻觉、惊恐的折磨并伴有歇斯底里爆发。

此类失能毒剂中有一种称为BZ的动作迟缓气雾剂。这种失能毒剂通过吸入进入人体，能通过干扰人的心理作用来控制其身体机能。

尽管有关这类失能化合物对生理机能作用方面的许多问题还有待解答并需进行大量的研究分析，但失能毒剂却具有很多方面的优点：

(i) 失能毒剂具有一定的弹性。可根据指挥员的需要专门定制其毒性作用：从令其昏昏欲睡或轻度幻觉及心理混乱、身体协调性丧失一直到歇斯底里、无行为责任或完全崩溃。

(ii) 失能毒剂的经济性。若以达到同等效果来衡量，失能毒剂的生产代价远比裂变物质甚至有些比较先进的常规武器要便宜得多。

(iii) 失能毒剂的杀伤性。依靠使用失能毒剂对付其陆海空三军及其支持军种部门而被征服的敌对国家不会向战胜方提出重建和恢复的棘手问题，因为其工厂还在、城市也正常运转。

(iv) 失能毒剂的伤害较小。只要运用适当，这类毒剂所造成的人命伤亡、残废或伤残以及永久性后遗症都要比以前战争中实际使用烈性炸药要小得多。

(v) 失能毒剂的武器发射系统较简单。这类毒剂易于储存、装入弹药及投放至打击目标。失能毒剂可由毒剂发生器从上风处以气雾剂形态向敌方施放散播；也可秘密投放在敌方的饮食和供水系统中；或者通过精心选择投放点将失能毒剂注入在敌方大型指挥部的通风系统内。

(vi) 探测失能毒剂的困难性。大多数此类毒剂都无色、无嗅、无味，并且不会立即引起可识别的生理症状。失能毒剂喷洒后类似于朦胧的烟雾；利用火炮发射则可将其炮弹设计成呈现出与普通高爆炸药炮弹一样的爆炸特征。

应对失能毒剂的有效防护可采取与应对其他化学战剂一样的个人防护措施：防护面具、防护服、高灵敏度报警装置或探测器。

(8) 毒素。

毒素是动物或植物细胞内的有毒产物。在将其注射入动物或人体内时，会导致形成称为抗毒素的抗体。最重要的毒素是由细菌所生成的毒素，其最主要的成分是肉毒杆菌毒素。肉毒杆菌毒素的毒性要比光气、芥子气或氰化物的毒性强数百倍，比响尾蛇和眼镜蛇毒的毒性还要强数倍。使用毒素可以有两种方法：① 在人体外制成毒素，然后将其放入饮食、水或人员伤口内；② 另一种方法就是将生成毒素的有机组织直接作为毒剂使用。在和平时期，则须采取严格的卫生措施对这类毒素所引起疾病严加控制并对由美国食品及药物管理局(Food and Drug Administration)指定的所有食品实施彻底的医疗卫生检验。

(9) 燃烧剂。

燃烧武器与其他化学战剂不同，注重的主要是损毁物资而不是造成人员伤亡。在针对人员的攻击中曾经使用过燃烧剂，不过，燃烧剂应用得最多的还是用于摧毁工业设施、房屋、军需品、油站等诸如此类物资设施。现代的军用燃烧剂可以划分为三个类别：油类、金属类、油与金属组合类。军用燃烧剂也可划分为可自燃材料(如含磷燃烧剂)和含镁等需要引燃的燃烧剂两类。

2) 化学战剂的探测

有多种设备仪器可供探测和鉴定化学战剂的类别使用。表4-4中大多数探测仪器都能通过化学作用引起的颜色改变来指示所存在的化学战剂。

表4-4　化学战剂的可探测性

标识符号	战剂类别	化学战剂名称	*M-8检测试纸	*M-9检测试纸	M-256探测工具	**M18A2探测工具	化学战毒剂类别探测器	化学战剂点集式探测系统
GA	神经性	塔崩		X	X	X	X	X
GB	神经性	沙林	X	X	X	X	X	X
GD	神经性	索曼	X	X	X	X	X	X
VX	神经性	无名	X	X	X	X	X	X

续 表

标识符号	战剂类别	化学战剂名称	* M-8检测试纸	* M-9检测试纸	M-256探测工具	** M18A2探测工具	化学战毒剂类别探测器	化学战剂点集式探测系统
AC	血液性	氰化氢		X	X	X		
CK	血液性	氯化氰			X	X		
CX	糜烂性	碳酰氯肟毒剂		X	X	X		
ED	糜烂性	乙基二氯胂		X	X			
HD	糜烂性	馏出芥子气	X	X	X			
HL	糜烂性	芥子-路易斯混合型毒剂	X	X	X			
HN1	糜烂性	氮芥	X	X	X			
HN2	糜烂性	氮芥	X	X	X			
HN3	糜烂性	氮芥	X	X	X			
HT	糜烂性	芥子混合毒剂	X	X	X			
L	糜烂性	路易斯糜烂性毒气	X	X				
MD	糜烂性	甲基二氯胂		X	X			
PD	糜烂性	苯基二氯胂		X	X			
T2	神经性							
HT-2	血液/糜烂性	单端孢霉烯			X			
CG	窒息性	光气			X	X		

* 仅能探测所有液态形式的化学战剂。

* * 供爆炸军械处置(EOD)使用、可以上船应用。

海军目前所使用的部分探测仪器设备如下：

- M-8 型化学战剂检测试纸；
- M-9 型化学战剂检测试纸；
- M256A1 型化学战剂探测工具箱；
- 化学战毒剂类别探测器(CWDD)/ AN/KAS-1；
- 化学战剂点集式探测系统(CAPDS)。

(1) M-8 型检测试纸。

M-8型化学战剂检测试纸(图4-91)是以一册25张对开页(即可供50次独立检测反应)的形式发放。化学战剂检测试纸都经化学处理、染色浸渍并预先穿孔以便于撕下使用。该型检测试纸可用于探测是否存在V系列、G系列液态毒剂(神经性)和H系列液态毒剂(糜烂性/芥子气)。在使M-8型化学战剂检测试纸与待检化学战剂接触时,试纸上的化学成分就会与化学毒剂产生化学反应从而引起特定的颜色变化。然后将此页试纸与印制在M-8型化学战剂检测试纸册内封面上的颜色比对图表进行对比辨识。即使只有125～200 μm的微小液滴也能在试纸上引起肉眼可辨的颜色变化。试纸的反应时间约为20 s。有些化学毒剂会呈棕红色反应,即为H系列糜烂性毒剂典型反应颜色与G系列神经性毒剂典型反应颜色之间的中间色。

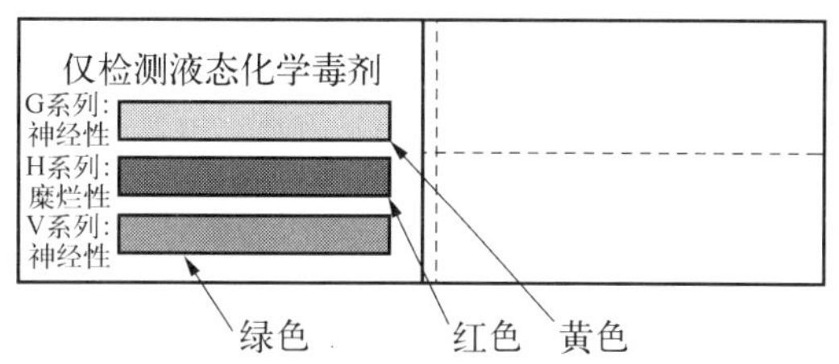

图4-91 M-8型化学战剂检测试纸

M-8型化学战剂检测试纸的使用程序步骤如下:

(i) 将一页检测试纸从试纸册内撕下,然后将其贴附在衣服或置于能随其暴露于化学战剂的滴剂或液体飞溅内的表面上。可采用胶纸带或其他任何方法将试纸固定就位。

(ii) 如试纸呈现色点,应立即戴上防护面具。应做好准备采取适当的医疗措施以防万一受污染后出现中毒症状。

(iii) 将试纸上的着色点与检测试纸册内封面上的颜色进行比对以确定当前存在的是何种类型的化学战剂。

(iv) 还可将检测试纸置于与可疑物的表面相接触来检测其是否存在液体污染物。如试纸的颜色变化成与检测试纸册内封面上所示相同的颜色,则表明存在有化学毒剂。禁止用M-8型化学战剂检测试纸来探测气态或汽态化学战剂。

(2) M-9型检测试纸。

新型的M-9型化学战剂检测试纸(图4-92)可用于探测液体状态下的神经性毒剂(G与V系列)和糜烂性毒剂(H与L系列)。该型检测试纸对微小至只有100 μm的液滴都会敏感反应,反应的时间约为10 s甚至更短。若环境温度在冰点以下时,反

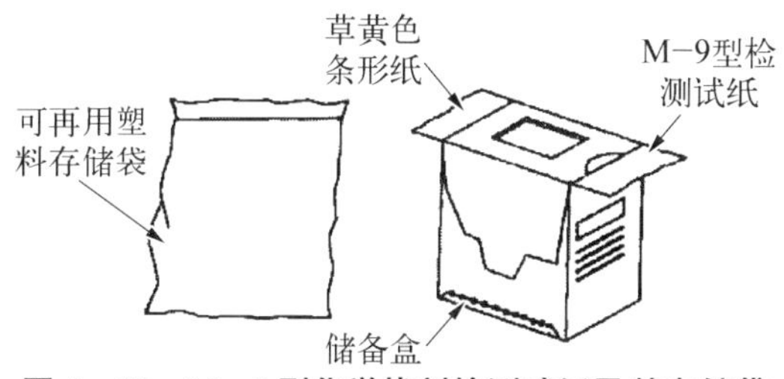

图4-92 M-9型化学战剂检测试纸及其存储袋

应时间会有所增加，但温度若升高至160°F甚至更高则有可能使整个试纸都呈现红色，从而导致试纸的检测显示失效。M-9型化学战剂检测试纸的应用仅限于对液体状态下化学战剂的探测，该试纸无法探测汽态化学战剂。M-9型化学战剂检测试纸没有如M-8型试纸那样的分类毒剂对应显示，而是对所有探测到的化学毒剂都以红色来显示。

M-9型液态化学战剂检测试纸是以卷计来发放的，每卷30 ft长2 in宽。M-9型检测试纸卷上覆有具有黏合剂的聚酯薄膜(Mylar)防光晕层，检测试纸就从其背面一侧拉出。试纸卷装配在有金属锯齿棱缘以便于切割的纸板储备盒内。另外，还配备有一个防潮的可再密封袋供该纸板储备盒在从原始外包装内拆出之后储存用。

在拆开外包装时，须一并取出纸板储备盒和塑料存储袋，然后将塑料存储袋保存下来而将外包装丢弃。应立即将当前日期写在或印在纸板储备盒上，该日期将是确定M-9型检测试纸使用寿命的起始计算日。最后卸下并扔弃纸板储备盒金属锯齿棱缘上的防护罩。

从其纸板储备盒中取下M-9型检测试纸的程序步骤如下：

(i) 用拇指或手指轻轻施压使草黄色条形纸脱出纸板盒上的细槽。

(ii) 用一手食指和拇指捏住检测试纸条带，用另一只手食指和拇指捏住草黄色条形纸，从纸板盒上的细槽中拉出足够计划用的检测试纸，一定要同时拉出检测试纸和草黄色条形纸。

(iii) 将两纸条带都拉出细槽之后，将其中的检测试纸带在纸板盒的锯齿棱缘上拉下从而使检测试纸被部分穿孔切开。

(iv) 将检测试纸条带向上提离锯齿棱缘，然后两纸条带都再往外拉一点、约1 in左右。

(v) 从其已被部分穿孔切开处将检测试纸条带全部撕下断开。

(vi) 扯断草黄色条形纸，但须留有足够长度伸出在纸板盒外以备下次使用。

将取下后的检测试纸带贴设在装置设备或舱壁上容易看见的显眼处。将检测试纸条卷绕在设备上不会踩着的部分。为了方便取下试纸，应将试纸条向后折起1 in(即其胶粘面对胶粘面)以形成一小拉耳。谨记必须使检测试纸远离受热面或避免直接日照，否则受热后可能会使整个试纸都呈现红色，从而导致试纸的检测显示失效。

要将检测试纸贴附在平面上，可首先将其放置在平面上；然后，在检测试纸上面覆以草黄色条形纸并压下检测试纸日期。一定要如上所述制作一小拉耳以便在需要时方便取下检测试纸。

要检测某一区域内表面上的液体化学战剂污染情况，可取一条检测试纸然后用试纸贴着怀疑沾染区域的表面移动吸附。严禁将检测试纸在粗糙面上擦过或磨过，因为试纸擦伤会导致其检测显示失效。如检测试纸上的色点呈现为粉红色、红色、棕红色、紫红色或任何一种红的颜色都应采取防护措施并认定已暴露于液体化学毒剂中。

由于会导致无法辨别液体化学毒剂所造成的红色点，因此严禁在红色灯下核查检测试纸。不应使色盲人员来核查检测试纸上是否有红点。检测试纸上的蓝色、黄色、绿色、灰色或黑色点则是由湿度而不是液体化学毒剂所引起的。

呈现假阳性显示的检测试纸条带应以新的检测试纸条予以更换。其假阳性显示可能是由下列因素造成的：① 温度在 125°F以上；② 磨损；③ 洗涤剂；④ DS－2 型去污剂；⑤ 汽油；⑥ 油脂；⑦ 液压液和制动液；⑧ 驱虫剂/杀虫剂；⑨ 润滑油；⑩ 乙二醇(纯防冻剂)。

M－9 型检测试纸可在下雨、下雪和雨雪环境下工作，但在检测试纸浸湿时对化学毒剂的反应速度就会相对迟缓。在其表面潮湿时，检测试纸的贴设须比平常更为紧密以免滑动。另外，温度在 32°F 左右时会降低检测试纸转变成红色的速度，可能需要数分钟时间才能显示颜色变化。

在纸板储备盒不用时，将其置于塑料存储袋内以防止检测试纸被污染。在密封塑料存储袋之前，应先将其内的空气挤出。如超过其废止日期或使用寿命，则应更换成新的未拆封检测试纸卷。

(3) M256A1 型化学战剂探测工具箱。

M256A1 型化学战剂探测工具箱(图 4－93)是一套便携式消耗品，由设有背带的携带式仪器箱、12 套取样检测用具、一册 M－8 型化学战剂检测试纸和一组操作使用说明卡组成。其中取样检测用具可用于测试是否存在汽化状态的化学战剂，M－8 型化学战剂检测试纸则用于检验是否有液体形态的化学战剂。

M256A1 型化学战剂探测工具箱内的 12 套取样检测用具予以分开单独包装。每套取样检测用具分别由 8 个玻璃安瓿瓶(每个都装满化学试剂)、3 个毒剂测试区、一个化学加热装置、防护带和耳片构成。每套取样检测用具都在其防护包装袋的外部印有相应的使用说明。在测试时，先用手指捏碎安瓿瓶，然后其塑胶薄板上的预制嵌槽就会引导流出的试剂流向测试区使其受潮。在每套取样检测用具上都印有相应的**“安全/危险”**观测值。无论是有化学毒剂还是没有化学毒剂存在，各测试区之间所形成显示的颜色都基本相似。

其中，方形毒剂测试区配合糜烂性试剂安瓿瓶和化学加热装置用于探测芥子气(H 系列与 HD)和碳酰氯肟毒剂(CX)；路易斯毒气检测药片及路易斯毒气药剂研磨片用于探测路易斯糜烂性毒气(L)。在路易斯毒气检测药片上则覆有一个前述的拉耳片。圆形毒剂测试区配合血液性试剂安瓿瓶用于探测氰化氢(AC)和氯化氰(CK)毒剂。星形毒剂测试区则配合神经性试剂安瓿瓶用于探测是否存在神经性化学战剂(V 系列和 G 系列)。

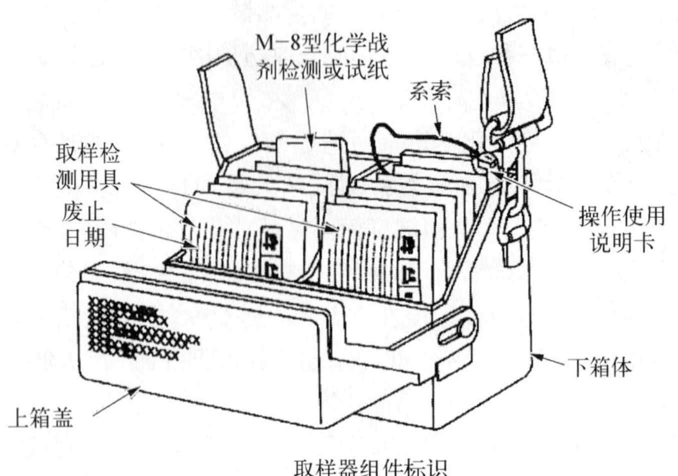

取样器组件标识

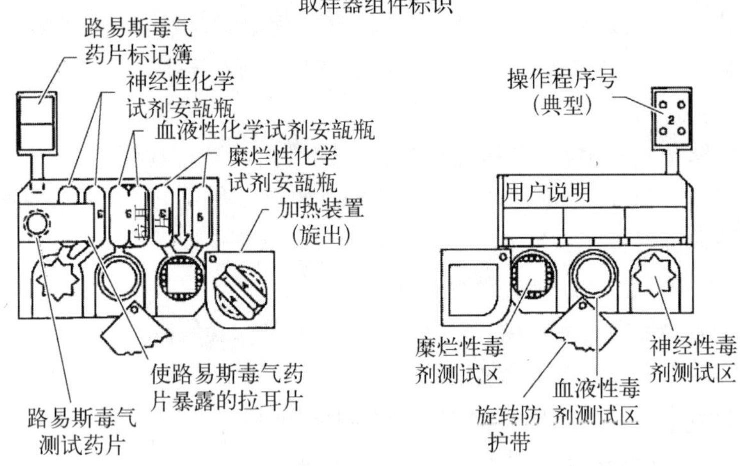

图 4－93　M256A1 型化学战剂探测工具箱

旋转防护带用于在其封闭位置时可起到保护血液性毒剂测试区与神经性毒剂测试区的作用。安瓿瓶内的彩色液滴没有实际使用功能，这些彩色液滴仅是在制作取样检测用具期间帮助辨别各取样安瓿瓶而已。

M256A1 型化学战剂探测工具箱内同时收录了一册 M－8 型化学战剂检测试纸。M－8 型化学战剂检测试纸的运用如前文所述。在该探测工具箱内还用一根系索系着一组操作使用说明卡；这些说明卡上的内容即为有关 M256A1 型化学战剂探测工具箱的使用说明。

M256A1 型化学战剂探测工具箱是化学、生物和辐射（CBR）监测组用以探测神经性、糜烂性或血液性化学战剂的浓度以便区别化学战剂的具体种类，并帮助确定何时可安全脱下化学、生物和辐射防护面具和防护服的一种便携式工具。

在使用 M256A1 型化学战剂探测工具箱探测空气中的汽态化学战剂时，应遵循如下程序步骤：① 从探测工具箱内解下三张操作使用说明卡并在开始操作之前仔细阅读卡上的说明。② 从探测工具箱内取出一套取样检测用具，检查以确保其没有超出废弃截止有效期。严禁采用过期的取样检测用具，因为这会导致检测结果指示不可靠。③ 在进入下一步骤之前仔细阅读其防护袋两面的使用说明。④ 沿其标有箭头的撕缝线撕开袋子将取样检测用具防护袋打开。须将取样检测用具始终保持在操作人员的上风一侧以防止因吸收了操作人员防护设备上的毒剂汽化物而被污染。不允许有过多的水分如雨水或露水接触到取样检测用具。⑤ 从防护袋内将取样检测用具小心取出。保留其防护袋以便查阅参考印在上面的使用指导说明。严禁接触取样检测用具上的化学毒剂测试区，因为这会导致检测结果不正确。⑥ 谨慎操作取样检测用具。应将旋转防护带固定保持在封闭位置。使旋转防护带处于封闭位置可起到保护测试区的作用。⑦ 将旋转式加热装置从测试区旋开并废弃旋转式加热装置下的两条防护带。⑧ 拉下并丢弃其拉耳片(标号 1)以暴露出路易斯毒气检测药片。⑨ 摩擦路易斯毒气检测药片上路易斯毒气药剂研磨片(标号 2)白纸一面的顶部。反复摩擦直至露出擦痕。⑩ 将取样检测用具握住成竖直姿势以使安瓿瓶在下。⑪ 用手指捏碎 3 个中间囊(标号 3)内 4 个试剂安瓿瓶。⑫ 再转动取样检测用具直至使其测试区位于下面位置。这样就可推动 4 个安瓿瓶内的试剂能经塑胶薄板上的预制嵌槽流至测试区域以确保试剂能浸湿测试区。⑬ 检查以确保旋转防护带覆盖在测试区之上。将左手拇指搭在中间测试区之上握住取样检测用具使其保持水平。⑭ 确定旋转式加热装置不在测试区位置。该加热装置用于形成加热汽化物，触摸的话会烫手。一旦安瓿瓶破碎，就须使取样检测用具尽量远离以避开操作人员脸部和裸露皮肤。⑮ 将两个绿色试剂安瓿瓶(标号 4)中的一个用手指捏碎，然后立即转动旋转式加热装置将其移至测试区之上，加热形成的汽化物应排离操作人员身体。将旋转式加热装置保持在此位置加热 2 min。⑯ 在过了 2 min 之后，转动旋转式加热装置和旋转防护带使其从测试区移开。⑰ 用旋转防护带固定取样检测用具。⑱ 在予以屏蔽防护以防直接阳光照射之后，将其测试区在空气暴露 10 min。⑲ 将另一个绿色安瓿瓶(标号 4)用手指捏碎，然后立即转动旋转式加热装置将其移至测试区之上并将加热形成的汽化物排离操作人员身体。将旋转式加热装置保持在此位置加热 1 min。⑳ 在过了 1 min 之后，转动旋转式加热装置使其从测试区移开。㉑ 将取样检测用具握住成竖直姿势以使测试区在下。㉒ 将其余安瓿瓶(标号 5)用手指捏碎，这样就可驱使这两个安瓿瓶内的试剂能经塑胶薄板上的预制嵌槽流至测试区域以确保试剂能浸湿测试区。㉓ 用路易斯毒气药剂研磨片再次摩擦路易斯毒气检测药片。必须确保第二道擦痕的位置与第一道擦痕相邻。㉔ 将取样检测用具立即翻转即可确定所在环境是安全还是危险：观察路易斯毒气药剂研磨片上两道擦痕的颜色差异。同时，还可运用操作使用说明卡来进行颜色比对。

在规定暴露时间之后就可直接比对血液性化学毒剂和路易斯毒剂测试结果。

糜烂性化学毒剂(H系列与碳酰氯肟毒剂)测试在所有的安瓿瓶都捏碎之后就会立即显示颜色,而神经性化学毒剂测试则需要等待2 min后才能有检测结果。在神经性毒剂测试区塑料轮缘下的蓝色小区域可予以忽略不计,这种蓝色是由其湿度造成的。神经性毒剂测试区可能会随着取样检测用具的老化而难以使其被试剂溶液浸湿。此时就不得不谨慎将试剂溶液引导至其测试区。在低浓度时,路易斯毒气药片上擦痕的颜色变化可能会非常微小。应对第一道擦痕与第二道擦痕实施对比以后再进行判定。有时在没有化学毒剂时血液性毒剂测试区也会呈黄色或橙色,若其测试结果为阳性则必然会呈现粉红色或蓝色。

如怀疑待检表面沾染的是液体形态的化学战剂,则应如本章前述使用M-8型检测试纸进行检测。256A1型化学战剂探测工具箱不用时应存放在阴凉、干燥区域内。必须确保其箱盖封闭。在使用之前必须全面检查256A1型化学战剂探测工具箱以确定所需的设备用具都齐全。如发现有任何组件遗失或其血液性毒剂测试区略带粉红色,则禁止使用该取样检测用具。

(4) AN/KAS-1型化学战毒剂类别探测器。

图4-94 AN/KAS-1型化学战毒剂类别探测器

AN/KAS-1型化学战毒剂类别探测器系统(图4-94)是一种被动式红外成像探测设备。其主要功能就是使舰船具备探测与确定化学战袭击毒剂类别的能力。AN/KAS-1型化学战毒剂类别探测器可用于探测与辨别袭击特编遣队内的姐妹舰、应对两栖攻击舰艇和登陆艇强攻登陆或袭击登陆区内突击登陆部队的神经性化学战剂。在预计可能会发生化学战的所有各种环境条件下都可通过与天空背景的对照成功实施对化学战剂云雾的探测,在以地面背景为对照时同样也可实施对化学战行动的探测和识别,但效果相对较差。

AN/KAS-1型化学战毒剂类别探测器的红外成像探测能力使得该探测设备具备了在低能见度/夜间领航和区域监视的辅助功能。AN/KAS-1型红外成像探测设备操作员能探测并提供凸出地貌如灯塔和水塔的相对方位。将来,AN/KAS-1型化学战毒剂类别探测器还可能被批准用于对水面上漂浮物和人员的探测。AN/KAS-1型探测器是一种安装在船上的便携式设备,由一套探测装置、一个枢轴回转支座、一套功率变换装置、一个携带与存储箱、一个维护工具箱、一根防掉落系索和一个恶劣气候防护套组成。

其探测装置配备有下列控制器:① 狭窄视界调整器;② 距离/聚焦旋钮;③ 亮度旋钮;④ 对比度旋钮。

探测装置设有一个滤光轮开关。操作人员可通过此开关旋转滤光轮按下列位置顺序定位以切换该装置的滤光模式，其位置顺序分别为："滤光 1"、"滤光 2"、"滤光 3"与"无滤光"。这种过程也称为探询。这些滤光模式都用于具体确定化学战神经性毒剂云雾的类别。

枢轴回转支座用于提供探测装置与其标准支架和锁定装置之间的机械连接。探测装置上还设有把手以协助操作人员对其定位调整。其互连电缆则提供电气连接，并通过双重屏蔽螺旋电缆提供从功率变换装置至探测装置之间的电力输送。

功率变换装置负责自舰船的 115 V 交流电、60 Hz 电源向探测装置供应其所需的工作电源，该装置上另设有测试按钮开关和信号灯以校验输入和输出电压。功率变换装置是由一个电子装置和组件托盘装设在一水密防护罩内而构成。

携带与存储箱供 AN/KAS－1 型探测器系统运输和存储用。在该箱内还留有探测装置、枢轴回转支座、互连电缆、防掉落系索、维护工具箱和恶劣气候防护套的存储空间。每套 AN/KAS－1 型探测器系统都配备有维护工具箱(存放在携带与存储箱内)。该维护工具箱内维护工具有：① 用于吹除探测装置水分(30 天要求)的消耗氮气蓄气筒(6 个)；② 一套吹除装备的调节与连接装置；③ 镜头擦拭器(清洗垫)；④ 镜头洗涤溶液；⑤ 备用灯泡和镜头。

其防掉落系索是一种带有塑料外套的不锈钢索，用于在装设和(或)拆卸之前将探测装置和枢轴回转支座系缚固定在功率变换装置(PCU)安装座的索眼上。设置防掉落系索及其相关安全规程的作用在于防止在探测装置装设或拆卸期间由于其掉落到下层甲板而导致设备在船上意外损失或损坏。

恶劣气候防护套也称为防水帆布罩，用于在其不使用时保护探测器和枢轴回转支座。(在其工作使用时，严禁在探测装置上再覆以恶劣气候防护套，否则探测装置冷却器所产生的热量无法发散会导致探测装置严重受损。)

将 AN/KAS－1 型化学战毒剂类别探测器装设就位以供使用所采用的程序步骤如下：

(i) 令两人将 AN/KAS－1 型探测器存储箱抬运至其使用的安装位置。

(ii) 将防掉落系索的自由端卸下然后系缚固定在功率变换装置(PCU)安装座的索眼上。

(iii) 抓住轭架从存储箱内将探测装置小心取出，然后抬起并转动装置的枢轴回转支座使其与支架和锁定装置座架上的定位器销相对准。将探测装置移入安装座就位。

(iv) 通过支架上的锁定机构和锁定装置将探测装置固定在安装座内。尝试是否能从其安装座上将探测装置抬起以确保该装置已锁定就位。

(v) 将一手放置在探测装置上扶住，然后调整其左右把手的位置：每次拔出一边的把手，然后依次分别将其转动至水平位置。

(vi) 通知维修保养信号员按照计划维修制(PMS)内相应维修要求卡(MRC)

上的规定吹洗探测装置。

(vii) 通过松开镜头盖上的两个边插销将镜头盖脱开。卸下镜头盖,然后利用这两个边插销将其固定在探测装置顶部的镜头盖存放座架上。

(viii) 核实功率变换装置(PCU)上的 CB1 断路器开关确实已断开,然后将探测装置的电缆连接在功率变换装置的接线装置上。

在 AN/KAS-1 型探测器装设完毕之后,应实施 AN/KAS-1 型探测器系统操作员核查确认程序。接下来就准备进入下一步对 AN/KAS-1 型探测器系统进行校正调整的阶段。

对 AN/KAS-1 型探测器系统进行设置以使其运行工作的程序步骤如下:

(i) 脱掉其恶劣气候防护套。

(ii) 将防护套上的扣瓣按入防护套内。将防护套卷起并将其用细绳固定。一定要将防护套以带子捆扎固定在安装座架的环眼螺栓上,这样才能防止该设备防护套被吹落舷外。

(iii) 通过松开护垫上每侧一个的两个边插销卸下镜头护垫,然后利用这两个边插销将此镜头护垫固定在探测器的顶部。

(iv) 将安装座架的控制手柄旋转 180°至工作位置。

(v) 释放其仰角设定销和方位角锁定装置,然后调节方位角滑动转锁至所需的操纵位置。

(vi) 实施 AN/KAS-1 型探测器系统操作员核查确认程序。

(vii) 对探测装置进行参数调整使其与参数标牌上所刻的调整工作台标准参数相符。如有必要,可实施调整程序。

至此,AN/KAS-1 型探测器系统已完全准备就绪,随时都可投入运行。

要进行 AN/KAS-1 型探测器操作员核查确认,须先开启功率变换装置(PCU)上的 CB1 断路器开关,这样探测装置的冷却器才能运转工作。在约 3 min 之后,探测器就可实现冷却,从而在其目镜内红外线成像。如其红外线不能成像或成像不清晰,则可按下列程序步骤发现并解决所发生的故障:

(i) 将功率变换装置上的 S1 选择开关设置在"TEST(测试)"位置。如所有指示灯都显示,但其目镜却在 5 s 内还没有红外线成像,应更换其探测装置。如其 DS3 通断指示灯没有亮起,则表明舰船电源对功率变换装置的供电是处于"OFF(断开)"状态,此时应仔细检查舰船电源的供电情况。如 DS3 通断指示灯亮起但没有任何成像并且 DS1 或 DS2 通断指示灯没亮,就须将功率变换装置替换掉。如上述指示灯中有部分没亮但在其目镜内却有红外线成像,则表示这些指示灯已坏,须予以替换。

(ii) 调节 BRT(亮度)和 CTRS(对比度)控制装置以实现清晰成像。要记住这种清晰的成像,因为在浓雾或朦胧天气条件下红外成像无法清晰聚焦。如是在低能见度或浓雾环境条件下，就应使用狭窄视界(NFOV)模式并聚焦在距探测器 50 ft以内的红外热物体上。如始终无法实现清晰成像，则须更换探测装置。

(iii) 运用狭窄视界模式，观察距 50 ft 处或更远处的红外热物体，然后调节图像。再将其切换至开阔视界模式然后核对确定其聚焦。在调 AN/KAS－1 型探测器的焦距时须始终保持在狭窄视界下进行，如此会使其在开阔视界下也能自动聚焦。如无法调焦距而使成像清晰聚焦，则须将其探测装置更换掉。

运用 AN/KAS－1 型化学战毒剂类别探测器对空中云雾性质进行辨别的程序步骤如下：

(i) 最好采用开阔视界模式以便能将整个云雾纳入视界。

(ii) 将其探测装置对准云雾，然后通过按下滤光切换开关立即开始探询(即经由滤光器移动切换滤光模式)。

(iii) 反复进行数次探询，同时观察云雾形成的变化。如空气云雾为神经性化学毒剂雾层，则通过滤光器观察时其变化就会更加明显。

(iv) 至少再继续进行 6 个轮回的探询直至能予以确切证实、认定。

(v) 一旦出现其云雾在以 1 号滤光器观察时变暗、变小而在运用 2 号和 3 号滤光器观察时却变大的情况，就应立即采取措施通报驾驶桥楼。即使确定所怀疑探测的云雾不是化学战剂，也须继续对其他外观可疑的云雾进行探询。

在对 AN/KAS－1 型化学战毒剂类别探测器实施维护时，应遵循其生产厂商技术手册与计划维修制(PMS)内所列的工艺规程。

(5) 化学战剂点集式探测系统。

化学战剂点集式探测系统如图 4－95 所示，是一种就地采样检测仪器设备。化学战剂点集式探测系统用于探测空气中是否存在化学战剂。该探测系统配备有一套提供快速预警的报警器。化学战剂点集式探测系统能够及时探测到神经性战剂沙林、索曼和 VX 系列神经性毒剂以便人员能采取对抗措施。该系统配备了能在外界空气中连续采样检测的设备工具，并能由其遥控装置和远程状态指示装置自动发声报警。化学战剂点集式探测系统由一个探测器、两个舱壁贯穿装置、一套遥控装置以及一套远程状态指示装置构成。其探测器是由报警器模块和电源组成，报警器模块则是由一套气动系统、一套电离与检测系统和一套实施化学战剂采样作业所必需的报警电气系统构成。气动系统用于从舱壁贯穿装置向报警器模块供应采样空气以便对其进行化学分析检测，然后气动系统在空气采样一经分析检测之后立即将其作为废气排出。电离与检测系统则将采样空气吸入一个将其加热至约 140°F的加热部件内。然后采样空气就移入至一个电解检测池内进行电离。若采样的空气中含有化学战剂就会使电解检测池的输出增大从而触发报警器。报警器电气系统则用于为维持采样气流、加热器温度以及所涉及的其他电气系统提供电力。

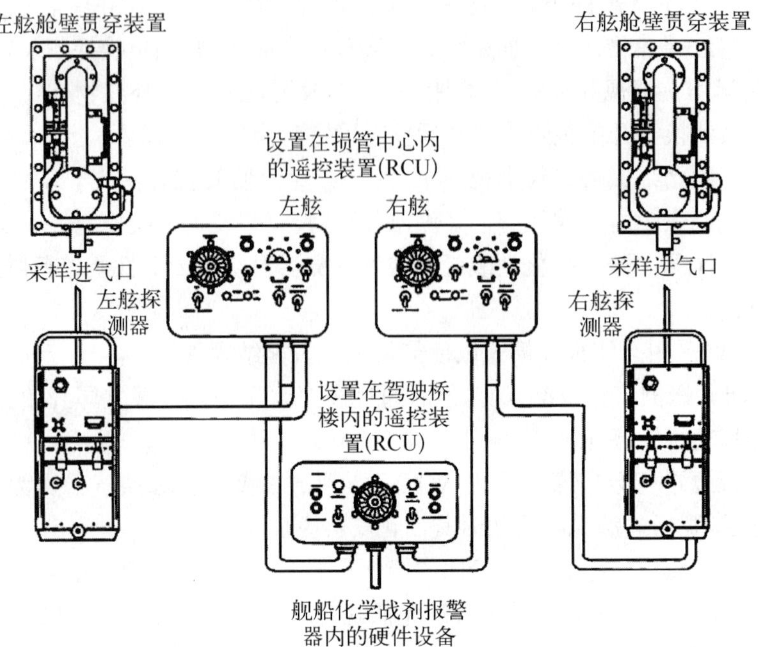

图 4-95　化学战剂点集式探测系统

通常电源都是舰船电力系统为其提供输入电力；但一旦输入电力丧失，则内部蓄电池为其供电。

舱壁贯穿装置是由一套电子组件与鼓风机装置构成，该装置用于为报警器模块提供连续采样空气。

遥控装置将远程状态指示装置与相应的探测器和电源连接在一起。远程状态指示装置设置在舰船的驾驶桥楼内，但对该系统没有任何控制功能。远程状态指示装置仅是指示反映该系统的状态而已。不过，远程状态指示装置却设有手动越过全船报警系统控制的功能。

由于该系统完全自动，因此一旦其装设之后自然也就不需任何的操作规程。在对该系统实施维护时，应遵循其计划维修制内所规定的指导规程。

3）化学战剂污染的监测

一般而言，无论是对于液态化学战剂还是对于汽态化学战剂，化学检验的目的都是在于对其进行探测、位置确定和类别确认。其污染标记系统中所提供的标志大大方便了污染区域类别的标识以及对这些区域的隔离。这些标志都为三角形外形，具体标记颜色如图 4-96 所示。

要求由化学检验所提供的最关键信息可使得下列问题得以明确：

(1) 舰船是否暴露在血液性化学战剂中？如肯定的话，则所有防护面具上的面具滤毒罐都须予以更换。

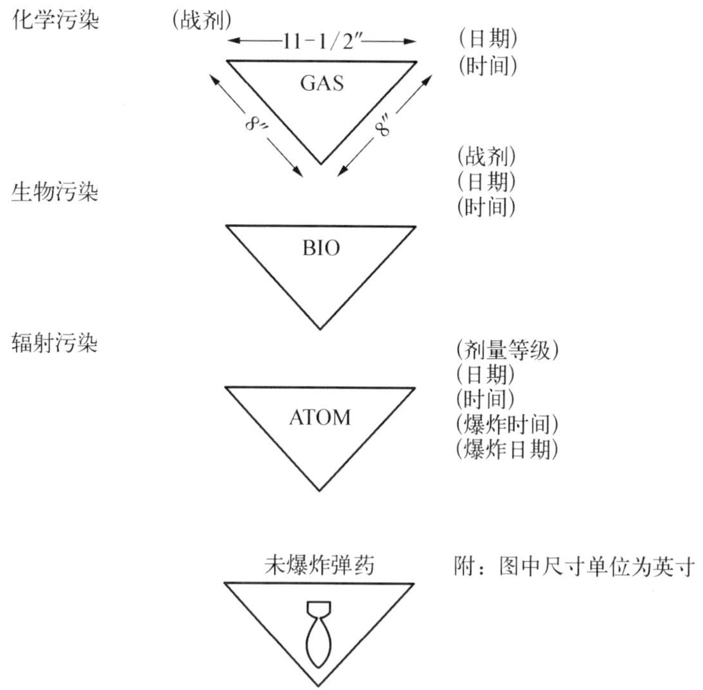

威　　胁	原　　色	辅　助　色	
		标　记	题　字
辐射污染区	白色	ATOM	黑色
生物战剂污染区	蓝色	BIO	红色
化学战剂污染区	黄色	GAS	红色
未爆炸弹药	红色	WHITE(炸弹形)	无

图 4-96　污染标记所采用的颜色

(2) 是否出现舰船的露天表面由于持续性化学战剂污染而散发出残存的有毒气体？如肯定的话，则可能要求在舰船内部采取更高的防护部署态势。

(3) 舰船是否已脱离汽态化学战剂威胁区域并到达未被污染的空气环境中？如不存在二次汽态化学战剂的威胁，则应按舰船的化学、生物和辐射部署表(CBR Bill)在此处开始消除污染和净化处理。

(4) 消除污染和净化处理的结果是否有效？

(5) 检验结果、通风状况与战术情报信息之间的相关性。

4.6.3 生物战

生物战就是运用诸如细菌、病毒及其他致病微生物等生物战剂促使人员、动物或植物致病或死亡。

船上的全体人员都必须认识到生物战剂的威胁并预作准备。针对生物战剂的防御很大程度上依赖于船上人员对生物战剂的自我防护。

1) 生物战(BW)毒剂的类别

军事生物学所关注的仅仅是会对人员、动物或植物造成有害影响的微生物组织。用作生物战毒剂的微生物分为两类：病原体和毒素。

(1) 病原体。

病原体是指包括细菌、病毒、里克次氏体、真菌类和原生动物在内的活性微生物。除了可作为气雾剂和由武器传播之外，病原体还可由带菌媒介和寄生物予以传播。带菌媒介有昆虫、扁虱和螨类(也称为蛛形纲动物)等；寄生物则包括了动物和植物。

(i) 微生物。微生物是指通常只有借助显微镜才能看清的微小生物有机体。每个生物有机体都是由能够具备生命机能特征包括生长和繁殖的单细胞或一群细胞构成。微生物没有消化道、视觉器官或热量调节组织系统。很多的微生物的生命存在形式非常类似于植物，因而被认为属于植物界，而有些微生物如原生动物则完全具备将其归于动物界的特征。

微生物普遍分布在空气、水和土壤中。表土层作为其自然栖息地，每立方英尺内就有数十亿的土壤生物。人体或其他动物的皮肤、头发、鼻、口和消化道内就栖息有很多类为数极多的微生物和细菌。

能够致病的微生物称为病原体。大多数病原体都为寄生菌，生活在称为宿主的为其提供栖息和营养的其他生物有机体之上或之内。其他微生物则须依赖腐烂或死亡的有机物才能成长，称为腐生物。大多数微生物都是非病原性的，也就是说，这类微生物是不致病的。实际上，大多数微生物对人类和植物的生存都是有益的。其中有些微生物是负责产生抗生素的，如青霉素和链霉素；其他一些微生物对于生产酒精饮料、制醋、皮革制作、干酪和烟草的处理加工以及工业溶剂的配制等都是不可或缺的。

根据其组织构造和行为方面的特征，生物战剂可划分为 5 种截然不同的分类：① 细菌；② 里克次氏体；③ 病毒；④ 真菌类；⑤ 原生动物。

细菌是非常小的单细胞有机体。不过，使用普通显微镜可以看清它们。细菌外形呈球形、杆形或螺旋形。无论是活着的还是已经死亡的细菌在自然界中都无处不在，它们普遍存在于空气、土壤、水和动植物体内。许多种细菌都会引起感染，由其中一些细菌所产生的剧烈毒素可用作生物战剂。由此类细菌所引发的病例有伤寒症、脑膜炎和肺结核等。

里克次氏体的体积通常要比细菌小，但通过普通显微镜仍旧可以观察到。里克次氏体只有依赖于生物细胞才能生长，是非常厉害的人类和动物的致病原。许多微生物都是被昆虫叮咬后传播的。由里克次氏体致病的病例有洛基山斑疹热和斑疹伤寒症。

病毒的体积甚至比里克次氏体还要小，在普通显微镜下无法看清。部分病毒已由电子显微镜拍下了照片。如同里克次氏体一样，病毒也需要依赖于活体细胞才能生长。病毒和里克次氏体很可能要比细菌的分布少得多，因为病毒和里克次氏体对其成长环境的要求相对高得多。不过，已知病毒和里克次氏体都能于短时间内在空气中存活。由病毒所引发的病例有腮腺炎、天花、鹦鹉病热（鹦鹉热）和流行性感冒等。

真菌类包括如酵母菌、真菌和霉菌等作物致病微生物。这类有机微生物以其毁坏粮食和织物的能力而闻名。一般而言，人类由真菌类所引起疾病没有其他微生物所引起的疾病严重。通常真菌类所导致的都是严重程度较低的轻微疾病、多为慢性病。但少数真菌类能够引起严重疾病，如芽生菌病（一种感染皮肤或肺脏、骨骼、肝脏、脾脏和肾脏等内部器官发炎的传染疾病）。真菌类也会导致数种作物疾病，例如马铃薯枯萎病、棉根腐病、玉米黑粉病和小麦锈菌病等。如生物战袭击的是粮食农作物，其生物战剂就很可能是属于这一类。

原生动物是指其外形呈多种形式的具有复杂生命周期的单细胞、类似动物形态的微生物。有些原生动物无论是对人类还是动物都能致病。不过，相关的制作和传播问题限制了其在生物战中的应用，但绝对不能就此假定这些问题就无法解决。原生动物感染病例有变形虫性痢疾和疟疾等。

(ii) 疾病传染媒介。疾病传染媒介是指将传染介质从一宿主转移至另一宿主的动物携带者。疾病传染媒介通常都是节肢动物（如昆虫、蛛形纲动物和甲壳类动物等），但也可以是其他类的动物。疾病传染媒介可分成两种类型：① 生物传染媒介，是指致病传染有机体在被传染给后续受体动物之前为了成长发育并大量繁殖复制而先寄居在其躯体内的那些动物。② 机械传染媒介，是指将致病传染有机体从一宿主传播至另一宿主但就寄生的致病传染有机体的生命周期而言其本身却并不是必需的那些动物。

例如，蚊子就属于生物传染媒介，可传播疟疾和黄热病。而可传播炭疽热的黑马蝇和传播植物传染病的众多昆虫则属于机械传染媒介。较高级的动物包括人类自身有时也会成为疾病传染媒介：猪作为旋毛线虫的宿主，在人类食用了没有充分煮熟的被感染猪肉时会传染旋毛虫病；同样，狗、猫、臭鼬、狐狸及其他一些动物会传播狂犬病。

(iii) 寄生物。此处所用的术语**寄生物**的确切含义限定为一些会妨碍其他生物体健康的特定类动物(微生物除外)。这些寄生物依赖于动物或在动物体内生存,或以其他有害方式与其发生联系。寄生物在从宿主活体细胞内获取所需养料时也称为寄生虫。在宿主躯体表面上有大量寄生虫的存在从而仅形成机械寄生作用时称为**滋生**;寄生虫侵入宿主躯体组织从而带来寄生反应造成宿主受损则称为**感染**。消耗或毁坏食物、衣服和木材的活性生物体也都具有寄生物的明显特征。

尽管很多昆虫对农业耕作是有益的,但以作物为食的昆虫和以昆虫为传染媒介的作物传染病也会导致巨大的损失。如老鼠和蛀虫等寄生物对库存粮食、衣服和木材的破坏也会形成另一方面的严重损失。动物界中比较容易滋生的一些寄生物是螨类、扁虱、蜘蛛、蝎子、恙螨、虱子、臭虫和蝇等;植物界中易滋生的一些寄生物是日本金龟子、蜗牛、玉米螟幼虫、棉籽象鼻虫和榆树叶甲虫。其他会对人类劳作成果造成损失从而具有用作潜在生物战剂价值的一些寄生物有老鼠、耗子、土拨鼠、椋鸟科鸟和乌鸦等。

(2) 毒素。

毒素是指活性微生物的有毒产物,一旦其被吸入、咽入或注射入人体或动物体内后会导致人或动物生病甚至死亡。不过,部分用作生物战剂的毒素却是由人工合成的。由于毒素与化学战剂具有类似的特性,因此毒素也采用与化学战剂相同的散布传播方式。

2) 生物战剂的作战效果

可选择生物战剂作战以实现战略或战术目标。这些目标可以从短暂但却能令其失去战斗力的疾病一直到广泛蔓延的导致很多人死亡的严重传染病。生物战剂的作战效果变化很大,取决于战剂的作战效果及所选用的战剂类别。

仅仅使宿主躯体上或其躯体内存在致病微生物还不足以保证发生感染或生病。实际上,人体内往往都存在着致病生物,但在很长一段时期内却不会有任何危害。病原体与宿主接触而导致其是否感染的决定因素或机理有:① 个人的综合健康状况;② 具体个人对于特定微生物的免疫力;③ 个人所暴露的微生物群落的数目;④ 微生物的致病能力。

病原体的作用效果永远是滞后的,因为所有微生物侵入人体到观察到其发病症状之间总会有一段潜伏期。潜伏期的时间长度变化不等,可从数小时一直延续至数周。

病原体的作用效果在某种程度上决定于其感染微生物侵入人体内所采用的途径。很多微生物需要特定的侵入口才能导致感染或致病,而有些微生物通过任何途径侵入都会致病。致病生物侵入人体的常用方法是通过吸入、咽入、直接接触和注入。注入也包括了昆虫和动物的叮咬。

3) 生物战剂的传播

生物战剂可采用多种方法进行散播:可以用作填料填充在炸弹、炮弹或航空及地面喷洒箱内。生物战剂可以从弹药中如气雾剂一样释放出来，其气雾剂是生物战剂悬浮于其中的固体或液体微粒云状形成物。

4）生物战剂的探测

与化学战剂和核辐射探测所用的方法不同，目前对于生物战剂还没有如此简洁、快速的探测方法。只有先通过采取生物组织的样本并在实验室条件下予以培养，然后就其培养基进行多种生化和生物检验后才能获得其病原体的阳性检测并识别、确认结果。

要明确证实曾遭受生物战袭击也是相当困难的。船上有小比例的人员由于自然发生的病原体而致病是非常正常的，偶尔也会有传染病爆发而导致感染人员占了相当大的比例，这也可能是自然原因造成的。不过，下列现象就预示着有可能存在生物战剂袭击：

(1) 在 3 h 至 3 天、大多数是在 24 h 内遭受感染的人员数量就达到传染病的比例规模。

(2) 其传染率或死亡率超过该疾病的正常预期。

(3) 爆发的传染病在正常情况下是本舰船运行所在区域不会遇到的。

(4) 在防护环境下作业的人员没有感染上该疾病。

(5) 多种传染病爆发。要证实是否是生物战袭击所为，关键是要由生物检测系统采集样本、损管维修队采集环境样本以及医护人员采集生化样本来确定。

4.6.4　海上对抗措施

海上化学和生物战对抗措施的基本目的在于杜绝或消除、中和污染以保证在不危及人员的生命或健康的前提下执行舰船的任务使命。舰船在海上航行时可采用三类防护措施，即封闭系统、对抗冲洗系统和风化。

1）封闭系统

封闭系统用于防止生化战剂气雾或气体进入以达到保护舰船内部的目的。在封闭设施上设置速动装置是非常必要的。如果舰船是在暴露于生化战剂以后再予以封闭，其后果就会不可预测，因为甲板以下人员会由于舰船封闭之后生化毒剂被困在舱内而变得更为危险。

2）对抗冲洗系统

对抗冲洗系统是一过热蒸汽输送管喷淋系统，用以在舰船的露天表面上形成一活动海水水幕。其流动水可冲走大部分落在甲板或舱壁上的液体和固体污染物。

运用对抗冲洗系统是一种通过物理清除的主动消除污染形式。主动消除污染就下列 3 个方面而言是最好的选择，这 3 个方面分别是：

(1) 其作业所要求的人力支出最少。

(2) 对抗冲洗系统可轻松、迅速起动并且一次能覆盖舰船全部或几乎全部的露天表面，从而使得液体生化战剂会被油漆涂料和防滑装置吸附的时间最少。

(3) 物理消除污染的方法是相当高效的。最为有效的是在生化战剂袭击之前先将对抗冲洗系统用于冲洗预湿然后让其留着以待生化袭击期间及之后的战剂沉积，当然，对抗冲洗系统即使是在生化战剂沉积之后再起动也不失为一种有效消除污染的系统。

要确保对抗冲洗系统在需要时能随时供作战使用，则按计划维修制对其进行定期测试和检验是必不可少的。

3) 风化

风化是指由于自然环境的作用而使残留性危害逐渐降低的过程。这是一种被动的污染消除方法，完全不需要人力或物力支出。化学战剂危害能力衰减的主要作用机理是自然界的蒸发作用。在液体化学战剂留在舰船表面上或从其先前被吸附的物质上释放出被吸收的战剂时就会发生风化现象。物质的解吸附作用在开始时的释放速度是相当快的，但在其后速度就会明显放慢。重要的是：如其浓度足够高的话，由自然风化所形成的战剂汽化物也会对人体产生危害。

在正常情况下对于任何消除污染作业而言，风化都是其工作内容的一部分，因为主动式的消除污染方法是不可能有效作用于沉积在舰船上的所有生化战剂的。液体化学战剂渗透入醇酸涂料或甲板防滑涂层的时间越长，物理清除与化学中和污染的效果也就变差。不过，随着涂层的老化，其对生化战剂的吸收性趋向于变差。这一因素也使采取主动措施以有效消除污染的时限能得以延长；另外，这也有可能加速自然的风化作用。

在舰船损管助理宣布该区域为安全之前，凡在主动式消除污染作业中需靠近作业的人员都必须穿戴防护服和防护面具。

需要用水而又不添加氧化剂的物理清除污染方法可能会稀释生化战剂的浓度，但却不会根本上改变其毒性。因此，在作业时必须小心谨慎以确保不会因喷溅、溢流及其处理方法而导致污染物移到别处。

4) 人员的沾染消除

设置人员沾染消除规程的目的在于使对沾染人员的危险最小化并防止其污染物扩散到舰船内部。人员沾染消除规程包括个人和集体消除规程两种。

(1) M291 型皮肤沾染消除用具包。

M291 型皮肤沾染消除用具包如图 4－97 所示，它为每个人提供污染进行处理方法。M291 型皮肤沾染消除用具包用于以物理清除、吸收与中和方法来消除暴露皮肤部位的液体化学毒剂污染。每套用具包都是由一个钱包一样的便携包内装有足够 3 次全部皮肤敷用的 6 包密封贴敷薄膜包组成。这每个包内都装有一个在其一面设有手把的折叠式敷药用敷垫。该敷垫上填满了黑色的污染消除粉末，这种粉末是一种无毒但对皮肤或眼睛可能会有轻微刺激的活性、吸收中和树脂。M291 型皮肤沾染消除用具包的体积很小，个人完全可以将其配备在所穿化学防护外罩或新型化学防护服上的口袋内或配置在 MCU－2/P 型系列防护面具的载架内。

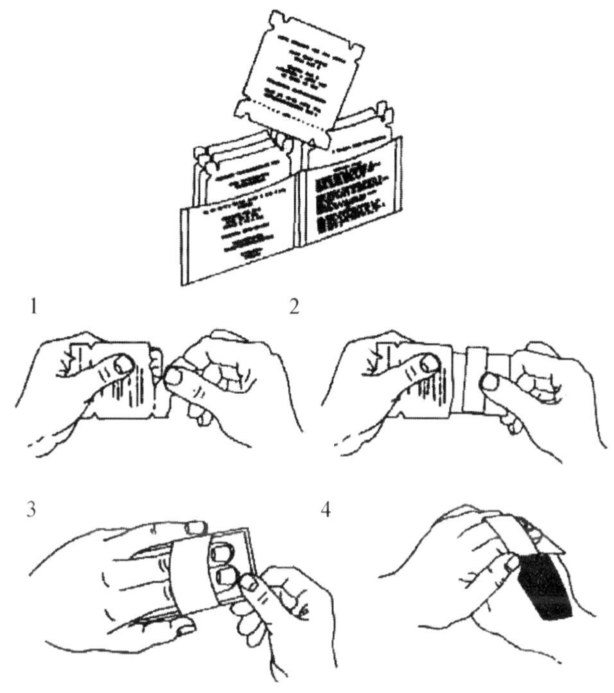

图 4－97　M291 型皮肤沾染消除用具包的运用

(2) 污染控制区。

所有在化学战袭击期间或之后暴露在露天下的人员都应视为被沾染，应在再次进入舰船内之前先经过去污站或污染控制区(CCA)。其基本程序对于所有的舰船都是大体相同的，有所差异也是由于沾染消除去污站的设计和位置不同所造成的。在化学毒剂危害环境下人员再次进入舰船之前的消除污染基本程序由 5 个步骤组成，这一点对于所有的舰船都是一样的。这 5 个步骤是：

步骤 1　在进入舰船内之前初步消除防护面具、防护靴和手套的污染。初步污染消除是在污染控制区或化学防护系统去污站的入口处进行以减少液体污染物扩散到舰船内部的危险。

步骤 2　脱下外穿的防护服或防护设备。正进行沾染清除(脱衣消毒)的人员应先将所穿的化学防护外罩脱离。该步骤应尽可能在靠近进入舰船内部的位置进行。

步骤 3　脱下所穿内衣。

步骤 4　淋浴。

步骤 5　医疗检查。所有的脱衣消毒人员都应由一名相关医务部门的代表进行系统检查以确定是否存在生化战剂污染的症状或其他健康方面的问题如热负荷疲劳等。

5）常规去污站

在舰船的设计中指定有专门的卫生消毒处所作为其去污站。通常，一艘舰船若没有化学防护系统（CPS），就应至少配备两处去污站，即船首、船尾各一处。允许小型舰船仅配备一处去污站，但大型舰船可能会在其船中左、右两舷再各增设一处去污站。标准去污站在其淋浴间内除设有淡水喷头之外一般还另设置有海水喷头，大型舰船很可能还另外设置有专门的海水去污站。船上多个去污站及其淡水和海水双重供应的设置保证了在生化污染区域作业以及一旦出现船体部位发生战斗损伤时可无后顾之忧。每处标准去污站最好能配备有两个进出口以便能指定其中一个为入口，即污染未消除侧，而将另一个指定为出口即污染消除侧。在典型的公用洗浴间或冲洗房内，其入口应设置在浸泡区内，而出口设置在淋浴区内。若必须对这种标准布置进行变动时，须采用带子标示行进路线从而能将污染未消除区和消除污染区相互隔离开。

必须确保在去污站内正确配备合适的用具并须对其进行日常检查。定额为100人的化学污染消除所要求的全套用具配备如表 4－5 所列。

表 4－5　定额 100 人的化学污染消除所需全套用具配备

项　目	国家库存品号（NSN）	发放单位	常规去污站	污染控制区	化学防护系统去污站
次氯酸钙	6810－00－255－0471	6 oz		48	48
金属垃圾桶（35 gal）		个	1	4	2
塑料袋（55 gal）	8105－01－183－9764	100 个/包		25 包	25 包
2 ft×2 ft×6 in 洗靴搁板				1	1
通用水桶（5 gal）	7240－01－094－4305	个		2	2
平锅、蒸汽台	7310－00－576－4614	套		1	
多孔海绵	7920－00－240－2555	个		3	3
剪刀、绷带	6515－00－935－7138	打	2 打	10 打	12 打
硬毛甲板刷	7920－00－240－7171	个		3	3
有柄板刷	7920－00－141－5452	个		3	3
洗靴刷	7920－00－255－7536	个		2	2

续 表

项 目	国家库存品号(NSN)	发放单位	常规去污站	污染控制区	化学防护系统去污站
通用清洁剂或清洁润湿剂	7930-00-282-9699	加仑		1	1
	6850-00-644-2008	50 lb		1	1
量杯(8 oz)	7240-00-138-7983	个		1	1
M291 型皮肤污染消除用具包	4230-01-276-1905	盒		1	1
M-8 型化学战剂检测试纸册	6665-00-050-8529	册		4	4
M256A1 型化学战剂探测工具箱	6665-01-016-8399	个	2		2
长椅或凳子				1	1
1 lb 麻线、缠绕成球状	4020-00-231-5870	球			
橙色压敏带或管带(2 in)	9390-00-656-1186	卷	1		
	5640-00-103-2254	卷	1		
塑料袋(10 gal)	8105-01-183-9765		100		100
毛巾		条	100		100
肥皂		条	10		10
水管组件(内径 3/4 in)	4720-00-230-6577	套			1
水管可调喷头(3/4 in)	4730-00-223-6731	个			1

图 4-98 所示的污染控制区(CCA),既是液体化学战剂污染危害区又是生物战剂传染危害区域。污染控制区提供了一个专门的区域来脱卸被污染的个人防护设备或外穿防护服并让人员做好经由常规去污站处理的准备。在污染控制区脱卸设备衣物是为了防止液体化学污染物或生物战剂传染性危险扩散到舰船内部的其他区域。

污染控制区应配备有直接通向露天甲板的通道并有进入舰船内部的隔离出口。污染控制区的最佳面积应在 6 ft×8 ft 左右。如可能的话,可适当放大污染控制区的面积空间,但面积最小也不得小于 5 ft×7 ft。该舱应紧邻或尽量靠近露天入口处的外壳板。如可能,污染控制区应就设置在其入口处标示为“去污站”的区域内。如其内部没有合适的空间,可在上层建筑外的甲板上指定一块区域用作污染控制区、最好能配有顶置棚罩。

有些舰船没有上述规定尺寸的空间可供使用。在这类情况下,只要其切割裁剪人员能具有足够的空间有效开展作业,则相近面积的空间也可满足污染控制区的尺寸要求。污染控制区并不是计划作永久性设置的区域,这些处所可以兼具其

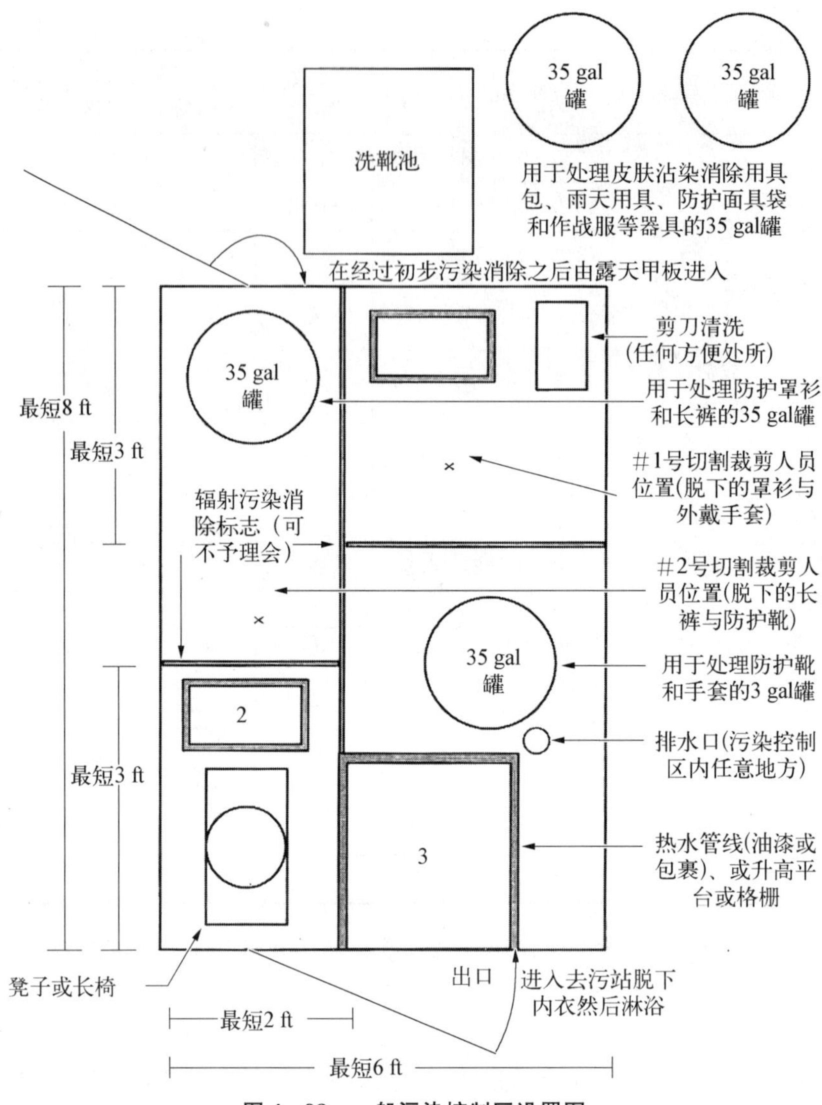

图 4-98　一般污染控制区设置图

他使用功能。为防止万一原指定的污染控制区因战斗损伤而无法使用,必须标明其备用处所。

集体防护系统是防止空中化学、生物和辐射污染传播进入至舰船内区域的通风系统。由舰船的集体防护系统(图 4-99)提供防护的处所可用作舰船上该区域的去污站。

集体防护系统所采用的风扇与常规高真空系统所用风扇的用途相同。集体防护系统还有化学、生物和辐射过滤功能,具备清除任何形式化学、生物和辐射战剂的能力。集体防护系统可提供两级防护：在整体防护区域内,各类物态的化学、生物和辐射污染物都已在其引入供气中滤除并维持一定的适度正压以防止空气污染

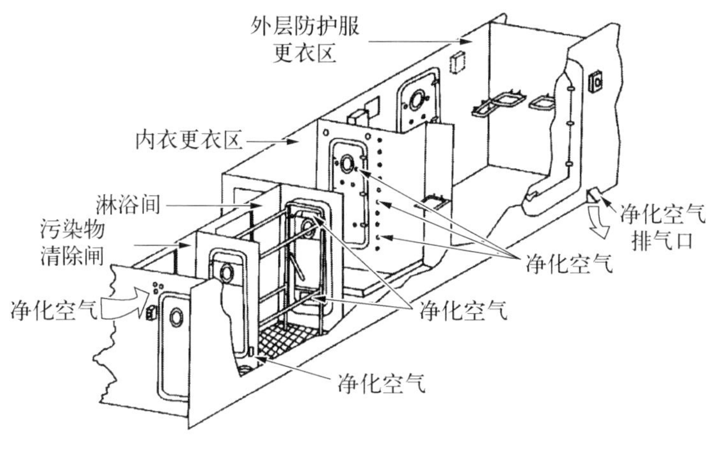

图 4－99 集体防护系统设置

经由其他途径进入区域，因而在该区域边界上的所有空气泄漏都是由内向外的。借由高压风机向区域内的供气、控制区域内向外排气流速的设施以及可避免有人进出区域导致压力过度损失的阻隔室，整体防护区域内的空气压力可维持在一定的适度正压。整体防护区域能提供无毒的空气环境，在该区域内无须佩戴防护服或面具。对于需极高气流量要求的舱室如机舱则可能无法提供整体防护。集体防护系统另外还为较低一级的区域提供有限的安全防护，称为有限防护区。在有限防护区的引入供气中的化学和生物气雾剂已由高效微粒空气过滤器予以滤除。其标准进气风扇不可能形成区域内空气正压，并且高效微粒空气过滤器也不能截留汽态化学战剂。因此，需防护面具以提供对汽态化学战剂的防护，若存在的汽态化学战剂能够经由皮肤吸收则需配备全套的化学防护装备。

现在已开发出一种后期改装式的选定区域集体防护系统用以安装在集体防护系统概念引入之前建造的舰船上，即可在原来舰船上选择少量的关键工作处所和安全防护处所进行改装从而形成由集体防护系统覆盖保护：加装选定区域集体防护系统风扇和化学、生物和辐射(CBR)过滤器以便对其引入空气进行过滤和加压，但比新建造舰船上的集体防护系统所形成的空气正压要低。选定区域内原已装设的空气再循环系统可予以保留。假若在后期改装成大范围的集体防护系统不现实或成本太高时，通常就会采用空气再循环系统。

6) 集体防护系统的维护职责

集体防护系统过滤器和预滤器的更换及其化学、生物和辐射过滤系统上的泄漏测试由中级维修站负责实施。其他故障的发现、修理及其维护职责则由舰船上的部队负责。

小　结

本节主要介绍了化学战和生物战的具体作战、防御和对抗措施。同时对各类生物战剂和化学战剂也一一作了详细的介绍。最后还介绍了用于探测化学战剂或生物战剂的各类方法和仪器设备。现正对其进行不断改进以确保海军能切实有效地落实化学战(CW)和生物战(BW)的防御与对抗措施。随着新设备和系统在海军舰船上的不断引入,必须仔细阅读其生产厂商技术手册以熟悉和掌握这些新的设备和系统。

4.7 舰艇辐射防护与恢复处理

4.7.1 辐射效应基本知识

作为损管人员,在战备状态期间会被分派至各损管维修队。在战备状态中,损管人员需参与其目的为限制化学、生物和辐射效应的化学、生物和辐射对抗活动。因此,为了能正确履行自身的职责,损管人员必须掌握有关核爆炸及其辐射效应的基本知识。

1) 原子的基本构成

目前科学家确认原子由普通化学方法已不可再分成更简单的物质,其每个原子核内具有相同数量质子的原子所构成的物质有一百种以上。这些物质称为元素,元素的最小单位是原子。

原子是由称为电子、质子和中子的微粒子组成。这些微粒子之间的相对数目决定了一元素的属性。上述各亚原子粒子分别具有以下特性:

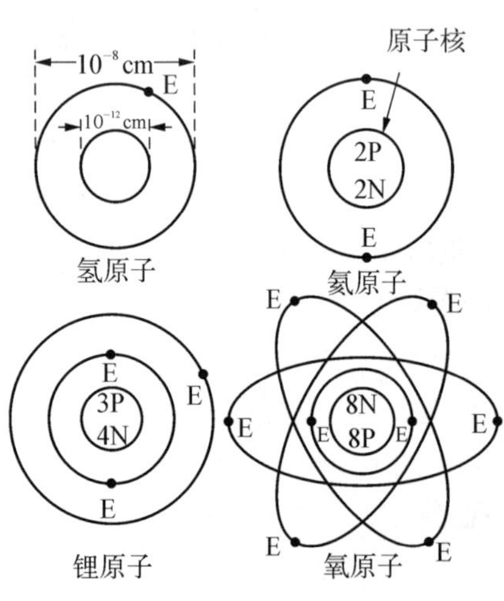

图 4-100 卢瑟福-玻尔原子模型

(1) 电子是一种极其微小的、绕原子核旋转运动的物质粒子。电子带有负电荷。

(2) 质子位于原子核内。质子的质量相当于电子的 2 000 倍左右,带有正电荷。

(3) 中子也是位于原子的原子核之内。中子的体积与质子相当,但不带电荷。

原子的组成结构类似于太阳系,电子围绕着由质子和中子紧密聚集在一起称为原子核的中心旋转运动(图 4-100)。由于电子与原子核之间的相对间距如此之大,因而使得原子内部的大部分空间都是空的。正常原子内绕原子核旋转运动的电子数量等于其原子核内的质子,所以使原子的带电荷呈正负平衡。而原子核内的质子数量则可从 0 一直到超过 150 的范围内变化。

将重元素的原子核分裂为几个较轻元素原子核的这种过程称为裂变。在此过程中原子会释放出巨大的能量。若这种能量在极短时间内瞬间释放出来就会形成巨大的爆炸。而在称为聚变的过程中，则是发生核反应引起几个原子的原子核聚合(熔合在一起)从而形成一个更大的原子核。这种核聚变反应会导致极其巨大的核能释放。上述由核裂变或核聚变产生的爆炸就称为核爆炸。

2) 核爆炸的形式

当核装置在高空、大气中或在地面或海面下引爆时，会产生多种特征效应。有些效应如核辐射和向四周飞溅的残骸等在上述引爆环境下都是共有的，尽管在其强度上会有所不同。而其他一些效应如炸坑、爆炸冲击波和水下冲击波等则是在其各自特定环境下起爆时所特有的。如光和热等这类核爆效应都是看得见、摸得着的，但其他一些核爆效应如核辐射就不是以直观形式表现出来的，只有借助仪器设备或间接效应才能察觉确认。有些核爆效应就在数微秒内发生和结束，而有些核爆效应虽在数微秒内发生但却能持续数天、数月甚至数年。诸如大气压力、气温、湿度、风和降水等气象条件都会影响其中的部分观测现象。不过，所有的核爆炸都会产生致使设备和人员损伤的效应。

对于核武器在军事应用上具体效应的综合衡量可定义如下：核武器所产生的能量当量以释放出相同量的能量所需 TNT 炸药数量来表示。因而，若一核武器能够释放出相当于 20 000 t TNT 炸药所释放出的能量，就以 20 kt(千吨)当量来表述该核武器。同样，若一核武器能够释放出相当于一百万吨 TNT 炸药所释放出的能量，就将其表述为 1 mt(百万吨)当量核武器。

核武器的当量可以从几分之一千吨一直到数百万吨。尽管核武器的总当量不受爆炸点环境的明显影响，但核武器的相对效应却是明显取决于其爆炸点的位置。因此，核爆炸按其爆炸点位置分为 5 种：① 空中核爆炸；② 高空核爆炸；③ 地表面核爆炸；④ 水下核爆炸；⑤ 地下核爆炸(核武器的水下和地下爆炸通常也被称为地下爆炸)。

(1) 空中核爆炸。

空中核爆炸(图 4 - 101)是指其起爆点高度在 100 000 ft 以下且核爆火球不会接触到地面的核爆炸。核武器空中核爆炸后，在其起爆点周围会产生强烈的空气冲击波、热辐射(热和光)、电磁脉冲和初始核辐射(中子辐射和伽马

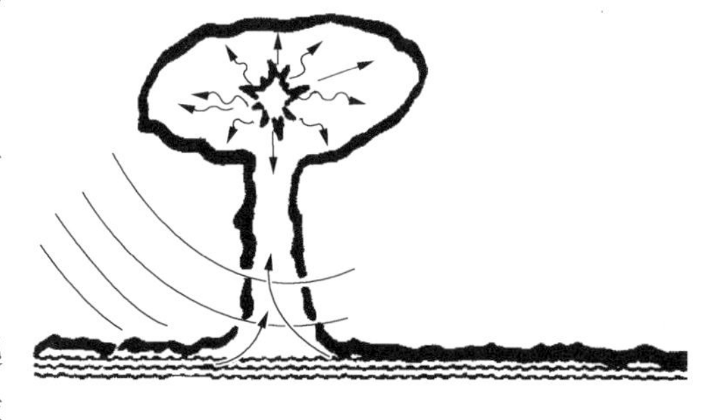

效应

((((空气冲击波

热辐射

初始辐射

图 4 - 101　空中核爆炸

射线辐射)。除非有雨或雪穿过放射云落下,否则其生成的放射性物质不会有显著的剩余核辐射(伽马射线和β粒子辐射)。

高度在约100 000 ft以下的核起爆所释放出的能量可以粗略划分为三个方面：① 约50%的能量产生爆炸波和冲击波;② 35%的能量产生热辐射;③ 约15%的能量产生核辐射。在这15%的核辐射能量中,约10%被称为是“剩余核辐射”,另5%被称为是“初始核辐射”。初始核辐射是随核起爆同步释放的,因而采用机动或规避措施是无法避免的。所受到初始辐射的整个剂量会在核爆炸之后一分钟之内完成,而且其绝大部分甚至是在几秒钟之后就结束。

(2) 高空核爆炸。

高空核爆炸是指其起爆点高度在100 000 ft以上的空中核爆炸。高空核爆炸会产生强烈的空气冲击波、热辐射、电磁脉冲、初始核辐射和大气电离。在此空中高度下,以冲击波形式释放的能量比例会大幅下降,但同时辐射能量所占的比例会随之上升。由于高度在100 000 ft以上空中的大气密度低,因此初始核辐射的范围也会随着增大。与高度在50 000 ft以下的核爆炸相比,高度在100 000 ft以上的核爆炸所带来的大气电离也从数分钟延长至数小时。高空核爆炸的关键效应是引起敌方武器系统或在高层大气或太空中运行工作的卫星损坏。同时,高空核爆炸还会干扰经过或靠近核爆炸区域的通信系统或雷达系统。

(3) 地面核爆炸。

地面核爆炸(图4-102)是指其起爆点在地球表面或靠近地球表面上方且其核爆火球会接触到地球表面的核爆炸。地面核爆炸会产生强烈的空气冲击波、热辐射和电磁脉冲。地面核爆炸会在地面爆炸中心投影点(SZ)周围产生初始核辐射,随后在SZ点周围并由该点沿顺风方向形成剩余核辐射(短时与沉积核辐射)。短时核辐射是指来自核爆底散云和(或)放射性沉降物的空气放射性物质;沉积核辐射是指来自核爆底散云和(或)放射性沉降物落在暴露表面上的放射性物质。在水上的水面核爆炸还会形成水下冲击波和水面波浪,但除了对潜艇之外其效应作用相对次要。在地表的地面爆炸中会产生地面冲击波,但无论离核起爆点的距离多近,这种冲击波都不会在军事效应上有什么重要意义。

图4-102 地表面核爆炸

(4) 水下核爆炸。

水下核爆炸(图 4 - 103)是指其起爆点在水面之下的核爆炸。水下核爆炸会产生强烈的水下冲击波，之后会产生基浪的羽状水柱。核起爆点位置非常浅的爆炸还会产生冲击波、初始核辐射、放射性沉降物并可能产生一定的热辐射。此类爆炸的生成效应与水面核爆炸相比在量级上会有一定下降，而且随着其起爆点水深的增加会很快下降至可忽略不计。由水下冲击波导致的杀伤范围会随着起爆点水深的增加而显著加大。就一既定当量的核武器而言，其水下核爆炸所产生的水下冲击波对船体和船上机械的损伤要比空中核爆炸或水面核爆炸产生的空气冲击波所造成的损伤更大。而对甲板以上设备如天线和导弹发射装置而言，其杀伤效果则正好相反。

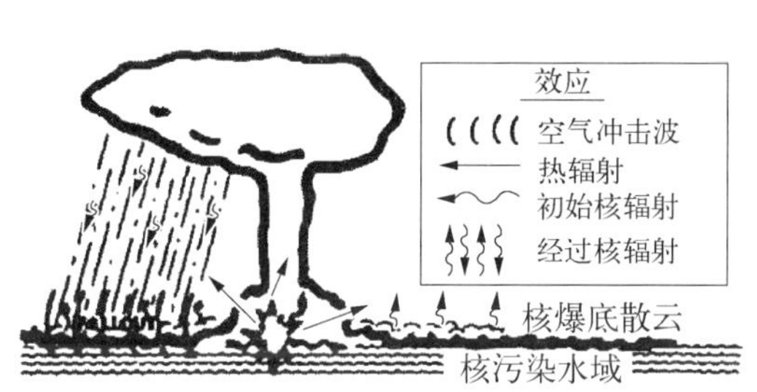

图 4 - 103　水下核爆炸

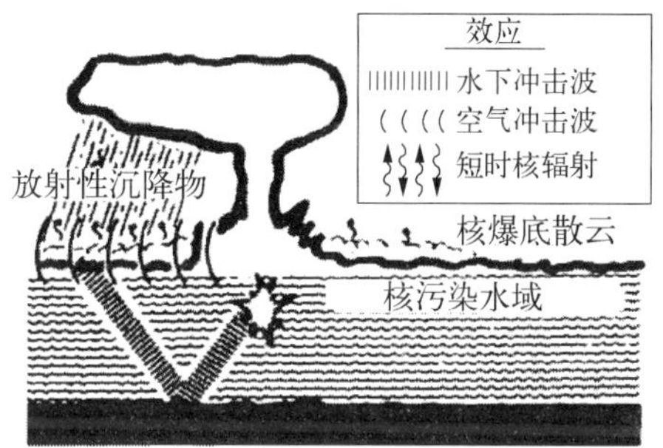

图 4 - 104　深水核爆炸

若在临近大陆架的深水下起爆大当量的核武器(图 4 - 104)，就会导致水势由沿大陆架坡度高涨而生成巨大的碎顶浪。这类碎顶浪主要出现在大陆架外缘的浅水一侧；其波浪的特征呈现为长周期波浪，浪峰非常陡峭且可能破碎翻花。碎顶浪在向海岸行进时其波幅会散开。曾经就深水核爆炸效应对美国东海岸的大陆架进行过理论计算和模拟试验。这些计算和模拟试验表明，这类由水下核爆炸所形成的碎顶浪可能会大得足以使在大陆架外缘临近范围内(仅在其浅水一侧)的最大型战斗舰艇受到严重损伤并吞没或倾覆较小型的舰船。

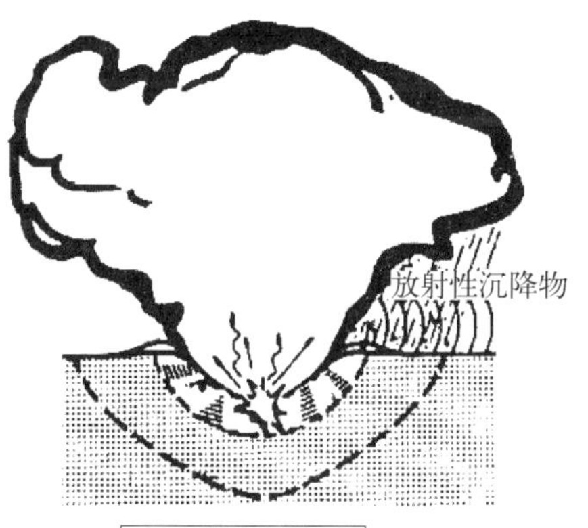

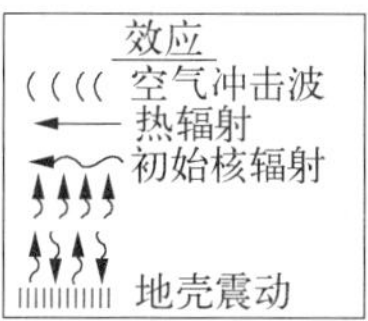

图 4 - 105　地下核爆炸

(5) 地下核爆炸。

地下核爆炸是指其起爆点在地表面之下的爆炸(图 4 - 105)。地下核爆炸会产生强烈的地震冲击波，尤其是在靠近其起爆点的位置。如核爆炸是在地面之下封闭爆炸，则其热辐射、空气冲击波、初始核辐射以及放射性沉降物等效应都可予以忽略甚或完全不存在。如果是在浅层地下核爆炸，所产生的空气冲击波、热辐射和初始核辐射也要比地面核爆炸小。地下核爆炸所引发的地震冲击波会导致约 3 倍核爆弹坑半径范围内的区域完全遭摧毁，但在此之外的区域就基本不会有任何损坏。在地下核爆炸中早期放射性沉降物会非常显著，而在靠近爆炸附近时其核爆底散云（主要征兆为核爆炸尘云）也是一个重要的威胁。

3) 核武器的爆炸效应

核爆炸的具体效应取决于核武器的类型及其爆炸类型。另外，核武器所在的起爆环境对其效应也有着相当大的影响。

(1) 空气冲击波。

空气冲击波就是指爆炸在空气中所产生的冲击波。冲击波在超高压力下以约 7 倍于音速的初始速度向四周扩散传播；此后冲击波的传播速度会逐渐放缓至在低超压力下的 1 000 ft/s 音速。

空气冲击波导致正常大气（静态）压力的急剧增加并产生很高的风压，即动态超压力。空气冲击波所产生的静态超高压力通过挤压或压毁目标来造成破坏，其动态超压力则是通过压服或拖曳目标来造成破坏。船体结构和建筑主要是受其静态超压力的破坏，而飞机、船桅、天线和暴露人员更容易受其动态超压力的破坏或伤害。

(2) 水下冲击波。

水下冲击波就是指由爆炸在水中所产生的冲击波。冲击波以约数倍于音速的初始速度向四周移动传播，但很快就会减缓至约 5 000 ft/s 的超高音速。水下冲击波会形成瞬间急剧加速度从而导致船上设备或机械出现混乱、船体破裂和（或）人员受伤。无论是其直接传播的正冲击波还是由海底反射的冲击波都具备破坏性。水下核爆炸所形成的冲击波类似于空中核爆炸所形成的冲击波。但对水下冲击波的破坏力是以其峰值垂向速度（对于水面舰船而言）和峰值平动速度（对于下潜的潜水艇而言）衡量的，而不是采用其冲击波前沿的水超压来衡量的。图 4-106 为水下冲击波中的直接冲击波和反射冲击波。其直接冲击波或反射冲击波是否会造成较大的破坏决定于 4 个方面的因素：① 距核爆炸的距离；② 核爆炸的水下

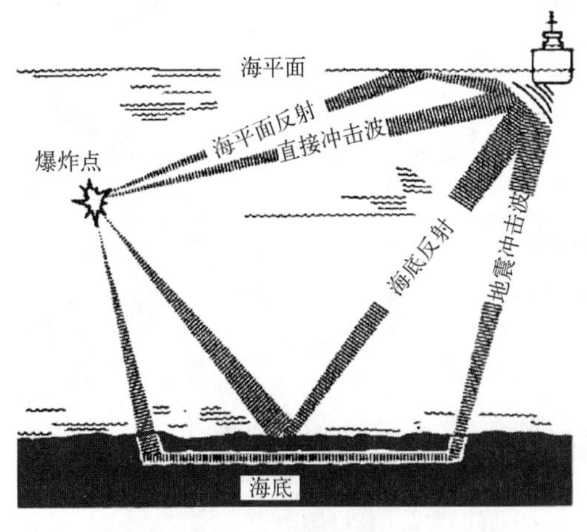

图 4-106 水下核爆炸所形成的直接和反射冲击波

深度;③ 水深;④ 水底的轮廓形状和结构。

当核起爆点在水底之上时,由其水底反射的冲击波在一既定范围内对核武器投射装备的破坏要比直接冲击波更大。即使反射冲击波的最大峰压小于直接冲击波的峰压,反射冲击波也是相对更接近于以垂直方向扩散传播。因此,在形成决定破坏程度的垂向运动方面反射冲击波就显得更为有效。

随着核起爆点位置越接近水底,其直接冲击波与反射冲击波之间的时间间隔也就变得越小。当起爆点位置正好在水底时,这两种冲击波就会交叠在一起。对于这种爆炸情况,水深就是决定水面舰船的核武器投射性能中自身受损距离的直接因素。但是,水深对于其机动性和耐波性的受损距离却没有明显的影响。若海底呈斜坡形,则在起爆点的斜坡下一侧舰船所受到的破坏要比在其起爆点斜坡上一侧同等距离的舰船所受到的破坏小。若海底基本是平的,反射冲击波的强度就取决于海底的结构:淤泥海底要较松散沙层海底的冲击波强度小,反过来岩层海底就要比较松散沙层海底的冲击波强度大。

(3) 热辐射。

热辐射是指由核爆火球发出的辐射能(热与光)。热辐射以光速传播,只要核爆火球发光,热辐射就会持续不断。热辐射的持续辐射时间取决于核武器的当量。1 kt 核武当量的热辐射持续时间小于 1 s,而 1 百万吨核武器当量的热辐射持续时间为 8,9 s。热辐射可采用任何能投下阴影的物质(不透明材料)予以遮蔽防护。热辐射会造成暴露人员皮肤烧伤、瞬间闪光失明和视网膜灼伤而致使其丧失行动能力。

在陆地上,热辐射会引燃建筑物、车辆、干燥植被及其他可燃物品起火。

热辐射会随核武器起爆点的高度、核武器当量、大气条件、云层覆盖和地形特征等而变化。随着起爆点高度的增加,由于视线区域增大的原因暴露在热辐射下的地球表面的区域面积也随之增大,并且如现有建筑物、植被和地形特征等物体的投射阴影也会减小。

随着核武器当量的增大,致使暴露人员皮肤烧伤和眼睛受伤的有效距离也会随之增加。热辐射能有效地延伸至其核爆炸和初始核辐射显著作用的距离之外。大当量核武器热辐射的辐射速度比低当量核武器热辐射速度慢。这样,要造成相当的破坏杀伤效果,大当量核武器就必须释放出相对更多的热能,因为在大当量核武器爆炸时目标所受到的热辐射的消散时间也相对延长。

大气环境对热辐射效应的削弱能力则取决于如空气中的水汽、二氧化碳、臭氧和杂质等因素。在核起爆点与目标之间有雾、雾霾和云层的天气环境下,热辐射就会降低;反之,若雾、雾霾和云层在核爆炸与目标的上空,就会有大量的热辐射被向下反射,因而大大增加了某一既定位置的烧灼辐射强度。在此情形下还会增加遭受瞬间闪烁失明或核爆目眩的人员数量。同样,地形表面被覆盖(如有雪)也可反射大量的热辐射，这都会大大增加热辐射效应的距离和杀伤强度。

(4) 核辐射。

由于核爆炸结果而释放出的核辐射有4类：α(阿尔法)粒子辐射、β粒子辐射、伽马射线辐射和中子辐射。

α(阿尔法)粒子只能在空气中移动传播数厘米就会停止。α(阿尔法)粒子甚至连一张薄纸都不能穿透。

β粒子可在空气中移动传播数英尺，但不能穿透其厚度为几毫米的一张铝板。β粒子也不会穿透常规的作战服。

伽马射线是一种与X射线难以区分的电磁辐射形式。

中子是一种电荷属性为中性的粒子。伽马射线和中子都能在空气中长距离移动传播。伽马射线和中子的穿透力也都要比其他核辐射形式强得多。伽马射线和中子辐射对于人员的杀伤效应或作用是基本相同的。

核辐射对大多数物质材料所施加的影响都是非可见的形式。因而辐射不会对舰船、车辆、电子设备(电子晶体管除外)及其他设备本身造成破坏。但是核辐射引起的放射性污染却会对其作业人员造成实实在在的威胁。此处术语“**污染**”用于表示在不希望沉积的地方沉积有放射性物质。所有的放射性污染都会造成对人员的危险。

(5) 大气电离。

大气电离是指核爆炸周围空气中电子密度的增加。这些电子会因为吸收电波能量而影响无线电和雷达信号的传输；这会造成信号强度的减弱和波阵面折射，从而改变原来的传输方向。若起爆点高度在100 000 ft以下，这种效应在大约数秒内就会消失；若起爆高度更高，这种电离效应就会持续延长数小时。在远距离通信或雷达目标在大气电离层或以上区域内时，这种效应可能就会相当重要。

(6) 电磁脉冲。

电磁脉冲(EMP)是由核武器的高空核爆炸、空中核爆炸和地面爆炸所产生的。其初始核爆会导致起爆点周围的空气电离，这种效应随之产生能对每秒几千赫直至数百千赫范围内的频率组成形成遏制的电磁脉冲。电磁脉冲具备其存在仅为几分之一秒的磁场与电场分量。磁场分量在大气电离半径的区域之内非常显著，能在电缆和长导体金属线上感应生成强电流，这种瞬变电流能导致电子和电气设备被烧坏。其电场分量同样也能在通信网和计算机控制系统内引起瞬间信号过载和乱真信号。在舰船受到其他核爆效应的破坏已很小的距离上，核爆电磁脉冲的巨大效应还能使舰船上保护电路内的断路开关跳闸和保险丝熔断。在更近距离内，就非常有可能造成电子和电气设备的永久性损伤。

(7) 初始核辐射。

初始核辐射定义为在核武器爆炸之后第一分钟期间内由火球和核爆炸云所放射出的辐射(基本上为中子和伽马射线辐射)。有效中子辐射的整个放射过程小于

0.1 s，而有效伽马射线辐射的放射过程取决于核武的当量，最多也就 20～30 s。上面定义中所设定的 1 min 时限有一定的随意度，是根据核爆炸云在空中升高致使其伽马射线辐射不再成为有效威胁的距离高度所需要的最大时间来设定的。通常，初始核辐射可能不会引起明显的物资损失，但却会使人员丧失行动能力。

瞬态辐射对电子设备的影响是由核爆炸产生的初始伽马射线和中子放射引起的。这些辐射会导致复杂固态电路的工作出现故障或品质降低。计算机或其他采用固态计算机的设备对于瞬态辐射对电子设备的影响尤其敏感，配备了半导体的设备也是如此。其中，有些影响是临时性的，而有些影响则是永久性的。

(8) 放射性沉降物。

放射性沉降物是地表面核爆炸、浅层地下核爆炸和水下核爆炸的一种主要效应。放射性沉降物是从核爆炸云中掉落而沉积在暴露面上的放射性物质。放射性沉降物主要是由核裂变产物（伽马射线与β粒子辐射源）与被核爆火球汽化后吸收入核爆炸云的物质相混合组成。由于放射性沉降物会放射出伽马射线辐射，因此无论是在空气中还是沉积下来放射性沉降物都是一种重大危害。放射性沉降物的辐射能穿透如舰船结构、建筑物和飞机等物体。这类辐射对人体同样能造成影响，导致人员辐射损伤、丧失行动能力甚至死亡。沉积的放射性沉降物还会对人员造成沾染威胁。在军事作战上显著有效的放射性沉降物一般称为早期放射性微尘，通常会在 24 h 之内沉积在其地面爆炸中心投影点顺风方向的区域之内。

向上一直到核爆炸云顶部之间的风向决定了放射性沉降物的沉积污染区域。在完全平静无风的环境下，放射性沉降物的沉积散布形式基本呈圆形状；在风向固定不变时，其沉积形式呈向一方向的延伸散落形状；而在复杂风况（风切变）下伴之以风速和方向的变化会导致放射性沉降物呈复杂的地面沉积散布形状。除非是在完全平静无风或风况非常稳定的环境下，否则要准确预测放射性沉降物的散落形状是非常困难的。

核武器空中爆炸或当量较小所产生的放射性沉降物会相对减少。而且，如核爆炸是在地面之下彻底封闭，则可完全消除放射性沉降物的产生。

放射性沉降物掉落在水面上时会下沉，舰船在放射性沉降物停止掉落之后再经过其水域不会有任何危险。若放射性沉降物掉落在陆地区域内则会沉积在地面上，对生活在该区域内或经过该区域的人员造成威胁。放射性沉降物最终都会衰变至就军事作战而言无效的辐射强度。

(9) 基浪。

由水下核爆所生成的基浪是一种迅速膨胀散开的微小水滴爆炸云或水雾。这种爆炸云是由水下核起爆所激起的水柱消散后而产生的。这种明显可见的核爆基浪在早期迅速膨胀散开（2～4 min）之后，此基浪就会以水面风速的速度顺风移动。核爆基浪在不到半小时之内就会消失不见。在初始时可见核爆底散云所具有的放射性能量都基本相等;但随着微小水滴的蒸发,云内的放射性粒子和气体仍会留在空中并继续以不可见的放射性核爆基浪形式移动传播。在核爆炸大约 30 min 之后,核爆基浪会被核裂变产物高度污染并成为经过核辐射的强烈辐射源。

空气中的放射性沉降物和核爆基浪污染物可经由通风和燃气系统进入到舰船或岸上设施之内,这就会造成放射性危害:在有些情况下,在通风管道、锅炉气道和内部舱室内会聚集有危险含量的核爆炸污染物。在这些围壁通道或舱室内的高浓度放射性物质可能会对在其附近作业的人员形成伽马射线辐射危害。即使可能仅存在微量的穿透伽马射线辐射危害,沉积在内部舱室内的放射性物质也还有可能会对接触到β粒子的人员形成辐射危害。对于在飞行中的飞机而言,则不仅在飞行过程中存在空气中放射性物质进入到飞机内的危险,而且还可能在之后对飞机维护人员造成辐射危害。

(10) 放射性水域。

水面或水下核爆炸会在其起爆点区域内形成一放射性的水域。该水域会在约 2 min 内从其地面爆炸中心投影点(SZ)向外迅速扩张,此后仍会以较缓慢的速度向外持续扩张。在 30 min 之后,水域的扩散和放射性衰变就会使该水域的放射性危害降低至在战术上无关紧要的辐射强度。在放射性水域的早期扩张阶段,该水域的水面上可能会存在高达数千拉德/小时的辐射剂量级。

4) 人身伤害

由核爆炸所产生的冲击波、水下冲击波、热辐射和核辐射都会对人员造成人身伤害。

(1) 核辐射的生物效应。

一名配备在战斗岗位上的人员若由于核爆炸而受到严重伤害可称为丧失战斗能力。一既定核武器可能造成的杀伤力是众所周知的,然而其导致人员丧失战斗能力的潜在作用却不为人熟悉。目前还没有合适的方法来评估整个伤害严重至何种程度才会与丧失战斗能力有确切的关联。因此,必须就每种核武器效应导致人体伤害、无伤害和致命的辐射强度分别予以陈述说明。本书仅对属于伤害范畴之内辐射强度的具体伤害程度评估给予说明。表 4-6 为对应于不同剂量范围下急性(小于 24 h)剂量和长时间(24 h 以上)剂量的生物效应。

表 4-6 核辐射的生物效应

剂量范围 (拉德)	初始症状 发作和持续时间	效能 (范围内中等剂量)	医疗与处理
0～70	6～12 h:没有症状至短暂头疼和恶心轻度发作;在该剂量范围内的高剂量下最多有 5%的人员出现呕吐	人员具备有效作战能力	无需医疗;返回原岗位

续　表

剂量范围（拉德）	初始症状 发作和持续时间	效能（范围内中等剂量）	医疗与处理
70～150	2～20 h：5%～30%的人员有短暂的轻度恶心和呕吐现象	人员具备有效作战能力	无需医疗；返回原岗位；预计无死亡
150～300	2 h～2 天：20%～70%人员有短暂的轻度至中度恶心和呕吐现象，25%～60%人员有轻度至中度的疲劳和虚弱感	费力工作(DT)：从 4 h 直至康复期间行为能力降低(PD)(行为能力为正常的 25%～75%)。 不费力工作(UT)：从6～19 h 期间行为能力降低(PD)。从 6 周直至康复期间行为能力降低(PD)	在 3～5 周期间：10%～50%人员需医疗。在该剂量范围内的下限剂量下死亡率小于 5%，在其上限剂量下死亡率可能会大于 50%；幸存人员返回原岗位
300～530	2 h～3 天：50%～90%人员有短暂的中度恶心和呕吐现象，50%～90%人员有中度的疲劳和虚弱感	费力工作(DT)：从 3 h 直至康复或死亡期间行为能力降低(PD)。 不费力工作(UT)：从4～40 h 以及从 2 周直至康复或死亡期间行为能力降低(PD)	在 2～5 周期间：10%～80%人员需医疗。在该剂量范围内的下限剂量下死亡率小于 10%，在其上限剂量下死亡率可能会大于 50%；幸存人员返回原岗位
530～830	2 h～2 天：80%～100%人员有中度至严重的恶心和呕吐现象。 2 h～6 周：90%～100%人员有中度至严重的疲劳和虚弱感	费力工作(DT)：从 2 h～3 周期间行为能力降低(PD)；从 3 周直至死亡期间丧失有效作战能力(CI)(行为能力低于 25%)。 不费力工作(UT)：从 2 h～2 天以及从 7 天～4 周内行为能力降低(PD)；从 4 周直至死亡期间丧失有效作战能力(CI)	在 10 天～5 周期间：50%～100%人员需医疗。在该剂量范围内的下限剂量下于 6 周内的死亡率小于 50%，在其上限剂量下于 3.5 周内的死亡率可能会达 99%
830～3 000	30 min～2 天：严重的恶心、呕吐、疲劳感、虚弱、头昏眼花和迷失方向；中度至严重的体液失调和头疼	费力工作(DT)：从 45 min～3 h 内行为能力降低(PD)；从 3 h 直至死亡期间丧失有效作战能力(CI)。 不费力工作(UT)：从1～7 h期间行为能力降低(PD)；从 7 h～1 天之间丧失有效作战能力(CI)。从 1 天～4 天期间行为能力降低(PD)；在死亡之前一直丧失有效作战能力(CI)	1 000 Lad 剂量：在 4 天～6 天期间 100%人员需医疗。在 2～3 周期间 100%死亡。 3 000 拉德剂量：在 3～4 天内 100%人员需医疗；在 5～10 天内 100%死亡

续 表

剂量范围 (拉德)	初始症状 发作和持续时间	效能 (范围内中等剂量)	医疗与 处理
3 000～8 000	30 min～5 天：严重的恶心、呕吐、疲劳感、虚弱、头昏眼花、迷失方向、体液失调和头疼	费力工作(DT)与不费力工作(UT)：从 3～30 min 内丧失有效作战能力(CI)。 从 30～90 min 期间行为能力降低(PD)；从 90 min 直至死亡之前丧失有效作战能力(CI)	4 500 拉德剂量：在 6 h～2 天内 100% 人员需医疗；在 2～3 天内 100%死亡
>8 000	30 min～1 天：严重且持续的恶心、呕吐、疲劳感、虚弱、头昏眼花、迷失方向、体液失调和头疼	费力工作(DT)与不费力工作(UT)：从 3 min 直至死亡之前丧失有效作战能力(CI)	8 000 拉德剂量：在 1 天之内需立即予以医疗；在 1 天期间 100% 死亡
警告	1. 上述数据是基于全身在中子和伽马射线辐射下急性累积照射 24 h 以上所得的结果。无防护裸露皮肤在 β 粒子辐射下的皮肤剂量没有计入在内； 2. 上述提供的信息仅供规划使用，决不应用作对具体患者健康护理的安排处理依据。		

(2) 空气冲击波的伤害。

促成空气冲击波具备对空旷野外人员伤害的主要原因是其将人体抛起和移动：人员会被爆炸气流掀起并抛出，从而致使人员在落地时受伤。人员的受伤程度则完全取决于其身体被抛出的移动速度、身体落地时所撞到的物体种类以及碰撞的性质(仅仅是擦过还是撞击)。

爆炸冲击波的主要效应则是与其静态超压力所造成的损伤密切相关：人体耳膜在 5 lbf/in^2 压强下就会发生破裂；当压强达到 15 lbf/in^2 时可造成人体肺部受伤；一旦压强达到 30 lbf/in^2 就可致人死亡。在爆炸形成超压强达到 6 lbf/in^2 时，其强风气浪会将立于空旷野外的人员掀起并抛出；当爆炸形成超压强达到 12 lbf/in^2 时，即使人员俯伏于空旷野外也会被掀起并抛出。

(3) 水下冲击波的伤害。

水下冲击波会导致船体甲板急速向上运动从而对干舷部和甲板下人员造成伤害。表 4-7 为由水下冲击波引起人员特定伤害所对应的测定垂向峰值速度，以英尺每秒计。应注意的是此处所指的垂向峰值速度与引起舰船损坏所需的垂向峰值速度是同一值。

表 4－7　水下冲击波所导致的丧失有效作战能力

效　　应	垂向峰值速度/(ft/s)
脚踝或脚后跟骨折	10
就座或仰卧人员与邻近物体引起碰撞	15
站立人员颅骨受伤	20

(4) 热辐射的伤害。

热辐射会在人体皮肤吸收其辐射能时直接导致烧伤，还可由热辐射所引发的火灾燃烧而间接导致人员烧伤。由核爆火球突然迸发的闪光导致的直接烧伤称为闪光灼伤；而其间接或二级烧伤称为火焰烧伤。无论是什么烧伤源，这些烧伤都与任何大火灾所造成的皮肤烧伤相类似。

由于热辐射会灼伤眼睛的视网膜，因此会导致直接看到核爆炸的人员永久性失明。例如，在晴朗黑夜下于 25 mile 高空核爆炸的一当量为 1×10^6 t 的核弹能造成地面上视野范围之内人员的视网膜被烧坏。但更常发生的是临时性丧失视敏度(闪光失明或目眩)。这是由于直接暴露在核爆炸的极强明亮度下所造成的，尤其是在夜晚眼睛已适应了黑暗时。而且，无论人员面向哪个方向都有可能会产生这种伤害，但只有在一定距离之外才会造成临时性闪光失明或目眩，距离太近就会导致视网膜直接被烧坏。不过，目前关于可用以判断或确定只会导致临时性闪光失明方面的确切数据还非常的缺乏。

(5) 核辐射的伤害。

本节所述的放射性危害是指可能会对战斗行动中海军人员的作战效能有重要影响的一类放射性危害。无论是遭受初始核辐射还是剩余核辐射、或者兼具这两类辐射都会造成对人员的伤害。不过与其他武器效应所造成的伤害不同，除非所受到的剂量足够高，否则核爆致电离辐射的杀伤性可能不会立即显现出来。然而，即使是非常小剂量的核辐射也会对人体有一定的危害效应。因此，在不会对军事作战形成妨碍的前提下应尽一切可能避免遭受核辐射。

影响核辐射伤害的因素。人体遭受核辐射后的具体伤害取决于多方面的因素；其中部分因素有：① 所受到的辐射剂量；② 是部分人体遭受辐射还是全身遭受辐射；③ 在此剂量下所受辐射的持续时间；④ 人体对辐射损伤抵抗力的差异，包括由身体状况、性别和年龄所引起的抵抗力差异；⑤ 先前是否遭受过辐射；⑥ 有或没有其他损伤；⑦ 前后遭受辐射暴露期间的恢复时间。

若以前不曾遭受过核辐射，则身体健康的人员因遭受核辐射而导致生病或死亡所需的时间会有相当大的变化。这主要取决于所受到的总辐射剂量、遭受辐射的持续时间和个人身体体格上的差异。有些人对于辐射损伤的抵抗力要比其他人强，而有些人在暴露于辐射中时部分身体有屏蔽防护；对于这些人而言，要引起既定的生物效应就需要加大其辐射暴露的剂量。另外，先前曾遭受核辐射暴露的人员与不曾遭受过核辐射的人员相比在坚持至丧失有效作战能力之前所能承受的辐射剂量也相对较小。人体对于部分辐射损伤具有自然的恢复能力，但并不是对所有辐射损伤都具有自然恢复能力。在短时间内承受一定剂量的辐射与在相对较长时间内承受同等剂量辐射相比，其危害通常更严重。为了便于在实践中应用，辐射暴露可按如下定义分类：① 急性。由于暴露在初始核辐射、基浪或放射性沉降物、或者混合暴露于上述三者中而导致的在短时间、通常是在短于 24 h 内所受到的剂量辐射。② 长时间。由于暴露在放射性沉降物中而导致的在长时间、通常是在大于 24 h 内所受到的剂量辐射。

辐射病的特征。辐射病是指人体全身或身体大部分在核辐射下过分暴露后所特有的一种综合症状。辐射病的发作主要取决于所受到的辐射剂量，其早期症状有恶心、呕吐和腹泻，之后可能就是出血、口鼻红肿发炎和全身无力。在其致病的低辐射强度下，可能需要数小时之后辐射病症才会加重到使患病人员丧失有效作战能力(CI)。在辐射病的初期阶段之后，很可能会有一段时间长短不一的潜伏期，在潜伏期内患者除了感觉全身不舒适之外几乎不会显示出任何的外部症状。在这段间隔期内，患者应能够从事轻松的工作。但在大约一周之后会出现辐射病的另一个更为严重的阶段，该阶段会持续数周直至患者要么康复或者要么死亡。随着核辐射剂量的增加，辐射病的发病速度会对应加快，即初始发作的时间提早、潜伏期时间缩短，而且死亡的概率随之增大并且距遭受辐射暴露至死亡之间的时间间隔也缩短。

小　结

本节主要介绍了各类核爆炸及其效应。损管人员具备上述各类核爆效应与核爆炸的知识会有助于制订对应的人员培训以使其能进行自我保护从而尽量免受核爆炸效应的伤害。

4.7.2 辐射防护与恢复处理

辐射防护是属于舰船防御方面的一个极其重要的组成部分。同时，辐射防护也是舰船核生存能力中最易受舰船本身管理控制水平影响的一个范畴。即使舰船在物理结构方面未受影响，核辐射对船员的效应作用也会大大降低整船全面执行任务使命的能力。放射性危害甚至能使远离核爆炸中心投影点数百英里以外的舰船陷于危险，并且作为所有核武器效应中作用时间最长的放射性危害会一直持续对舰船构成威胁。这也就是为什么要通过正确运用辐射防护和恢复处理规程以使人员受放射性危害最小化显得十分重要的原因所在。

1）辐射防护所用的辐射探测、指示与计算仪器

核辐射不是人体的五官感觉所能觉察到的。为此，研制发展了专门的仪器和设备来从事这方面的探测工作。从军事观点而论，我们不仅需要探测是否存在辐射现象，还需要确定辐射源所在的位置和确切的辐射强度。辐射探测、指示与计算仪器就能同时满足这方面的需要，设计用于执行下列任务：① 探测 β 粒子和伽马射线辐射；② 测量辐射的强度；③ 测量辐射剂量；④ 确定放射性污染的范围；⑤ 为污染区域内放射性污染可持续时间的计算提供所需的信息资料；⑥ 判定所采取消除辐射污染措施的效果。

核辐射的探测确定对于保障人员的安全来说是非常重要的。暴露于足够剂量的这些无形射线或粒子辐射中会导致人员健康受到损害甚或死亡。在就辐射对暴露人员的影响进行考虑评估时，需要两方面的信息：① 辐射场的强度；② 每次暴露或时间间隔中所遭受到的辐射总剂量或计量。

“强度”在此可定义为辐射剂量的密集度，反映了每个单位时间内的辐射剂量。所用的计量单位为伦琴或拉德，通常采用小时作为时间单位：① **强度**以每小时伦琴数或每小时拉德数表示；② **剂量**分别以伦琴计量的**辐照剂量**和拉德计量的**吸收剂量**两值表示。

伦琴是辐射剂量的一种衡量单位，相当于在 0℃ 和标准大气压下于一立方厘米的干空气内产生一个单位静电电流所需的致电离辐射量。

拉德是对从致电离辐射中所吸收能量的一种衡量单位，相当于每克辐射物质 100 erg（尔格）能量。拉德可以用来表示所有各类辐射的剂量，而伦琴则仅在涉及伽马射线和 X 射线辐射时才适用。

有关辐射强度和剂量的信息对于确定放射性污染的范围和程度是非常必要的。只有获取这方面的信息才能对人员在辐射污染区域内的安全进入时间和停留时间进行计算。同时，这方面信息提供了一种能确定在人员接近辐射暴露的临界点时让其撤离的客观方法。最后，这对于辐射病严重程度的预测也是十分有用的。计算所需的数据资料可通过各类辐射仪采集。

目前还没有一台可供军用的手持式辐射探测、指示与计算仪器能同时测定辐射强度和剂量。因此，要进行不同类型的测量就必须分别采用单独的仪器设备。

辐射强度测量仪。这种能够测定辐射强度的仪器，可用于提供计算住在辐射污染区域内或操作污染设备时的放射性危害所需的信息资料，还可用于提供计算人员在放射性污染区域内能安全停留的概算时间长度所必需的数据资料。

辐射剂量计。用于测定人体所遭受总辐射的仪器。船上卫生官员必须在具有

辐射剂量方面的信息后才能预知辐射病的严重程度、作出病状诊断以及提供适当的医疗处理。

这两类辐射探测和测量仪器与汽车的速度表和里程表(英里程指示器)有些类似：辐射强度测量仪就如同汽车速度表以每小时英里数计显示汽车的速度一样以伦琴/小时或拉德/小时计量辐射的强度；剂量计则用于以伦琴数或拉德数计量与时间无关的总暴露辐射剂量，这就类似于汽车用里程表以英里数来记录与时间无关的总距离。

在大多数海军战斗舰艇上都装设有固定式辐射探测、指示与计算仪器系统。这种装置系统可提供在其探测器位置处，通常为驾驶桥楼区域和舰船损管中心处的伽马射线辐射剂量率的信息。从上述仪器装置所得到的信息可用于评估舰船上除驾驶桥楼外其他区域的辐射剂量率。

(1) 辐射测量仪。

海军配备有可用于检测或测量特定类型辐射的辐射仪。常用的有如下几种：

(i) AN/PDR-27 型剂量仪。

AN/PDR-27 型剂量仪(J 至 S 系列)如图 4-107 所示，是一种便携式防水、电池供电的远程剂量仪。在剂量仪的伸出探测器内设置有两个盖格-米勒管。另在其携带箱内储存有一个备用盖格-米勒管。在其探测器上配置有一个 β 粒子辐射防护屏蔽。该装置由 6 节碱性 D 号电池(型号BA-3030/u)提供电源；若没有碱性电池，可采用碳-锌 D 号电池(型号 BA-30)替代。AN/PDR-27 型剂量仪可同时提供伽马射线和 β 粒子辐射强度的可视和声频指示信号，其可视指示读数显示在剂量仪上，声频指示信号则由头戴式耳机传声指示。辐射测量仪的度量单位为每小时毫伦琴。

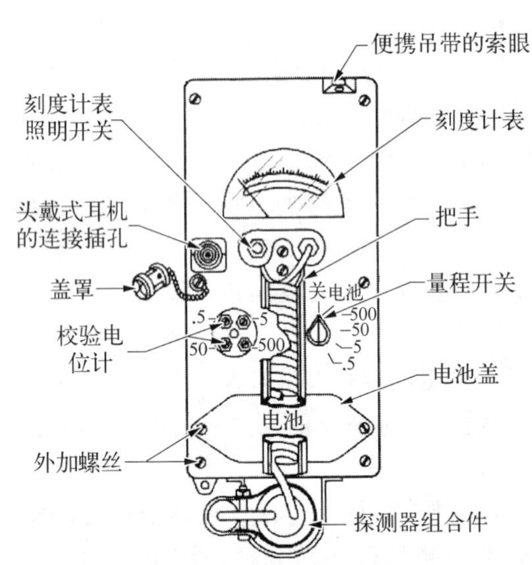

图 4-107 AN/PDR-27S 型剂量仪

该探测装置在 β 粒子辐射防护屏蔽安置就位时能够对伽马射线辐射进行检测和测量；在卸下 β 粒子辐射防护屏蔽时还能同时检测 β 粒子和伽马射线辐射。在 AN/PDR-27 型辐剂仪上设有 4 种线性刻度，分别为 0～0.5 mR/h、0～5 mR/h、0～50 mR/h与 500 mR/h。只有较低的两种刻度能够用于 β 粒子辐射的检测。AN/PDR-27 型辐射测量仪能够检测和测量伽马射线辐射，但对 β 粒子辐射只能探测而不能予以测量。

(ii) AN/PDR－43 型剂量仪。

AN/PDR－43 型剂量仪如图 4－108 所示，是一种用于低放射性水平和高放射性水平辐射测量、在有些情况下也会用作人员安全监测的电池供电、大量程的β粒子－伽马射线辐射的探测、指示与计算仪器装置。该装置采用一个盖格－米勒探测器，并设有一个内置式氪－85 辐射源以便对其所有三个工作量程进行运行是否正确的校验；这三个工作量程分别为：0～5 mR/h（伽马射线辐射测量）、0～50 mR/h（伽马射线辐射测量）和0～500 mR/h（伽马射线辐射测量）。盖格－米勒探测器如同 AN/PDR－43 型剂量仪一样能迅速调节以适应其辐射强度水平的变化。即使在切换至不同的量程刻度时，其刻度计表的调整也仅需 1 s 的时间。在辐射强度超过 500 mR/h 以上时，刻度计表会超出量程界限但不会饱和溢出。该剂量仪可校准至±20%的准确度。

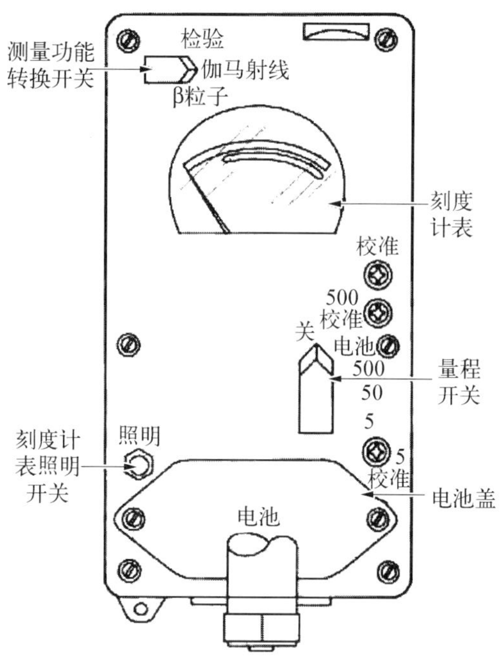

图 4－108　AN/PDR－43F 型剂量仪

(iii) AN/PDR－65 型辐射仪。

AN/PDR－65 型辐射仪如图 4－109 所示，设计用于伽马射线辐射的检测和测量。该仪器主要由两个组件构成：① 探测器组件。探测器组件必须设置在桅顶或其附近。被核爆底散云及其生成的放射性沉降物包围的探测器的视界必然相对较模糊。因而，只要采用适当的换算系数，舰船内任何位置处的伽马射线辐射剂量率就都可根据桅顶的辐射强度数据估算出来。② 辐射仪。辐射仪安装于驾驶桥楼上，在舰船损管中心或其他关键位置内可设置一个或一个以上的附属信息显示装置。辐射仪设有两类信息显示：一类为辐射剂量率的信息显示；另一类为累积总剂量的信息显示。辐射仪的主显示为辐射剂量率。辐射仪内设置的小型计数器通过计算探测器的拉德脉冲数来记录累积总剂量，其单位以拉德数计。每次当累积剂量满 1 Lad 时，辐射仪就会发出“嘟”的一响声。该小型计数器的计量范围为 0～9 999 Lad。对伽马射线辐射强度的指示则以下列 4 种量程之一指示：0～10 Lad/h、0～100 Lad/h、0～1 000 Lad/h和 0～10 000 Lad/h。

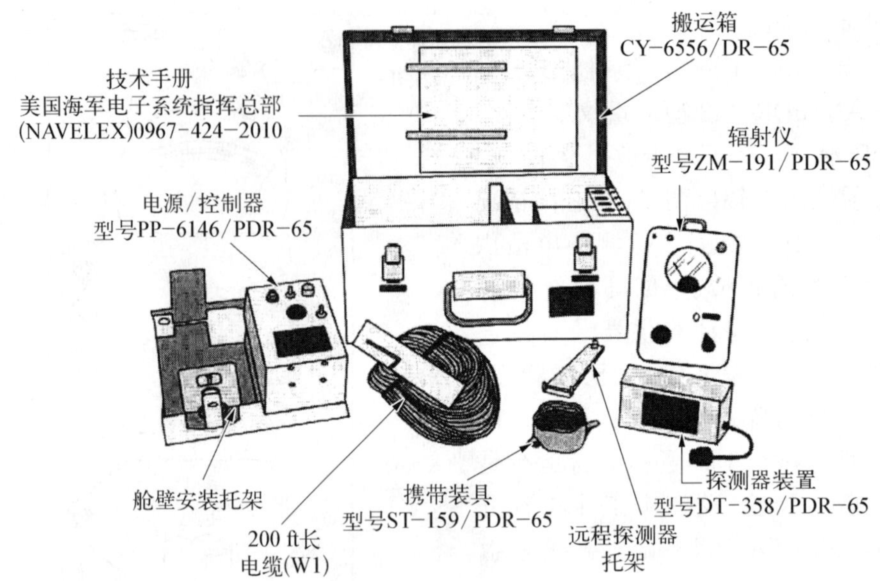

图 4-109　AN/PDR-65F 型辐射仪

在正常工作时，AN/PDR-65 型辐射仪由 115 V 船上交流电源供电。在紧急情况下，则可由 4 节内设的、可再充电、镍镉 C 号电池负责供电。这 4 节电池能供辐射仪工作 20 h 左右。

(2) 剂量计。

放射性检测系统中有许多的剂量指示仪器(剂量计)。与损管人员密切相关的分别有 DT-60/PD 型、CP-95A/PD 型、IM-9/PD 型和 IM-143/PD 型剂量计。

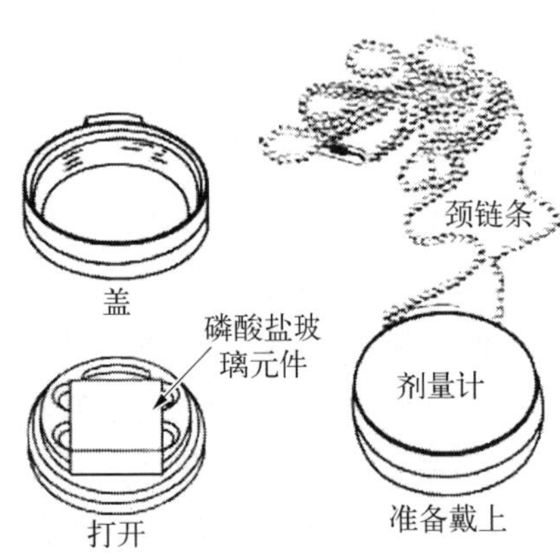

图 4-110　DT-60/PD 型大量程或危害量辐射剂量计(非自显示式)

DT-60/PD 剂量计。DT-60/PD 型剂量计(图 4-110)是一适用检测量程为 10～600 R的伽马射线剂量计。DT-60/PD 型剂量计是一种设计以链条戴在脖子上的盒装形式固态预装件。在 DT-60/PD 型剂量计的黑色塑料盒内设置的是磷酸盐玻璃。当磷酸盐玻璃暴露在紫外光线下时，磷酸盐玻璃会发出橙色光，其橙色光的强度与该玻璃所受到的辐射量成正比。DT-60/PD 型剂量计能无限期地储存辐射剂量的信息，从而成为辐射暴露量的永久性记录。

CP-95A/PD 型指示器。CP-95A/PD 型指示器(图 4-111)是一种用于阅读指示 DT-60/PD 型辐射剂量计所遭受辐射剂量的计算机辐射剂量指示器。在将 DT-

60/PD 型辐射剂量计插入该型计算机辐射剂量指示器之前须先卸下辐射剂量计上的盖。所有这类计算机辐射剂量指示器都设有两种量程刻度：0～200 R 与 0～600 R。但实际上其真正可检测的最低辐照剂量值为 10 R。这些指示器部件的准确率为±20%。计算机辐射剂量指示器可脱开船上的 115 V 交流供电源工作。

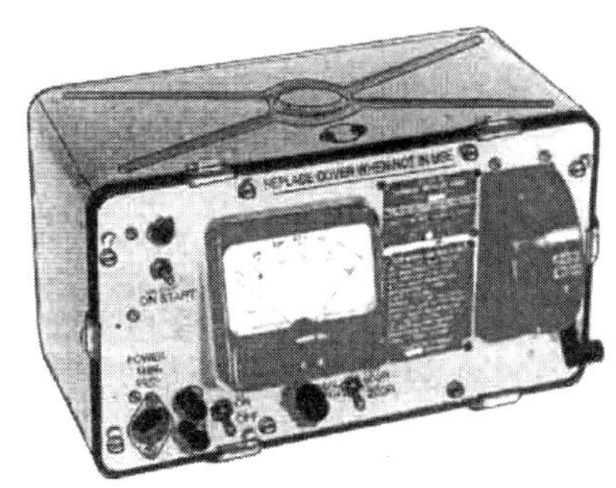

图 4－111　CP－95A/PD 型计算机辐射剂量指示器

IM－9/PD 型辐射剂量计。IM－9/PD 型辐射剂量计(系列 E 至 H)是一种石英纤维型携带式自显示辐射剂量计。该部件能指示在 0～200 mR 范围内的伽马射线辐射剂量。通过将该型辐射剂量计举起对准光线然后通过其内的透镜透视(图 4－112)即可读取获悉所受到的辐射剂量。该读数是通过观察石英纤维在其内置的光学系统标尺上的位置获得的。IM－9/PD 型辐射剂量计主要是一种有害辐射防护设备，在低辐射剂量率区域尤其有用。

IM－143/PD 型辐射剂量计。IM－143/PD 型辐射剂量计除检测量程之外与 M－9/PD 型辐射剂量计完全相同。该部件能指示在 0～600 mR 范围内伽马射线的辐射剂量。该型辐射剂量计一般是由在化学、生物和辐射战术防护部署中与其调查、监测和污染消除等具体事务密切相关的损管维修间人员使用。M－143/PD 型辐射剂量计能随时在损管人员阅读获取数据时跟踪显示在其之前损管人员所受到的辐射累积剂量。

图 4－112　将其对准光线以获取 IM－9/PD 型辐射剂量计读数的方法(图中放大示图显示其辐射剂量读数为 82 mR)

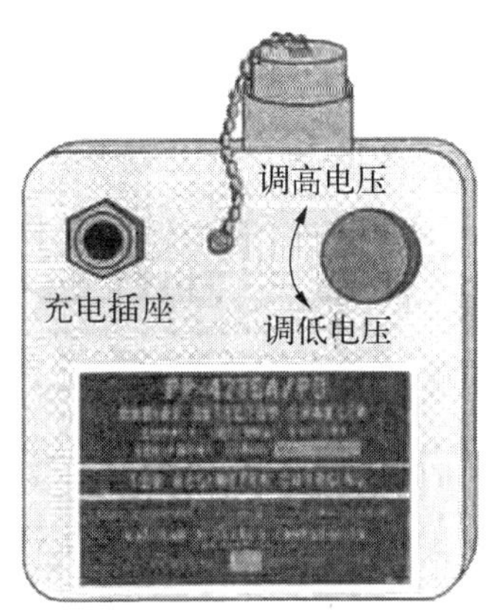

图 4－113　PP－4276A/PD 型辐射剂量计充电器

PP－4276A/PD 型辐射剂量计充电器(图 4－113)用于将自显示辐射剂量计重置为零。只要将辐射剂量计置于其充电器以内就可完成此重置操作。PP－4276A/PD 型充电器在中心的电线与其外壳之间设置有一个可调电压电源。由于辐射剂量计插入后石英纤维与其离子室内中心固定的电线相连接，因此石英纤维与电线会受到相同的电压充电。结果，在辐射剂量计充电时，活动石英纤维就会从固定电线排斥弹开。通过适当调节充电器上的作用电压，辐射剂量计内的石英纤维就能精确设定在标尺的零位刻度线上。PP－4276A/PD型辐射剂量计充电器所使用的电源是一节碱性D号电池。在以PP－4276A/PD型辐射剂量计充电器对辐射剂量计进行充电时，应采用下列操作规程：

(i) 将充电器上供剂量计插入容器的防尘盖卸下。

(ii) 将充电器的电极端置于其充电插座内并向下压紧，这时辐射剂量计上的标尺会被通电照亮，同时充电用仪器开始启动工作。

(iii) 旋转调节充电选钮直至辐射剂量计上的极细纤维丝返回落于零点标志刻度上。

(iv) 从充电器上取下剂量计，然后检查以确定其指示仍保持在零位上。

盖上充电器上的防尘盖。

(3) 辐射探测、指示与计算仪器设备的局限性。

辐射探测、指示与计算仪器设备能够探测和测量核辐射。但这些仪器也有其各自的局限性。例如，上述介绍的仪器中没有一种能同时检测和测量β粒子和伽马射线辐射。即使那些β粒子和伽马射线辐射都能检测的仪器也无法自动将这两类辐射区分开来。相反，操作人员必须手动拉下**β粒子辐射防护屏蔽**遮住辐射透过薄玻璃窗口以避免β粒子进入到仪器的检测室内从而能获取单纯的伽马射线辐射读数。否则，从仪器上获取的只能是两种辐射的综合读数。

(4) 辐射探测、指示与计算仪器设备的校准与维护。

船上的辐射探测、指示与计算仪器设备须按规定进行校验。在岸上时，辐射测量仪器必须每月一次或按相关技术手册规定的间隔期进行校验。这种校验必须严格按照技术手册关于操作员一节内的指导说明实施。辐射探测、指示与计算仪器设备必须定期由岸上作业单位临时转交至辐射测量仪器专业维护部门进行维护与校准。舰船上的辐射测量仪器也必须尽可能在其预定运用计划表内安排转交由专业维护部门进行维护与校准。一旦发现需要外界维护的辐射测量仪器无法工作或怀疑其存在故障，就应立即将其送至辐射测量仪器专业维护部门进行检查维修。在对辐射测量仪器进行日常维护时必须极其小心谨慎。其中部分器械内有携带高压电的复杂电子电路，会对人员造成威胁；而其他辐射测量仪器内可能装有放射性物质，如未经培训人员私自拆卸会造成潜在的威胁。所有凡以直流电工作的辐射测量仪器的设计构造都保证了不用暴露其内部电路或额外增加辐射危险就能直接更换电池。

下列校验应至少每月实施一次：① 电池检查；② 功能校验；③ 确保辐射测量仪器关闭；④ 确保辐射测量仪器存放在阴凉、干燥的处所。如辐射计内电池的电力不足，可将其更换掉。不过，更换了电池之后也并不意味着从此就不再需要日常检查维护。

2）放射性调查

放射性调查是提供船上人员在恢复处理阶段作业所需信息的关键环节要素之一。采取放射性调查是为了确定舰船被放射性沉降物污染之后的辐射强度和沉积形式。

这类放射性调查可以有几种不同的形式。关键是要记录每次测量的精确时间和位置并标明所采用的辐射探测、指示与计算仪器设备的序列号。如表4-8所示的放射性调查表则提供了一张可适用于记录所有各类形式放射性调查数据的表格。

表4-8　放射性调查表

<table>
<tr><td colspan="3">船名：XXX号
调查形式：
调查路线编号：
页码编号：
退出：</td><td colspan="3">日期：
监测员：
器械类型：
器械序列号：
再进入：</td></tr>
<tr><td rowspan="2">编　号</td><td rowspan="2">区域/目标</td><td rowspan="2">时　间</td><td colspan="3">仪表读数/显示</td></tr>
<tr><td>位　置</td><td>屏蔽开启</td><td>屏蔽封闭</td></tr>
<tr><td></td><td></td><td></td><td></td><td></td><td></td></tr>
<tr><td></td><td></td><td></td><td></td><td></td><td></td></tr>
<tr><td></td><td></td><td></td><td></td><td></td><td></td></tr>
<tr><td></td><td></td><td></td><td></td><td></td><td></td></tr>
<tr><td></td><td></td><td></td><td></td><td></td><td></td></tr>
<tr><td></td><td></td><td></td><td></td><td></td><td></td></tr>
<tr><td></td><td></td><td></td><td></td><td></td><td></td></tr>
<tr><td></td><td></td><td></td><td></td><td></td><td></td></tr>
<tr><td colspan="6">使用说明：
1. 调查路线须预先设定好。
2. 在“屏蔽封闭”一栏内禁止填入辐射探测、指示与计算仪器的具体读数，而应填入“β粒子辐射”或“无β粒子辐射”。
3. 清除检验的时间是指实施测量的时间，而不是指辐射取样的时间。
4. 禁止（在“屏蔽开启”一栏中）记录未控制清除检验中的伽马射线辐射测量值。如存在可去除污染，则在此栏内填入“可去除污染”；如没有可去除污染，则填入“无可去除污染”。无论是哪一类清除检验，都禁止（在“屏蔽开启”一栏中）记录β粒子辐射测量值，而只应填“可去除污染”或“无可去除污染”。
5. “位置”一栏内的填入注释是指实施测量的所在位置：“甲板以上3 ft”是指在腰部高度范围内监测；“操作员”是指监测站立人员所在的位置腰部高度范围内的测量值；“未控制清除检验”与“控制清除检验”都是指清除辐射样本。
6. 辐射探测、指示与计算仪器设备在同一位置向各个方位转动时其读数可能会有一定波动。表格内的输入测量数值必须始终取最大值。
7. 至少留有两行空栏以便记录沿放射性调查路线上具有强烈辐射的危险热点区域。</td></tr>
</table>

所获取的调查数据可有助于完成许多的紧急使命。这些使命包括：① 检测放射性污染是否侵入舰船内部；② 计算在关键处所位置和消除污染或监测队内人员的安全停留时间；③ 对可能需要消除污染的干舷部位置进行鉴定确认。

(1) 检测站现场监测。

在放射性沉降物沉降停止之前，所有设有携带式辐射仪的检测站都应按照舰船损管助理的指挥定期对伽马射线的辐射强度进行监测和报告。所获取的信息用于判定放射性沉降物沉降何时停止，并估算上述各检测站的累积辐射剂量。在检测站现场监测期间一既定区域内的所有测量都应采用同一辐射仪。而且，每次测量时辐射仪都应固定在同一方位和同一地点位置。在检测站现场监测期间还应实施β粒子辐射核查以确定是否有放射性污染物渗入舰船。

若是基于放射性沉降物停止沉降之前的辐射强度水平来计算安全停留时间，应视其计算结果为无效。而放射性沉降物停止沉降之后的辐射强度变化则是由于放射性衰变引起的，因而也是完全可以预测的。

(2) 内部快速勘测。

内部快速勘测如表4-9所示，应在放射性沉降物沉积停止之后立即进行以尽快获悉关于特定区域、主要是战斗位置上辐射危害程度的具体数据。根据内部快速勘测得到的数据资料可计算出室内关键位置上人员的安全停留时间。上述区域包括了舰船内的关键位置和靠向干舷部关键位置最近的室内区域。这些要实行勘测的位置应在舰船的化学、生物和辐射(CBR)防护部署表内标明。为了确保在不同时间进行的测量协调一致，这些位置应精确标出并予以相应标识。可采用化学、生物和辐射(CBR)防护部署表所提供的格式预印好辐射调查路线并作为其附件收录在该部署表内。

(3) 外部快速勘测。

外部快速勘测(表4-10)有时也称为外部总放射性调查，在内部快速勘测完成之后实施，以便获取更为精确的有关在干舷部关键位置上以及对内部关键位置产生辐射的放射性污染区域内辐射强度方面的数据。如同在内部快速勘测中一样，外部勘测的重点也放在尽快获得战斗位置上的准确辐射测量值并迅速报告勘测结果。监测员不会花费时间来对具有强烈辐射的危险热点区域进行定位或标识。监测队长应在其外衣内佩带便携式自显示辐射剂量计。应向每支辐射监测队告知预定路线以及基于干舷部最高估计辐射强度下的安全停留时间。船上的大件物体如上层建筑、小艇和飞机可用作具有强烈辐射的危险热点区域的伽马射线辐射屏蔽，因而在规划放射性调查路线时应予以充分利用以便能保护人员、减少危险热点区域对人体的辐射。

表4-9　内部快速勘测样表

<table>
<tr><td colspan="3">船名：XXX号
调查形式：内部快速勘测
调查路线编号：2
页码编号：共1页、第1页
退出：不详</td><td colspan="3">日期：
监测员：
器械类型：
器械序列号：
再进入：不详</td></tr>
<tr><td rowspan="2">编　号</td><td rowspan="2">区域/目标</td><td rowspan="2">时　间</td><td colspan="3">仪表读数/显示</td></tr>
<tr><td>位　置</td><td>屏蔽开启</td><td>屏蔽封闭</td></tr>
<tr><td>1</td><td>#1污染控制区</td><td></td><td>甲板以上3 ft，入口向内3 ft</td><td></td><td></td></tr>
<tr><td>2</td><td>#1标准去污站</td><td></td><td>甲板以上3 ft，入口向后3 ft</td><td></td><td></td></tr>
<tr><td>3</td><td>52号装置支座</td><td></td><td>天花板上红环以下3 ft</td><td></td><td></td></tr>
<tr><td>4</td><td>作战情报中心管理控制台</td><td></td><td>操作员</td><td></td><td></td></tr>
<tr><td>5</td><td>驾驶桥楼雷达复示器</td><td></td><td>操作员</td><td></td><td></td></tr>
<tr><td>6</td><td>舰长座椅</td><td></td><td>操作员</td><td></td><td></td></tr>
<tr><td>7</td><td>操舵装置</td><td></td><td>操作员</td><td></td><td></td></tr>
<tr><td></td><td></td><td></td><td></td><td></td><td></td></tr>
<tr><td></td><td></td><td></td><td></td><td></td><td></td></tr>
<tr><td colspan="6">使用说明：
1. 调查路线须预先设定好。
2. 在“屏蔽封闭”一栏内禁止填入辐射探测、指示与计算仪器的具体读数，而应填入“β粒子辐射”或“无β粒子辐射”。
3. 清除检验的时间是指实施测量的时间，而不是指辐射取样的时间。
4. 禁止(在“屏蔽开启”一栏中)记录未控制清除检验中的伽马射线辐射测量值。如存在可去除污染，则在此栏内填入“可去除污染”；如没有可去除污染，则填入“无可去除污染”。无论是哪一类清除检验，都禁止(在“屏蔽开启”一栏中)记录β粒子辐射测量值，而只应填“可去除污染”或“无可去除污染”。
5. “位置”一栏内的填入注释是指实施测量的所在位置：“甲板以上3 ft”是指在腰部高度范围内监测；“操作员”是指监测站立人员所在的位置腰部高度范围内的测量值；“未控制清除检验”与“控制清除检验”都是指清除辐射样本。
6. 辐射探测、指示与计算仪器设备在同一位置向各个方位转动时其读数可能会有一定波动。表格内的输入测量数值必须始终取最大值。
7. 至少留有两行空栏以便记录下沿放射性调查路线上具有强烈辐射的危险热点区域。</td></tr>
</table>

表 4－10　外部快速勘测样表

船名：XXX 号 调查形式：外部快速勘测 调查路线编号：3 页码编号：共 1 页、第 1 页 退出：驾驶桥楼尾部 02 层甲板 左舷、门 02－60－4	日期： 监测员： 器械类型： 器械序列号： 再进入：至主甲板右舷 ＃2 标准去污站 入口、门 1－110－5

编　号	区域/目标	时　间	仪表读数/显示		
			位　置	屏蔽开启	屏蔽封闭
1	左舷驾驶室翼桥		甲板以上 3 ft,门向舷外 3 ft		
2	左舷陀螺罗经复示器		未控制清除检验		
3	露天航行桥楼		甲板以上 3 ft,船中		
4	露天航行桥楼上的陀螺罗经复示器		未控制清除检验		
5	机关枪		操作员		
			未控制清除检验		
6	右舷驾驶室翼桥		甲板以上 3 ft,门向舷外 3 ft		

使用说明：

1. 调查路线须预先设定好。
2. 在“屏蔽封闭”一栏内禁止填入辐射探测、指示与计算仪器的具体读数,而应填入“β 粒子辐射”或“无 β 粒子辐射”。
3. 清除检验的时间是指实施测量的时间,而不是指辐射取样的时间。
4. 禁止(在“屏蔽开启”一栏中)记录未控制清除检验中的伽马射线辐射测量值。如存在可去除污染,则在此栏内填入“可去除污染”;如没有可去除污染,则填入“无可去除污染”。无论是哪一类清除检验,都禁止在“屏蔽开启”一栏中记录 β 粒子辐射测量值,而只应填“可去除污染”或“无可去除污染”。
5. “位置”一栏内的填入注释是指实施测量的所在位置:“甲板以上 3 ft”是指在腰部高度范围内监测;“操作员”是指监测站立人员所在的位置腰部高度范围内的测量值;“未控制清除检验”与“控制清除检验”都是指清除辐射样本。
6. 辐射探测、指示与计算仪器设备在同一位置向各个方位转动时其读数可能会有一定波动。表格内的输入测量数值必须始终取最大值。
7. 至少留有两行空栏以便记录下沿放射性调查路线上具有强烈辐射的危险热点区域。

(4) 补充勘测。

补充勘测(表 4 - 11)的实施是为了对安全停留时间的计算进行补充支持或修正的需要。为了消除污染需要对具有强烈辐射的危险热点区域进行定位时也可要求实施补充勘测。是否需要对个别关键位置或其他区域实施这类补充核查应视是否存在下列情形而定：① 消除污染或空气吹洗完成时。② 辐射剂量计所测得值与预计辐射剂量存在差异时。③ 监测值班部门轮换时。

(5) 详细勘测。

在详细勘测中,其放射性调查的准确度较勘测速度更为重要。检测员应缓慢、细致地逐步进行调查。如下令进行工厂消除污染的话,则要求在舰船到达修理船厂之前先对整个舰船外部实施详细勘测。如作战形势允许,舰长可在任意时间下令进行这类详细勘测。舰长可以下令就全船范围内实施详细勘测,也可限定于在发现有相对较高辐射强度的特定区域内实施详细勘测。建议对所测得辐射剂量比预计剂量高出 25%以上的所有区域内进行详细勘测。

详细勘测的实样表格如表 4 - 12 所示。这类详细勘测的结果记录可采用网格图法表示。网格图是由将全船划分成每个方格块代表船上 1 平方码区域的各个方格块组成。每个方格块内的勘测记录为该区域中心腰部高度范围所检测得的辐射值。除非下令舰船至工厂进行放射性调查并详细勘测,否则不要求必须编制详细勘测表格。

3) 辐射暴露控制

辐射暴露控制是指为使蔓延至人员和船上周围设施的辐射污染最小化而要求采取的措施,其目的是对船上人员遭受船内和外部辐射源的总辐射剂量进行限制并使侵入舰船内的辐射污染减至最少。在每艘舰船上都有一份舰船化学、生物和辐射防护部署表,在该部署表内应规定人员的出入路线从而使其受到的辐射暴露得以最大限度地减少和控制。其他的辐射暴露控制方法分别有防护屏蔽、简易掩蔽所和深层掩蔽所。

(1) 防护屏蔽。

防护屏蔽是有效防御核辐射的一种方法。伽马射线辐射的强大穿透能力使得难以提供充分的屏蔽来保护人员完全免受伽马射线的辐射。不过,舰船的结构还是能提供一定的防护。船上可能提供核辐射屏蔽的材料主要是钢板、管道系统、机械装置、水和燃油,可能还有木材。在岸上设施中辐射屏蔽材料还包括混凝土和泥土。

要求阻止伽马射线辐射的屏蔽量以其半吸收层厚度或简称为“半吸收厚度”来衡量。半吸收厚度定义为将辐射量减少至原来的一半值所必需的屏蔽材料数量。每种材料的半吸收厚度都是不同的。例如,要将伽马射线辐射减少一半,混凝土屏蔽层需 6 in 厚而泥土屏蔽层则需 7.5 in 厚。假设所在地点的伽马射线辐照剂量值

表 4－11 补充勘测样表

<table>
<tr><td colspan="3">船名：XXX 号
调查形式：补充勘测
调查路线编号：1
页码编号：共 2 页、第 1 页
退出：</td><td colspan="3">日期：
监测员：
器械类型：
器械序列号：
再进入：</td></tr>
<tr><td rowspan="2">编　号</td><td rowspan="2">区域/目标</td><td rowspan="2">时　间</td><td colspan="3">仪表读数/显示</td></tr>
<tr><td>位　置</td><td>屏蔽开启</td><td>屏蔽封闭</td></tr>
<tr><td>1</td><td>船员餐厅厨房
分舱编号：2－90－2</td><td></td><td>甲板以上 3 ft，
舱室内的最高读数</td><td></td><td></td></tr>
<tr><td>2</td><td>船员餐厅碗碟洗涤室
分舱编号：2－90－2</td><td></td><td>甲板以上 3 ft，
舱室内的最高读数</td><td></td><td></td></tr>
<tr><td>3</td><td>船员餐厅就餐区舱室
分舱编号：2－70－2</td><td></td><td>甲板以上 3 ft，
舱室内的最高读数</td><td></td><td></td></tr>
<tr><td>4</td><td>船员住舱
分舱编号：3－110－0</td><td></td><td>甲板以上 3 ft，
舱室内的最高读数</td><td></td><td></td></tr>
<tr><td>5</td><td>船员洗手间室
分舱编号：3－110－1</td><td></td><td>甲板以上 3 ft，
舱室内的最高读数</td><td></td><td></td></tr>
<tr><td>6</td><td>船员洗手间室（2 号标准去污站），分舱编号：1－120－2</td><td></td><td>甲板以上 3 ft，
舱室内的最高读数</td><td></td><td></td></tr>
<tr><td>7</td><td>船员洗手间室（2 号标准去污站），分舱编号：1－120－2</td><td></td><td>控制清除检验，
喷淋头控制</td><td></td><td></td></tr>
<tr><td></td><td></td><td></td><td></td><td></td><td></td></tr>
<tr><td></td><td></td><td></td><td></td><td></td><td></td></tr>
<tr><td colspan="6">使用说明：
1. 调查路线须预先设定好。
2. 在“屏蔽封闭”一栏内禁止填入辐射探测、指示与计算仪器的具体读数，而应填入“β 粒子辐射”或“无 β 粒子辐射”。
3. 清除检验的时间是指实施测量的时间，而不是指辐射取样的时间。
4. 禁止在“屏蔽开启”一栏中记录未控制清除检验中的伽马射线辐射测量值。如存在可去除污染，则在此栏内填入“可去除污染”；如没有可去除污染，则填入“无可去除污染”。无论是哪一类清除检验，都禁止（在“屏蔽开启”一栏中）记录 β 粒子辐射测量值，而只应填“可去除污染”或“无可去除污染”。
5. “位置”一栏内的填入注释是指实施测量的所在位置：“甲板以上 3 ft”是指在腰部高度范围内监测；“操作员”是指监测站立人员所在的位置腰部高度范围内的测量值；“未控制清除检验”与“控制清除检验”都是指清除辐射样本。
6. 辐射探测、指示与计算仪器设备在同一位置向各个方位转动时其读数可能会有一定波动。表格内的输入测量数值必须始终取最大值。
7. 至少留有两行空栏以便记录下沿放射性调查路线上具有强烈辐射的危险热点区域。</td></tr>
</table>

表4-12　详细勘测样表

<table>
<tr><td colspan="3">船名：XXX号
调查形式：详细勘测
调查路线编号：1
页码编号：共10页、第1页
退出：♯1标准去污站的入口
门1-40-4</td><td colspan="3">日期：
监测员：
器械类型：
器械序列号：
再进入：♯1标准去污站的入口
门1-40-4</td></tr>
<tr><td rowspan="2">编　号</td><td rowspan="2">区域/目标</td><td rowspan="2">时　间</td><td colspan="3">仪表读数/显示</td></tr>
<tr><td>位　置</td><td>屏蔽开启</td><td>屏蔽封闭</td></tr>
<tr><td>1</td><td>船首楼</td><td></td><td>1号肋骨站，船中</td><td></td><td></td></tr>
<tr><td>2</td><td>船首楼</td><td></td><td>2号肋骨站，左舷</td><td></td><td></td></tr>
<tr><td>3</td><td>船首楼</td><td></td><td>2号肋骨站，右舷</td><td></td><td></td></tr>
<tr><td>4</td><td>船首楼</td><td></td><td>3号肋骨站，左舷</td><td></td><td></td></tr>
<tr><td>5</td><td>船首楼</td><td></td><td>3号肋骨站，船中</td><td></td><td></td></tr>
<tr><td>6</td><td>船首楼</td><td></td><td>1号肋骨站，右舷</td><td></td><td></td></tr>
<tr><td>7</td><td>起锚机</td><td></td><td>控制清除检验</td><td></td><td></td></tr>
<tr><td></td><td></td><td></td><td></td><td></td><td></td></tr>
<tr><td></td><td></td><td></td><td></td><td></td><td></td></tr>
<tr><td colspan="6">使用说明：
1. 调查路线须预先设定好。
2. 在“屏蔽封闭”一栏内禁止填入辐射探测、指示与计算仪器的具体读数，而应填入“β粒子辐射”或“无β粒子辐射”。
3. 清除检验的时间是指实施测量的时间，而不是指辐射取样的时间。
4. 禁止(在“屏蔽开启”一栏中)记录未控制清除检验中的伽马射线辐射测量值。如存在可去除污染，则在此栏内填入“可去除污染”；如没有可去除污染，则填入“无可去除污染”。无论是哪一类清除检验，都禁止(在“屏蔽开启”一栏中)记录β粒子辐射测量值，而只应填“可去除污染”或“无可去除污染”。
5. “位置”一栏内的填入注释是指实施测量的所在位置：“甲板以上3 ft”是指在腰部高度范围内监测；“操作员”是指监测站立人员所在的位置腰部高度范围内的测量值；“未控制清除检验”与“控制清除检验”都是指清除辐射样本。
6. 辐射探测、指示与计算仪器设备在同一位置向各个方位转动时其读数可能会有一定波动。表格内的输入测量数值必须始终取最大值。
7. 至少留有两行空栏以便记录下沿放射性调查路线上具有强烈辐射的危险热点区域。</td></tr>
</table>

为 400 R。如此时处于半吸收层厚度后面，遭受到的实际辐射量就为200 R。现在假设站于两道防护屏蔽之后，每道屏蔽都为半吸收厚度。400 R 的伽马射线辐射在经过第一道半吸收层厚度之后减少为 200 R，在经第二道半吸收层厚度之后则减少为 100 R。每另设一道半吸收厚度的防护屏蔽，就能将所剩余的伽马射线辐射量再减少一半。谨记：这些屏蔽厚度不会完全阻止伽马射线的辐射，而仅是将其辐射量减少一半。在核袭击中，很可能一道半吸收厚度的钢质或混凝土防护屏蔽就足以能使人员避免遭受到致命剂量的伽马射线辐射。

部分屏蔽材料的估算半吸收厚度如表 4－13 所示。注意：初始辐射较剩余辐射更具穿透力，因而要将其辐射量减为原来值的一半所需的屏蔽厚度更厚。表中的材料是以其作为伽马射线辐射的屏蔽效能顺序来排列的。

表 4－13　部分屏蔽材料的估算半吸收厚度

材　料	初始辐射/英寸	剩余辐射/英寸
钢质	1.5	0.7
混凝土	6.0	2.2
泥土	7.5	3.3
水	13.0	4.8
木材	23.0	8.8

(2) 简易掩蔽所。

如舰船能得到充分的预警，则应命令干舷部甲板上人员在核爆基浪或放射性沉降物到来之前撤入简易掩蔽所内。简易掩蔽所既可作为避免污染的措施，又可作为减轻人员辐射的方法。简易掩蔽所的位置通常都不会设置在深入舰船结构的区域内；这样虽不能使伽马射线辐射大量减少，但 α(阿尔法)粒子和 β 粒子辐射却是不会穿透进入舰船内的。

(3) 深层掩蔽所。

深层掩蔽所的位置设在位于舰船最内部的舱室。由于距这类舱室之间的距离和结构材料的屏蔽作用，在深层掩蔽所内遭受到的伽马射线辐射强度明显要低得多。除了最关键位置上的核心人员外，所有其他人员都应送入深层掩蔽所以尽量减少初始辐射的暴露。所有舰船都应在其舰船化学、生物和辐射防护部署表内为每个战斗位置标明其深层掩蔽所的所在位置。

4) 辐射污染消除

消除舰船周围环境、设施和人员的辐射污染对于舰船的恢复处理是极为关键的。放射性污染消除是指对由核武器爆炸所导致辐射污染的物理清除。大部分辐射污染都可采用肥皂水或通过刷洗或用黏性表面如胶带轻易消除。而剩余的辐射污染物必须通过摩擦或化学方法去除。后一种方法包括了采用除水以外的溶剂如表面脱脂处理剂等。

（1）良好的卫生与内务整理。

在舰船暴露于放射性沉降物之后，船上人员保持良好的个人卫生和全面内务整理是非常重要的。要将辐射污染全都拒在舰船舱室之外是非常困难的。因为舰船是非气密的，除非其设有集体防护系统，否则部分空气中的微粒由通风系统、或经通道、或由泄漏都可进入到舰船内。对其监测和污染消除的方法也并非毫无缺陷，有些污染物会附在去过干舷部甲板的人员身上而一起带入舱内。不过，通过阻止污染累积就完全可以使其危害减至最小。解决的方法是一方面保持住舱和工作舱的清洁环境；另一方面保持个人清洁卫生。一种良好的简单习惯譬如饮食前洗手就能大大减少污染物的摄入。

（2）辐射污染消除程序。

在舰船遭受核爆炸产生的放射性沉降物时暴露在露天下的所有人员都应通过去污站和污染控制区才能再进入舰船舱室。在放射性沉降物停止沉积之后必须在干舷部甲板执行使命的人员都应视为具有潜在辐射污染的危险。有可能也会要求这类人员必须经由去污站或污染控制区才能再进入舰船舱室，这要视残留放射性沉降物的辐射强度及其所在的位置而定。所有舰船在辐射污染消除程序方面的基本步骤都是相同的。若说各舰船在这方面有所差异的话，也都是由其去污站的设计构造和设置位置不同。

去污站的基本功能为：① 对便携式设备和外穿服装进行初步的去污；② 监测、脱下和处理外穿服装；③ 监测、脱下和处理内服；④ 内衣的辐射污染消除；⑤ 身体清洗、去污；⑥ 记录下累积暴露时间。

（3）船上辐射污染消除设施。

以下两类去污站可用于消除辐射污染：

（i）标准去污站。与集体防护系统不相关的去污站称为标准去污站。在舰船图纸内标明的特定冲洗房和淋浴室都可设置作此目的之用。

（ii）集体防护系统去污站。设置有集体防护系统的舰船在其各整体防护区域内都配置有一个专用的四间套去污站（图4-114），每个去污站都设有至其整体防护区域内露天甲板的通道口。该类设施也称为集体防护系统去污站。不同船型和编队、甚至同一船型和编队内的舰船上的集体防护系统所覆盖区域的范围也会有所不同。一艘部分覆盖集体防护系统的舰船有可能会同时配备集体防护系统去污站和标准去污站。

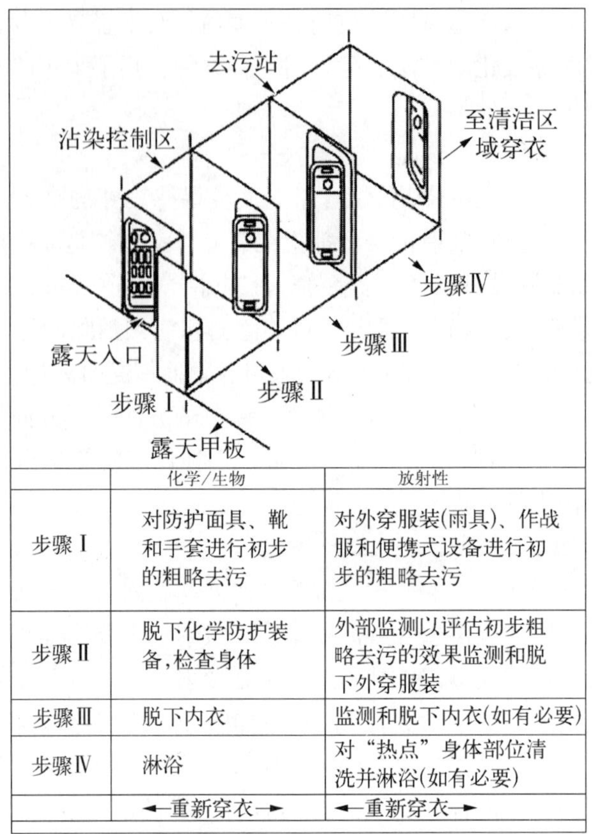

	化学/生物	放射性
步骤Ⅰ	对防护面具、靴和手套进行初步的粗略去污	对外穿服装(雨具)、作战服和便携式设备进行初步的粗略去污
步骤Ⅱ	脱下化学防护装备,检查身体	外部监测以评估初步粗略去污的效果监测和脱下外穿服装
步骤Ⅲ	脱下内衣	监测和脱下内衣(如有必要)
步骤Ⅳ	淋浴	对“热点”身体部位清洗并淋浴(如有必要)
	←重新穿衣→	←重新穿衣→

图 4-114　配备集体防护系统舰船的沾染控制区(CCA)/去污站

小　结

本节主要介绍了各种不同类型的辐射探测、指示与计算仪器、放射性调查、辐射暴露控制措施以及人员辐射污染的消除和船上辐射污染消除设施。由于损管人员一旦指派到放射性监测队,在履行职务时就会用到各类辐射仪,因此对各类辐射仪都必须有相当的了解。在对辐射仪实施计划维修制时,须仔细检查辐射仪并查阅由其生产厂商所提供的技术手册。损管人员可与主管领导协商自己所在损管维修队在化学、生物和辐射方面的作业任务,这样就可以将本节内容与实际指定的工作密切联系起来。

附　录

单位转换表

长度单位

	1 in	1 ft	1 yd	1 n mile	1 cm	1 μm
mm	25.4	304.8	914.4	1 852 000	10	1×10^{-3}
m	0.025 4	0.304 8	0.914 4	1 852	0.01	1×10^{-6}

质量单位

	1 oz	1 lb	1 t
g	28.349 52	453.592 37	1×10^{6}
kg	0.028 349 52	0.453 592 37	1 000

功、力矩单位

	1 ft·lbf	1 kgf·m	1 t·ft(ft·t)	1 kW·h
J(N·m)	1.355 818	9.806 65	2 989.066 92	3.6×10^{6}

压强(压力)单位

	1 kgf/m^2	1 atm	1 at	1 mm H_2O	1 cm H_2O	1 mmHg	1 lbf/in^2	1 kgf/cm^2
Pa(N/m^2)	9.806 65	101 325	98 066.5	9.806 65	98.066 5	133.322 4	6 894.757	98 066.5

速度单位

	1 ft/s	1 kn(节)	1 cm/s
m/s	0.304 8	0.514	0.01

体积单位

1 gal(英)=277.420 in^3=4.546 092 dm^3=1.200 95 gal(美)

1 ft^3=28.316 85 dm^3(升)=0.028 316 9 m^3

温 度 单 位

$$T = t + 273.15$$

$$t_F = \frac{9}{5}(t + 32)$$

T，t，t_F 分别为热力学温度(单位：K)、摄氏温度(单位：℃)和华氏温度(单位：℉)。

其 他 单 位

密度：1 t/m^3 =1 000 kg/m^3

流量：1 m^3/h=2.78×10^{-4} m^3/s

排量：1 gal/min=75.768 2 m^3/s

转速：1 r/min=0.016 7 r/s

功率：1 hp(马力)=550 ft·lbf/s=745.699 9 W

索　　引

参 考 文 献

[1] 方万水，李炜，吴先高. 舰船损管监控系统发展概述[J]. 舰船科学技术，2002，24(6)：37－39.

[2] 陈锦标，施朝健，陈希真，等. 船艇指挥综合训练系统[J]. 上海海事大学学报，2007，28(1)：150－155.

[3] 饶辉阳. 现代护卫舰的损管设计[C]. 上海：中国舰船研究设计中心，1995.

[4] 浦金云，邱金水，程智斌. 舰船生命力[M]. 北京：海潮出版社，2001.

[5] GJB 4000－2000. 舰船通用标准[S]. 2000.

[6] 中国船级社. 钢质海船入级与建造规范[S]. 2001.

[7] NAVEDTRA 14057－PPR. Damage control-man 2001.

[8] 刘俊，浦金云. 舰艇损管决策及自动化控制[J]. 船海工程，2001(S2).

[9] 王天明，李炜. 现场总线技术在水面舰艇损管监控装置中的应用[J]. 2002(06).

[10] 方万水. 舰船综合报警装置研制[J]. 2002(06).

[11] 汤洁，万曼影. CAN 和 NMEA200－CAN 网络在舰船系统中的应用[J]. 船舶工程，1999(06).

[12] GJB 120－1995. 水面舰艇损害管制规范 1995[S]. 北京：中国人民解放军海军装备技术部.

[13] 黄惜春，熊治国. 舰船损管系统 FOCUS 软件[J]. 国外舰船工程，2004(09).

[14] 饶辉阳. 现代护卫舰的损管设计[J]. 1995.

[15] CAI Yilun, PU Jinyun, CHUI Luning, et al.. Multimedia interactive damage control simulator system of naval ship [C]. SAFETY SCIENCE AND TECHNOLOGY (VOL. VI). the 2006 International Symposium on Safety Science and Technology(2006 安全科学与技术国际会议)，2006.

[16] Varela, Jose M., Soares, C. Guedes. A virtual environment for decision support in ship damage control, IEEE Computer Graphics and Applications.

[17] 常壮，邱金水，刘伯运. 基于 RS－485 总线的舰船损管训练平台监控系统研

究[J]. 中国舰船研究,2011(1).

[18] 中国船级社. 钢质海船入级与建造规范[S]. 2001.

[19] 陶伟,曹宏涛,周纪申. 舰船损管监控系统研究[J]. 中国舰船研究,2012(1).

[20] 王爱岭,何祖军. 基于遗传算法的舰船破舱浮态调整措施优化研究[J]. 舰船科学技术,2010(3).

[21] 于多,马坤,纪卓尚. 基于非线性规划法的舰船破舱位置识别计算[J]. 中国舰船研究,2008(4).